Charles Pinot

Carl Düclos geheime Memoiren zur Geschichte der Regierungen

Ludwigs des Vierzehnten und Ludwigs des Fünfzehnten

Charles Pinot

Carl Dūclos geheime Memoiren zur Geschichte der Regierungen
Ludwigs des Vierzehnten und Ludwigs des Fünfzehnten

ISBN/EAN: 9783743685611

Hergestellt in Europa, USA, Kanada, Australien, Japan

Cover: Foto ©ninafisch / pixelio.de

Weitere Bücher finden Sie auf **www.hansebooks.com**

Carl Duclos geheime Memoiren

zur Geschichte der Regierungen Ludwigs des Vierzehnten und Ludwigs des Funfzehnten.

Aus dem Französischen übersetzt, mit einer Einleitung und Anmerkungen begleitet

von

dem Verfasser des heimlichen Gerichts.

Zweyter Theil.

Berlin, 1792.
In der Voßischen Buchhandlung.

Fortsetzung des dritten Buchs.

Erst am 26sten (August 1718), um vier Uhr des Morgens, erhielten die Anführer der Leibregimenter ihre Weisung. Der Herzog vom Maine war von einer Fete zurückgekommen, wie seiner Frau zu Ehren oder von ihr selbst deren oft gegeben wurden, und er hatte sich nur eben niedergelegt, als ihm Contade gemeldet wurde. Besorgt, daß er kommen möchte, um ihn zu arretiren, fragte der Herzog, ob Contade allein wäre, und beruhigte sich, als er hörte, daß er da sey, um die Schweizergarde zu versammeln.

Um fünf Uhr nahmen die Truppen ihre Posten ein, und um sechs wurden dem Parlament, und allen denen, welche sich beym lit de justice einfinden sollten, die lettres de cachet und die Einladungszettel eingehändigt; durch den Lärm der Trommeln war schon alles wach gewesen, um acht Uhr fand sich das Conseil der Regentschaft bereits in den Tuilerien versammelt. Der Siegelbewahrer ließ in einem besondern Zimmer alles, was zu den Siegeln gehörte, rüsten, und so kaltblütig, als wenn es blos auf eine Polizeyaudienz ankommen würde, frühstückte er mit der größten Ruhe, um sich gegen eine langwierige Sitzung, die sein Mittagsmahl verzögern würde, zu verwahren.

Als nun alle im Versammlungsplatz des Conseil angelangt waren, erschien der Regent mit lachender und gefaßter Mine. Nicht aller Benehmen war so frey. Der Herzog vom Maine, bleich und verlegen, sah voraus, daß von etwas anderm, als bloß Parlamentsverordnungen zu kassiren, die Rede seyn würde. Viele traten zusammen, beobachteten, sprachen leise, suchten zu errathen, was da kommen würde.

Der Herzog von Maine und der Graf von Toulouse waren in der feyerlichen Mantelkleidung der Pairs gekommen, ob sie gleich keine Einladungszettel erhalten hatten. Man hatte ihnen mit Fleiß keine zugesandt, unter dem Vorwande, daß sie seit dem Edikt von 1717, kraft dessen das von 1714 zurückgenommen war, sich nicht mehr im Parlament einfinden wollten. Der Regent hatte sich daher geschmeichelt, daß sie vom lit de justice wegbleiben würden, was ihm eine große Erleichterung gewesen wäre. Deswegen wandte er sich gegen den Grafen von Toulouse, und sagte ihm in einem freundschaftlichen Ton: „er wundre sich, ihn im Mantel zu erblicken, er habe ihm nichts melden lassen, weil er wisse, daß er nicht gern im Parlament erschiene." „Das ist wahr," erwiederte der Graf, „aber wenn es auf das Wohl des Staats ankömmt, lasse ich lieber jede andre Rücksicht nachstehen." Den Regenten schien diese Antwort zu rühren, er gieng mit ihm auf die Seite und vertraute ihm alles. Der Graf von Toulouse suchte hierauf seinen Bruder auf, und sagte ihm so viel, daß sie beyde die Partey ergriffen, sich zu entfernen.

Als sie der Regent herausgehen sah, fand er kein Bedenken mehr, von allem, was vor dem Conseil hatte geheim gehalten werden sollen, nunmehr doch Bericht erstatten zu lassen. Sie saßen zu zwanzig 1).

So

---

1) Der Regent, der Herzog von Bourbon, der Prinz von Conti, der Siegelbewahrer d'Argenson, die Herzoge von Saint-Simon, von la Force, von Guiche, der Marechal von Villeroi, der Herzog von Noailles, der Marechal Herzog von Villars, der Herzog von Antin, der Marechal von Tallart, der Marechal d'Estrées, der Marechal d'Hurelles, der Marechal von Bezons, der ehemalige Bischof von Troyes, Bouthillier de Chavigny, der Marquis von Torcy, der Marquis de la Vril-
lie-

So wie alle ihre Plätze eingenommen hatten, befahl der Regent, mit gebieterischem Ansehen, dem Siegelbewahrer seinen Bericht abzulesen. Der Prinz schickte jedem besondern Artikel eine summarische Rede voraus, deren Inhalt der Siegelbewahrer, je nachdem die Wichtigkeit der Materie es forderte, weitläuftiger auseinander setzte.

In diesem Conseil stimmte der Regent, gegen die gewöhnliche Regel, zuerst, und sammelte die Stimmen immer von oben herunter, damit die ersten Votanten, deren er sicher war, den andern gewissermaßen den Weg vorzeichneten, der zu nehmen war.

Als man über die Kassationsverordnung stimmte, begnügten sich diejenigen, welchen die Schritte gegen das Parlament nicht willkommen seyn konnten, sich zu verbeugen, um ihre Einstimmung in die eröfnete Meinung zu erkennen zu geben. Der Marechal von Villeroi sagte blos, bey Gelegenheit des Parlaments, mit halb erstickter Stimme: „Wird es denn auch kommen?" „Ich zweifle nicht," sagte der Regent, trocken hingeworfen, aber mit erhabner Stimme, „es hat mir durch des Granges sagen lassen, daß es gehorchen würde."

Der Regent verkündigte das Edikt, welches die Legitimirten auf den Rang ihrer Pairie zurückbrachte, durch eine Rede, in der er sich noch kräftiger zum Vortheil der Pairs ausließ, als in dem Edikt selbst geschah. Der Herzog von Saint-Simon sagte, daß er als Partey nicht Richter seyn könnte, und statt zu votiren, sich begnügen müßte, Sr. königlichen Hoheit zu danken, daß Sie den Pairs ihr Recht wiederfahren ließen. Der Regent nahm diese Idee auf, um den übrigen Pairs ihre Stimmen nicht abzunehmen, und die nachfolgenden votirten blos durch eine Verbeugung. Um den etwanigen Einwürfen der Herzoge von Villeroi und von Villars, im Falle sie das Wort nähmen, vor-

liere, der Marquis d'Effiat, der Marquis von Canillac, le Pelletier de Souzy, Staatsrath.

Die beyden Legitimirten hatten sich entfernt.

vorzubeugen, hatte der Herzog von Saint-Simon die Bittschrift, welche die Pairs im vorigen Jahre gegen die Legitimirten eingereicht hatten, und auf der diese beiden Herren ihre Namen mit großen Buchstaben unterschrieben lesen konnten, auf dem Tische ausgebreitet. Der Herzog von Bourbon nahm hierauf das Wort, und redete den Regenten folgendermaßen an: „Da man den Pairs ihr Recht wiederfahren ließe, so wolle er die Rechte seiner Geburt ebenfalls zurückfordern; der Herzog vom Maine könne, nun er nicht mehr Prinz vom Geblüt sey, die Oberaufsicht über die Erziehung des Königs nicht behalten; ein so verdienstvoller Mann, wie der Herr Marechal von Villeroi, dürfe einem jüngern Pair als er wäre, den Vortritt nicht einräumen; er sey jetzt majorenn, und verlange diese Stelle, die weder seinem Stande noch seinem Eifer für den König versagt werden könne; und er werde nichts unterlassen, um die Lehren des Herrn von Villeroi zu benutzen, und seine Freundschaft zu verdienen.

Der Regent stimmte zuerst, das Verlangen sey gerecht, und indem er die Augen auf einen jeden heftete, befahl er die übrigen Meynungen mehr als er sie abnahm. Der Marechal von Villeroi machte einen mühsamen Versuch zu sprechen, und sagte seufzend: „Nun sind also alle Verfügungen des verstorbenen Königs umgestoßen! Ich kann es ohne Schmerz nicht sehen. Monsieur du Maine ist sehr unglücklich." — „Mein Herr," erwiederte der Regent in einem lebhaften und hohen Ton, „Monsieur du Maine ist mein Schwager; aber ein offenbarer Feind ist mir lieber als ein heimlicher." Diese wenigen Worte, und einige Blicke, die er auf verschiedene Anwesende warf, erfüllten alle, die sich etwas vorzuwerfen hatten, mit Schrecken.

In diesem Augenblick wurde der Siegelbewahrer an der Thüre abgerufen. Er ging hinaus, kam sogleich zurück, und sprach heimlich mit dem Regenten. Dieser, dessen

Muth durch die Bestürzung im Conseil immer mehr wuchs,
sagte, er werde benachrichtigt, daß der Erste Präsident vorgeschlagen habe, sich nicht in den Tuilerien einzustellen, wo
man keine Freyheit haben würde, und daß man eben darüber in Berathschlagung begriffen sey. Er fragte den
Siegelbewahrer, welches Mittel einzuschlagen wäre, wenn
das Parlament es bis zu einem so entschiednen Ungehorsam
triebe. Der Siegelbewahrer erwiederte, daß es kein andres
gebe, als die Suspension, und ließ merken, daß alle Fälle vorhergesehen, und alle Maaßregeln in Bereitschaft wären.

Die Nachricht von dem Ungehorsam des Parlaments
war falsch. Ich habe jetzt ein sehr getreues Tagebuch von
allem, was dort vorging, vor Augen; es war blos die
Rede davon, zu bestimmen, was der Erste Präsident
bey einem lit de justice sagen würde, dessen Gegenstand
durchaus nicht vorauszusehen war. Man setzte endlich
fest, daß man die Mittheilung dessen, was in den Tuilerien vorgeschlagen worden wäre, verlangen würde, und
man begab sich auf den Weg.

Sobald man das Parlament in den Hof der Tuilerien hereintreten sah, nachdem es zu Fuß durch die Stadt
gegangen war, verbot der Regent allen Anwesenden, herauszugehen, bis die Parlamentsglieder an ihren Plätzen
wären, damit man sie auf das, was im Conseil entschieden worden war, nicht vorbereiten könnte. Man begab
sich sogleich zu dem König, und nachdem ihn die Deputation eingeladen hatte, wurde er auf den Thron geführt.
Der Regent wollte noch alles verhüten, was der Marechal von Villeroi beym lit de justice vorzubringen versucht werden möchte, und was er schon im Consell so viel
Mühe gehabt hatte, zurückzuhalten; er ließ ihn daher seiner Achtung, seines Vertrauens versichern, und wußte
seinen Auftrag so einzurichten, daß er gerade zureichte,
um eine Furcht, die zuweilen tollkühn macht, zu vertreiben, aber nicht hinlänglich war, um ihm Muth einzuflößen.

Auch dem ersten Avocat-général, Lamoignon de Blancmesnil, der gegenwärtig Kanzler ist, empfahl man vernünftig zu seyn, und sagte ihm ins Ohr, daß sein ganzes Glück für die geringste Zweydeutigkeit in seinen Beschließungen haften würde.

So viel Vorsicht war unnütz. Die Bestürzung war allgemein von dem Herzog vom Maine an bis zu dem untersten Gerichtsdiener vom Parlament. Viele Räthe hatten sich während des Aufzugs weggestohlen. Der Präsident de Blamont, der in den Parlamentsversammlungen so sehr den Volks-Tribun gespielt hatte, wurde auf der Treppe der Tuilerien ohnmächtig; man trug ihn in die Kapelle, wo man den Meßwein hernahm, um ihn wieder zu sich zu bringen. Außer Stand der Sitzung beyzuwohnen, ließ er sich endlich nach Hause tragen 1).

Ich werde mich bey den Formalitäten eines lit de justice nicht aufhalten, da man sie überall findet. Ich will nur bemerken, daß der Siegelbewahrer, mitten unter einem Parlament das ihn verabscheute, in seinem Betragen, seinen Reden und seinem Ton so ungezwungen war, als hätte er bloß Polizeykommissarien um sich herum gesehen.

Nach Ablesung der Kaffationsverordnung begnügte sich der Erste Präsident anzutragen, daß sie, in Hinsicht auf die Wichtigkeit des Gegenstands, dem Parlament mitgetheilt würde, um darüber zu berathschlagen. Hierauf holte der Siegelbewahrer, der Form halber, den Befehl des Königs ein, und sagte: der König will daß man gehorche, und auf der Stelle gehorche. Alles übrige gieng ruhig ab: nachdem die Einregistrirungen in Gegenwart des Königs geschehen waren, standen Seine Majestät auf, begaben Sich wieder auf Ihre Zimmer, und das Parlament machte sich schweigend davon.

Da man die Stimmung der Gemüther und die Charaktere aus Kleinigkeiten besser kennen lernt, als aus den großen

---

1) Siehe das gedruckte Protokoll von dem lit de justice.

großen Verhandlungen; so werde ich zwey Züge anführen, welche die allgemeine Meynung, die man von dem Regenten hatte, beweisen, und einen Begrif von seiner Sorglosigkeit für die Geschäfte, wenn seine Vergnügungen dagegen in Anschlag kamen, geben können.

Als der Herzog von Saint-Simon zu Fontanieu gieng, um mit ihm über das lit de justice Abrede zu treffen, fieng er damit an, ihm zu sagen, daß eine wichtige Sache im Werk wäre, daß es aber vor allen Dingen darauf ankäme, zu wissen ob Seine Königliche Hoheit auf ihn rechnen könnte. Fontanieu erblaßte, in der Ueberzeugung, daß von irgend einer tragischen Unternehmung die Rede wäre, deren Werkzeug zu seyn er das Unglück haben würde. Er antwortete stotternd, so lange seine Pflicht es ihm erlaubte..... würde er.... der Herzog von Saint-Simon beruhigte ihn durch ein Lächeln, und eine halb mitleidige, halb unwillige Bewegung. Fontanieu kam wieder zu sich, und verrieth durch verworrne Entschuldigungen noch mehr, was er gefürchtet hatte, und wessen man sich zu dem Regenten versah.

Der andre Zug ist dieser: Der Regent schien sehr besorgt, zu erfahren was Saint-Simon mit Fontanieu verabredet haben würde, und befahl ihm, unverzüglich das von Nachricht zu geben. Da die Konferenz bey Fontanieu sich nothwendiger Weise in die Länge gezogen hatte, war der Regent, als Saint-Simon zurückkam, schon in seinen Kabinettern; und das war die Stunde der roués, Stunde wo alles der Ausschweifung nachstehen mußte, Saint-Simon fand sich gezwungen ihm zu schreiben, und noch dazu brauchte es vieler heimlichen Umschweife, um ihm das Billet zukommen zu lassen. Indessen hatte der Herzog von Orleans doch eine sehr bestimmte Gränzlinie zwischen seinen Vertrauten in Geschäften und seinen Gesellschaftern in Vergnügungen gezogen. Daher sagte
der

der Herzog von Francas, einer von den roués, daß er sehr in Gunst, aber durchaus nicht in Ansehen stände. Auch hatte sich der Regent eine gewisse Zurückhaltung so zum Gesetz gemacht, daß er selbst in der Trunkenheit darauf hielt. Die Gräfin von Sabran, eine seiner Favoritinnen, wollte einst einen Augenblick dieser Art benutzen, um ihm etwas, das die Geschäfte betraf, abzufragen; aber er führte sie vor einen Spiegel und sagte: sieh dich einmal an, und sprich, ob man gegen ein so artiges Gesichtchen von Geschäften sprechen kann.

Da ich mir einmal eine Abschweifung über den häuslichen Zirkel des Regenten erlaubt habe, so darf ich einen Mann von einer seltenen Rechtschaffenheit nicht vergessen, der sich weder für den Rang noch für die Geburt mit den roués messen konnte; aber er hätte auch keinen Verkehr mit ihnen gemacht, und verhehlte ihnen seine Verachtung nicht: Dieser Mann war d'Jbagnet, Schloßverwalter vom Palais-Royal. Seit seiner Kindheit in Diensten des Hauses Orleans, hatte er den Regenten auf die Welt kommen sehen; er sprach zu ihm mit der Freymüthigkeit eines alten Hausgenossen, mit der Geradheit und Aufrichtigkeit eines Mannes, der seines Herren Freund zu seyn verdiente. Der Regent hatte die Art von Achtung für d'Jbagnet, zu welcher die Tugend zwingt. Er würde sich nicht getraut haben, seine Dienstleistungen zu seinen Ausschweifungen zu verlangen, er wußte sicher voraus, daß d'Jbagnet sie ihm verweigert hätte. D'Jbagnet leuchtete zuweilen seinem Herrn bis vor die Thüre des Zimmers, wo die Bacchanalien gefeiert wurden. Lachend sagte ihm einmal der Regent, er sollte mit hineinkommen. „Gnädiger Herr," antwortete d'Jbagnet, „hier hört mein Dienst auf; ich gehe nicht in so „schlechte Gesellschaft, und es thut mir sehr leid Sie dar„in zu sehen." Ein andermal behandelte er den Kammerdiemerdiener des Regenten, Cauche 1), der sein geheimer Unterhändler war, als den elendesten aller Menschen, weil er ein Mädchen von zwölf bis dreizehn Jahren verführt hatte, um es seinem Herrn zu liefern.

Wir kehren zu den Folgen des lit de justice zurück. Es war schon vorbey, ehe die Herzogin von Orleans, welche mit Madame, der Mutter des Regenten, in Saint-Cloud war, noch wußte daß eines gehalten würde. Man erinnere sich ihrer thörigen Einbildung auf ihre Geburt, die sie der ihres Mannes wenigstens gleichschätzte; so wird man urtheilen, welcher Schlag es für sie seyn mußte, die Degradation des Herzogs vom Maine zu erfahren. Benachrichtigt mußte sie indessen davon werden, und der Regent gab diesen grausamen Auftrag dem Herzog von Saint-Simon. Dieser theilte die Sache zuerst der Mutter des Regenten mit, welche, in den Grundsätzen, oder wenn man will, in den Vorurtheilen des deutschen Familienstolzes erzogen, sehr davon erfreut war und sagte, ihr Sohn hätte dieses Mittel schon längst ergreifen sollen 2). Die Herzogin von Orleans wurde von einem finstern Gram ergriffen, kam sogleich nach Paris zurück, und zum erstenmal in ihrem Leben sich von ihrem Hochmuth herunterlassend, sagte sie zum Regenten, die ausserordentliche Ehre die er ihr durch seine Hand erwiesen hätte, erstickte jedes andre Gefühl in
ihrem

---

1) Unter dem Namen dieses Cauche war der Abbe de Saint Albin, Erzbischof von Cambrai, Sohn des Regenten und der Florence, einer Actrice von der Oper, getauft worden.

2) Nach dem Edikt von 1714 und der Declaration von 1715 wurden die Legitimirten in dem Staatskalender unmittelbar nach den Prinzen vom Geblüt, und ohne Absonderung, aufgeführt. Nach dem Wiederrufungs Edikt von 1717 wurden sie durch einen Strich abgesondert. Nach der Beschränkung der Legitimirten auf den Rang ihrer Pairie 1718 wurde der Graf von Toulouse allein in den Kalender eingeschrieben, und durch einen Strich abgesondert. Der Herzog vom Maine blieb aus dem Kalender ganz weg, indem er auch nicht unter den Pairs eingeschrieben wurde.

ihrem Herzen; ihr Bruder müßte sehr strafbar seyn, da er sich diese Züchtigung zugezogen hätte, und ihr wäre nichts übrig als das noch zu wünschen.

Die zwey Brüder hatten sich, nachdem sie den Ort, wo das Conseil gehalten wurde, verlassen, während des lit de justice in dem Kabinet des Herzogs vom Maine auf den Tuilerien eingeschlossen. Von da begab sich der Graf von Toulouse nach seinem Hause, wohin die Herzogin vom Maine mit ihren Kindern ihm folgte. Sie hatte Verzuckungen vor Wuth, sie warf dem Grafen von Toulouse vor, daß er von seinem Bruder ausgezeichnet worden war, und behauptete, daß er es nicht anders büßen könnte, als indem er dieser unwürdigen Gnadenbezeugung entsagte. Der Graf von Toulouse war erschüttert; aber Valincour, ein Mann von großem Verstand und der dem Prinzen sehr zugethan war, nahm ihn bey Seite, und stellte ihm die Folgen eines solchen Schritts vor. Der Marquis d'O, welcher sein Hofmeister gewesen war, führte die nämliche Sprache; und der Chevalier d'Hautefort, sein erster Stallmeister, von lebhafteren Rücksichten, als die er auf seinen Herrn zu nehmen hatte, angetrieben, ließ sich noch nachdrücklicher aus. „Gnädiger Herr," sagte er, „werden Sie sich hinreißen lassen, die wütenden Ausbrüche einer Närrin zu theilen? Wenn Sie drey Tage lang die Bewunderung der Dummköpfe für sich gehabt haben, werden Sie in vierzig Jahren noch dem Gelächter der gescheuten Leute ausgesetzt bleiben. Was mich anbelangt, als ich mich in Ihre Dienste begab, so rechnete ich darauf bey einem wirklichen oder wenigstens scheinbaren Prinzen vom Geblüt zu seyn. Auf diesem Fuß bleibe ich Zeitlebens bey Ihnen; wollen Sie aber aufhören es zu seyn, so werde ich, so wird keiner Ihrer Diener, der etwas auf sich zu halten hat, es bey Ihnen ausdauern können."

Die

Die Nichtigkeit, in welche er sich stürzen würde, wirkte auf seine Einbildungskraft; er ließ seinen Bruder und seine Schwägerin nach Sceaux abreisen, stattete am folgenden Tage dem Regenten eine Visite ab, die für eine Danksagung aufgenommen wurde ohne ausdrücklich eine zu seyn; und den zweyten Tag stellte er sich beym Regentschafts Rath ein.

Den Sonnabend, am 27, versammelten sich die Kammern des Parlaments; es wurde mehr gewehklagt als berathschlagt; man lärmte sehr über die Einsetzung eines Siegelbewahrers, ohne daß er, der Regel gemäß, seine Bittschrift eingereicht hätte; man verwahrte sich, wie es bey solchen Veranlassungen gebräuchlich ist, mit dem gerichtlich beurkundeten Mangel an Freyheit. Aber am 29, Montags, wo die Versammlung der Kammern fortgieng, entstand ein neuer Stof zur Berathschlagung. Um drey Uhr des Morgens wurden der Präsident de Blamont, die Räthe Faydau de Calande und Saint-Martin, in ihren Häusern, jeder durch acht Gemeine und einen Offizier, aufgehoben, und der erste nach den Inseln Hieres, der zweyte nach Belle Isle, der dritte nach der Insel Oleron gebracht.

Das Parlament fertigte sogleich eine Deputation ab, den König um die Freyheit dieser Magistratspersonen zu bitten. Der Siegelbewahrer antwortete, da das Verfahren gegen sie Staatsgeschäfte betroffen hätte, so würde das Stillschweigen dabey erfordert; das Betragen des Parlaments würde die Gesinnungen des Königs darüber bestimmen. Die Deputation setzte ihre Anregungen fort, und erhielt beständig die nämlichen Antworten, bis zu den Parlamentsferien. Einige schlugen vor, den Dienst zu unterlassen, und er wurde einen Tag suspendirt; andre, keine Ferien zu nehmen bis man Genugthuung hätte; aber die gescheutesten fanden rathsamer, freywillig aus Paris wegzugehen, als in die Gefahr zu kommen, exilirt

exilirt zu werden. Das Parlament ging also auseinander, und die Vakationskammer erhielt Auftrag, mit der Zurückforderung der Exilirten fortzufahren.

Das Parlament von Bretagne verwandte sich schriftlich für sie bey dem Regenten, der es sehr übel aufnahm. Die fremden Minister priesen ihn im Namen ihrer Herren, daß er den Trotz dieser Rechtskrämer gebeugt hätte: eine gewöhnliche Sprache der Fürsten, die ihrem Willkühr keinen Widerstand im Wege wissen wollen. Gewiß ist es, daß um der Ruhe der Völker selbst willen, die königliche Gewalt immer geehrt werden muß; wenn aber keine Gesammtschaft im Staat für die Sache der Völker die Stimme erhebt, so werden sie ja dem Despotismus der Minister, und sogar ihrer Subalternen, Preis gegeben seyn.

Es geschah während der Ferien am 3. Oktober, daß der Kardinal Noailles seine Appellation von der Konstitution an die nächstkünftige Kirchenversammlung bekannt machte. Die Universität, fast alle Pfarrer von der Diöces, und eine Menge weltlicher und regelmäßiger Gemeinden traten der Appellation bey. Am nämlichen Tage verließ der Kardinal den Gewissensrath, der sofort aufhörte, und mit welchem zugleich die übrigen Konseils fielen. Schon seit einiger Zeit waren sie nichts gewesen als eitles Gepränge; in den Finanzen machte Law alles, und in den auswärtigen Angelegenheiten der Abbé Dübois. Dieser, der nach dem Kardinalshut strebte, und sehr wohl wußte, daß er ihn nur der Meynung von seinem Ansehen in Frankreich würde verdanken können, ließ sich zum alleinigen Minister der auswärtigen Angelegenheiten ernennen. Le Blanc wurde zu gleicher Zeit zum Staatssekretair im Kriegsdepartement ernannt. Allen übrigen Mitgliedern der verschiedenen Konseils wurden ihre Dienste aufgesagt, und sie behielten ihre Besoldung, die von 12000 Livres war. Der Marquis von Canillac schlug sie aus, aber er trat dafür in den Regentschaftsrath, wo die Stelle 20000 Livres

vres eintrug. Alle diese vornehmen Mitglieder der Konseils glichen Leuten, die beym Räumen eines Hauses die Meublen daraus mitnehmen. Der Graf d'Evreux behielt das Detail von der Kavallerie, Coigni das von den Dragonern, d'Asseld das Festungs- und Ingenieurwesen, der Marquis von Brancas bekam die Stuttereyen, der Oberstallmeister Beringhen das Brücken- und Zollwesen. Der Erzbischof von Bordeaux (Besons) nahm die Verwaltung der geistlichen Güter, und so gings mit den andern. Der Regent wußte nichts abzuschlagen, und was er nicht gab, das entriß man ihm. Er hatte sonderbare Inkonsequenzen. Die Veränderung im Zustande der Legitimirten setzte den Bischof von Viviers (Chambonas), dessen Bruder und Schwägerin vom Hause des Herzogs vom Maine waren, sehr in Verlegenheit. Als Haupt der Deputation der Stände von Languedoc fragte er den Regenten, wie er den Prinz von Dombes, der im Besitz der Anwartschaft auf die Statthalterstelle war, zu behandeln haben würde. Der Regent sagte ihm, er möchte es wie gewöhnlich halten; dem zufolge gab der Bischof dem Prinz von Dombes den Titel als Durchlaucht, auf welchen er keinen Anspruch mehr machen konnte.

Der Regent ließ sich endlich zum Vortheil der Exilirten bewegen. Sie kamen nach einander zurück, und das Parlament, geschmeidiger geworden, stattete dafür seinen Dank ab, als für eine Gnade. Es machte indessen doch Schwierigkeiten über die Einregistrirung der königlichen Bank. Man fand es sehr unanständig, den König Banquier werden zu sehen. Der Ausgang erwies, daß es noch mehr unglücklich als unanständig war.

Der gewaltsame Streich, den man bey dem lit de justice führte, hatte die Feinde des Regenten betäubt, aber nicht niedergeworfen. Die Wuth der Herzogin vom Maine war durch den Zwang, den sie sich auflegen mußte, sie zu verbergen, nur desto heftiger, und ihre Unterhandlung lungen mit Spanien lebhafter. Der Prinz Cellamare, aufmerksam auf alles, was zu Paris und in Bretagne vorging, suchte dem König, seinem Herrn, Anhänger zu verschaffen, und viele Offiziere waren in Verbindung mit ihm getreten. Das Projekt war, das ganze Königreich gegen den Regenten zu empören, den König von Spanien an die Spitze der Französischen Regierung, und unter ihm den Herzog vom Maine zu setzen. Man rechnete auf die Union der Parlamenter. Dies alles war in Briefen, welche aufgefangen werden konnten, ziemlich räthselhaft abgehandelt worden; Alberoni wollte aber vor dem Ausbruch die verabredeten Plane, und die Namen der Personen, die man brauchen wollte, vorgelegt haben. Es war sehr mißlich, diese Dinge einem Kourier anzuvertrauen, den der Abbé Dubois wahrscheinlich anhalten lassen würde.

Cellamare glaubte, daß niemand weniger Verdacht erregen würde, als der junge Abbé Portocarero, Neffe des Kardinals dieses Namens. Dieser junge Mann befand sich seit einiger Zeit in Paris. Monteleon, Sohn des Spanischen Ambassadeurs in England, war ebenfalls aus Holland hingekommen; diese beyden jungen Leute, die sich auf diese Weise in Paris trafen, machten da vertraute Bekanntschaft mit einander, indem sie einerley Vergnügungen nachjagten, und sich wenig um die Geschäfte bekümmerten; sie kamen nun auch überein, die Rückreise mit einander zu machen.

Solche Kouriere schienen vor jedem Argwohn sicher zu seyn, der Abbé Dubois ahndete auch wirklich nichts, und doch wurde die ganze Sache entdeckt.

Es gab damals eine berühmte Kupplerin in Paris, die Fillon, welche von Amtswegen mit dem Abbé Dubois sehr genau bekannt war. Sie erschien sogar zuweilen bey den Audienzen des Regenten, und wurde da nicht übler aufgenommen wie andre. Ein scherzhafter Ton bedeckte alle
Un-

Unanständigkeiten im Palais-Royal; und dies hat sich bey der großen Welt erhalten. Ein Sekretair von Cellamare hatte mit einem Mädchen von der Fillon, an dem nämlichen Tage, da der Abbate Portocarero abreiste, eine Zusammenkunft. Er fand sich sehr spät ein, und gab zur Entschuldigung an, daß er Briefe zu expediren gehabt hätte, die den beyden Reisenden mitgegeben werden müßten. Die Fillon ließ das Paar beysammen allein, und eilte sogleich mit dem Bericht zum Abbé Dübois. Auf der Stelle wurde ein Kourier abgefertigt, den man mit den nöthigen Befehlen versah, um gerichtlichen Beystand zu erhalten. Er holte die Reisenden in Poitiers ein, ließ sie arretiren, und alle ihre Papiere wurden weggenommen, und am 8ten December, Donnerstags, nach Paris gebracht. Dieser Kourier kam gerade um die Stunde, wo der Regent in die Oper ging, bey dem Abbé Dübois an.

Dieser öfnete das Paket, und hatte Zeit, alles zu untersuchen, und was er wollte, auf die Seite zu schaffen; seine Gründe dazu werden wir gleich sehen. Nach geendigter Oper sprach Dübois den Regenten, und benachrichtigte ihn von dem glücklichen Fang. Jeder andre Fürst würde nichts angelegneres gehabt haben, als eine solche Sache vorzunehmen; aber es war die kostbare Stunde des Soupers, und gegen die kam nichts auf. Dübois hatte bis spät am andern Morgen Zeit seine Maasregeln zu nehmen, bevor er sich mit dem Regenten besprach, der in den ersten Frühstunden den Kopf von den Dünsten der Verdauung noch eingenommen hatte, nicht im Stande war, Geschäfte anzuhören, und was man ihm vorlegte, so gut wie mechanisch unterzeichnete.

Indem Dübois zwar nach allem strebte, fühlte er doch sehr gut, daß er durch sich selbst nichts wäre, sah die Wechsel voraus, die sich durch den Tod seines Herrn ereignen konnten, und wollte sich für alle vorkommende Fälle Stützen aufsparen.

Er

Er beschloß, sich der Sache dergestalt zu bemächtigen, daß er diejenigen, deren Verlust nichts auf sich hätte, opfern, und andre, bey denen es ihm zum Verdienst angerechnet würde, retten könnte. Der Regent sah nichts in dieser Sache, als durch die Augen des Abbé. Der Siegelbewahrer und le Blanc waren die einzigen Vertrauten; und Dübois hatte mit allen Urkunden zugleich die Freysprechung oder die Verurtheilung der Schuldigen ganz in seine Gewalt bekommen.

Der Prinz Cellamare, durch einen besondern Kourier von dem, was in Poitiers vorgegangen war, unterrichtet, schmeichelte sich anfangs, die beyden Spanier möchten nur darum arretirt worden seyn, weil sie mit einem Banquier reisten, der eines Bankerotts wegen flüchtig war; er nahm daher eine feste und unbesorgte Mine an, und ging den Freytag am 9ten, gegen Mittag, zu le Blanc, um ein Paket Briefe zurückzufordern, die er, wie er sagte, gelegentlich dem Abbate Portocarero mitgegeben hätte. Der Abbe Dübois war schon bey le Blanc. Beyde antworteten dem Gesandten, die Briefe wären schon gelesen, und statt sie zurückzugeben, hätten sie vielmehr Befehl, in seiner Gegenwart die Papiere in seinem Kabinet durchzusuchen. Sie baten ihn also, sogleich mit ihnen in den Wagen zu steigen, damit sie alle drey zu diesem Inventarium schreiten möchten.

Cellamare hatte Grund zu vermuthen, daß auch auf den Fall seiner Gegenwehr Maasregeln getroffen wären; er machte also keine Schwierigkeit, und ließ sich nach seinem Hotel führen, dessen sich ein Detachement von der Leibwache schon bemächtigt hatte. Man öfnete die Pulte und die Chatoullen. Auf alle Papiere wurde das königliche Siegel und das Wappen des Gesandten gesetzt, so wie sie besichtigt und ausgesucht worden waren. Hierauf giengen die beyden Minister wieder weg, und ließen den

Gesandten unter der Aufsicht eines königlichen Kammerjunkers, Dúlibois.

Während daß man die Papiere untersuchte, verlor Cellamare seine Fassung nicht, und suchte dem Abbe eine kalte Verachtung, Le Blanc hingegen Höflichkeit zu bezeugen. Das ging so weit, daß, wie Le Blanc eine besondere Chatoulle aufschließen wollte, der Gesandte zu ihm sagte: „Das gehört nicht in Ihr Amt, Herr Le Blanc; das sind Briefe von Weibern, lassen Sie das dem Abbe, der all sein Lebtage Kuppler war." Dûbois lächelte, und stellte sich, als ob er Scherz verstünde.

Am Abend wurde Rath gehalten, und dabey ein kurzer Bericht von der Verschwörung gegeben; man las Briefe von Cellamare an den Kardinal Alberoni, und der Regent hielt eine sehr gute Rechtfertigung seines Betragens gegen den Gesandten, der das Völkerrecht selbst verletzt, und dadurch die Vorrechte seines Standes verwirkt hätte. Die Briefe wurden gedruckt und überall verbreitet; keiner von den fremden Ministers nahm die Partei des Spanischen, welcher von Dúlibois und zwey Rittmeistern begleitet Paris verließ. Sie hielten in Blois an, wo Cellamare bewacht wurde, bis der Herzog von Saint-Aignan, unser Botschafter am Spanischen Hof, in Frankreich ankam. Sodann ließ man ihn seine Reise frei fortsetzen.

Sonnabends, am 10ten des Morgens wurde der Marquis von Pompadour, der letzte seines Namens, Vater der schönen Courcillon, und Großvater der Prinzessin von Rohan, auf die Bastille gesetzt.

Der Graf Daidie, Vetter, Schwager des Grafen von Riom, und vom nämlichen Namen, ergriff die Flucht, und begab sich nach Spanien, wo er lange darauf, in ziemlich guten Umständen, gestorben ist. An demselben Abend, da Cellamare arretirt wurde, saß Daidie in einem Hause, wo er soupiren sollte, bey einer Partie Schach zu. Es wurde

wurde erzählt, daß Cellamare arretirt wäre; Daidie, auf eine' für ihn so wichtige Nachricht sehr gespannt, zeigte nicht die geringste Bewegung. Als der eine von den Spielern erklärte, daß er die Partie nicht mehr gewinnen könnte, erbot sich Daidie das Spiel zu übernehmen, wurde beym Wort genommen, spielte ruhig aus, und gewann. Wie man das Essen auftrug, ging er unter dem Vorwande einer Unpäßlichkeit heraus, nahm die Post und reiste fort.

Foucault de Magni, Vorführer der fremden Botschafter, und Sohn des Staatsraths, rettete sich ebenfalls; er war ein toller Kopf, der nie etwas kluges gethan hatte, als davon zu laufen. Ein Abbé Brigault, der stark in dieser Sache verwickelt war, wurde, auf Steckbriefe, in Montargis arretirt, und auf die Bastille gebracht. Er ließ nicht lange in sich dringen, um alles, was er wußte, zu offenbaren, und setzte hinzu, die näheren Umstände davon würde man in den Papieren finden, die er dem Chevalier de Menil zurückgelassen hätte. Dieser wurde arretirt, aber er hatte die Papiere schon verbrannt, was der Regent sehr bedauerte. Es wurden nach und nach verschiedne Personen arretirt, ehe man zu dem Herzog und der Herzogin vom Maine schritt. Doch kam die Reihe auch an sie; la Billarderie, Lieutenant von den Gardes-du-Corps arretirte den Herzog in Sceaux, er wurde nach dem Schloß Dourlens in der Picardie geführt, und unter der Aufsicht von Favancourt, Brigadier von den Mousquetairs, gelassen.

Die Herzogin wurde, in Rücksicht auf ihre Geburt, mit mehr Achtung behandelt. Der Herzog d'Ancenis, Hauptmann von den Gardes-du-Corps, arretirte sie in einem Hause auf der Straße Saint Honoré, das sie genommen hatte, um mehr in der Nähe von den Tuilerien zu seyn. Der Herzog d'Ancenis verließ sie zu Essone, von wo aus ein Lieutenant und ein Gefreyter von den Gar-

Gardes-du-Corps sie nach dem Schloß von Dijon geleiteten.

Der Herzog vom Maine zeigte in seinem Unglück nichts als Unterwürfigkeit, und betheuerte oft seine Unschuld, seine Ergebenheit gegen den König und den Regenten. Die Herzogin beklagte sich über dieses Verfahren gegen eine Prinzessin vom königlichen Geblüt, und als sie sich in dem Schloß von Dijon sah, wo ihr Neffe, der Herzog von Bourbon Commandant war, zog sie wütend gegen ihn los; auch das Publikum mißbilligte, daß er sich zum Kerkermeister seiner Tante hatte brauchen lassen.

Alle Hausgenossen des Herzogs und der Herzogin wurden zu gleicher Zeit mit ihnen festgesetzt, und auf die Bastille gebracht. Mademoiselle Delaunay, nachmalige Frau von Staal, war darunter. Ihre Memoiren verdienen gelesen zu werden; ihre Portraits sind ziemlich treu, bis auf das vom Chevalier de Menil, den sie zu sehr liebte, um ihn recht zu beurtheilen a). Ich habe ihn zuweilen in ihrem Hause getroffen, und er schien mir unter dem Mittelmäßigen.

Während daß diese Dinge in Paris vorgingen, führte unser Gesandter in Madrid, der Herzog von Saint-Aignan, dort ein sehr unangenehmes Leben. Ohngeachtet man von dem, was in Paris vorgefallen war, noch keine Nachricht hatte, so schien der Bruch zwischen beyden Mächten so nahe bevorzustehen, und Alberonis Gewaltthätigkeiten waren so bekannt, daß sich der Herzog von Saint-Aignan nicht in Sicherheit glaubte. Er reiste heimlich mit seiner

---

a) Es giebt wohl manchen Fall, wo das Gegentheil gilt, und die Liebe allein es am besten versteht. Ein Weib, der man einiges Erstaunen über die Wahl ihres Liebhabers bezeugte, fragte dagegen blos: hat er Sie geliebt? und es ist in dem Zuge wenigstens eben so viel Geist als Empfindung. Uebrigens war es Frau Staal, die viele Galanterien gehabt hatte, und als man sie fragte, wie sie es in ihren Memoiren mit diesem Theil ihres Lebens gehalten hätte, zur Antwort gab; sie hätte sich blos en buste gemalt.

Gemahlin und wenigen Bedienten ab, und gelangte bis an die Pirenäen. Ueberzeugt, daß Alberoni ihm nachsetzen ließe, nahm er hier ein Paar kleine Kisten für sich und seine Frau, und nur die allernothwendigste Bedienung mit, reiste eilends über die Gebürge, und hielt erst in Saint Jean Pieds de Port an. Er hatte die Vorsicht gebraucht, in seinem Wagen einen Kammerdiener und ein Frauenzimmer zurückzulassen, die sich unterwegs für den Gesandten und die Gesandtin ausgaben. Der Herzog war kaum eine Meile durch die Gebürge vorgerückt, als der Wagen von Leuten umringt wurde, die Alberoni beordert hatte. Die Bedienten spielten ihre Rolle gut, schmähten heftig auf die Gewaltthätigkeit, und wurden zurück nach Pampeluna gebracht. Als der Herzog von Saint-Aignan in Bayonne angekommen war, ließ er seine Equipage zurückfordern und erhielt sie; der Statthalter benachrichtigte den Kardinalminister von der Verwechselung, über welche er in die größte Wuth gerieth.

Während daß im Süden der Krieg sich entzündete, wiederfuhr dem Norden das Glück, vom König von Schweden, Karl dem Zwölften, befreyt zu werden. Eine Kugel rächte die Menschheit an ihm bey der Belagerung von Friederichshall. Er hatte schätzbare Eigenschaften, die ihn beliebt gemacht hätten, wenn er ein Privatmann gewesen wäre; eine kriegerische Wuth machte ihn zur Geissel des Menschengeschlechts. Sein Vater, ein dunkler Tyrann, hatte seine Unterthanen gedrückt, den Senat und den Adel niedergeworfen, die Gesetze vernichtet. Der Sohn, ein glänzenderer Zerstörer, wurde weniger gehaßt, weil jene Art von Ruhm an ihm prangte, durch welche die gemeinen Menschen, thörige Bewunderer der Helden, die ihr Unglück machen, geblendet werden. Karl war der Verderber seiner und der benachbarten Staaten. Tausende, die das Feuer und das Schwert hinwegraffte, bezeichneten seine Regierung. Die Verwüstung, die Entvölkerung

rung Schwedens war bey seinem Tode so groß, daß man kaum etwas anders im Lande erblickte, als Kinder und Greise. Weiber und Mädchen waren allein übrig, um den Acker zu bauen, die Posten, und selbst die öffentlichen Bäder zu versehen. Man mußte ihrer zu allen den Verrichtungen sich bedienen, von welchen ihre Schwachheit und der Anstand sie auszuschließen scheint. Ich habe diese Umstände von dem Grafen Cerestes-Brancas, dem wahrhaftesten Manne, der unmittelbar nach dem Tode Karls des Zwölften unser Gesandte in Schweden war.

Die Schweden benutzten die Umstände, um sich wieder in das Recht, ihre Beherrscher selbst zu wählen, einzusetzen. Ohne Rücksicht auf die Ansprüche des Herzogs von Holstein, der ein Sohn der ältesten Schwester Karls des Zwölften war, erwählten sie seine jüngere Schwester, Ulrika Eleonora, zur Königin. Sie bewilligten ihr nachher, daß sie ihren Gemahl, den Prinzen von Hessen, an der Regierung Theil haben ließ, aber mit einer solchen Beschränkung der Gewalt für ihre Personen und ihre Nachkommen, daß der Despotismus lange nicht wieder erstehen konnte.

Viertes Buch.

Dieses Jahr eröfnete sich mit der Kriegserklärung gegen Spanien. Man hatte ein Manifest 1) vorausgeschickt, um die Gemüther für die Rechtmäßigkeit unsrer Motive einzunehmen. Die Feinde der Regierung ließen diese Gelegenheit nicht fallen, und verbreiteten vier aufrührerische Schriften. Die erste war ein Manifest des Königs von Spanien, an die drey Stände von Frankreich gerichtet; die zweyte ein Brief von Philipp dem Fünften an den König; die dritte ein Cirkularschreiben an die Parlamente; die vierte eine vorgebliche Bittschrift an Philipp den Fünften, im Namen der drey Stände von Frankreich. Das Parlament begnügte sich, mittelst eines Arrêts, diese Schriften zu unterdrücken, ohngeachtet sie eine schärfere Ahndung verdient hätten.

Die Offiziere, welche gegen Spanien dienen sollten, wurden ernannt, und es erregte, um das mildeste zu sagen, Erstaunen, den Marechal von Barwik, der mit der Grandezza und dem Vließ bekleidet war, und dessen Sohn die nämlichen Vorzüge in Spanien genoß, das Kommando einer Armee gegen Philipp den Fünften annehmen zu sehen. D'Asseld,
wel-

1) Dieses Manifest wurde von Fontenelle aus den Materialien des Abbe Dubois verfertigt. Diese und die vier Schriften, von welchen ich nachher spreche, sind überall gedruckt, und besonders in den Memoires de la Régence, einem Werke, das übrigens so schlecht ist, als ich eines kenne. Der Verfasser und der Herausgeber, welcher Noten hinzugesetzt hat, sind beyde gleich übel unterrichtet.

welcher nachmals Marschall von Frankreich wurde, machte den vollkommnen Kontrast gegen Barwik, der ihn verlangte, um ihn unter seinem Kommando zu haben. Er ging zum Regenten, und sagte: „ich bin Franzos, ich bin Ihnen alles schuldig, ich erwarte alles von Ihnen allein," hier aber zeigte er auf das goldne Vließ, „was wollen Sie aber, daß ich damit machen soll? Ich habe es vom König von Spanien; erlassen Sie mir es, gegen einen meiner Wohlthäter zu fechten."

Es wäre sonderbar gewesen, wenn der Regent, in allem so nachgiebig, nur gegen eine so rechtschafne Handlung sich widerspenstig gezeigt hätte; er sprach auch d' Affelo von den Kriegsdiensten frey, und schätzte ihn nur um desto mehr. Der König von Spanien wußte es ihm in einem hohen Grade Dank, und die Nationen äußerten ihren Beyfall.

Der Prinz von Conti erhielt das Kommando der Kavallerie, erhob starke Summen für seine Equipage, ließ sich sogar seine Postausgaben zahlen; und das war der ganze Ruhm, den er auf seinem Feldzuge ärntete.

Die Hazardspiele waren verboten worden. Der Herzog von Tresmes behauptete, als Gouverneur von Paris berechtigt zu seyn, eine Art von privilegirter Räuberhöhle zu halten. Der Polizeylieutenant Machault, der dieses Privilegium in den königlichen Verordnungen nicht fand, erklärte, daß er diese schändlichen Winkel alle dulden würde, wenn der eine gelten sollte.

Um niemanden vor den Kopf zu stoßen, erkaufte der Regent die Entsagung des Herzogs von Tresmes mit einer Pension von 2000 Livres. Wenige Jahre darauf erhielt, unter dem Ministerium des Herzogs von Bourbon, die Prinzeßin von Carignan, eine fromme Dame, die Erlaubniß, in ihrem Hotel spielen zu lassen. Sogleich brachte der Herzog von Tresmes sein Spiel wieder auf, und behielt die Pension dabey. Gauner in goldbebrämten Kleidern, wohl gar mit den Zeichen verschiedner Orden behangen, machten die Honneurs dieser beyden Mördergruben, wo die Kinder ehrlicher Bürgersleute verspielten, was sie ihren Familien stahlen. Mehrere tragische Begebenheiten ließen endlich keinen Zweifel, daß diese Orte die Pflanzschulen des Richtplatzes wären. Der Kardinal von Fleury verbot sie unter seinem Ministerium. Uebrigens dauert dieses schimpfliche Recht der Gouverneurs noch in vielen Provinzen fort. Die Beschützer eröthen nicht über die schändliche Quelle der Einkünfe, die sie daraus ziehen, und denken wahrscheinlich, wie Tiberius a), daß das Geld keinen Geruch hat.

Um diese Zeit war es, daß die Philippiques erschienen, ein Gedicht gegen den Regenten, von la Grange verfertigt 1). Dieses Werk, das sehr wenig ächtpoetische Stellen hat, ist eine Zusammenhäufung von Abscheulichkeiten, wo die zügelloseste Verläumdung sich auf einige Wahrheiten stützt b). Abschriften davon verbreiteten sich durch ganz Frankreich. Der Regent hörte von dem Gedicht sprechen, und wollte es sehen. Der Herzog von Saint-Simon versichert, daß er es gewesen ist, der auf die dringenden Zumuthungen des Regenten ihm dieses abscheuliche Pasquill zu lesen gab. Saint-Simon erzählt weiter, als der Prinz an die Stelle gekommen wäre, wo er für den Vers-

---

a) Der Verfasser hat, um die Sache rührender zu machen, den Tiberius genannt. Aber das lucri bonus odor ex re qualibet gehört dem Kaiser Vespasian: und der gerechte Eifer der Rechtschaffenheit, ohnaeachtet dieses kleinen historischen Versehens, gewiß unserm Verfasser.

1) La Grange war bey der Prinzessin von Conti, einer Tochter Ludwigs des Vierzehnten, Page gewesen. Er hat verschiedene Theaterstücke gemacht, in welchen man Situationen und Interesse findet, die aber alle schlecht oder matt geschrieben sind.

b) Die Revolution und ihre Folgen haben so vielen ähnlichen Werken, die in den letzten Jahren erschienen sind, eine größere und allgemeinere Wichtigkeit gegeben. Aber die Geschichte wird den Französischen Hof nicht nach diesen Aktenstücken richten; sie wird sie vielleicht als Strafe, aber nicht als Belege ansehen.

Vergifter der königlichen Familie ausgegeben wird, hätte er geschaudert, wäre einer Ohnmacht nahe gewesen, und hätte seine Thränen nicht zurückhalten können. Er rief aus: „das ist zu viel! Dieser Abscheulichkeit unterliege ich," und erholte sich mit Mühe von seiner Verzweiflung.

La Grange wurde arretirt und auf die Inseln Sainte Marguerite gebracht; er kam aber noch während der Regentschaft heraus, und zeigte sich ungescheut und öffentlich in Paris. Ich bin immer der Meynung gewesen, daß dieß bloß geschah, um das Gerücht zu zerstören, daß ihn der Regent hätte ermorden lassen; sonst wäre es die äußerste Unverschämtheit gewesen. Ein Schriftsteller, der sich gegen einen Parlamentsrath nur halb so arg vergangen hätte, würde auf die Galeeren geschickt worden seyn.

Man hat bis hieher sehen können, daß ich weder die zügellosen Sitten noch die üble Staatsverwaltung des Regenten beschönige; aber seiner natürlichen Gutherzigkeit muß ich ihr Recht wiederfahren lassen. Nimmt man bloß auf die Menschlichkeit seines Charakters Rücksicht, so kann man nicht umhin, zu beklagen, daß ihm so viele fürstliche Tugenden gefehlt haben.

Sobald der Herzog vom Maine und seine Gemahlin arretirt waren, verbreitete sich die größte Bestürzung unter ihrer Partey. Der Marechal von Villeroi verlor seine Aufgeblasenheit, Villars seine Kühnheit; d' Huxelles, Tallart, Canillac, d' Effiat, und der erste Präsident zeigten ihre Furcht durch die Mühe selbst, die sie anwandten, um sie zu verbergen. Der beste Schutz, den die Angeklagten finden konnten, war im Herzen des Regenten. Gutes und Böses, das man gegen ihn that, Dienstleistungen und Beleidigungen regten ihn nur schwach an; er schenkte, aber er belohnte nie, er vergab leicht, achtete ziemlich niemanden, und haßte noch weniger.

Außerdem fühlte der Abbe Dubois, daß man ihm es zur Last legen würde, die Strenge des Regenten angefeuert

feuert, oder wenigstens nicht zurückgehalten zu haben. Der Ungestüm des Herzogs von Bourbon ließ befürchten, daß er, einmal befreyt von dem Gegengewicht der Legitimirten und ihrer Anhänger, sich selbst auf Kosten des Regenten erheben, und von allem, was dieser gethan hätte, um die Regierung zu befestigen, die Früchte allein einärnten möchte. Der Abbé rechnete darauf, wenn er den Herzog vom Maine und den ersten Präsidenten rettete, sich im Nothfall einen Schutz gegen das Parlament selbst zu zusichern, das ihn einst angreifen könnte. Den Regenten überredete er leicht, daß er um seinetwillen thäte, was für seine eigne Sicherheit geschah; er machte ihn über die Gemüthsart des Herzogs von Bourbon besorgt, und gab ihm zu verstehen, daß man im Publikum die Angeklagten nicht schlechthin für Verbrecher der beleidigten Majestät ansähe, sondern vielmehr für Menschen, die den Staat liebten, und das Leben des Königs in Sicherheit zu bringen gesucht hätten. Die Sitten des Regenten, die Gottlosigkeit, mit welcher er sich öffentlich brüstete, die alten sowol als die neueren Gerüchte begünstigten diese Gedanken nur zu sehr. Es wirkte auf den Prinzen, und da sich seine natürliche Trägheit, die Furcht in seinen Vergnügungen gestört zu werden, zu diesen Betrachtungen gesellte, so überließ er's dem Abbé in dieser Sache ganz allein zu walten.

Es erfolgte kein förmlicher Prozeß, auch keine Zurückweisung an das Parlament. Der Siegelbewahrer und le Blanc vernahmen die Gefangnen, und mit jedem Tage wurden deren neue eingebracht. Man hatte aus Cellamare's Papieren ersehen, daß er verschiedne Verständnisse unterhielt, die keinen Bezug auf die Herzogin vom Maine hatten, und sich jedoch alle auf Spanien bezogen, ohne daß die Schuldigen unter einander den geringsten Verkehr hatten. So wurden der Herzog (nachmals Marechal) von Richelieu, und der Marquis von Saillans (d'Estaing) auf die Bastille gesetzt. An dem

Tage, wo sie arretirt wurden, sagte der Regent öffentlich, was er in seiner Tasche hätte, reichte hin, um dem Herzog von Richelieu vier Köpfe, wenn er sie hätte, zu kosten. Es waren vier Briefe an den Kardinal Alberoni, vom Herzog unterzeichnet, durch welche er sich anheischig machte, den Spaniern Bayonne zu überliefern, wo sein Regiment und das von Saillans in Garnison waren. Dieser leichtsinnige junge Mann, der sich eben nicht sehr geändert hat, bildete sich ein, der Urheber einer Revolution im Staat zu werden, und das Regiment von der Garde zur Belohnung zu haben. Dieses Komplot, das der unterste Offizier von dem Platz vereitelt haben würde, erweckte blos allgemeines Gelächter. Der junge Mensch aber sah sich für wichtig an, weil er als Staatsverbrecher behandelt wurde, und nahm seine Gefangenschaft mit der Leichtigkeit, die er immer in der Liebe, der Politik und dem Kriege gezeigt hat. Der Regent fand dies sehr lustig, und ließ ihm alles, was er verlangte, zukommen, einen Kammerdiener, zwey Lakayen, Spiele, musikalische Instrumente, so, daß er statt der Freyheit, die möglichste Ausgelassenheit genoß.

Während daß die Staatsgeschäfte den Regenten beschäftigten, war er noch durch häusliche Verdrießlichkeiten gequält. Die Herzogin von Berry, von dem thörigsten Stolz hingerissen, oder zur tiefsten Liederlichkeit herabgesunken, gab in beyden Fächern öffentliche Auftritte.

Bey einer Visite, die der Venetianische Botschafter ihr abstattete, hatte sie den Einfall, ihn in einem Lehnstuhl sitzend, auf einer Erhöhung von drey Stuffen, zu empfangen. Der Gesandte blieb einen Augenblick stehen, näherte sich dann langsam, wie ein Mensch, der sich auf seine Entschließung besinnt, machte eine Verbeugung, wandte sofort den Rücken, und ging heraus, ohne ein Wort zu sprechen. Er versammelte am nämlichen Tage die fremden Ministers, und alle erklärten öffentlich, daß sie keinen Schritt wieder zu der Prinzessin kommen würden,

ben, wenn sie nicht versichert wären, geziemend empfangen zu werden 1).

Ihr Leben im Innern ihres Hauses machte einen seltsamen Abstich gegen diese tollen Einfälle ihres Stolzes bey öffentlichen Gelegenheiten. Ich habe von der niedrigen Knechtschaft schon gesprochen, in welcher der Graf von Riom sie hielt, und er ließ um so weniger von seinem Uebermuth gegen sie nach, als er sich ein System daraus gemacht hatte, und als seine Härte, seine Launen die Beständigkeit der Prinzeßin sicherten. Man wird sich auch erinnern, daß sie vor oder nach gewissen Bacchanalien auf fromme Uebungen bey den Karmeliterinnen einkehrte. Eine Nonne, welche sie zu allen Betstunden im Kloster begleitete, erstaunt, sie auf den Knien liegen zu sehen, und manchen Seufzer unter das brünstigste Gebet mischen zu hören, sagte endlich: „Guter Gott, wie ist es möglich, daß die Welt so ärgerliche Reden über Sie führt, die sogar bis zu uns gelangen? Die Menschen sind sehr arg, Sie leben hier wie eine Heilige." Die Prinzeßin fieng darauf an zu lachen. Diese Ungleichheiten zeigten wirklich einen Grad von Tollheit an. Sonst nahm sie es mit dem heftigsten Aerger auf, daß man sich unterstand über ihre Aufführung zu richten. Sie wurde endlich schwanger, und als sie ihrer Entbindung nahe war, hielt sie sich ziemlich eingeschlossen, und oft im Bette, wozu sie Migrainen vorschützte. Aber die Ausschweifungen, die sie sich in Weinen und starken Getränken fortwährend erlaubte, erhitzten ihr das Blut. In ihrem Wochenbette setzte sie ein heftiges Fieber in die größte Gefahr. Dieses freche, heroische Geschöpf, das sich über allen Wohlstand hinaussetzte, das laut und öffentlich mit Riom lebte, schmeichelte sich die Folgen davon der Welt zu verbergen: als ob die Handlungen der Großen je geheim

---

1) Keine Königin, die nicht regierend ist, hat je eine Audienz auf einer Erhöhung gegeben.

heim gehalten werden könnten! In ihr Zimmer kam niemand, als Riom, die Marquise von Mouchi, eine Hofdame der Prinzessin und ihre würdige Vertraute, und die Weiber welche der Kranken durchaus unentbehrlich waren. Der Regent selbst zeigte sich nur auf Augenblicke: so unmöglich es war vorauszusetzen, daß er den Zustand seiner Tochter nicht kannte, so stellte er sich doch vor ihr, als ob er nichts gewahr würde, entweder aus Furcht sie zu erbittern, wenn er unterrichtet schiene, oder in der Hofnung daß sein Stillschweigen der Indiskretion andrer Einhalt thun würde. So viel Vorkehrungen verhinderten das Aergerniß nicht, und sollten es in kurzem vermehren. Die Gefahr wurde so dringend, daß der Pfarrer von Saint-Sulpice, Languet, davon Nachricht bekam. Er begab sich nach dem Luxembourg, sprach den Regenten, stellte ihm die Nothwendigkeit vor, die Prinzessin von der Gefahr, in welcher sie wäre, zu unterrichten, und setzte hinzu, Riom und die Mouchi müßten zuförderst den Pallast verlassen. Der Regent, gleich verlegen dem Pfarrer offenbar zu widersprechen, oder seine Tochter durch den Vorschlag der heiligen Sakramente zu beunruhigen, und durch die vorläufige Bedingung des Seelenhirten vollends gar ihre Wuth zu erregen, versuchte der Pfarrer zu überreden, daß die Verjagung Rioms und der Mouchi das größte Aergerniß geben würde. Er that Vorschläge zur Güte, der Pfarrer verwarf sie alle, weil er bey einer schreyenden Veranlassung, wie diese war, mitten unter den Zänkereien der Constitution, in welchen er eine Rolle spielte, bey der Gegenpartei verschrieen zu werden fürchtete, wenn er sein geistliches Amt nicht mit der möglichsten Strenge hier führte. Da der Pfarrer unbeweglich blieb, so erbot sich der Regent, es auf den Kardinal Noailles ankommen zu lassen. Languet gieng dieses ein, und würde es vielleicht nicht ungern gesehen haben, wenn der Kardinal durch seine Nachgiebigkeit einen

unter=

untergeordneten Priester aus der Verlegenheit gerissen, ihm die Ehre der strengen Moral gelassen, sich selbst den Anhängern der Constitution Preis gegeben, und ihnen einen schönen Stof zu Auslegungen gereicht hätte. Der Kardinal kam auf die Einladung des Regenten, lobte das Betragen des Pfarrers, auf den eignen Vortrag des Herzogs, und bestand auf die Wegräumung der beyden Steine des Anstoßes.

Die Mouchi konnte sich selbst über die Gefahr, worin sich ihre Gebieterin befand, nicht täuschen; sie glaubte aber hinlänglich vorgebaut zu haben, indem sie einen Franziskaner kommen ließ, um der Prinzeßin ihre Beichte abzunehmen, und sie zweifelte keineswegs, daß der Pfarrer alsdann das heilige Sakrament bringen würde. Sie ließ sich nicht träumen daß sie selbst der vornehmste Gegenstand der Unterredung war, als der Regent sie rufen ließ. Sie öfnete die Thüre halb, und der Regent, ohne hereinzugehen oder sie herauskommen zu lassen, sagte ihr, welche Bedingungen auf die Reichung des Abendmahls gesetzt würden. Die Mouchi, bestürzt von diesem Kompliment, wußte sich doch zu nehmen, gerieth in Harnisch über den Schimpf, den man einer Frau von Ehre anthäte, versicherte, daß die Prinzeßin sie heuchlerischen Kopfhängern nicht aufopfern würde, gieng hinein, und gab nach wenigen Augenblicken dem Regenten zur Antwort, daß ein so unverschämter Vorschlag die Prinzeßin empörte, worauf sie die Thür wieder zuwarf. Der Kardinal, dem der Regent die Antwort hinterbrachte, wandte ein, daß man nicht der Person selbst, welche weggethan werden sollte, den Auftrag geben müßte, das Wort zu führen; das dem Vater obläge, diese Pflicht zu erfüllen, und seine Tochter zur ihrigen zu ermahnen. Der Herzog suchte dies aus Furcht vor dem heftigen Charakter seiner Tochter von sich abzulehnen, und der Kardinal machte hierauf Anstalt, selbst hereinzugehen und

des Herzogs von Orleans.

und mit der Prinzessin zu sprechen. Der Regent, besorgt, daß der Anblick des Prälaten und des Pfarrers in dem Zustande der Kranken eine tödtliche Veränderung hervorbringen möchte, warf sich dem Kardinal in den Weg, und bat ihn zu warten, bis sie auf einen solchen Besuch vorbereitet worden wäre. Er ließ die Thür wieder öfnen, und verkündigte der Mouchi, daß der Erzbischof und der Pfarrer sie durchaus sprechen wollten; die Kranke, die ihn hörte, stieß wütende Verwünschungen sowohl gegen ihren Vater als gegen die Priester aus: diese Pfaffen, sagte sie, mißbrauchten den Zustand einer Kranken, und ihr eignes Amt, um sie zu entehren, und ihr Vater wäre schwach und albern genug, um es zu leiden, anstatt sie zum Fenster hinauszuwerfen zu lassen.

Der Regent, verlegner als jemals, berichtete dem Kardinal, daß die Kranke zu viel litte, um nicht Aufschub erwarten zu dürfen. Der Prälat wurde es müde vergebens zu bringen, und entfernte sich, nachdem er dem Pfarrer befohlen hatte, auf die Pflichten seines Amtes mit Strenge zu halten.

Die Entfernung des Kardinals war dem Herzog eine große Erleichterung, und er hätte sich gern auch noch den Pfarrer vom Halse geschaft. Dieser aber ließ sich an der Kammerthüre, so zu sagen, häuslich nieder; und zwey Tage und zwey Nächte lang verließ er seinen Posten nur auf Augenblicke, um auszuruhen oder einige Nahrung zu sich zu nehmen, da ihn dann jedesmal zwey Priester ablösten. Als endlich die Gefahr vorübergieng, wurde diese geistliche Wache aufgehoben, und die Kranke dachte auf nichts mehr als auf ihre Genesung.

Ohngeachtet ihrer wütenden Ausbrüche gegen die Pfaffen, hatte die Furcht vor der Hölle sie doch ergriffen. Der Eindruck haftete um so mehr, als sich ihre Gesundheit nicht vollkommen erholte, und als ihre Leidenschaft
lebhafter

lebhafter wie jemals war. Riom, von den Rathschlägen seines Onkels, des Herzogs von Lauzün unterstützt, beschloß die Stimmung seiner Gebieterin zu benutzen, um sie zu einer Heyrath zu bringen, die ihrem Gewissen Beruhigung, und ihren Freuden Sicherheit geben würde. Der Herzog von Lauzün ersann den Plan, die Mittel, die Anschläge, und Riom handelte in Gemäßheit.

Sie fanden bey einem Weibe, das in ihrer Leidenschaft verloren, mit dem Teufel erschreckt, und schon lange her unterjocht war, nicht viel Schwierigkeiten. Riom brauchte nur zu befehlen, und sie gehorchte; daher verstrichen kaum vier Tage zwischen der Entstehung und der Ausführung des Anschlags. Einige zusammengestellte Data werden es beweisen; und da die Herzogin von Verri sehr kurze Zeit darauf starb, so werde ich hier alles zusammennehmen, was sie betrift.

Sie war am 26. März krank geworden; Ostern fiel den 9. April, und schon am 4ten, Dienstags in der Charwoche, war sie außer Gefahr. Es ist der Gebrauch in den Pariser Pfarreien, während der Charwoche allen Kranken das Abendmahl zu bringen, wenn sie auch nicht im Fall sind die letzten Sakramente zu brauchen, und sich nur außer Stand befinden ihre Osternandacht in den Kirchen zu halten. Es trat also bey der Prinzessin eine doppelte Veranlassung ein, ihr die Sakramente zu bringen: ihr Zustand, und der Zeitpunkt. Nun aber war diese Pflicht, zur öffentlichen Erbauung, so wenig erfüllt worden, daß man sogar im Publikum von den Ursachen, die es verhindert hatten, unterrichtet war, und es wurde für die Prinzessin sehr mißlich, die Osterwoche in Paris zuzubringen.

Ohngeachtet sie Konvalescentin war, so konnte sie doch die Ermüdung einer Reise noch in langer Zeit nicht aushalten; sie machte sich aber, trotz allen Vorstellungen,

am

am Ostermontag, auf den Wege und ließ sich in Meudon nieder. Ihre Heirath war schon vollzogen, das heißt sie und Riom hatten von einem wenig bedenklichen und gut bezahlten Priester den Segen erhalten. Das reichte nun wohl hin, um Gewissensbisse zu tilgen oder zu verhüten, nicht aber um die Heyrath einer Prinzessin vom Geblüt, einer königlichen Enkelin zu konstatiren.

Der Regent war davon unterrichtet, und hatte sich nur schwach widersetzt. Wenn seine Tochter wieder in den vorigen Zustand verfiele, so rechnete er darauf, dem Pfarrer die Sache anzuvertrauen, und ihn dadurch biegsamer zu machen, womit dann der öffentliche Anstoß vermieden wurde. Diese Rücksicht machte indessen die Nachgiebigkeit des Herzogs noch nicht begreiflich, und man wurde vielmehr in dem Verdachte bestärkt, daß zwischen dem Vater und der Tochter ein Umgang Statt gehabt hätte, der die Zärtlichkeit der Blutsverwandtschaft überschritt, und daß der Vater von seiner Tochter, in einem Anfall von Wuth, verrathen zu werden fürchtete. Unglücklicher Weise war von zwey Personen, die so über alle Bedenklichkeiten und Grundsätze hinaus waren, alles zu glauben; und von allen Abscheulichkeiten, welche la Grange dem Regenten zur Last gelegt hatte, schien er blos über die Vergiftungen, deren er uns fähig war, wirklich empfindlich gewesen zu seyn.

Wie dem auch seyn mochte, so war diese Heyrath für Rioms Gewissen kein Bedürfniß gewesen, und seinen Ehrgeiz konnte nur die Publicität derselben befriedigen. Die glänzendsten Anstellungen wurden sodann eine nothwendige Folge derselben. Er machte deshalb der Herzogin den Kopf warm, und zwang sie, ihren Vater damit zu behelligen. Dieser setzte ihr vergebens die Vernunft entgegen; sie erwiederte mit tobender Wuth.

Die Zwistigkeiten zwischen dem Vater und der Tochter wurden ruchbar. Die Mutter und die Gemahlin des Herzogs erfuhren die Ursache. Der Herzogin mochte im Grunde des Herzens die Erniedrigung ihrer Tochter, deren Hochmuth sie beständig erfahren mußte, nicht sehr leid thun. Madame fand gar keine Schwierigkeit dabey, und in ihrem erhabnen Zorn schien ihr nichts auf der Welt einfacher, als den Grafen von Riom zum Fenster hinaus oder in den Fluß werfen zu lassen, um dem Handel ein Ende zu machen.

Der Regent hatte es am schlimmsten, und er würde den Rath seiner Mutter befolgt haben, wenn er die Rache, und vielleicht gar die Geständnisse einer zügellosen Tochter nicht zu befahren gehabt hätte. Um ihren Verfolgungen zu entgehen, sah er sie nur selten, unter dem Vorwande der Geschäfte und der Entfernung von Meudon. Er suchte überdem Zeit zu gewinnen, indem er Riom befehlen ließ, zu seinem Regiment zu gehen, das bey der Armee des Marechal von Barwik war. Alle Obersten waren schon abgereist, und die Ehre erlaubte Riom nicht zu zögern. Er gehorchte auf der Stelle, ohngeachtet der Thränen der Prinzeßin. Sie war in Verzweiflung, und erklärte gegen ihren Vater, der einige Tage darauf sie besuchte, daß sie entschlossen wäre, ihre Heyrath bekannt zu machen; sie wäre Wittwe, hätte über ihre Person und über ihre Güter zu disponiren, und wollte nach ihrer Willkühr damit schalten; kurz, sie wiederholte alles, was sie durch Riom von Mademoiselle de Montpensier erfahren hatte. Der Regent, durch ihre Heftigkeit auf das äußerste getrieben, gab ihr Hofnungen, bat um Frist, und verließ sie mit dem festen Entschluß, nicht wieder zu kommen.

Nach einigen Tagen wurde sie unruhig, daß ihr Vater nicht wiederkam, und besorgte, daß man diese eingestellten Besuche als eine Verminderung ihres Ansehens auslegen möchte. Sie ließ ihn also einladen, in Meudon zu soupiren, wo sie ihm eine Fete geben wollte. Es war in den ersten Tagen des Monats May. Der Herzog konnte ihre Einladung nicht abschlagen, und sie bestand dar-

des Herzogs von Orleans.

darauf, auf der Terrasse zu soupiren, ohngeachtet aller Vorstellungen, daß die Nächte zu kühl wären, und daß sie bey einer noch nicht entschiednen Genesung sich der Gefahr eines Rückfalls aussetzte. Diese Einwendungen machten ihren Willen desto hartnäckiger, indem sie sich einbildete, daß eine nächtliche Fete unter freyem Himmel dem Publikum die Meynung benehmen würde, daß sie niedergekommen wäre.

Was man ihr verkündigt hatte, geschah; sie bekam das Fieber, und verlor es nicht wieder. Da der Regent sich über die Seltenheit seiner Besuche mit den Geschäften entschuldigt hatte, so ergriff sie das Mittel, sich nach la Muette bringen zu lassen, wo die Nähe von Paris ihren Vater bewegen würde, sie öfter zu sehen.

Die Ueberfahrt von Meudon nach la Muette verschlimmerte die Zufälle ihrer Krankheit. Gegen den halben Julius wurde sie so übel, daß man ihr den schrecklichen Namen des Todes mußte zu hören geben. Sie zeigte alle mögliche Fassung, ließ in ihrer Stube Messe lesen, und empfing das Abendmahl bey offenen Thüren, wie sie eine feyerliche Audienz gegeben haben würde. Der Stolz gab ihr diesen Muth, oder hielt ihn aufrecht; denn nach dieser vollbrachten Handlung verabschiedete sie die Anwesenden, und fragte ihre Vertrauten: Ob das nicht mit Größe sterben hieße? Am nämlichen Tage ließ sie alle Welt sich entfernen, die Mouchi ausgenommen, der sie befahl, ihr Ringfutteral zu bringen, in welchem für mehr als zweyhunderttausend Thaler an Werth war; sie machte ihr damit ein Geschenk, aber die Mouchi fürchtete, beschuldigt zu werden, daß sie es gestohlen hätte, da sie es ohne Zeugen empfing, und ihre Ruf eine solche Anklage eben nicht zerstört haben würde. Sie hielt also für rathsam, noch bey Lebzeiten der Prinzeßin es bekannt zu machen, und begab sich in dieser Absicht mit ihrem Manne zum Regenten. Dieser, statt aller Antwort, verlangte

C 2   das

das Futteral, nahm es, untersuchte, ob nichts daran fehlte, hob es in einer Schublade auf, und entließ sie, mit dem Verbot, sich wieder zu la Muette betreten zu lassen.

Die Sterbende schien während der zwey Tage, die sie noch lebte, die Abwesenheit der Mouchi nicht wahrzunehmen. Ganz allein mit ihrem letzten Augenblick beschäftigt, ohne Prahlerey und ohne Schwachheit verlangte sie die Sakramente, und empfing sie in Gegenwart des Pfarrers von Passi, durch den Abbé de Castries, ihren ersten Kapellan, der schon damals zum Erzbischof von Tours ernannt war, und es späterhin von Alby wurde. Da die Aerzte keine Hofnung mehr hatten, so schlug man das Elixir von Garus vor, das damals anfing, im Schwunge zu gehen. Garus reichte es selbst, und empfahl besonders, der Kranken kein Purgiermittel zu geben, indem sein Elixir sonst sich in Gift verwandelte. In wenigen Augenblicken schien die Kranke wieder aufzuleben, und beharrte in der Besserung bis zum andern Tag. Man behauptet, daß Chirac, aus einem medicinischen Point b'Honneur lieber die Kranken aufzuopfern, als den Ruhm der Kur einem Empiriker zu lassen, der Kranken eine Purganz nehmen ließ, worauf sie sogleich tödlich wurde, in Agonie verfiel, und die Nacht vom 20sten zum 21sten Julius starb. Garus rief Mord gegen Chirac, der sich's weiter nicht anfechten ließ, den Empiriker mit einer kalten Verachtung ansah, und la Muette verließ, wo nichts mehr für ihn zu thun war.

So endigte in ihrem vier und zwanzigsten Jahr eine Prinzeßin, die durch Witz, Schönheit, Reize, Thorheit und Laster gleich berühmt gewesen war. Ihre Mutter und ihre Großmutter erfuhren diesen Todesfall mit mehr Wohlstand als Schmerz. Der Vater war in der größten Verzweiflung; aber ohne daß er vielleicht selbst darauf merkte, empfand er es bald als eine große Erleichterung, von den Launen, den unbändigen Einfällen einer Närrin,

und

und von der Verfolgung einer thörigten Heyrath befreit zu seyn.. Sonst wurde diese Prinzeßin von niemanden bedauert, weil allen ihren Hausgenossen der Gehalt und die Wohnung fortgesetzt wurden, die Mouchi ausgenommen, welche auf ihre Güter verwiesen ward.

Der Herzog von Saint-Simon behauptet, daß bey Oefnung des Leichnams der Herzogin schon Zeichen neuer Schwangerschaft gefunden wurden. In jedem Fall hatte sie seit ihrer Niederkunft keine Zeit verloren. Saint-Simon mußte doch gut unterrichtet seyn, weil seine Frau, als Hofdame der Prinzeßin, der Oefnung beygewohnt hatte.

Das Herz wurde nach dem Wall de Grace gebracht, der Leichnam nach Saint-Denys. Es gab kein feyerliches Weihwasser, das Leichenbegängniß war einfach, und beym Amt ließ man weislich die Leichenrede weg. Die Trauer des Königs dauerte sechs Wochen, und ohngeachtet der Hof die Haustrauern nur so lange trägt als der König, so trug man sie doch, mit dem Regenten, ein Vierteljahr; die Schauspiele blieben acht Tage verschlossen.

Noch ein kleiner Zug wird zu dem Charakter dieser Prinzeßin gehören. Zu Anfang ihrer Krankheit gelobte sie für sich und für ihr Haus sechs Monate weiß zu tragen. Zufolge dieses Gelübdes bestellte sie Equipage, Geschirr und Liverey in Silber, um dieser klösterlichen Andacht wenigstens durch Prunk einen vornehmen Anstrich zu geben.

Die Tochter der Herzogin von Berri und des Grafen von Riom, die ich in meiner Jugend gesehen habe, ist jetzt in Pontoise Nonne, mit 300 Livres Pension.

Ein Todesfall, der weniger Lärm machte als dieser, ereignete sich an der Frau von Maintenon, deren Namen fünf und dreyßig Jahr hindurch ganz Europa erfüllt hatte. Von dem Augenblick, da sie den König verloren hatte, schloß sie sich in Saint-Cyr ein, und kam nicht wieder heraus. Sie lebte in der zweydeutigen Etiquette einer verwittweten Königin. Wenn die Königin von England mit ihr speiste, hatte jede einen Lehnstuhl, die jungen Mädchen, die im Hause erzogen wurden, bedienten sie, und alles kündigte die Gleichheit an. Einige alte Freunde vom Hof Ludwigs des Vierzehnten statteten Besuche bey ihr ab, aber nie, ohne es ihr vorher melden zu lassen, damit sie Tag und Stunde bestimmte. Im Hause geliebt, gefürchtet und geehrt theilte sie ihre ganze Zeit zwischen Andachtsübungen, und der Erziehung einer gewissen Anzahl von Schülerinnen, die sie auf ihrem Zimmer hatte.

Der Herzog vom Maine war der einzige, der ohne vorgängige Anfrage sie besuchen durfte. Er sprach oft bey ihr an, und wurde immer mit mütterlicher Zärtlichkeit von ihr empfangen. Sie zeigte mehr Empfindlichkeit bey der Degradation dieses adoptirten Sohnes, als sie beym Tod des Königs gezeigt hatte. Als sie erfuhr, daß er arretirt wäre, unterlag sie dem Schmerz, sie bekam das Fieber, und starb, nachdem sie drey Monate geschmachtet hatte, in ihrem drey und achtzigsten Jahr, am 15ten April.

Die gedruckten Memoiren und Briefe der Frau von Maintenon überheben mich, diesen Gegenstand weitläuftiger abzuhandeln. Ich werde bloß hinzu setzen, daß sie niemals förmlich weder geläugnet noch versichert hat, mit dem König verheyrathet gewesen zu seyn; aber sie ließ es leicht abnehmen. Die schöne Prinzeßin von Soubise, Mutter des Kardinal Rohan, der 1749 starb, hatte einen Brief an die Frau von Maintenon unterzeichnet: mit Ehrfurcht; diese schloß ihre Antwort mit diesen Worten: „was die Ehrfurcht betrifft, so lassen Sie davon zwischen uns die Rede nicht mehr seyn; Sie könnten sie nur meinem Alter schuldig seyn, und ich halte Sie für zu artig, um mir dies vorzuwerfen." Diese Antwort, die ich selbst gelesen

lesen habe, ist eine Ausflucht. Hatte sie den König geheyrathet, so war ihr die Prinzeßin von Soubise alle mögliche Ehrfurcht schuldig; wo nicht, so war diese berechtigt, sie von der Frau von Maintenon zu fordern. Wäre sie vor dem König gestorben, so würde es für ganz Europa eine Begebenheit gewesen seyn, und zwey Zeilen in der Zeitung berichteten jetzt ihren Tod, da man aufgehört hatte, zu wissen, ob sie noch lebte.

Die Bank, das Mississipi, die Konstitution, der Spanische Krieg beschäftigten alle Köpfe. Die Eintracht zwischen Frankreich und England gieng so weit, daß der Marquis von Senecterre, der zum Botschafter in London ernannt war, als er seine Instruktionen verlangte, vom Abbe Dübois zur Antwort bekam, er hätte ihm keine weiter zu geben, als die, alles zu befolgen, was ihm die Minister des Königs Georg vorschreiben würden.

Stairs, der Englische Gesandte in Paris, hatte zu viel Stolz, um nicht die Gelegenheit zu neuen Eingriffen zu suchen. Er hielt einen von den prächtigsten Einzügen, die man noch gesehen hatte, und als er seine Audienz bey dem König bekam, wollte er mit einem achtspännigen Wagen in den Hof fahren. Man hielt ihn am Thore auf, und nach einem ziemlich langen Wortwechsel mußte er endlich sechs Pferde ausspannen lassen, und, Gebrauch gemäß, mit zweyen hereinfahren. Er ließ es nicht bloß dabey bewenden. Nachdem er bey den Prinzen vom Geblüt seine Visite abgelegt hatte, erwartete er mit Recht die ihrige. Der Prinz von Conti, der sich zuerst in dieser Absicht zu ihm begab, sah sich aus seinem Wagen vergebens nach dem Botschafter um, der nach der Regel ihn unten an der Treppe hätte empfangen sollen, er wartete eine Zeitlang im Wagen; als aber Stairs nicht erschien, ließ er umwenden, und fuhr sogleich zum Regenten, bey dem er sich beklagte. Die Prinzeßinnen, bey denen

denen Stairs schon Audienz verlangt hatte, erhielten hierauf die Weisung, ihn nicht anzunehmen, bis er gegen die
Prinzen seine Schuldigkeit beobachtet hätte. Es verstrichen zwey Monate in Zänkereyen und Unterhandlungen
über diesen Punkt, und Stairs war endlich gezwungen,
sich nach der Regel zu fügen.

Der Regent, dem die Streitigkeiten über die Konstitution noch immer zur Last lagen, würde ihnen durch eine
gewisse Festigkeit leicht Einhalt gethan haben; er hatte
Beyspiele vor sich, was ein Fürst vermag, der die Sprache
des Herrn zu führen weiß. Als der Erzbischof von Me-
cheln, de Bossû, sich mit zum Apostel der Constitution
aufwerfen wollte, ließ ihm der Kaiser verbieten, über
diese Materie zu sprechen oder zu schreiben, und der Prälat blieb ruhig.

Der König von Sardinien ließ bey den ersten Bewegungen die über den nämlichen Punkt entstanden, die
Superioren der Jesuiten vor sich kommen, und erklärte
gegen sie, er wolle nicht, daß man es bey ihm triebe wie
in Frankreich, und wenn im mindesten von Konstitution
die Rede seyn sollte, so würde er sie alle fortjagen. Die
ehrerbietigen Patres suchten ihn zu überzeugen, daß sie
ganz und gar keinen Antheil an diesen Zwistigkeiten hätten. „Ich lasse mich," sagte der König, „hierüber nicht
in Erklärungen ein; wenn ich aber je wieder davon sprechen höre, so jage ich Euch ohne alle Rückkehr fort." Er
entließ sie mit einem leichten Kopfnicken, wandte ihnen
den Rücken, und hörte nie wieder ein Wort von der Konstitution.

In Frankreich verhielt es sich anders, wo eine offene Fehde zwischen den Anhängern der Konstitution und
den Appellirenden war. Das Parlament, das dem Römischen Hof sehr entgegen war, that allen Unternehmungen desselben Einhalt, und erließ eine Verordnung gegen
das

das Dekret der Inquisition, welches alle Opponirenden an das heilige Amt denuncirte. Einige Zeit vorher war ein Gerichtsdiener vom Chatelet, Namens Le Grand, nach Rom gegangen, hatte sich unter den Haufen der Leute, welche dem Pabst Bittschriften übergaben, gestellt, und ihm die Appellations Urkunde der vier Bischöfe zu eignen Händen übergeben; am Abend schlug er sie im Vatikan, auf dem Campo di Flora an, und reiste mit Extrapost zurück. Auf dem Rückwege begegnete er dem Kourier des Nuntius Bentivoglio, der ihn fragte, was es in Rom Neues gäbe. Wenn Sie hinkommen, antwortete Le Grand, werden Sie von mir hören. Paulucci, Staats Secretair Klemens des Eilften, war sehr verwundert, unter den Bittschriften die ihm der Pabst zusandte, eine gerichtliche Andeutung an Seine Heiligkeit in eigner Person zu finden.

Unterdessen machte die Französische Armee in Navarra Fortschritte. Fontarabie und San Sebastian waren erobert, und die Spanische Armee fand sich auser Stand der unsrigen entgegen zu arbeiten. Ihre Flotte war im vorigen Jahre durch den Admiral Bing, den Anführer der Englischen, geschlagen worden, und sein Sohn, Capitain Bing brachte die Nachricht davon nach Paris. Es ist der nämliche, der nachher den Unfall, den er zu Anfang des gegenwärtigen Kriegs vor Mahon erlitt, mit seinem Kopf bezahlen mußte. Sein Blut mag mit Recht oder mit Unrecht vergossen worden seyn, so sind doch alle Siege der Engländer daraus entsprossen. Auch wir würden uns, bey allen Widerwärtigkeiten die uns begegnet sind, doch erholen können, wenn wir von diesen Nebenbuhlern gelernt hätten, daß man belohnen und strafen muß.

Während daß man gegen Spanien den Krieg führte, bemühte man sich allen die mit Alberoni Verständniße gehabt hatten, auf die Spur zu kommen. Der Regent wollte nicht, daß dem Herzog und der Herzogin vom Maine förmlich ihr Prozeß gemacht würde, aber er fürchtete zugleich den Vorwurf, daß er sie aus persönlichem Haß hätte festsetzen laßen. Er forderte daher von der Herzogin eine Erklärung über ihr ganzes Komplott mit Cellamare und mit Alberoni. So viel Umschweife sie auch bey ihren Geständnissen gebrauchte, so erfolgte immer daraus, daß man den Plan gehabt hatte, Paris, die Provinzen, und insbesondre die Bretagne, wo die Spanischen Schiffe aufgenommen werden sollten, gegen den Regenten zu empören. Um ihren Mann aus der Verantwortung zu ziehen, erklärte sie, daß er zu furchtsam wäre, als daß sie ihm je einen Anschlag mitgetheilt hätte, der ihn erschreckt haben würde, und den er zuverläßig angegeben hätte. Wenn es den Herzog vom Maine erleichterte sich gerechtfertigt zu sehen, so mußten ihm wenigstens die Gründe, die man dazu anführte, nicht sehr schmeichelhaft seyn.

Sie nannte übrigens alle Theilhaber der Verschwörung, unter denen viele Edelleute aus Bretagne waren.

Ich habe den Prozeß derer, die zu Nantes hingerichtet wurden, vor Augen gehabt. Ich habe mich oft mit einigen von den Richtern, und von denen die in Effigie gerichtet wurden, über die Sache unterhalten; aber niemals ist mir ein ungeschickter angelegtes Komplott vorgekommen. Viele wußten nicht bestimmt wovon die Rede wäre, oder verstanden sich nicht unter einander. Die meisten glaubten blos im Allgemeinen daß eine Revolution vor sich gehen würde; und hatten sich verbindlich gemacht sie zu unterstützen; viele hatten ihr Wort und ihre Unterschrift gegeben, ohne sich in weitere Untersuchung einzulassen. Es waren welche darunter, die einen Grad von Thorheit gegen mich eingestanden haben, den ich für unmöglich gehalten hätte, wenn die Erklärung der Herzogin vom Maine nicht damit übereinstimmte: sie dachten den König auf einer Reise nach Rambouillet zu entführen, ihn nach Bretagne zu geleiten, und von da aus dem Regenten Gesetze vorzuschreiben *a*). Wenn man den verschiednen Gliedern dieser Sache nachgeht, so findet man manchen Bretagner darinn verwickelt, der den Namen der Herzogin vom Maine nie hatte nennen gehört. Für gewisse Mitschuldige, die ich gekannt habe, konnte man sich des Mitleidens nicht erwehren, wenn man ihren geringen persönlichen Werth in Betrachtung zog.

Der Herzog und die Herzogin erhielten endlich ihre Freyheit, und der Regent ließ nach und nach alle die wegen dieser Sache in der Bastille waren, ebenfalls wieder auf freien Fuß setzen. Wahrscheinlich würde er gegen die Bretagnischen Edelleute mit der nämlichen Milde gehandelt haben, wenn man ihn nicht überredet hätte, daß einige Beyspiele von Strenge nöthig wären. Man ernannte demnach eine Kommission, die sich in Nantes nieder-

---

a) Noch scheint man die Veränderungen, die in diesem Jahrhundert stufenweise bis auf unsre Zeiten mit den menschlichen Vorstellungen und Handlungen vorgegangen sind, nicht erschöpft zu haben; und man dürfte sie oft bestimmter und einfacher finden, als sie in den meisten Köpfen erscheinen. Im gegenwärtigen Augenblick verwundert man sich mehr über Duclos Verwunderung, als über die thörige Einbildung dieser Verschwornen: Könige werden entführt und zurückgebracht wie die Schönen in den Ritterzeiten, man kann sich sogar nicht mehr gewöhnen zu denken, daß sie ohne Arg still sitzen, man sieht, man hört, oder man träumt von nichts mehr als von entführten Königen. Uebrigens frage man den Französischen Adel, ob aus dem was Duclos nur für kindische Thorheit hält, nicht ein Faden herüberreichte in die Begebenheiten der drey letzten Jahre. Für die Erhaltung vorhandner Privilegien wollte man an die Quelle der öffentlichen Gewalt stürmen, und bereitete was späterhin gethan wurde für Rechte, die noch zu erschaffen und zu erobern waren.

niederließ, um den Prozeß der Angeklagten zu untersuchen; und so opferte man gerade die Unschuldigsten oder wenigstens diejenigen, deren Fehler am verzeihlichsten war. Die Liebe für mein Vaterland wird mich nicht parteyisch machen, noch mich bewegen die Wahrheit zu verrathen; aber ich muß einer Provinz Gerechtigkeit wiederfahren lassen, die dem König auf eine edle Art zugethan war, und die sich gegen die Verletzung ihrer Vorrechte auflehnte. Die Völker die am eifrigsten auf ihre Rechte halten, sind auch immer diejenigen, die ihre Pflichten am meisten lieben; und das Mißvergnügen der Bretagner war in seinem Ursprung gegründet. Die Stände hatten von ihrem Schatzmeister, Montaran, verlangt daß er Rechnung ablegen sollte; nichts war gerechter, und nichts konnte dem Staat weniger angehen, vielmehr hätte der Regent ein so ordentliches Verfahren billigen sollen. Zum Unglück für die Provinz hatte Montaran einen Bruder, der Hauptmann in der Garde war, ein großer Spieler, und der in der guten Gesellschaft sehr herumkam. Ein solcher Mensch ist für Paris ein interessantes Wesen. Er steckte sich hinter verschiedne Weiber, die sonnenklar bewiesen, daß man dem Bruder eines Mannes, welcher der Gesellschaft so nützlich wäre, viel Schonung erweisen müßte; und die Stände waren gezwungen ihr Vorhaben aufzugeben. Ein gewisser Unmuth bemächtigte sich von daher der guten Bürger, und wenn sie aufhörten es zu seyn, so mußte der Regent sich's zurechnen, die erste Ursache dazu gegeben zu haben, indem er die Gerechtigkeit und die Ordnung Weiber-Kabalen aufopferte. Wir werden die unglücklichen Folgen davon sehen; zuvor aber will ich einige frühere Ereignisse anführen, um die Zeitordnung nicht zu sehr umzustoßen.

Der Herzog von Richelieu war unter den ersten, die ihre Freyheit erhielten. Er erschien nicht sogleich bey Hofe; nachdem

nachdem er sich aber zwey bis drei Monate auf verschiedenen Landgütern herumgetrieben hatte, zeigte er sich mit einem glänzenden Anstrich von Wichtigkeit, den ihm eine Staatsgefangenschaft gab, und mit dem hochfahrenden Ansehen eines jungen Mannes, der seine Freyheit der Liebe verdankt. Ich werde zuweilen Gelegenheit haben von ihm zu sprechen, wenn ich diese Memoiren so weit fortführe, als ich mirs vorgesetzt habe. Man wird einen ziemlich sonderbaren Menschen an ihm sehen, der immer gesucht hat Lärm zu machen, und nie hat dazu kommen können berühmt zu seyn; der, in Unterhandlungen und an der Spitze der Armeen gebraucht, nie für einen Staatsmann angesehen worden ist, wohl aber für den obersten unter den Leuten nach der Mode, deren Aeltester er geblieben ist.

Man hat gesehen, worin sein Verbrechen bestand. Um zu begreifen, was ihm seine Freysprechung zuwege brachte, muß man wissen, daß während die Justizkammer saß, Bertelot de Pleneuf, der sich bey den Lieferungen und den Lazareten der Armee bereichert hatte, nach Turin flüchtete. Da er den Geist der Intrigue nicht weniger besaß, als den der Geschäfte, so machte er sich mit den Subalternen in den Departements bekannt, schmeichelte sich stufenweise bey den Ministern dieses Hofs ein, und um sich ein Verdienst zu machen, das ihm eine angenehme Rückkehr nach Frankreich verschaffen könnte, unternahm er eine Heyrath zwischen Mademoiselle de Valois, einer Tochter des Regenten, und dem Prinzen von Piemont, dem Sohn des Königs Victor, zu stiften. Wie er den Vorschlag in Turin ziemlich gut aufgenommen sah, trug er seiner Frau, die er in Paris gelassen hatte, auf, dem Regenten davon Nachricht zu geben; dieser fand die Heyrath sehr nach seinem Geschmack, und empfahl dem Abbe Dübois in der Sache weiter zu arbeiten. Er konnte die Sache nicht in schlimmere Hände geben. Der Abbe hatte

zur

zur Absicht, die Gunst des Kaisers zu gewinnen, durch welche er den Kardinalshut erlangen wollte, und begünstigte daher den Anschlag dieses Monarchen, dem König Victor Sicilien zu entreissen. Es war ihm also keinesweges dienlich, den Regenten in Verbindung mit dem Turiner Hof zu bringen. Er schlug den Weg ein, für den glücklichen Erfolg dieses Heirathsprojekts viel Eifer zu zeigen, um zu verhüten, daß die Unterhandlung einem andern übertragen würde, und sie doch scheitern zu machen. Er bediente sich mit vieler List der Umstände, und der Kenntniß, die er von der Denkungsart der Mutter des Regenten hatte.

Während daß über diese Heyrath negocirt wurde, hatte Mademoiselle de Valois eine Leidenschaft für den Herzog von Richelieu gefaßt; ihre Unvorsichtigkeit dabey und seine Stutzerhaftigkeit gaben der Sache so viel Ausbruch, daß Madame davon zu hören bekam. Sie nahm es mit eben so viel Hochmuth als Tugend, hielt ihre Enkelin so sehr sie konnte in ihrer Nähe, und ließ dem Herzog von Richelieu bedeuten, wenn er sich etwas aus seinem Leben machte, möchte er sich von den Orten, wo sie wäre, entfernt halten.

Richelieu war klug genug, sich die Warnung zu Herzen zu nehmen; überdem hatte er von dem Abentheuer die Frucht schon geärntet, die für ihn die kostbarste war: es hatte Lärm gemacht.

Der Abbé Dûbois ergrif diesen Augenblick, um die Heirathsunterhandlung ruchbar werden zu lassen. Die Nachricht gelangte bis zu Madame, die eine ziemlich regelmäßige freundschaftliche Korrespondenz mit der Königin von Sicilien unterhielt. In ihrem Verdruß gegen ihre Enkelin hatte sie nichts eiligeres, als der Königin von Sicilien zu schreiben, daß sie viel zu sehr ihre Freundin wäre, um ihr ein so schlechtes Präsent zu machen, als Mademoiselle de Valois seyn würde. Einige Tage darauf, und wie der Brief

Brief schon abgegeben seyn mußte, erklärte Madame gegen den Herzog und die Herzogin von Orleans, was sie für eine Heldenthat von Offenherzigkeit gethan hatte. Die Herzogin war in Verzweiflung, Mademoiselle de Valois bekümmerte sich wenig darum, der Abbe Dübois stellte sich aufgebracht, und freute sich innerlich über seine Schurkenschliche. Der Regent lachte bloß über das deutsche Stückchen seiner Mutter, und war ziemlich gleichgültig bey dem Schmerz seiner Gemahlin.

Indessen sann er doch darauf, eine Tochter loß zu werden, die in die Fußtapfen ihrer Schwester, der Herzogin von Berri, zu treten versprach; und ob ihm gleich die Ehre seiner Familie nicht sehr am Herzen lag, so wollte er doch Ausschweifungen verhüten, die von einem unverheiratheten Mädchen auffallender gewesen wären, als von einer Wittwe. Er eilte daher eine Heirath zwischen Mademoiselle de Valois und dem Sohn des Herzogs von Modena abzuschließen, der sich durch diese Verbindung sehr geehrt fand, und was ihm auch über die Prinzeßin zu Ohren gekommen seyn mochte, nicht berechtigt war, so viel Umstände zu machen.

Mademoiselle de Valois entschloß sich zwar schwerer, aber sie mußte gehorchen. Zum Lohn ihres Opfers verlangte sie wenigstens die Gnade des Herzogs von Richelieu, der von der Liebe früher erhielt, was ihm endlich von der Milde des Regenten auch geworden wäre.

Diese häuslichen Unannehmlichkeiten beunruhigten den Regenten weit weniger, als die Schwierigkeiten, die das Parlament machte. Dieses war von der Betäubung, in welche das lit de justice es gestürzt hatte, zurückgekommen; es hat den Grundsatz, nur die Einregistrirungen, welche frey und nach vorgängiger Untersuchung geschehen sind, als rechtsgültig anzusehen. Die Einregistrirung ist nach diesen Maximen keine bloße Promulgationsform, das Parlament glaubt, ohne es jedoch ausdrücklich zu sagen,

dem

dem Geſetz, daß es einregiſtrirt, die Sanktion zu geben, und hält alles, was der König aus Machtvollkommenheit, und ohne die Freyheit der Stimmen thut, für nichtig. Ich werde mich in eine ſo kützliche Unterſuchung nicht einlaſſen. Immer iſt es zu wünſchen, daß eine abſolute Gewalt ein Gegengewicht habe, das ſie verhindert, willkührlich zu werden. Ich habe öfters mit Männern, die in unſern Geſetzen und unſrer Geſchichte ſehr bewandert waren, dieſe Sätze zu erörtern geſucht. Einer von den aufgeklärteſten und eifrigſten Parlamentsmännern, den ich einmal um die beſtimmte Gränzlinie fragte, welche die Anmaßung von dem Recht der Parlamente unterſcheidet, gab mir zur Antwort: Die urſprünglichen Grundſätze wären in dieſer Sache ſehr dunkel, aber in der Ausübung käme alles darauf hinaus, daß unter einem ſchwachen König das Parlament ſtark, und unter einem ſtarken, ſchwach wäre. Ein Miniſter, der aufrichtig ſeyn wollte, würde vielleicht die nämliche Entſcheidung geben, wenn er ſich über die königliche Gewalt, in Bezug auf die Nation, zu erklären hätte a).

Der Regent hatte in ſeinem Verdruß über die Widerſetzlichkeit des Parlaments bey Law's Operationen den Entſchluß gefaßt, die Einregiſtrirung zu übergehen. Demohngeachtet fühlte er die Nothwendigkeit mit der öffentlichen Meynung abzurechnen, die das Parlament für vieles zählt. Laws Syſtem hatte übrigens das erwünſchteſte Glück. Die Bankozettel, die Aktien, alle Arten von Papier wurden dem Geld vorgezogen, das unter allen Nationen einen beſtimmten Werth hat; dahingegen alle Effekte in Papier einen idealiſchen Gehalt haben, der immer aller Zuſätze der Einbildungskraft empfänglich iſt. Man würde heutzutage Mühe haben, begreiflich zu machen, welche Wuth ſich aller Köpfe bemächtigt hatte. Es giebt Thorheiten

---

a) Unſtreitig; aber die Frage iſt ja wohl mehr, wobey der Staat ſich am beſten befindet? Und dieſe Frage ſcheint jetzt unentſchiedner, obgleich vielleicht ihrer Entſchiedung näher, als jemals.

heiten, die außer der Zeit, wo sie wie epidemisch herrschen, unglaublich sind. Law, der besser als irgend jemand die Katastrophe seines Stücks voraussah, hätte sich sehr gern mit der Billigung des Parlaments vor der einsmaligen öffentlichen Ahndung verwahrt. Aber der Regent fand beym Parlament einen fortdauernden starken Widerstand, der vielleicht der Neuheit des Systems eben so sehr galt, als der Thorheit desselben.

Wie Law endlich die Hofnung aufgeben mußte, es beym Parlament durchzusetzen, entwarf er den Plan, dasselbe zu vernichten. Von dem Abbe Dübois und dem Herzog von la Force unterstützt, überredete er den Regenten, alle obrigkeitlichen Aemter mit Papiergeld wieder einzulösen. Das Publikum, behaupteten sie, würde die Kaufbarkeit der Aemter mit Vergnügen aufheben sehen; der König würde sich dadurch zum Meister des Parlaments machen, und jede Präsidenten- oder Rathsstelle würde nichts weiter als eine willkührlich zurückzunehmende Kommission seyn.

Wie sehr man auch gegen die Kaufbarkeit der Aemter deklamiren mag, so begreift man nach einer reifen Untersuchung, daß es eben so gefährlich ist, gewisse Mißbräuche aufzuheben, als sie einzuführen.

Die Wiedereinlösung der Aemter, von dem neuen Plan zur Staatsverwaltung, den man vorschlug, begleitet, vernichtete die Magistratur; und wie unentbehrlich ist diese nicht in Frankreich? Wenn das Parlament den Gang der Reglerung in gewissen Fällen zur ungelegnen Zeit verwirrt hat, welche Dienste hat es dafür nicht geleistet? Wenn auch nicht alle Glieder desselben von dem Gift der Ligue unangesteckt blieben, so war es doch das gesammte Parlament, das sie ausrottete. Selbst diejenigen, welche das Parlament der Ligue ausmachten, erklärten sich, mitten unter den Guisen und den Spaniern, für die Grundsätze der Monarchie. Also ist es das Par-

II. Theil.   D   lament

lament, das die Krone im regierenden Haus erhalten hat. So übertrieben auch seine Ansprüche lauten mögen, so kann der König seiner Gewalt nur Furcht, das Parlament aber derselben Achtung verschaffen. Welchen Vortheil macht es nicht für den König, eine Gesanntschaft zu haben, deren immer gleichförmige Grundsätze sich den Unternehmungen des Römischen Hofs, und sogar der Französischen, weltlichen oder regelmäßigen Geistlichkeit widersetzen? Welchen Vortheil macht es nicht für die Unterthanen, daß dieselbe Gesanntschaft die äußersten Folgen des ministeriellen Einflusses doch gewissermaßen hemmen kann? Das Parlament kann der Schwäche eines furchtsamen Fürsten abhelfen, und einem mächtigen, doch abergläubischen Monarchen gegen die Eingebungen eines fanatischen Beichtvaters die Augen öfnen. Bey wie vielen Gelegenheiten kann ein König durch diesen Weg etwas Gutes geschehen lassen, das seine Klugheit ihn abhält, unmittelbar selbst zu schaffen?

Obgleich Ernennungen zu geistlichen Aemtern nicht zur Weltgeschichte gehören, so werde ich diejenigen doch anführen, bey welchen etwas besonders mit eingeflossen ist. Der Abbe de la Tour d'Auvergne wurde zum Erzbisthum von Tours ernannt. Der Abbe de Thesul, dem der Regent die Liste diktirte, rief aus: „ach gnädiger Herr, welche Wahl! Denken Sie doch auf den Anstoß, den das geben wird." — „Was Teufel," sagte der Regent, „ich weiß es wohl, aber die Bouillons lassen mir keinen Frieden, ich will sie loß werden, schreib du nur." Thesul schrieb. Zu derselben Zeit ernannte man zum Bisthum Sisteron den Jesuiten Laffiteau, der zu Rom Geschäftsträger war, und dort das nämliche Leben führte, wie der Nuntius Bentivoglio in Paris; so daß er vor seiner Konsekration gezwungen war, statt der hergebrachten Vorbereitung im Seminario, bey einem Chirurgus

eine

eine Quarantaine zu halten. Er war eine von den großen Säulen der Konstitution, doch war es das nicht, was ihn Bischof werden ließ. Der Abbé Dubois hatte ihn zum Vertrauten seines Wunsches, Kardinal zu werden, gemacht, und bezahlte ihn in Rom, um die Mittel dazu vorzubereiten. Der Jesuit, der die nämlichen Absichten hatte, nahm das Geld, und wandte es für sich selbst an. Die Spitzbuben erriethen einander; Dubois kam dahinter, und da er noch nicht mächtig genug war, um eine Rache zu nehmen, die seine Absichten verrathen hätte, so beschloß er ihn, unter dem Vorwande, seine Dienste zu belohnen, auf die Seite zu schaffen. Laffiteau hatte also wenigstens dieses mit den ersten Bischöfen gemein, daß er es wider seinen Willen wurde. Vom Römischen und vom Französischen Hof gleich entfernt, sah er sich zu Sisteron in einer Art von anständiger Verweisung.

Le Blanc, Staatssekretair, machte bey der nämlichen Promotion von seinem Einfluß Gebrauch, um seinem Bruder, dem Abbé le Blanc, der Pfarrer von Dammartin, ein rechtschafner Mann und ein guter Geistlicher war, das Bisthum Avranches zu verschaffen.

Der Abbé Guerin de Tencin gieng an Laffiteaus Stelle nach Rom, damit man dessen Mangel nicht spürte. In vielen Rücksichten war er indessen besser als sein Vorgänger. Er war der Sohn eines Parlamentspräsidenten von Grenoble, hatte Figur und Verstand, vorzüglich zum kabaliren, und da er weder durch Bedenklichkeiten noch Sitten seines Standes gefesselt wurde, gelangte er zu dem glänzendsten Glück: er starb als Kardinal und Erzbischof von Lyon. Seine Schwester, die Stiftsdame war, unterstützte ihn sehr in seiner Laufbahn; sie war ein Herz und eine Seele mit diesem Bruder, und ließ allen Ehrgeitz, den sie gehabt hätte, wenn es eine Eigenschaft ihres Geschlechts gewesen wäre, auf ihn zurückfallen. Sich behielt sie nichts vor als die Galanterie, die sie eben so oft als

als Mittel zu Erreichung ihrer Absichten, als zu Befriedigung ihres Hangs zum Vergnügen brauchte. Ich habe sie sehr gut gekannt, es ist nicht möglich mehr Geist zu haben, und sie nahm immer den der Leute, mit denen sie zu thun hatte, an. Der Bruder und die Schwester hatten sich ein zusammenhängendes System aus der Schmeichelen gemacht, und ob sie gleich die Indiskretion hatten, es selbst auszuplaudern, ob sie es gleich bis zum Ekel trieben, so mißlang es ihnen doch nie. Die geschicktesten Nebenbuhlerinnen in der Kunst der Intrigue mußten der Tencin weichen. Sie war in ihrer Jugend sehr schön, und behielt in einem späteren Alter alle Reize des Verstands; sie gefiel selbst denen, die ihre ganzen Abentheuer wußten.

Ihre Aeltern machten sie wider ihren Willen zur Nonne; als sie in dem Kloster Montfleuri bey Grenoble ihr Gelübde ablegte, sann sie auf die Mittel es zu brechen; und ihr Beichtvater war das blinde Werkzeug, dessen sie sich zu dieser Absicht bediente. Es war ein ehrlicher, sehr eingeschränkter Mann, der sich in sie verliebte, ohne es selbst im mindesten inne zu werden. Seine Beichttochter aber verstand sich desto besser darauf, machte sich die Schwäche des heiligen Mannes listig zu Nutze, gebrauchte ihn als ihren eifrigen Kommissionär, lockte ihm die nöthigen Erläuterungen ab; und wie die Sachen auf den erwünschten Punkt gekommen waren, protestirte sie gegen ihre Gelübde, und setzte es durch, daß sie aus ihrem Kloster in das Stift Neuville, bey Lyon, als Stiftsdame kam. Ich habe alle diese Umstände von ihr selbst. Sie war bald so frey, als sie nur verlangen konnte. Die Neigung, die der Abbé Dubois für sie faßte, that das Uebrige. Es ist mir erzählt worden, daß sie mit dem Regenten eine Intrigue gehabt hatte, die von keiner Dauer war; sie eilte sich etwas zu sehr an ihr Ziel zu kommen, und der Herzog wurde sie satt. Er nahm sie also nur auf dem Flug, und sagte,

er

er liebte die H.... nicht, die im Bett von Geschäften sprachen. Von dem Herrn fiel sie dem Diener zu, und der Einfluß, den sie über Dübois gewann, tröstete sie. Es war übrigens nicht ihr Probestück, sie hatte 1717 schon von Destouches, den man gemeiniglich Destouches Canon nannte, ein Kind 1) gehabt.

Ihren Bruder, den Abbé de Tencin, liebte sie leidenschaftlich, und seine Erhöhung wurde fast der einzige Gegenstand aller ihrer Intriguen. Sie war nicht im mindesten eigennützig, sie sah das Geld nur als ein Mittel an, gewisse Absichten zu erreichen, nicht als ein Ziel das würdig gewesen wäre, sie zu befriedigen. Sie hat immer nur sehr mittelmäßige Einkünfte gehabt, und verlangte blos für ihren Bruder Reichthümer, um damit dem Ehrgeiz fortzuhelfen. Sie war übrigens sehr dienstfertig, wenn sie keine entgegengesetzten Rücksichten hatte. Sie strebte nach dem Ruf, eine eifrige Freundin oder eine erklärte Gegnerin zu seyn, ergriff mit Geschicklichkeit einige Veranlassungen, die es beweisen konnten, und zog dadurch viele Leute von Verdienst an sich.

Sie brauchte nicht ihre ganze Gewalt über den Abbé Dübois aufzubieten, um ihn für ihren Bruder zu interessiren. Dübois erkannte diesen bald für den Handlanger, dessen er bedurfte. Er fieng damit an, ihm eine geistliche Arbeit aufzutragen, die nicht gar zu schwer war, und doch Lärm machen mußte; es war die Bekehrung von Law. Dieser Schottländer kannte Frankreich schon genug, um zu wissen, daß man die Schuldigen dort selten bestraft, wenn sie große Stellen bekleidet haben. Darum wollte er gern Generalkontroleur der Finanzen werden; das konnte er aber nicht, ohne sich nationalisiren zu lassen, und nationalisirt konnte er nicht werden, ohne die katholische Religion

―――――――――――
1) Dieses Kind ist ein berühmter Mann geworden, ein eben so tugendhafter als aufgeklärter Mann; es ist d'Alembert.

gion anzunehmen. Er bekannte sich ohngefähr zur protestantischen, und der Abbe de Tencin bekam diesen Proselyten. Nach der Zeit, die zu einer solchen Bekehrung als nothwendig angesehen wurde, feierte Law seine Abschwörung zu Melün, aus Furcht, daß man in der Hauptstadt einen Scherz daraus machen möchte; und Tencin zog aus dieser frommen Arbeit eine Menge von Aktien und Bankozetteln. Ich finde indessen in einem seiner Briefe an seine Schwester, daß er Klage führt, weil sein Vermögen der öffentlichen Meinung nicht entspricht, und daß er sehr bedauert, diese nicht gerechtfertigt zu haben. Wie dem auch sey, so machte diese Art von Simonie ihm keine Händel; aber er wurde wegen einer andern, durch den Abbe de Vessiere vor das Parlament belangt, und begieng in diesem Prozeß eine außerordentliche Unvorsichtigkeit, als er in Person dem Rechtstage beywohnte. Wie Aubry, der Advokat des Klägers, einen Augenblick in seinen Anführungen zu weichen schien, wollte Tencins Advokat den Vortheil benutzen, ereiferte sich über eine schwankende und unerweisliche Anklage, und läugnete den simonischen Handel. Aubry spielte den Verlegenen. Der Abbe glaubte nun Wunder zu thun, wenn er den Augenblick ergriff, um die Verläumdung niederzuschlagen, und erbot sich, wenn das Gericht es erlaubte, sich durch einen Eid zu reinigen. Hier hielt ihn Aubry plötzlich an, sagte, daß es dessen nicht bedürfte, und wies die Urkunde des Handels im Original vor. Es war eine Theaterszene. Die Richter äußerten ihren Unwillen, die Anwesenden brachen in Zischen und Hohngelächter aus, der Abbe, aus aller Fassung gebracht, versuchte sich wegzustehlen; aber wohlmeinende Leute versperrten ihm den Weg, und zwangen ihn lange zur Schau zu stehen, eh sie ihn entfliehen ließen.

Da der Abbe de Tencin nun nichts mehr hatte, das ihn bewegen konnte in Paris zu bleiben, so reiste er nach seinem Gesandtschaftsposten in Rom ab. Ich sehe aus seinen Briefen,

daß

daß er diese Sache immer auf dem Herzen behalten hat. Wir werden bald finden wie er in Rom Beweise gab, daß diese Klugheitslehre, die er im Parlament empfangen hatte, bey ihm fruchtete, und wie er selbst gezeigt hat, welchen Nutzen man von einem unterzeichneten Handelskontrakt ziehen kann.

So wie ich von einer Besetzung der geistlichen Aemter gesprochen habe, bey welcher sich einige Anmerkungen darboten, so werde ich aus dem nämlichen Grunde eine Ernennung von Kardinälen, die in diesem Jahre Statt hatte, nicht ganz mit Stillschweigen übergehen. Belluga, Bischof von Murcia in Spanien, fand sich mit bey dieser Promotion. Er hatte während des Successionskriegs Philipp dem Fünften die größten Dienste erwiesen. Wie dieser Fürst gezwungen war aus seiner Residenz zu flüchten, ermahnte Belluga seine Diözes zur Treue, und verband mit pathetischen Kanzelreden ein noch kräftigeres Beyspiel; denn er verkaufte alles was er besaß, zahlte aus seinem Vermögen den Truppen zwey Monate von ihrem Sold, erhielt die Armee, und entflammte die ganze Nation mit einem Heldenmuth, der den König wieder auf den Thron setzte. Belluga, überzeugt, daß er bloß seine Pflicht gethan hätte, erschien nachher nicht wieder am Hof, und beschäftigte sich in seiner Diözes ganz allein mit dem Bischöflichen Amt.

Wir haben gesehen, daß Alberoni durch Philipp den Fünften vom Pabst ein Indult verlangen ließ, kraft dessen alle geistlichen Güter taxirt wurden, um zu den Kosten des Kriegs gegen den Kaiser beyzutragen. Die Taxe wurde weit über das Indult hinausgetrieben. Belluga sah den Ueberschuß für einen Mißbrauch der Gewalt an, und weigerte sich zu zahlen. Das Beyspiel eines so geehrten Prälaten wurde von der gesammten Geistlichkeit nachgeahmt. Der Pabst, der mit Philipp dem Fünften unzufrieden war, nahm

nahm das Indult zurück, und der König unternahm es, die Erhebung der Auflage aus eigner Gewalt fortsetzen zu lassen; aber er bedrohte vergebens den Bischof von Murcia, der auf seiner Weigerung bestand.

In diesen Umständen machte der Pabst eine Promotion von zehn Kardinälen, unter welchen Belluga mit begriffen war. Dieser erklärte, daß er ohne die Erlaubniß des Königs seines Herren nicht annehmen würde. Philipp war sehr entfernt sie zu geben, er sah diese Ernennung als eine persönliche Beleidigung an, und ließ, sobald er sie erfuhr, Belluga verbieten anzunehmen; doch war seine Weigerung dem Befehl des Königs schon vorhergegangen. Der Pabst, noch unzufriedner als der König, schrieb an Belluga ein Breve, durch welches er ihm gebot, im Verfolg der heiligen Obedienz, den Purpur anzunehmen. Belluga antwortete dem heiligen Vater, daß es für die Religion gleichgültig wäre, ob er Kardinal würde oder nicht; daß es aber die Pflicht eines Unterthanen wäre, seinem Fürsten zu gehorchen. Der Pabst drohte dem Prälaten, den aber die Drohungen Seiner Heiligkeit nicht mehr erschütterten als es die des Königs, wegen der Auflage, gethan hatten. Er machte sich am Hofe auf keine Weise ein Verdienst daraus, und bestand bey'm Hut eben so fest auf seine Weigerung als bey der Taxe.

Viele Monate darauf wurde die Einigkeit zwischen den beyden Höfen hergestellt, ohne daß Belluga die Sache würdigte ihr nachzufragen. Da schickte der König seine Benennung zum Kardinalat für Belluga nach Rom, und gab dem Prälaten zugleich Befehl anzunehmen. Der Kardinal kam nach Madrid, überreichte dem König seine Kappe, empfieng sie von seiner Hand und kehrte in seine Diözes zurück.

Man würde ein solches Betragen nie einem Spanischen Prälaten zutrauen; hier ist das Gegenstück dazu an einen Französischen Kardinal von der nämlichen Promotion.

Mailly

Mailly stammte aus einem alten Geschlecht von der Pikardie; er war in der Armuth geboren und lange verblieben, hatte sich aber doch zum Erzbisthum von Arles, und nachmals zu dem von Rheims aufgeschwungen. Um sein Glück zu krönen, fehlte ihm nichts als der Kardinalshut; und er hatte schon zu der Zeit, wo er kaum im Stande war sich zu bekleiden, nach demselben gestrebt. Er unterhielt eine fortdauernde Korrespondenz mit allem was dem Römischen Hof anhieng, und verheimlichte diese Verständnisse mit destomehr Vorsicht, als er unter dem verstorbnen König in die größte Gefahr gekommen war, weil er an den Pabst geschrieben hatte. Es war damals für einen Geistlichen ein Staatsverbrechen, anders als durch den Minister der auswärtigen Geschäfte, oder durch die beorderten Banquiers Briefe nach Rom abgehen zu lassen. Es bedurfte, um ihn zu retten, und ihn nachher für Rheims ernennen zu lassen, des ganzen Einflusses des Pater le Tellier. Sobald aber durch die Constitution unsre Grundsätze in Vergessenheit kamen, und der Regent alles erlaubte, that sich Mailly keinen Zwang mehr an. Eifersüchtig auf das Ansehen, in welchem der Kardinal Noailles stand, unternahm er es, sich in der entgegengesetzten Partey hervorzuthun, und er ließ in derselben die größten Fanatiker, die er lau nannte, bald hinter sich zurück. Er fand sich so geschmeichelt, als einer seiner Hirtenbriefe kraft einer Parlamentsverordnung verbrannt wurde, daß er eine Messe stiftete, zum ewigen Dank, wie er sagte, daß er würdig befunden wäre, an der Schmach Christi Theil zu haben, und für die Gerechtigkeit zu leiden. Er hofte deshalb von dem Parlament angegriffen zu werden; aber man sah so deutlich, daß er nach dem Namen eines Märtyrers strebte, dessen Krone der Kardinalshut seyn würde, daß man, um ihn zu strafen, ihn in Ruhe ließ.

Zu Rom indessen wirkten diese Unverschämtheiten wunderbar zu seinem Vortheil, und er gewann vollends das Herz des Pabsts, indem er ihn um Mittheilung seiner Homelien bat, von denen man mit Bewunderung spräche. Das war die schwache Seite am guten Klemens dem Eilften, er that sich viel darauf zu gut, daß er ausnehmend schön Latein schriebe, und mit der Hülfe des Jesuiten Jouvenci und andrer mochte auch etwas daran seyn. Der Pabst, äußerst erfreut an Mailly zu gleicher Zeit so viel Religion und Geschmack zu finden, ernannte ihn proprio motu zum Kardinal.

Der Regent war mit dem Erzbischof schon viel zu unzufrieden, als daß er diese Ernennung nicht mit dem heftigsten Unwillen angesehen hätte. Er befahl sogleich einem Fähndrich von den Gardes-du-Corps, Villeron (der nachher als Graf von Cambis Botschafter in London wurde), nach Rheims zu gehen, dem Erzbischof zu verbieten, daß er die Stadt verließe und die Kappe trüge, oder wenn er sie an ihm fände, sie ihm wegzureißen, und wenn er ihm unterwegs begegnete, ihn umkehren zu lassen.

La Brilliere, Neffe des Erzbischofs, hatte ihn durch einen Kourier von dem Zorn des Regenten benachrichtigen lassen, um wo möglich den Unvorsichtigkeiten vorzubauen, die er in der Kardinalsmuth begehen möchte. Mailly reiste demohngeachtet nach Paris ab, und war schon über Soissons gekommen, als ihm Villeron begegnete. Zum Glück hatte er die Kappe nicht auf, er wußte zu gut was ihm bevorstand; Villeron war sehr froh keine Gewaltthätigkeit nöthig zu haben, richtete seine Befehle aus, ermahnte den Erzbischof umzukehren, und brachte ihn nach langem Wortwechsel nach Soissons zurück, wo sie die Nacht zubrachten. Am andern Morgen sollte weiter gefahren werden nach Rheims. Der Erzbischof stellte Villeron vor, daß es unnöthig wäre ihn zu geleiten, daß es blos unangenehm auffallen würde, daß der Befehl für vollstreckt anzusehen wäre, daß Villeron, während daß er seinen Weg nach Rheims fortsetzte, dem Regenten in Paris Bericht erstat-

des Herzogs von Orleans.

erstatten könnte von dem Gehorsam, mit welchem seine Befehle empfangen worden wären. Villeroñ gab nach; kaum aber war er fort, als der Erzbischof ihm nachfuhr, zwar langsam genug, um ihn nicht wieder zu treffen, aber schnell genug, um am nämlichen Tag in Paris anzukommen, wo er sich versteckt hielt.

Der Abbe de la Fare, ein thätiger, schwazhafter, intriguirender Mensch, der um nichts verlegen war, sich schwer aus der Fassung bringen ließ, und sehr dazu gemacht war den ersten Ausbruch des Abbe Dübois auszuhalten, begab sich im Namen des Erzbischofs, dessen erster Vikarius er war, zu diesem Minister. Dübois war wütend, daß zwey Französische Kardinäle 1) zugleich ernannt worden wären, weil er wohl fühlte, daß ein dritter Hut, nach welchem er strebte, ohne es noch laut gestehen zu dürfen, um desto schwerer zu erhalten seyn würde, und er hatte den Zorn des Regenten selbst entflammt. Man kann daraus abnehmen, wie er la Fare behandelte. Der Sturm war heftig, la Fare ließ alles über sich ergehen; dann stellte er, mit liebreichem Ton, dem Abbe Dübois vor, daß es für einen Mann von seinem Verdienst, für einen großen Minister wie er, der im Falle wäre selbst Kardinal zu seyn, nicht gut angienge, sich den Gnadenaustheilungen des heiligen Vaters zu widersetzen, bat ihn unterthänigst dies in Erwägung zu ziehen, und entfernte sich.

Dübois ließ sich diese Warnung gesagt seyn, und überlegte, daß die Sache früh oder spät doch beygelegt werden müßte, und daß es besser wäre sich zu Rom daraus ein Verdienst zu machen, als es andern zu überlassen.

Uebers

---

1) Der Kardinal Gesvres, Erzbischof von Bourges, war der andre. Er hatte nach einander die Benennung des Königs von Pohlen, August, dann die seines Gegners Staniglque, und zum zweytenmale, die des Königs August, nach seiner Wiedereinsetzung, gehabt. Er begab sich nachher seines Erzbisthums zum Vortheil des Abbe de Roye, welcher der Kardinal de la Rochefoucault geworden ist.

Ueberdem schmeichelte es ihm gar zu sehr, daß der Abbe la Fare ihn für den Purpur gemacht fand. So war also nichts natürlicher als die Plane, die er darauf entwarf, aber freylich mußte er diesen nicht selbst Hindernisse in den Weg legen.

Er berlef den Abbe de la Fare wieder zu sich, und ohne von der gestrigen Wuth zu hastig auf ungeschickte Liebkosungen überzugehen, ließ er bloß noch einen schwachen Rest von Verdruß und Verlegenheit blicken. La Fare durchschaute ihn, beschloß ihm die Hälfte des Wegs abzukürzen, und mit einer schnellen Wendung sagte er zu ihm: „Ich will aufrichtig mit Ihnen reden; Ihre harte Behandlung von gestern liegt mir gar nicht auf dem Herzen, ich sah recht wohl, daß Sie als Minister zu mir sprachen. Sie Herren von der höheren Politik können freylich nicht anders; aber gewiß wird es Ihnen lieb seyn dem Pabst etwas zu Gefallen zu thun, da Sie in kurzem seiner bedürfen werden, denn das sieht man wohl, daß Ihnen der Hut unmöglich lange mehr entgehen kann." La Fare ergoß sich hier in Lobsprüche, deren verstellte Freymüthigkeit den Minister bethörte. Dübois fand sich durch den Ausweg, den la Fare ihm zeigte, um aus der Verlegenheit zu kommen, sehr erleichtert, und antwortete lächelnd: „Ihr Blick ist gar zu scharf, Abbe! Ich muß Ihnen wohl gestehen, daß Sie mich errathen haben. Lassen Sie mich den Regenten besänftigen, schreiben Sie nur Ihrem Erzbischof, daß er sich heimlich hieher begiebt, und sich verborgen hält, bis ich ihm Nachricht geben lasse; es wird nicht lange anstehen." Unsre beyden Spitzbuben umarmten sich, lobten sich gegenseitig über ihren durchdringenden Geist, und verließen sich, sehr mit einander zufrieden, und ein jeder voll Freude über sich selbst, wozu la Fare doch mehr Ursache hatte als Dübois.

Es wurde endlich ausgemacht, daß der Erzbischof sich heimlich zum Regenten verfügen, und ihm die ehrerbiebietigsten Entschuldigungen machen würde, daß er von da nach Rheims zurückgehen, aber noch weder Titel noch Zeichen von der Kardinalswürde nehmen, in allen seinen Briefen, die in das Innere von Frankreich giengen, sich bloß als Erzbischof von Rheims unterschreiben, jedoch die Erlaubniß haben würde, in den Briefen, die er in das Ausland schriebe, sich als Kardinal von Mailly zu unterzeichnen.

Dies alles wurde pünktlich ausgeführt. Der Erzbischof hatte noch drey lange Monate in Rheims keinen andern Trost, als die kostbare Kappe alle Tage aus der Tasche zu ziehen, sie anzusehen, zu küssen, vor einem Spiegel anzuprobiren, und er vergieng vor Ungeduld bis er öffentlich damit prangen durfte.

Der Regent wünschte diese Lage zu benutzen, um in der Kirche, wo nicht den Frieden, doch wenigstens einen Waffenstillstand zu bewirken. Der Kardinal Noailles hatte kürzlich ein corpus doctrinae herausgegeben, das die Kardinäle Rohan und Bisso zwar approbirt hatten, aber in der Folge doch durch einen Pfaffenstreich geschickt genug waren zu stürzen. Es kam darauf an, das Werk durch die abwesenden Prälaten unterzeichnen zu lassen. Man hütete sich wohl den Erzbischof von Rheims zu vergessen, dessen Signatur um so mehr Eindruck auf die andern machen würde, als er ein erklärter Feind des Kardinal Noailles war; eben deswegen aber fürchtete man seine Weigerung.

Der Abbe Dubois that la Fare, der in Paris als Unterhändler seines Erzbischofs geblieben war, den Vorschlag, dieses Geschäft zu übernehmen. La Fare wandte die Schwierigkeit ein, einen Mann, den man so lange in einer bemüthigenden Lage ließe, zur Unterzeichnung zu bewegen. Er setzte hinzu, daß es hier kein Mittel gäbe, als ihm endlich die Zeichen seiner Würde zu bewilligen, und ihm zugleich irgend eine Auszeichnung zu geben, die jene Behandlung wieder gut machen könnte. Das Corpus
doctri-

doctrinae wurde an andre Prälaten bloß durch Geistliche von der zwenten Klasse überbracht. La Fare schlug vor, es durch Languet, Bischof von Soissons, ersten Suffragan vom Erzstift Rheims, zu überschicken; er hatte dazu seinen Grund, den wir gleich sehen werden. Der Regent willigte ein; um aber zu gleicher Zeit die Eitelkeit des Erzbischofs zu küzeln, und auch seiner Unterzeichnung versichert zu seyn, trug er Languet zwey versiegelte Briefe auf. In dem einen befahl er dem Erzbischof, auf der Stelle zu unterzeichnen, widrigenfalls er auf immer den Hut entsagen, und sein Leben in der Verbannung würde zubringen müssen. Im zwenten Brief ermahnte er ihn, mit den schmeichelhaftesten Ausdrücken, zu unterzeichnen, versicherte ihn aber, daß er alle mögliche Freyheit hätte, und, er möchte es thun oder lassen, kommen könnte, um seine Kappe aus den Händen des Königs zu empfangen. Der Erzbischof las beyde Briefe, und war bald entschieden. Er unterzeichnete was man haben wollte, wies aller Welt den zwenten Brief, unterschlug den ersten, und eilte sich des Gegenstands seiner brünstigen Wünsche zu bemächtigen, indem er die Kappe empfieng.

La Fare's Absicht, indem er Languet vorschlug, war nicht allein gewesen den Kardinal Mailly zu ehren, sondern seinen Triumph noch oben drein durch die Demüthigung dieses Prälaten, der am meisten gegen die Promotion geeifert hatte, zu erhöhen. War der Purpur einmal der Lohn des Fanatismus, so hatte Languet auch einige Ursache, eifersüchtig zu seyn. Ein Hirtenbrief von Mailly war von der Hand des Henkers verbrannt worden, aber Languet zählte deren zwey, welchen diese Ehre wiederfahren war, doch erkaltete sein Eifer darum nicht; er fuhr fort dem Römischen Hof zu dienen, indem er die Kirche beunruhigte, und starb endlich dreyßig Jahre darauf, ohne Kappe.

Die

Die Promotion von zehn Kardinälen machte nicht so viel Lärm in Europa, als der Sturz des einzigen Alberoni.

Wir haben gesehen, wie viel Mühe er anwandte, um alle Parmesaner aus Madrid zu entfernen, die ihm theils als Zeugen seiner vormaligen Niedrigkeit, theils durch die größere Leichtigkeit, die sie haben konnten, bey der Königin Zugang zu finden, anstößig waren. Er konnte indessen diese Fürstin nicht verhindern, ihre Amme, Laura Piscatori, kommen zu lassen; und sie machte sie zu ihrer Affafeta, oder ersten Kammerfrau, eine Stelle, die in Spanien mehr Würde giebt als in Frankreich, wo doch auch aller Einfluß, der immer dem innern häuslichen Umgang folgt, damit verbunden ist.

Laura, ein Bauerweib, aber ein Weib, das eben so klug als plump war, wußte sehr gut was Alberoni alles gethan hatte, um ihre Ankunft zu verhindern, und ließ sich durch seine äußerliche Achtsamkeit nicht bethören, sie errieth seinen Haß und vergalt ihn. Der Kardinal suchte unter der Hand der Königin zu verstehen zu geben, welchen Abstand sie in ihrer Vertraulichkeit zwischen sich und ihrer Amme beobachten müßte. Laura, ohne sich in diese feinen Unterscheidungen einzulassen, griff den Minister mit dem ganzen Gewicht ihrer Brutalität an, spitzte ihre Pfeile nicht, versetzte ihm aber betäubende Schläge.

Der Regent wollte Alberoni, als seinen persönlichen Feind, aus dem Weg räumen. Dubois, der durch seine Spione von der Gewalt, die Laura über die Königin erwarb, unterrichtet wurde, und aus der seinigen über seinen Herrn die Macht einer solchen Triebfeder kannte, entwarf den Plan sich ihrer zu bedienen, um den Minister aus dem Sattel zu heben. Er ließ der Amme so viel Geld als sie verlangen würde anbieten, denn sie konnte auf weiter nichts Anspruch machen. Der Eigennutz gesellte sich also zum Haß, um dieses Weib zu bestimmen. Auch war sie nicht schwer zu überreden, daß das Wohl des Staats mit dem ihrigen zusammenstimmte. So vortheilhaft auch Alberoni Ihren katholischen Majestäten seine Entwürfe vorstellen mochte, so war es doch unmöglich ihren übeln Erfolg zu verbergen: die Flotte zerstört, Plätze weggenommen, die Truppen geschlagen oder gezwungen sich zu verschanzen, ein König ohne Alliirte, in einen kostspieligen und unglücklichen Krieg mit den ersten Mächten verwickelt, die Anschläge des Ministers, wenn sie auch groß waren, doch von hinreichenden Mitteln entblößt, und sonach unvernünftig.

Laura machte von allen ihren Vortheilen Gebrauch, und stellte der Königin, und durch diese dem König, Alberonis Ehrsucht und Thorheit vor Augen. Es ist noch ein großes Glück, wenn die Fürsten, wie das Volk, ihre Minister und ihre Feldherren nach dem Erfolg ihrer Thaten richten; dies bleibt noch das Sicherste. Die Königin, empfindlich über ihre Unfälle, schämte sich ihrer Wahl, und ward ihren Minister satt. Da nun alle Manifeste der Staaten, die gegen Spanien verbunden waren, nur den Kardinal Alberoni geradezu angriffen, so glaubte sie durch dessen Aufopferung die Ehre der Monarchin in Sicherheit zu bringen; und Alberoni empfieng, in einem Billet Philipps des Fünften, Befehl binnen vier und zwanzig Stunden die Stadt Madrid, und binnen vierzehn Tagen das Spanische Gebiet zu räumen; zugleich ward ihm untersagt irgend jemanden zu sehen, noch dem König, der Königin, oder wem es auch wäre zu schreiben. Man ließ zugleich einen Offizier von der Leibwache bey ihm, um bis an die Gränze seine Aufführung zu beobachten.

In Barcelona gab ihm der Statthalter ein Geleit von funfzig Reitern mit, die ihm sehr nützlich waren; denn zu Trenta Passos wurde er von zweyhundert Räubern aus den Pyrenäen angegriffen, die er an der Spitze dieses kleinen Korps und seiner Bedienten abwehrte und fliehen machte.

Während, daß sich Alberoni entfernte, ward man in Madrid gewahr, daß er Papiere von Wichtigkeit mitnähme, und unter andern das Testament Karls des Zweyten, welches Philipp den Fünften zum Erben der Monarchie einsetzte. Er hatte vermuthlich die Absicht, sich den Schutz des Kaisers zu verschaffen, indem er ihm eine so kostbare Urkunde auslieferte. Man ließ ihm nachsetzen, und es mußte Gewalt gebraucht werden, um seine Sachen durchzusuchen. Da aber das nämliche Detaschement, das ihn gegen die Räuber vertheidigt hatte, jetzt den Befehlen des Königs gehorchte, so ließ der anführende Offizier die Bagage abpacken, und die Koffer des Kardinals aufbrechen. Alles, seine Person mit eingeschlossen, wurde genau visitirt. Man bemächtigte sich des Testaments, und überhaupt aller seiner Papiere; der Offizier, der bis dahin gegen den Kardinal ehrerbietig gewesen war, behandelte ihn jetzt auf militärischen Fuß, und verließ ihn, indem er ihn, mit ausdrücklichen Worten, zu allen Teufeln schickte. Nie hatte ein Sieg in Spanien einen solchen Ausbruch von Freude veranlaßt, als der Fall dieses Ministers; jedermann erzählte nun von ihm, was er wußte und was er nicht wußte. Die Werke des ministeriellen Despotismus sind so häufig, daß man dabey schwerlich Gefahr läuft, etwas falsch anzugeben. Dem König allein waren sie unbekannt, die Königin mußte sie kennen, aber ihrer Ehre wegen stellte sie sich als erführe sie damit etwas neues. Die fremden Mächte wünschten Ihren katholischen Majestäten bey dieser Gelegenheit Glück; und von dem Augenblick hielt man den Frieden für ungezweifelt.

Die Art auf welche Alberoni eben visitirt worden war, und die Furcht in Spanien noch mehr üble Begegnungen zu erfahren, bewogen ihn seine Reise nach Frankreich schneller einzurichten, so daß er das Französische Gebiet erreichte, ehe er noch den Paß bekommen hatte, den er hatte bestellen lassen.

Der Chevalier de Marcieu, der vor seiner Erhöhung viel Umgang mit ihm gehabt hatte, erhielt Befehl an der Gränze zu ihm zu stoßen, unter dem Vorwande einer Höflichkeit, und der Sorge für seine Sicherheit, ohne jedoch zuzugeben, daß ihm irgend eine von den gebräuchlichen Ehrenbezeugungen erwiesen würde; bey dieser Gelegenheit sollte er ihn über die Spanischen Angelegenheiten, den König, die Königin, das gegenwärtige Ministerium, und alles was uns wichtig seyn könnte, zum Sprechen bringen, und ihn nicht verlassen, bis er sich zur Ueberfahrt nach Italien in Antibes eingeschifft hätte.

Wie der Kardinal den Chevalier de Marcieu sich an ihn drängen sah, zweifelte er an seiner Absicht nicht, ihn zu beobachten und Bericht darüber zu erstatten; auch sagte er es ihm gerade heraus. Marcieu läugnete beständig, und ob der Kardinal gleich wußte woran er war, so ließ er sich darum nicht weniger frey über den König und über die Königin heraus, die er beyde undankbar schalt. Wenn die Königin sagte er, die den Teufel im Leibe hat, einen guten Feldherrn findet, so wird sie ganz Europa beunruhigen. Es ist ihr leicht, ihren Mann zu regieren, der, so bald er mit leiser Stimme gesagt hat: ich will aber Herr seyn, endlich immer gehorcht, und dem nichts vonnöthen ist, als ein Betstuhl und ein paar Weiberschenkel. Er selbst, setzte er hinzu, wäre weit entfernt gewesen den Krieg zu erregen, und hätte sich vielmehr immer demselben widersetzt; er hätte nicht den mindesten Antheil an der Verschwörung des Prinzen Cellamare gehabt; der Herzog vom Maine wäre gar nicht darinn vorgekommen, die Herzogin aber wäre ein böses Teufelsweib; ihre meisten Anhänger, die er indessen nie nennen würde, wären keinen Thaler gut Geld werth gewesen; die Landung in Bretagne wäre eine Thorheit gewesen, die er immer getadelt hätte; er hätte sogar der Einschiffung in Spanien Hindernisse in den Weg gelegt;

er würde sich immer für den Herren Regenten so zeigen, wie Seine Königliche Hoheit es nur wünschen könnten; die Schriften gegen die Regentschaft wären alle in Frankreich verfertigt. Er behauptete, daß das Ministerium, welches er in Spanien zurückließe, bloß noch aus Ignoranten bestehen würde, die zu aller möglichen Schonung gegen die Leute, welche einen schwachen König umgäben, gezwungen wären. Er war überzeugt, daß man zur Absicht gehabt hatte, ihn durch die Räuber ermorden zu lassen, indem man ihn genöthigt hatte durch Katalonien zu reisen, wo ein Aufruhr durch ihn bestraft worden war, anstatt ihn über Pampeluna gehen zu lassen, wie er es verlangt hatte.

Der Chevalier de Marcieu sandte, seinen Befehlen gemäß, an das Zollamt in Narbonne die heimliche Weisung voraus, das Gepäck des Kardinals, unter dem Vorwande nachzusehen, ob nichts accisbares darunter wäre, genau durchzusuchen. Man fand nichts als 1200 Pistolen, und keine Effekten von einigem Werth. Nach dem Staat zu urtheilen, den er nachher in Rom trieb, mußte er während seiner Staatsverwaltung, auf alle Fälle, beträchtliche Summen im Auslande untergebracht haben. Er wollte gern für arm gehalten seyn, und sagte, daß er sich wenig darum bekümmerte, weil er keine Verwandten hätte, außer einem Neffen, den er, wie er sagte, hatte kastriren (das hieß, Priester werden) lassen, und einer Nichte, die er zur Nonne machte. Diese Umstände und verschiedene andere finden sich in den Briefen des Chevalier de Marcieu, vom 6. Januar 1720 bis zum 1 Februar, da er den Kardinal auf einer Genuesischen Galeere zu Antibes sich einschiffen sah. Alberoni gab ihm noch einen Aufsatz und ein Schreiben an den Regenten mit, worinn er diesem Prinzen die Mittel anbot, den Krieg gegen Spanien auf die gefährlichste Weise für dieses Reich zu führen. Der Regent beehrte ihn mit keiner Antwort. Ich habe anderwärts

wärts angeführt, was der Kardinal auf seiner Durchreise in Aix über die Verjagung der Prinzeßin bei Ursini sagte.

Alberoni gieng von Antibes nach Livorno, und von da nach Parma, wo alle Ehrenbezeugungen, die seiner Würde gebührten, auf Befehl des Herzogs, als dessen Unterthan er geboren war, ihm erzeigt wurden. Diese eitle Etikette tröstete ihn nicht dafür, daß er keinen Zufluchtsort hatte als bey seinen Landsleuten, die ihn anfänglich verachtet, in seiner Erhöhung beneidet, für seinen Mißbrauch der Gewalt, den die Italiäner mit dem Wort prepotenza ausdrücken, gehaßt hatten, und über seine Erniedrigung frohlockten. Er verließ Parma, und irrte über ein Jahr flüchtig, und wie von der ganzen Erde verwiesen, umher. Die Achtung für den Römischen Purpur schien ihm keine hinreichende Sicherheit in Rom vor der Ahndung des Pabsts, den er unverschämt behandelt hatte. Erst 1721 begab er sich dahin zum Konklave, das auf den Tod Klemens des Eilften erfolgte.

Alberonis lebhaftester Kummer war die Bullen für das Erzbisthum Sevilla nicht erhalten zu haben, nachdem er seine Dimission von dem Bisthum Malaga gegeben hatte; und als wäre er berechtigt gewesen den Himmel zum Zeugen zu rufen, rief er zuweilen in seiner Wuth aus: der Pabst, der Kaiser, und Ihre katholischen Majestäten würden es vor Gott zu verantworten haben. Von dem Spanischen Aberglauben unterstützt hätte er auch, wenn er im Besitz eines ansehnlichen Sitzes geblieben wäre, oft gegen die Königliche Gewalt kämpfen können.

Ich werde die Geschichte dieses Jahrs mit Anführung einiger Privatbegebenheiten beschließen, mit welchen ich den Faden wichtigerer Ereigniße nicht unterbrechen wollte.

Der Regent bewilligte der Universität die unentgeltliche Erziehung: das heißt, es wurde durch ein Arret vom Conseil vom 14 May, das den 8 May im Parlament einregistrirt wurde, ein Acht und Zwanzigtheil von dem

Pache

des Herzogs von Orleans.

Pacht der Posten und öffentlichen Boten zur Bezahlung der Professoren angewiesen, wodurch die Jugend gratis unterrichtet werden sollte. Diese Gnade hat vielleicht der Nacheiferung sehr geschadet. Die Gelehrten sollen nicht Noth leiden, aber sie müssen angetrieben seyn, sich Ehre und Vortheil zu erwerben. Ich weiß, daß seit dieser Einrichtung viele Professoren merklich nachgelassen haben. Das gratis wird in den Wissenschaften die nämliche Wirkung haben, wie die Ordnung des Avancements im Militairstand.

Durch ein Edikt vom Monat May wurden die Ost- und Westindische Kompagnien unter der Benennung der Indischen Kompagnie vereinigt. Da dieses Edikt im Parlament Schwierigkeiten fand, so ließ es der Regent in Verfolg der bey dem lit de justice von 1718 über die Remonstranzen und Einregistrirungen getroffenen Anordnung für einregistrirt gelten.

Das Konseil hielt es eben so mit dem Edikt vom Monat April 1719, durch welches der König in dem Ludwigs Orden ähnliche Aemter stiftete, wie in dem Heiligen Geistsorden. Der Siegelbewahrer d'Argenson wurde Kanzler des Ortens, Le Blanc oberster Ceremonienmeister, und Fleurieux d'Armenonville Sekretär. Man fand es etwas sonderbar, drey Magistratspersonen einen goldnen Stern auf ihren Kleidern tragen zu sehen, mit der Umschrift: praemium bellicae virtutis. Man sagte nicht ohne Grund, das rothe Band dürfte nur von denen getragen werden, die es mit ihrem Blute gefärbt hätten.

Man versuchte in diesem Jahre einen neuen Plan zur Erhebung der Steuer, und das Willkührliche davon aufzuheben. Sey es aber, daß man die Sache übel angriff, oder sey es, daß nichts schwerer durchzusetzen ist als das Gute, in Frankreich besonders, wo die Privatrücksicht das allgemeine Wohl immer überwiegt a), so hat der Plan kein Glück gemacht, oder er ist nicht verfolgt worden.

Der berühmte Pater Quesnel, dessen Name vielleicht schon vergessen seyn würde, wenn er nicht die Veranlassung zur Bulle Unigenitus gegeben hätte, starb zu Amsterdam. Wenige Monate vor seinem Tode gab der Jesuit Tellier seine verruchte Seele auf. Nachdem er die Geissel der Tugendhaften, der Gräuel des Publikums, der Schrecken seiner Societät, die ihn verabscheute, gewesen war, unterlag er endlich, zu la Fleche verwiesen, von seinen Kollegen verachtet, der Wuth, nicht mehr Böses thun zu können.

Pecoil, maître des requêtes, starb ebenfalls in diesem Jahr. Ich würde eine so geringfügige Begebenheit nicht berühren, wenn sie mich nicht an das schreckliche Ende seines Vaters erinnerte, der ein ungeheures Vermögen erworben hatte, indem er von den niedrigsten Aemtern in der Salzsteuer ausgegangen war. Er genoß seine Reichthümer nie, und hatte keinen andern Gedanken, als sie aufzuhäufen. Er hatte einen Keller bauen lassen, der mit drey Thüren zugeschlossen wurde, von welchen die letzte von Eisen war. Er gieng zuweilen hinunter, und ergötzte sich am Anblick seines Schatzes. So heimlich er es auch that, so waren seine Frau und sein Sohn dessen doch gewahr geworden. Einmal war er hinunter gegangen, und man glaubte ihn aus dem Hause; wie er aber am Abend nicht wiederkam, fieng die Familie an unruhig um ihn zu werden. Zwey Tage lang getrauten sich die Mutter und der

---

a) Hat die Revolution die Französische Nation schon von diesem Vorwurf gereinigt? Darum befrage man die Jakobins und die Feuillants, die Monarchisten, die Enragés, die Kapitalisten, die Agioteurs, die Bürger und die Bauern und die Emigrirten. Denn die Formel: frei leben oder sterben, muß einst im Gange des Staats sich ausdrücken, um viel mehr Werth zu haben als jene alte: car tel est notre bon plaisir.

der Sohn nicht, den Keller aufzubrechen, aus Furcht ihn wüthend zu machen, wenn er doch noch nach Hause käme. Endlich entschlossen sie sich dazu. Nachdem sie die beyden ersten Thüren aufgebrochen hatten, fanden sie sich durch die eiserne aufgehalten, die sie ohne Maurer weder einbrechen, noch ausheben konnten; und da sie die Arbeit gegen die Nacht angefangen hatten, mußten sie noch bis zum Tage warten. Dann, wie sie die Thüre hatten ausheben lassen, an welcher der Schlüssel, wie an den beyden vordersten innerlich stack, fanden sie den unglücklichen Alten todt ausgestreckt unter vielen Geldkasten, die Arme zernagt, und neben ihm eine Laterne, in welcher die Kerze heruntergebrannt war.

Was man auch für Vorsicht anwenden mochte, so hatte dieser abscheuliche Anblick zu viel Zeugen gehabt, als daß die Geschichte nicht ruchbar geworden wäre. Dies war in Lyon geschehen. Die Mutter und der Sohn verließen die Stadt, und zogen nach Paris, wo der Sohn, so gut wie so viele andre, die Stelle eines maître des requêtes kaufte; er verrichtete fast keinen von den Diensten dieser Stelle, heyrathete die Tochter von le Gendre, einem rechtschafnen und vornehmen Kaufmann aus Rouen, und hinterließ eine einzige Tochter, an den Herzog von Brissac, den ältesten Bruder des jetzigen, vermählt.

Nachdem Law sich für katholisch erklärt hatte, nahm er Naturalisationsbriefe; und der Regent, welcher nun die ganze Orthodoxie, und alle Eigenschaften, die sonst zu seinen Absichten nothwendig waren, an ihm fand, ernannte ihn zum Contrôleur-général. Der Siegelbewahrer erkannte schon in dem Augenblicke den künftigen Ausgang des Systems, und zog sich von der Verwaltung der Finanzen zurück.

Schon seit langer Zeit wurde Law von Sollicitanten gedrängt, die nach den Gaben, deren Spende er hatte, schmachteten; sobald aber sein Stand sicher gestellt schien, bekam er einen förmlichen Hof. Weiber von Rang zeigten sich keck im Vordergrund des Wagens, wo seine Frau und seine Tochter saßen; und die vornehmsten Männer belagerten sein Vorzimmer. Sie glaubten ihre Niederträchtigkeit zu beschönigen, indem sie Scherz daraus zu machen suchten. Aber der scherzhafte Ton, schon abgenutzt, ist in diesen Dingen das letzte Symptom der Unheilbarkeit. Dieser nämliche Adel, der sein Leben so froh seiner Ehre aufopfert, warf seine Ehre ohne Bedenken für Reichthümer weg. Wir werden in der Folge diese Habsucht, wie den Brand bis zu derjenigen Klasse der Gesellschaft um sich greifen sehen, welche ihrem Stande nach der Ehre gewidmet ist, das Militair. Wenn die Regentschaft eine von den Epochen der Sittenverschlimmerung ist, so ist das System eine noch mehr ausgezeichnete von der geistigen Erniedrigung.

Es konnte nicht fehlen, daß von allem dem Weihrauch, den man vor Law brannte, der Dampf ihm zu Kopfe steigen mußte. Er verlangte, daß sein Sohn mit zu den jungen Leuten vom ersten Rang gezogen würde, die mit dem König in einem Ballet tanzen sollten, das der Marechal von Villeroi als das kostbarste Stück der Erziehung ausgesonnen hatte. Der Regent fand nichts besonders an Law's Forderung, Villeroi aber war mit Recht im höchsten Grade davon empört. Der kleine Law wurde eingezeichnet, und wollte mit den ersten Knaben des Staats auf gleichem Fuß leben. Diese jungen Herren hatten damals nur den Stolz ihrer Geburt, und noch gar nicht die Politik ihrer Väter; sie straften also den Sohn dieses Abentheurers durch alle möglichen Schelmereien. Ihre Aeltern gaben ihnen Verweise; aber das Publikum, das gerechter und weniger artig als der Hof ist, hieß ihr Betragen gut, und so hüteten sie sich wohl, damit einzuhalten. Zum Glück für den armen Knaben, den man so eingedrängt hatte, wo er nicht hingehörte, wurde er krank, kam

das

dadurch um die Ehre mit dem König zu tanzen, fand sich aber von tausend Unannehmlichkeiten befreyt.

Der Prinz von Conti spielte dem Vater einen etwas ernsthafteren Streich. Law, ermüdet, die Aktien und die Bankozettel an diesen Prinzen zu verschwenden, weigerte sich endlich, seine Habsucht länger zu füttern. Hierauf schickte der Prinz sogleich auf die Bank, und ließ die Zahlung einer so großen Menge Zettel fodern, daß man die Rustwagen mit Geld beladen zurückbrachte. Law beklagte sich bey dem Regenten über ein Beyspiel, das, wenn es Nachahmer fände, das ganze System über den Haufen stürzen würde. Der Regent fühlte es nur zu gut, gab dem Prinzen von Conti den stärksten Verweis, hielt ihn für die Zukunft in Schranken; und das Publikum, von der Habsucht und von dem Undank gleich empört, erklärte sich für Law wider den Prinzen von Conti.

Diese Art von Angriffen war es auch, die Law wirklich fürchtete. Vor dem Parlament war ihm nicht mehr sehr bang; das lit de justice hatte dieses Gericht so niedergeschlagen, daß es, anstatt sich mit Remonstranzen über die Finanz-Operationen zu beschäftigen, bloß um die Zurückberufung der Exilirten, wie um eine Gnade gebeten hatte; und als der Regent den Präsidenten de Blamont wieder auf freyen Fuß stellte, war der Beschluß des Parlaments, daß man Sr. Königlichen Hoheit die stärksten Danksagungen machen sollte. Blamont urtheilte hieraus, daß seine gesammten Kollegen nur eine schwache Stütze machten, und wurde seitdem unter ihnen der Spion des Regenten. Man hat dergleichen Bekehrungen wohl eher im Parlament vorgehen sehen.

Der Erste Präsident war weit entfernt, das Feuer des Parlaments zu schüren, er fürchtete vielmehr dessen Heftigkeit. Der Regent hatte über diesen Mann einen Vortheil, den niemand wußte, und der noch gegenwärtig zu den sehr wenig bekannten

Anekboten gehört, da höchstens fünf oder sechs Personen
davon unterrichtet sind. Als der Herzog vom Maine und
seine Gemahlin arretirt wurden, fühlte sich der Erste Präsident auch nicht von Verantwortung frey, und wünschte
daher sehr, aufs Reine zu bringen, was dem Regenten
davon bekannt seyn möchte; in dieser Absicht ließ er ihn
durch Mademoiselle Chausseraie, von der ich schon gesprochen habe, um eine geheime Audienz ersuchen. Der Regent trug ihr auf, den ersten Präsidenten durch ein kleines Pförtchen auf der Straße Richelieu, eine Hintertreppe
herauf, welche an die innern Kabinette stößt, zu ihm führen zu lassen, und der Schlüssel wurde zu diesem Behuf
Düplessis 1) anvertraut.

Der erste Präsident fand den Regenten mit der Chausseraie, die durch die gewöhnliche Thüre hereingekommen
war, in seinem Kabinet; er fieng damit an, seine Ehrfurcht, seine Dankbarkeit, seine unverletzliche Ergebenheit
auszukramen, und sagte, daß er gerade zu einer Zeit, wo
so viele andre von ihrer Pflicht abwichen, gewünscht hätte,
die Versicherung dieser Gefühle zu erneuern.

Indem er sprach, suchte er in den Augen des Regenten zu lesen, welchen Eindruck seine Rede machte. Der
Prinz wachte so sorgfältig über seine Minen, daß der Präsident keine Wolke bemerkte, sich zu neuen Betheurungen
hin-

---

1) Dieser Düplessis, den man gegenwärtig und schon lange Hr.
Büssy nennt, ein sehr rechtschafner Mann, hatte damals eine
angenehme Figur, war dem Regenten sehr bekannt und der Vertraute von der Chausseraie. Büssy, der jetzt in den auswärtigen Geschäften ist, und einigemal als Französischer Minister in
London war, heißt der Neffe jenes Büssy, von dem hier die Rede
ist; und es hat den Anschein, daß er die Frucht des vertrauten
Umgangs zwischen Büssy und der Chausseraie ist; übrigens ist
es ein verdienstvoller Mann. Ich speiste gestern mit dem alten
Büssy, und das Gespräch kam auf die Sache, von welcher ich
rede. Er erzählte mir sie her, nebst vielen andern, die in den
Memoiren der Chausseraie aufgezeichnet gewesen waren. Sie
ließ sie vor ihrem Tode alle verbrennen, auf die Anregung des
Abbé Dandigne, der ihr Verwandter und ihr Beichtvater war.

des Herzogs von Orleans.

hinaufspannte, und im Begrif war, sehr mit sich selbst zufrieden, hinwegzugehen, als der Regent ihm ein Papier vorhielt, und mit größter Kälte hinzusetzte: erkennen Sie das? Lesen Sie! Es war ein eigenhändiger Brief des ersten Präsidenten, durch welchen er dem Spanischen Hof für das Parlament gutsagte, und sich so deutlich erklärte, daß keine Auslegung vorzuschlagen war.

Der erste Präsident, wie vom Blitz getroffen, fiel dem Regenten zu Füßen, betheuerte seine Reue und flehte um seine Gnade. Ohne ihn einer Antwort zu würdigen, warf der Prinz einen Blick des tiefsten Unwillens auf ihn, und begab sich in ein andres Zimmer.

Die Chausseraie, von dem Auftritt betäubt, machte dem ersten Präsidenten Vorwürfe, daß er sie verleitet hätte, um diese Audienz anzusuchen, und sie dadurch bey dem Regenten dem Verdacht aussetzte, als hätte sie um die Absichten dieses Schritts gewußt. Statt sich zu rechtfertigen beschwor sie de Mesmes, dem Prinzen nachzugehen, und sich für seine Rettung zu verwenden. Die Chausseraie, von Mitleiden bewegt, gieng zum Regenten, der sie mit Ausrufungen über das Verbrechen und die Frechheit des Präsidenten empfieng. Er versicherte, daß er ihn festsetzen lassen würde; aber die Chausseraie, die ihren Mann kannte, antwortete lächelnd: „Sie sind zu klug dazu, gnädiger Herr, Sie werden es nicht thun, der Vorgang ist für Sie zu glücklich. Das ist ein Mensch, mit dem Sie im Parlament thun können was Sie wollen. Sie bedürfen zuweilen solcher Schurken" — Denn um den Schuldigen zu retten, fand sie rathsam, ihn nicht zu schonen — „erhalten Sie ihn nur zwischen Hofnung und Furcht. Ich will ihm den Kopf ein Bisgen zurecht setzen, daß er nur die Fassung hat, sich zu entfernen." Sie eilte sogleich wieder zu de Mesmes, beruhigte ihn, und übergab ihn an Düplessis, der ihn in diesem niedergeschlagenen Zustande so gut er konnte noch aufrecht erhielt, und

ihn

ihn endlich auf die nämliche Weise herausgehen ließ, wie er ihn hereingeführt hatte.

Der Erste Präsident blieb in der peinlichsten Unruhe, so lange die Gefangenschaft der Herzogin vom Maine und die Kommission in Bretagne dauerte. Sobald die Sache beendigt und die Amnistie publizirt war, nahm er wieder ein zuversichtliches Betragen an, hielt sich zwischen seiner Gesellschaft und dem Regenten, ließ sich so theuer als jemals erkaufen, und zog immer aus seinen verschiednen Intriguen alles Geld was er zu seinem prächtigen Aufwand brauchte; zu einem Aufwand, mit welchem er den Fürsten selbst blendete, der die Mittel dazu hergab. Wahrscheinlich ist es auch, daß der Abbe Dübois den Rath der Chausseraie unterstützte, in der Voraussetzung, daß er einmal für sich selbst einen bestochenen Richter würde brauchen können.

Der Kardinal de la Tremoille starb zu Rom, und durch seinen Tod wurde das Erzbisthum Cambrai vakant. Dübois war schamlos genug, den Sitz für seine Ansprüche nicht zu erhaben zu finden; er beschloß den Regenten darum anzugehen, und zur Einleitung fieng er an: „Gnädiger Herr, ich habe verwichene Nacht geträumt, daß ich Erzbischof von Cambrai wäre." Der Regent sah den Abbe mit einem verächtlichen Lächeln an, und sagte: „Du hast auch sehr abgeschmackte Träume!" Dübois war anfangs bestürzt, faßte sich aber bald: „Aber gnädiger Herr, warum könnten Sie mich nicht so gut wie einen andern zum Erzbischof machen?" — Du! Erzbischof von Cambrai! Du? Jetzt magst du wohl träumen. „Dübois ließ sich nicht irre machen, und zählte ihm alle schlechten, albernen, unwissenden Subjekte, alle Spitzbuben her, mit welchen der Regent und Tellier die Kirche angefüllt hatten; aber es war keiner darunter, der nicht durch irgend eine Rücksicht der Geburt, des Rangs, der Verwandtschaft mehr getaugt hätte als er; und in ihm allein

war

war alles vereinigt, was man den übrigen zusammengenommen nur vorwerfen konnte.

Die Liste war dem Regenten lästig, und um die Verfolgungen des Abbé los zu werden, unterbrach er ihn: „Aber du bist durchaus ein Taugenichts! a) Wo fändest du den zweyten Taugenichts, der dich konsekriren möchte?" — „O wenn es nur auf das ankömmt, so steht meine Sache gut; den habe ich schon bey der Hand" — „Und wer zum Teufel wird das seyn? sprich!" — „Ihr erster Kapellan, der Bischof von Nantes (Tressan); er ist in Ihrem Vorzimmer, ich will ihn hereinführen, er wird sich freuen den Vorzug zu haben, denn Sie versprechen mir das Erzbisthum —" und hierauf überschüttet er den Prinzen mit Danksagungen, geht hinaus in das Vorzimmer, sagt dem Bischof von Nantes welche Gnade ihm, Dübois, jetzt wiederfahren wäre, und daß der Regent wünschte, er möchte die Konsekration übernehmen; Tressan nimmt es an, Dübois faßt ihn bey der Hand, führt ihn zum Regenten, verdoppelt seine Danksagungen, und Tressan hält dabey eine Lobrede auf das Subjekt. Der Prinz ist so verwundert, daß er nichts antwortet, und Dübois geht hinweg und macht bekannt, daß er Erzbischof von Cambrai ist, um alle andern Anregungen zu hemmen. Die roués bezeugen ihren Beyfall, alles was den Freygeist spielt, lacht; und die rechtschaffnen Leute, selbst die vorurtheilsfreyesten, halten ihren Unwillen nicht zurück.

Ohngeachtet der Regent Widerwillen gegen diese Ernennung zu haben schien, so war dies von seiner Seite nur Komödie. Dübois wußte in der That sehr gewiß, daß er das Erzbisthum erhalten würde, indem der Herzog von Orleans zu der nämlichen Zeit ihm den Kardinalshut zu verschaffen suchte, zwey Monate vorher deshalb

---

a) Hier ist das Wort sacre wieder gebraucht, (S. 1 Theil, S. 100. Note a) und dies veranlaßt ein skandalöses Wortspiel mit sacre und sacrer, das der Uebersetzer aufopfern mußte.

halb an den Pabst geschrieben hatte, und die Sache zu Rom durch den Jesuiten Laffiteau betreiben ließ. Ich finde in der Korrespondenz der beyden Höfe, daß schon 1718 der Prätendent sich zu Rom, wohin er geflüchtet war, in so zerrütteten Umständen befand, daß er dem Abbé Dübois seine Ernennung anbot, wenn er ihm die starken Rückstände von dem Gehalt auszahlen ließe, den der Regent ihm versprochen hatte. Aber Dübois hütete sich wohl eine Ernennung anzunehmen, die seinem Kredit in London bey dem König Georg geschadet hätte. Er fand es vortheilhafter sich aus seiner Weigerung ein Verdienst zu machen, und diesen Monarchen dadurch zu bewegen, daß er sich selbst bey dem Regenten für einen Minister, welcher der Urheber ihres Bündnisses war, verwendete. Der König von England that auch wirklich bey dem Regenten, und sogar bey dem Kaiser, über welchen er viel vermochte, Anträge zu Dübois Vortheil. Klemens der Eilfte war nicht abgeneigt, ihm den Hut zu geben, sobald Frankreich nur zu der Absetzung des Kardinal Noailles beywirkte, dessen Raub dem Abbé Dübois alsdann zu Theil werden sollte. Es hielt schwer dem Pabst hierinn zu willfahren; da indessen der heilige Vater dem Kardinal Alberoni, welcher damals aus Spanien geflüchtet war, die nämliche Behandlung zubachte, so versuchte Dübois ihn durch die Genueser festsetzen zu lassen, um ihn als Gefangnen nach Rom zu schicken; diese schlugen es aber ab.

Während daß Laffiteau in Rom für Dübois Ernennung intriguirte 1), meinte dieser durch die Würde eines Sitzes wie der erzbischöfliche von Cambrai den Glanz des Purpurs besser vorbereiten, und mit mehr Anstand als

Kandidat

---

1) In der Korrespondenz zwischen Dübois und Laffiteau wird, um den übeln Folgen verlorner Briefe vorzubauen, und um die Intrigue zu verbergen, Dübois unter dem Namen einer Gräfin de Gabagne bezeichnet, und statt des wahren Gegenstands der Unterhandlung ein Projet genannt, der in Rom für diese Gräfin betrieben wird.

Kandidat auftreten zu können. Er schlug also, um Erzbischof zu werden, den nämlichen Weg ein, den er für den Hut schon verfolgte. Er schrieb an Nericault Destouches, den er an seiner Stelle als Geschäftsträger in London gelassen hatte, und trug ihm auf, den König Georg zu bewegen, daß er den Regenten um das Erzbisthum Cambrai für den Minister, der die Allianz gestiftet hätte, bitten möchte. Destouches, ein Mann von Verstand, dessen ganzes Glück aber von Dübois abhieng, wußte sehr gut wie pünktlich er bedient seyn wollte, und brachte dem König das Anliegen vor. Der König brach dabey in ein lautes Gelächter aus; er war aber Destouches geneigt, und erlaubte ihm eine Art von Vertraulichkeit, dieser fuhr also fort: „Ich fühle die Sonderbarkeit der Bitte so gut wie Ihro Majestät, aber mir ist alles daran gelegen daß sie erfüllt werde." — „Aber," antwortete der König und fuhr fort zu lachen, „wie soll sich ein Protestantischer Fürst wohl einfallen lassen, in Frankreich einen Erzbischof zu machen? Der Regent wird selbst darüber lachen, und es nicht thun" — „Verzeihen Sie, Sire; lachen wird er, aber er wird es thun, erstlich aus Ehrfurcht für Ihro Majestät, und zweytens weil er es lustig finden wird. Ueberdem stehe ich unter dem Abbé Dübois, mein Schicksal ist in seinen Händen, er wird mich unglücklich machen, wenn ich von Ihro Majestät nicht ein dringendes Schreiben zu diesem Behuf erhalte. Hier ist es schon aufgesetzt, und die Gnade mit welcher mich Ihro Majestät beehren, läßt mich hoffen, daß Sie es unterschreiben werden." — „So gieb dann her, wenn ich dir einen solchen Gefallen damit thue," sagte der König, und unterzeichnete [1]).

Destouches, sehr erfreut dieses Sendschreiben zu haben, ließ es auf der Stelle abgehen. Der Regent
zwei-

[1]) Das Danksagungsschreiben des Abbé Dübois an den König Georg ist vom 4. Februar.

zweifelte nicht, daß der Schritt von Dübois angestellt wäre; aber die Ernennung wurde beschlossen. Destouches erhielt bey seiner Zurückkunft, dafür daß er so gut gesprochen hatte, eine Stelle in der Französischen Akademie, die er durch seine dramatischen Talente noch mehr verdiente. Einen Theil von den angeführten Umständen habe ich von ihm selbst. Ich sprach davon mit dem Marechal de la Fare, mit welchem ich von dem Landtag in Bretagne, wo ich Deputirter war, nach Hof zurückfuhr. „Ich sehe," sagte er, „daß dieses wahr ist, und was es mir bestätigt, ist daß einen Tag, da der Herzog von Brancas, Noce und ich mit dem Regenten nach Saint-Cloud fuhren, Noce, der mit Dübois unzufrieden war, um die Gesellschaft auf Kosten des Abbe zu belustigen, anhob: Monseigneur, man behauptet, daß der Schurke von Dübois Erzbischof von Cambrai werden will. — Das ist wahr, erwiederte der Regent, und es wird wohl zum Besten meiner Angelegenheiten gereichen. Hierauf schwieg man, der Prinz schien verlegen, etwas beschämt, und ich habe immer bemerkt, daß er es nicht gern sah, wenn man über diesen Punkt mit ihm sprechen wollte."

Wir wollen entferntere Zeitpunkte ein wenig zusammenrücken, um hier noch alles mitzunehmen, was diese Sache betrift. Da Dübois nichts als die Tonsur hatte, so mußte er fürs erste die Weihe empfangen. Er war fest überzeugt, daß der Kardinal Noailles sich um so mehr geschmeichelt finden würde, einem mächtigen Minister diese kleine Gefälligkeit zu erzeigen, als der Einfluß desselben bey dem Entschluß, den der Hof über die Konstitution nehmen würde, so überwiegend wäre. Dübois täuschte sich. Er war in jeder Rücksicht ein des Episkopats so unwürdiges Subjekt, daß der Kardinal sich durch eine niedrige und frevelhafte Nachgiebigkeit nicht entehren wollte, und den Antrag rein von sich wies. Man ließ im Namen des Regenten mit ihm sprechen, er antwortete bescheiden und

und ehrerbietig, ohne sich über die Bewegungsgründe zu erklären, und blieb unerschütterlich. Diese demüthigende Weigerung wurde allgemein bewundert, und war eines der stärksten Argumente, die den Abbé Dübois für die Konstitution entschieden.

Es würde nicht an Bischöfen gefehlt haben, die sich um die Schande, ihm die Weihe zu ertheilen, gerissen hätten; aber er wollte sich nicht vom Hof entfernen, und auf diese Weise den Schimpf, der ihm eben wiederfahren war, belegen. Er wandte sich an den Erzbischof von Rouen (Bezons), dessen Diöces sich auf vier bis fünf Lieues vor Paris erstreckt.

Dem Erzbischof war diese Wahl sehr lästig, die ihn der Schande anzunehmen, oder der Gefahr, sich zu weigern, aussetzte, und er neigte sich sehr zu dem letzten Entschluß; aber sein Bruder, der Marechal von Bezons, ein plumper Mensch und ein verschlagner Hofmann, griff ihn bey der Dankbarkeit an, die sie beyde dem Regenten schuldig wären, und riß ihn unter diesem Vorwande von Pflichtmäßigkeit fort.

Dubois, durch ein Breve berechtigt, alle Ordines auf einmal zu empfangen a), und mit einer Erlaubniß des Erzbischofs von Rouen versehen, begab sich in aller Frühe mit dem Bischof von Nantes auf eine Dorfpfarre vom Großvikariat von Pontoise, die nächste bey Paris, und empfieng da die ganze Weihe bey einer stillen Messe.

Er kam früh genug zurück, um sich beym Regentschaftsrath einzufinden, ohngeachtet andre Mitglieder, die vor ihm gekommen waren, schon in Gegenwart des Regenten angekündigt hatten, man müßte auf den Abbé nicht warten, weil er in Pontoise seine erste Kommunion hielte.

---

a) Wo ich nicht irre, ist es der Verfasser der vie privée du Cardinal Dubois, welcher erzählt, daß während der Feyerlichkeit gefragt wurde, ob ihm nicht die Taufe auch fehlte?

Wie man ihn hereinkommen sah, äußerte man die größte Verwunderung über seine Eilfertigkeit; der Prinz von Conte machte ihm ein ironisches Kompliment wegen seiner schnellen Verrichtung dieser heiligen Geschäfte. Dübois hörte ihn an, ohne aus der Fassung zu kommen, und antwortete ihm kaltblütig, wenn er in der Kirchengeschichte besser bewandert wäre, würde er über schleunige Priesterweihen nicht so viel Aufhebens machen, ein ähnliches Beyspiel hätte der heilige Ambrosius gegeben. Jedermann pries hierauf die Belesenheit des Abbé, und die Parallele. Er ließ sich's nicht anfechten, hielt den Scherz aus, so lange er dauerte, und wie man dessen müde war, fieng er an von Geschäften zu sprechen.

Während daß man sich in Paris und am Hof mit dem Abbé und dem heiligen Ambrosius belustigte, wurden die Bullen ausgefertigt, und die Konsekration wurde auf den 9ten Junius, Sonntags, festgesetzt. Man feyerte sie in dem Val-de-Grace mit der größten Pracht. Der ganze Hof wurde dazu eingeladen, und stellte sich ein. Die Ambassadeurs und andre Minister der Protestantischen Fürsten wohnten dem Fest in einer Tribüne, gegenüber dem Regenten, bei; die Honneurs der Feyerlichkeit wurden von den vornehmen Herren, welche die obersten Hofämter bey dem Herzog von Orleans hatten, übernommen. Dieses geistliche Skandal war das prächtigste Schauspiel. Der Herzog von Saint-Simon, der sich rühmte, der einzige Mann von Rang zu seyn, den Dübois genug geehrt hätte, um ihn von der Einladung auszunehmen, bot dem Regenten an, sich auch einzustellen, wenn nur er sich selbst so viel Achtung erwiese nicht hinzugehen, und der Prinz hatte eingewilligt. Aber die Gräfin Parabere (la Vieusville), die regierende Maitresse, welche die Nacht vorher mit ihm zubrachte, forderte von ihm, daß er hingienge. Er stellte ihr die Unanständigkeit davon vor, sie widerstritt es nicht, aber sie sagte: „Dübois wird wissen, daß wir

diese

diese Nacht bey einander geschlafen haben, er wird es mir zur Last legen, Ihnen das ausgeredet zu haben; und bey der Gewalt, die er einmal über Sie hat, wird er uns endlich entzweyen." Der Regent versuchte ihr diese Furcht zu benehmen, und schalt sie eine Närrin. "Närrin," sagte sie, "so viel als Sie wollen! Aber Sie werden hingehen, oder ich breche mit Ihnen, wär's auch nur damit der Abbe die Ehre nicht hätte, uns zu verunreinigen." Der Regent gieng also aus dem Beit der Parabere zu der Konsekration des Abbe Dúbois, damit sein Tagwerk sich vollkommen gleich bliebe.

Der Kardinal Rohan wollte der Konsekrator seyn; und da der Ehrgeiz, der Eigennutz und der Stolz, zusammen vereinigt, sonderbare Vernunftschlüsse machen, so überredete er sich, daß der Kardinal Noailles es als eine Demüthigung fühlen würde, einen Mann, dem er die Priesterweihe versagt hatte, von einem Kardinal und Reichsfürsten konsekriren zu sehen. Noailles hielt sich nicht für gedemüthigt, aber der Regent durch das Betragen des Kardinal Rohan sehr geschmeichelt, und Dúbois, durch dasselbe sehr geehrt, machten ihm die lebhaftesten Danksagungen; das Publikum hingegen war durch einen solchen Grad von Niederträchtigkeit empört.

Unter den Assistenten war der Bischof von Nantes der erste. — Er hatte die Priesterweihe ertheilt, also war es natürlich, daß er sein Wildpret weiter verfolgte. Dúboid war aber durch so viele an ihn weggeworfene Ehrenbezeugungen nicht so verblendet, daß er nicht fühlte, wie viel die Feyerlichkeit noch durch die Assistenz eines wahrhaft ehrwürdigen Bischofs zu gewinnen hätte. Der Regent bat den Bischof von Clermont, Massillon, zweyter Assistent zu seyn. Massillon wäre dessen gern überhoben geblieben, aber die besondre Gnade, ohne andre Ausprüche als seine Verdienste zum Bischof gemacht worden zu seyn, ließ ihn befürchten, daß man seine Weigerung

für

für Undankbarkeit aufnehmen würde. Man hatte die Bullen für ihn bezahlen, und ihm Geld vorschießen müssen, um die zu seiner neuen Würde nöthige Ausrüstung zu bestreiten, indem er sonst die andern durch seine Armuth zu sehr gedemüthigt hätte, und den Bischöfe der ursprünglichen Kirche zu vollkommen ähnlich gewesen wäre. Außerdem konnte seine gelehrte Eingezogenheit ihn leicht verhindert haben, von der ganzen Verworfenheit des neuen Prälaten ein recht deutliches Bild zu haben. Zu diesen Gründen kann man noch eine Art von Schüchternheit rechnen, welche die bürgerliche Tugend am Hofe selten ablegt. Er gehorchte endlich der Nothwendigkeit. Die strengen Sittenlehrer tadelten ihn, die Vernünftigen bedauerten und entschuldigten ihn.

Die Vermählung des Prinzen von Modena mit Mademoiselle de Valois war nicht so glänzend gewesen, als die Konsekration des Erzbischofs von Cambrai.

Die Verlobung geschah in dem Kabinet des Königs, und es fand sich fast niemand ein, als die Prinzen und Prinzessinnen vom Geblüt, weil keine Einladung vorausgegangen war 1).

Am andern Tag wurde der Herzog von Chartres, kraft der Prokuration des Prinzen von Modena, in der Kapelle der Tuilerien mit Mademoiselle de Valois getraut; Mademoiselle de Montpensier, ihre Schwester, nachmalige Königin von Spanien, trug ihr die Schleppe. Der Kardinal Rohan segnete das Paar ein, in Präsenz der Pfarrer von Saint-Eustache und von Saint-Germain. Nach der Messe gab der König der Braut die Hand, führte sie an ihren Wagen, und rief, wie es der Gebrauch ist, dem Kutscher zu: nach Modena.

Ob

---

1) Die königlichen Söhne bitten nicht, wie die bloßen Prinzen vom Geblüt, zu den Verlobungen ihrer Kinder; aber der Regent war nur königlicher Enkel.

des Herzogs von Orleans.

Ob sie gleich das nämliche Gefolge hatte, als ob sie wirklich abgereist wäre, so kehrte sie doch nach dem Palais Royal zurück; und verlängerte ihren Aufenthalt so lange sie konnte. Die Masern, die sie bekam, und ihre Konvalescenz verschaften ihr noch Vorwände, um ihre Abreise zu verzögern. Endlich mußte sie sich doch entschließen; aber da sie sich sehr ungern entfernte, so machte sie so kleine Tagereisen, und hielt sich unterwegs überall so lange auf als möglich; nur auf wiederholte Befehle, die sie im Verfolg der Klagen des Herzogs von Modena erhielt, endigte sie zuletzt ihre Reise.

Schon damals sann sie darauf, sich die Lehre der Großherzogin von Toskana zu Nutze zu machen, die ihr beym Abschied gesagt hatte: machen Sie's wie ich, meine Liebe. Sehen Sie zu, daß Sie ein oder zwei Kinder kriegen, und dann wieder nach Frankreich kommen. Es giebt für uns doch kein besseres Land. Unsre Prinzessinnen haben auch wirklich alle das Heimweh. So ist die Herzogin von Modena sobald als sie gekonnt hat, zurückgekommen. Sie zog die Annehmlichkeiten der Gesellschaft von Paris, wo sie gestorben ist, der Etikette ihres kleinen Hofs vor.

Sobald Alberoni verjagt worden war, hatte der Frieden keine Schwierigkeit mehr gefunden. Der König von Spanien trat der Quadrupelallianz bey, und schrieb sogar einen freundschaftlichen Brief an den Regenten. Stanhope und Dübois setzten zusammen die Artikel auf, die der Spanische Minister unterzeichnete. Philipp der Fünfte, von Alberoni befreit, nahm keinen sogenannten Premierminister mehr an, und Grimaldo bekam als Sekretair der allgemeinen Depeschen den Vortrag der Geschäfte.

Grimaldo, ein Biskajer, nahm seit seiner Erhöhung den Namen Grimaldi an. Er war ein Mann von Verdienst, ursprünglich hatte er in Orry's Departement gedient, und war durch diesen der Prinzessin dei Ursini bekannt geworden, die ihn bey dem König einführte. Er stieg stufenweise bis zum Staatssekretair vom Kriegsdepartement; denn man glaubt zuweilen in Spanien, daß ein Mann, der fähig ist eine Stelle zu versehen, sie eher als ein vornehmer Ignorant, der ohne Subalternen nicht auskäme, einnehmen kann; Beyspiele davon sieht man an Grimaldo, an Patino, an l'Ensenada.

Als Alberoni sich der Spanischen Regierung bemächtigte, entfernte er alle Kreaturen der Prinzeßin dei Ursini. Grimaldo war darunter, und behielt zwar seinen Titel als Staatssekretair, aber ohne Verrichtung. Er hatte in seinem Glück sich die öffentliche Achtung zu erwerben gewußt, er behielt und vermehrte sie sogar in seiner Ungnade durch die Anhänglichkeit, die er den ersten Urhebern seines Glücks, der Prinzeßin dei Ursini und Orry, fortwährend bewies. Bescheiden als er die Gunst des Königs besaß, brauchte er nach seinem Sturz nichts an seinem Betragen zu ändern. Philipp der Fünfte blieb ihm auch gewogen, aber er wagte es nicht, ihn gegen Alberoni und die Königin in Schutz zu nehmen; er ließ ihn indessen zuweilen insgeheim zu sich rufen, und sah ihn immer mit Vergnügen. Grimaldo kam also durch den Fall des ersten Ministers ganz natürlich wieder in die Höhe, und die Königin konnte ihm wenigstens ihre Achtung nicht versagen.

Der Regent war nun zwar auswärts des Friedens versichert, aber im Innern des Staats genoß er nicht der nämlichen Ruhe. Die Täuschung des Systems fieng an zu verschwinden; man begrif nach und nach, daß alle diese Papierreichthümer nur idealisch wären, wenn sie sich nicht auf wirkliche Fonds gründeten, und daß Operationen, welche in gewissen Zeitläuften einem freyen Volke anstehen können, in einer Monarchie, wo einer Maitresse, oder einem Günstling der Mißbrauch der Gewalt überlassen wird, verderblich sind. Die Verschwendungen des Regenten erfreuten den Hof, und machten die Nation arm. Die Großen zahlten ihre Schulden mit Papier, welches nichts weiter als ein legaler Bankerott war. Was die Frucht der Arbeit und der Industrie eines ganzen Volks war, wurde die Beute des müssigen und habsüchtigen Hofmanns.

Das Papier verlor bald durch den Ueberfluß allein sein ganzes Ansehen, man suchte es in klingender Münze zu realisiren, in Ermangelung derselben kaufte man, um jeden Preis, Goldschmidtarbeiten, Mobilien, und überhaupt alles, was nach dem Fall der Papiere noch einen wirklichen Werth würde behalten können. Da jeder mit gleicher Begierde darnach trachtete, so wurde alles ungeheuer theuer, und die Seltenheit des Geldes machte, daß man es immer mehr zusammenhielt. Die Regierung sah nun die Begeisterung zerstört, es blieb kein Mittel mehr zur Verführung übrig, und man brauchte nun Gewalt. Gold, Silber, Edelsteine wurden verboten. Es war nicht erlaubt, für mehr als fünfhundert Livres an baarem Gelde zu haben. Selbst in Klöstern wurde Nachsuchung gehalten. Es gab Konfiszierungen, man hetzte, man belohnte die Angeber. Bediente verriethen ihren Herren, der Bürger wurde zum Spion seines Mitbürgers; daher sagte Lord Stairs, daß an Laws Katholicität nicht mehr zu zweifeln wäre, da er die Inquisition einführte, nachdem er durch die Verwandlung des Geldes in Papier schon die Transsubstantiation erwiesen hätte. Wäre das System auch an sich nicht verderblich gewesen, so würde der Mißbrauch doch alle Grundsätze desselben zerstört haben. Man hatte weder Plan noch bestimmten Gegenstand behalten; für das Uebel des Augenblicks suchte man blindlings ein Mittel, das selbst ein größeres Uebel wurde. Verordnungen, Deklarationen stürzten über einander, am nämlichen Tag erschienen deren mehrere, die sich unter einander selbst zerstörten.

Nie sah man eine so launige Regierung, einen so unsinnigen Despotismus unter einem weniger standhaften

Fürsten. Das unbegreiflichste aller Wunder für die, welche Zeugen jener Zeiten gewesen sind, und sie jetzt wie einen Traum ansehen, ist, daß keine plötzliche Revolution daraus entsprungen ist, daß der Regent und Law kein tragisches Ende genommen haben. Sie waren ein Gegenstand des allgemeinen Abscheus, aber man begnügte sich zu murren, eine finstre und schüchterne Verzweiflung, eine dumpfe Bestürzung hatte alle Gemüther ergriffen; die Seelen waren zu erniedrigt, um muthiger Verbrechen a) fähig zu seyn.

Man hörte auf einmal von nichts sprechen, als von dem Ruin rechtschafner Familien, von heimlicher Dürftigkeit, von verhaßter Bereicherung, von Reichen, die selbst erstaunt und unwürdig waren, es geworden zu seyn, von verächtlichen Großen, von unsinnigen Vergnügungen, von beleidigendem Luxus.

Die Leichtigkeit, die Nothwendigkeit, sogar beträchtliche Summen in Papier bey sich zu tragen, um damit zu handeln, machte die Diebstähle sehr allgemein; auch Mordthaten waren nicht selten. Eine ereignete sich besonders, deren gerechte und nöthige Bestrafung Aufsehen in einem großen Theil von Europa machte.

Anton Joseph, Graf von Horn, ein junger Mann von zwey und zwanzig Jahren, vormals Hauptmann im ersten Kavallerieregiment; Lorenz de Mille, ein Piemonteser, vormals Hauptmann in einem deutschen Regiment, und ein vorgeblicher Chevalier d'Estampes 1) komplotirten

---

a) Noch hat es der Erfolg nicht deutlich gemacht, ob 1789 der Schwung der Seelen im Ganzen höher gewesen seyn mag. Noch sind die Begebenheiten in Frankreich ungleich größer gewesen als die Menschen, und der Augenblick scheint nahe, wo sie die ganze Nation erdrücken. Nur würde auch dieser Augenblick nicht der letzte seyn; aber die Pädagogik des Schicksals läßt sich erst nach vollendeter Erziehung übersehen.

1) Oder Duterne, nach der Aussage der zwey Verurtheilten, die ihn nur seit kurzem kannten, und seinen Namen nicht genau wußten. Man erfuhr nachher, daß er l'Estang hieß, zwanzig Jahr

ten mit einander, einen reichen Agioteur zu ermorden, und sich seines Portefeuille zu bemächtigen. Sie begaben sich in die Straße Quincampoix, und führten, unter dem Vorwand für hunderttausend Thaler Aktien zu verhandeln, den Agioteur auf ein Weinhaus in der Venetianischen Straße, wo sie ihn mit Dolchstichen niederwarfen. Dies geschah den 22 März, am Freytag vor der Charwoche. Der Unglückliche machte so viel Lärm, indem er sich unter den Händen seiner Mörder sträubte, daß ein Kellner, der an der Thüre vorbeygieng, an welcher der Schlüssel stack, sie aufmachte, und wie er einen Menschen erblickte, der in seinem Blute schwamm, die Thüre sogleich wieder zuwarf, sie doppelt verschloß, und draussen um Hülfe rief.

Wie sich die Mörder eingeschlossen sahen, sprangen sie zum Fenster hinaus. D'Estampes, der auf der Treppe Wache hielt, hatte sich beym ersten Lärm schon geflüchtet, und war nach einem Gasthofe auf der Straße de Tournon, wo sie alle drey wohnten, gelaufen; er nahm alles mit, was er zu sich stecken konnte, und entkam. Mille durchschnitt den ganzen Haufen von der Straße Quincampoix; da ihn aber das Volk verfolgte, wurde er endlich bey den Halles angehalten. Der Graf von Horn wurde arretirt, wie er vom Fenster hinunter fiel. In der Meynung, daß seine zwey Mitschuldigen gerettet wären, hatte er so viel Besonnenheit, auszusagen, daß er sich in Gefahr befunden hätte, ermordet zu werden, indem er sich des Mannes, der eben erstochen wäre, hätte annehmen wollen. Sein Plan war aber nicht sehr geschickt angelegt, und wurde durch Mille's Ankunft fruchtlos; denn man brachte diesen in das Weinhaus, und er gestand alles. Horn wollte

Jahr alt, und Sohn eines Flamändischen Bankiers war. Er irrte unter dem Namen Grandpre in verschiednen Ländern umher, und gieng endlich nach den Holländischen Besitzungen in Indien.

wollte vergebens ihn verläugnen; der Aufseher des Viertels ließ ihn ins Gefängniß führen. Da das Verbrechen erwiesen war, dauerte der Prozeß nicht lange, und schon am 26 März, Dienstags in der Charwoche, wurden beyde auf dem Richtplatz lebendig gerädert.

Der Graf Horn war wahrscheinlich der erste Urheber des Komplotts; denn vor der Exekution, und während daß er auf dem Rade noch athmete, bat er seinen Mitschuldigen, der zuletzt gerichtet wurde, und unter den Stößen starb, zu wiederholten malen um Vergebung.

Ich habe von dem Kapellan vom Gefängniß einen Umstand erfahren, welcher die Resignation und die Seelenruhe des Grafen Horn sehr beweist. Als er, bis zur Ankunft des Beichtvaters, eines Doktors von der Sorbonne, dem Kapellan übergeben wurde, sagte er zu diesem: „Ich verdiene das Rad, ich hofte, daß man aus Rücksichten gegen meine Familie die Strafe verändern, und mir das Urtheil der Enthauptung sprechen würde; ich ergebe mich in alles, um Gnade für mein Verbrechen von Gott zu erhalten." Er setzte sofort hinzu: „leidet man viel, wenn man gerädert wird?" Der Kapellan, bestürzt über diese Frage, antwortete bloß, daß er es nicht glaubte, und sagte ihm alles Tröstliche, was er auffinden konnte.

Der Regent wurde von allen Seiten belagert, um den Verbrecher zu begnadigen, oder seine Strafe wenigstens zu verändern. Die That war so abscheulich, daß man nicht lange auf das erste drang; desto eifriger aber verwandte man sich für das andre. Man stellte vor, daß die Strafe des Rads so infamirend wäre, daß kein Mädchen vom Hause Horn bis ins dritte Glied in irgend einem Stift aufgenommen werden könnte.

Der Regent wies alle Bitten um Begnadigung von sich. Wie man versuchte, ihn dadurch zu rühren, daß der Verbrecher die Ehre hätte, durch Madame ihm anzugehören; „nun!" antwortete er, „so werde ich die Schande theilen, das muß die andern Verwandten trösten." Er führte bey dieser Gelegenheit den Vers von Corneille an:

„Nicht das Schaffot, das Verbrechen macht die Schande"a). Dieser Grundsatz ist moralisch wahr, aber in unsern Sitten falsch. In einem Staat, wo die öffentliche Achtung nur der Geburt, dem Rang, dem Einfluß und den Reichthümern zukommt, welches lauter Mittel zur Ungestraftheit sind, in einem solchen Staat ist eine Familie, die einen schuldigen Verwandten nicht der Bestrafung entziehen kann, überwiesen, daß sie nicht geachtet wird, und folglich der Geringschätzung ausgesetzt; das Vorurtheil kann also nicht vertilgt werden. Es hat aber nicht Statt, oder ist wenigstens schwächer unter dem reinen Despotismus, oder bey einem freyen Volke, überall, wo man sagen kann: du bist Sklav wie ich, oder ich bin frey wie du. Bey dem Despoten wird an dem Verurtheilten keine andre Schuld vorausgesetzt, als die, mißfallen zu haben. In einem freyen Staat wird der Verbrecher nur der Gerechtigkeit aufgeopfert; und wenn man keine persönliche Rücksichten mehr nehmen wird, dann werden die meisten Familien Delinquenten haben, und sonach einer wechselseitigen Nachsicht, eines gleichen Mitleids bedürfen. Dann wird die Schuld bloß an der Person haften, und das Vorurtheil wird verschwinden; ein andres Mittel es auszurotten giebt es nicht.

Der Regent war nahe daran, die Veränderung der Strafe zu bewilligen, aber Law und Dubois stellten ihm die Nothwendigkeit vor, zu einer Zeit, wo jedermann sein ganzes Vermögen bey sich trüge, die öffentliche Sicherheit aufrecht zu erhalten. Sie bewiesen ihm, daß der Unterschied der Strafe bey einem so schwarzen und so öffentlichen Verbrechen für das Volk keinesweges befriedigend und vielmehr demüthigend seyn würde. Ich habe oft von dieser Hinrichtung sprechen gehört, sie wurde immer nur von Großen, die dabey

---

a) Le crime fait la honte, et non pas l'echafaud.

interessirte Parteyen waren, getadelt; und ich kann sagen, daß ich meine Meynung gegen sie nicht verschwiegen habe.

Als die Verwandten alle Hofnung verloren hatten, den Regenten zu erweichen, fanden zwey darunter, die Horn näher angieng als die übrigen, der Prinz von Robec Montmorenci und der gegenwärtige Marechal d'Isenghen, Mittel in sein Gefängniß zu bringen; sie brachten ihm Gift, und ermahnten ihn, sich auf diese Art von der Schande zu retten, aber er schlug es aus. Unwillig verließen sie ihn und sagten: „Geh Elender, du verdienst nur von der Hand des Henkers zu sterben."

Ich habe die vornehmsten Umstände über diese Sache von dem Kriminal-Aktuarius, der mir die Akten mitgetheilt hat.

Der Graf von Horn war vor seinem letzten Verbrechen, als ein Gauner, und überhaupt als ein Taugenichts bekannt. Seine Mutter, die Tochter des Prinzen von Ligne, Herzog v. Aremberg, Grand von Spanien und Ritter des goldnen Vließes, und sein ältester Bruder, Maximilian Emanuel Prinz von Horn, hatten von seiner übeln Aufführung Nachricht erhalten, und schickten einen Edelmann ab, um seine Schulden zu bezahlen, ihn gutwillig zurückzubringen, oder von dem Regenten einen Befehl zu erlangen, kraft dessen er sich von Paris zu entfernen hätte. Unglücklicher Weise kam der Abgeordnete erst den Tag nachdem die That geschehen war in Paris an 1).

Der

---

1) Das Haus Horn hat seinen Namen von der kleinen Stadt Horn in Brabant, zur alten Grafschaft Loos, Lütticher Herrschaft, gehörig, gegenüber und in der Nähe von Ruremonde. Es hat drey Branchen dieses Geschlechts gegeben. Die zwey ersten sind erloschen. Das Haupt des ersten vermählte sich mit Anna von Egmont, Wittwe Josephs von Montmorenci, Herrn von Nivelle. Da er keine Kinder mit ihr hatte, adoptirte er die beyden Montmorenci, die sie von ihrem ersten Manne gehabt

Der Prinz von Horn schrieb, als der Regent die ihm konfiszirten Güter seines Bruders zuerkannte, wie man behauptete, folgenden Brief an denselben:

Ich beklage mich nicht, gnädiger Herr, über den Tod meines Bruders; aber ich beklage mich, daß Ew. Königl. Hoheit in seiner Person die Rechte des Königreichs, des Adels und der Nation verletzt haben. (Der Vorwurf ist ungegründet, auf den vorsätzlichen Meuchelmord steht das Rad, ohne Unterschied der Geburt.) Ich danke Ihnen für die Konfiskation seiner Güter; ich würde mich für eben so infam halten als er war, wenn ich je die mindeste Gnade von Ihnen annähme. Ich hoffe daß Gott und der König einst eben so streng über Sie Recht halten werden, als Sie es über meinen unglücklichen Bruder gehalten haben.

Zu der nämlichen Zeit, da der Regent den Grafen von Horn der öffentlichen Rache aufopferte, ließ er in Bretagne der Ruhe seiner Regentschaft eben so blutige Opfer bringen. Die königliche Kammer, die zu Nantes niedergesetzt war, ließ am nämlichen Tage, den 26sten März, vier Bretagner Edelleuten, (de Guer Pontcallet, de Montlouis, le Moyne, genannt der Chevalier von Talhouet, und du Coëdic,) als Verbrechern der beleidigten

---

habt hatte, Philipp und Floris. Philipp war der nämliche, den der Herzog von Alba 1568 enthaupten ließ. Seinen Bruder, Floris, traf das nämliche Schicksal 1570. in Spanien, als er Philipp dem Zweyten die Klagen der Niederländer über die Einführung der Inquisition überbrachte. Ihre beyden Schwestern heyratheten in das Haus Lallain. Die zweyte Branche ist ebenfalls erloschen. Die dritte bestand 1720. in Maximilian Emanuel Prinzen von Horn, und seinem unglücklichen Bruder. Ihr Vater, Philipp Emanuel Prinz von Horn, hatte als Generallieutenant in Frankreich bey den Belagerungen von Breisac und Landau, bey der Schlacht von Speier und bey der von Ramillies gedient. Bey der letzten empfieng er sieben Wunden, und wurde gefangen genommen. Als durch den Utrechter Frieden die Niederlande an das Haus Oesterreich kamen, stellte sich das Haus Horn wieder unter die Herrschaft des Kaisers.

ten Majestät und der Felonie, den Kopf abhauen. Sechszehn wurden in Effigie hingerichtet, der Prozeß von einer Menge andrer endigte mit einer Amnestie. Ich habe schon von dieser Sache gesprochen. Diese unglücklichen Edelleute, deren meiste nicht geahndet hatten, worauf es ankam, waren so viele Opfer von Cellamare's Verführungskünsten und der Thorheiten der Herzogin vom Maine. Ich habe nur wenig Umstände hinzuzufügen.

Die ganze Stadt wurde mit Truppen besetzt, den Bürgern wurde verboten aus ihren Häusern zu gehen, die Kanonen vom Schloß waren gegen die Stadt gerichtet. Wie Montlouis das Schaffot bestieg, sah er die Umstehenden weinen, und sagte zu ihnen: „Landsleute, wir sterben für Euch, bittet Gott für uns." d'Evry der in dem Prozeß referirte, und kürzlich gestorben ist, hat oft gesagt, daß er ihre Begnadigung erwartete, nachdem er die Herzogin vom Maine hatte in Freyheit setzen sehen; es braucht wohl keines andern Beweises, daß sie die einzige Schuldige war.

Der Regent konnte nun die Zahlung der Renten und Pensionen, deren Masse seine Verschwendung täglich vermehrte, nicht mehr bestreiten; er hatte durch ein Arret vom Conseil vom 6. Februar, den Ersatz aller Renten in Papier, oder ihre Herabsetzung auf zwey Procent verordnet. Durch ein Edikt vom folgenden Monat, März, wurden alle Errichtungen von Renten auf den nämlichen Fuß gesetzt, als ob der Werth des Geldes nicht ganz allein von der Seltenheit oder dem Ueberfluß desselben abhienge. Der Fürst kann den gesetzlichen Fuß der Interessen bestimmen, aber er kann die Verleiher nicht zwingen. Das Parlament weigerte sich beyde Verordnungen einzuregistriren, und machte Remonstranzen, durch welche bloß das Recht sie zu machen, und ihre Fruchtlosigkeit belegt wurde. Der erste Präsident, der sich noch in

der

der Krisis seiner oben erwähnten Zusammenkunft mit dem Regenten befand, stellte sich krank, um weder mit dem Prinzen noch mit dem Parlament in Widerspruch zu kommen. Wir werden ihn wieder auftreten sehen, sobald er die Umstände günstig finden wird, und das traf sich bald.

Alle Hofleute hatten sich mit Papier, das ihnen nichts kostete als Erniedrigungen, von ihren Schuldenlasten befreyt. Der wohlhabende Bürgerstand war ruinirt, und an dem niedrigen Volk wurden bey Gelegenheit des Mississipi, der heutigen Louisiana, unerhörte Gewaltthätigkeiten ausgeübt. Law fand daß man den Aktien nunmehr wenigstens einen erlognen Grund geben müßte, und setzte denselben in den vorgeblichen Reichthümern, die aus Mississipi gezogen werden würden. Es war, sagte er, ein gelobtes Land, reich an Waaren aller Art, an Gold- und Silberbergwerken. Es kam nur noch darauf an, Kolonisten hinzuschicken, die sich selbst dort bereichern, und zugleich die Urheber des Wohlstands von Frankreich seyn würden.

Da mit dieser Lockspeise nichts ausgerichtet wurde, so nahm man alle böse Buben und alle liederlichen Weibsbilder, die in den Gefängnissen und Zuchthäusern waren, und ließ sie einschiffen. Hierauf bemächtigte man sich aller Landstreicher, und da die Menschen, die man gebraucht um eine Stadt von Spitzbuben zu reinigen, selbst nicht viel besser sind, so wurden eine Menge rechtschaffner Handwerksleute und Bürgerssöhne als Vagabunden aufgehoben. Die Häscher sperrten manche ein, und ließen sich ihre Freyheit abkaufen. Diese Dinge wurden so weit getrieben, daß die Geduld des Volks endlich ermüdete. Man trieb die Häscher zurück, einige wurden ermordet, und das Ministerium, nun selbst in Furcht gejagt, ließ diese gehäßige Verfolgung aufhören. Man erfuhr nachher daß diese Unglücklichen, mit gewafneter Hand weggeführt,

den, daß er nur mit großer Mühe seinen vormaligen Glanz wieder annahm.

Die Honneurs als Siegelbewahrer wurden d'Argenson gelassen. Aber weder diese noch das Vermögen, das er sich erworben hatte, denn er war ursprünglich sehr arm, verwahrten ihn vor der Krankheit der verungnadeten Minister, einer Art von Spleen, den sie fast alle bekommen, und an welchem die meisten sterben.

Von dem Augenblick, da die allgemeine Verwaltung Law genommen, und ihm nichts als die Bank und die Indische Kompagnie gelassen wurde, war Pelletier des Forts zum Generalkommissair der Finanzen ernannt, und er hatte d'Ormesson und Gaumont zu Adjunkten.

Der Regent suchte anfangs die Gunst des Volks wieder zu gewinnen, oder wenigstens dessen Haß zu vermindern, indem er den Schein annahm, das Parlament bey seinen Operationen mitwirken zu lassen. Durch ein Arret vom Conseil vom 1 Junius wurde wieder erlaubt, so viel Geld als man wollte zu Hause zu haben; aber wenige waren im Stande, von der Erlaubniß Gebrauch zu machen. Fünf Deputirte vom Parlament wurden zu Konferenzen mit den Finanzkommissären gezogen. Um die Bankozettel wieder einzuziehen, wurden 25 Millionen Renten auf die Stadt errichtet, deren Kapital zu zwey und einem halb pro Cent war, und die angewiesenen Zettel wurden öffentlich auf dem Rathhause verbrannt. Dadurch aber erhielten die Privatleute noch nicht das nöthige Geld für die dringenden und täglichen Bedürfnisse. Die gemeinsten Lebensmittel waren auf einen ungeheuern Preis gestiegen, und da alle Kaufleute sich weigerten, die Zettel anzunehmen, so mußte man auf der Bank unter die Leute, die Zettel brachten, etwas Geld austheilen. Der Zufluß war dort so groß, daß viele Personen erstickt wurden; man trug drey Leichname vor die Thore des Palais-Royal. Dieser Anblick machte so vielen Eindruck, daß ganz Paris auf dem

dem Punkt stand, sich zu empören. Le Blanc, Staatssekretär, begab sich eiligst an den Ort, berief die Schaarwache und die Wache aus den Tuilerien; aber bis sie ankamen, faßte er vorläufig einen klugen Entschluß: Er bemerkte sieben oder acht stämmige Kerls, die in einem Aufstand des Pöbels sehr gut ihre Rolle spielen, und sogar den Anfang machen konnten; diese redete er ruhig an: „Kinder, nehmt diese Körper weg, tragt sie in eine Kirche, und kommt bald wieder zu mir, daß ich Euch Eure Mühe bezahle." Sie faßten auf der Stelle an, und die Truppen, die nun ankamen, zerstreuten durch ihre bloße Gegenwart den Haufen, der den Eindruck der Leichname nicht mehr vor Augen hatte. Ein Theil vom Pöbel war den todten Körpern, die weggetragen wurden, schon nachgegangen; entweder aus maschinenmäßiger Neugierde, oder um an der versprochnen Belohnung Theil zu nehmen. Den nämlichen Tag erschien eine Verordnung, die dem Volke bey den strengsten Strafen verbot, sich zusammenzurotten.

Die Regierung war so verderbt, daß kein rechtschaffner Mann ihr traute. Die Zettel, die man aus dem öffentlichen Kurs zog, wurden seit einigen Tagen auf dem Rathhaus verbrannt. Trüdaine, Vorsteher der Kaufmannschaft, in dessen Gegenwart, wie vor den Augen der ganzen Municipalität, dies gethan wurde, glaubte Nummern zu bemerken, die ihm schon durch die Hände gegangen waren, und er äußerte seinen Argwohn auf eine ziemlich derbe Art. Trüdaine war ein Mann von geradem Sinn, voll von Ehre und Gerechtigkeitsliebe, von strengen Sitten, in dem Geiste und den Grundsätzen der alten Magistratur erzogen, ein Feind der neuen Maasregeln, und hauptsächlich solcher, die ihm zweydeutig schienen, daher erklärter Widersacher des Systems, keinesweges politisch, vielmehr ein wenig hart; sein Sohn hat, bey mehr Einsichten, viel Aehnlichkeit mit ihm, es ist eine gute Art.

Trü

Trûdaine's Verdacht konnte ungegründet seyn, er hatte aber einen solchen Anschein von Wahrheit, und der Posten des Mannes hatte so viel Einfluß auf das öffentliche Vertrauen, daß der Regent ihn absetzte, und seine Stelle an Chateauneuf gab. Vergebens wandte man ein, daß es gegen alle Regel wäre, einen Vorsteher der Kaufmannschaft abzusetzen, ehe seine Vorsteherschaft verflossen wäre, und daß es gegen alle Municipalgesetze liefe, einen Fremden 1) an diesen Posten zu stellen; daß außerdem diese Ungerechtigkeit gegen einen tugendhaften und beym Volk beliebten Mann, das Mißtrauen vielmehr bestärken als zerstören würde. Die Regeln kümmerten den Herzog wenig; also wurde Trûdaine abgesetzt, und er blieb der einzige, den die Ungerechtigkeit nicht rührte.

Das Agio war von der Straße Quincampoix, wo es zu eingeschränkt war, auf die Place Vendôme verlegt worden. Da versammelten sich die niedrigsten Schurken und die vornehmsten Großen, alle durch Habsucht vereinigt und einander gleichgestellt. Am Hofe führte man fast niemanden an, der sich vor der Seuche verwahrt hätte, als den Kanzler, den Marechal von Villeroi, den Marechal von Villars, die Herzoge von Saint-Simon und von la Rochefoucault. Villars, der selbst mit den Eigenschaften, die er besaß, aufzuschneiden pflegte, wollte einmal, da er mit einer Menge Pagen und Lakayen in einem prächtigen Wagen über den Platz fuhr, seine Uneigennützigkeit wenigstens seiner Eitelkeit zu gute kommen lassen. Da er durch das Gedränge aufgehalten war, steckte er den Kopf zum Schlag hinaus, und fieng an gegen die Schändlichkeit des Agio, als die Schmach der Nation, loszuziehen;

er,

---

1) Castagneres de Chateauneuf war zu Chamberey in Savoyen geboren, er war erster Präsident vom obersten Gerichtshof dieser Stadt, sodann wurde er in Frankreich naturalisirt, Ambassadeur in Portugal, in Holland, bey der Pforte, und Präsident der Königlichen Kammer von Nantes.

des Herzogs von Orleans.

er, setzte er hinzu, wäre in Ansehung des Geldes unbefleckt. Auf einmal gieng ein allgemeines Gezisch von Leuten los, die riefen: Er und die Schutzpässe! Und die Schutzpässe! Villars hatte zu der Zeit, da er die Armee kommandirte, beträchtliche Vortheile daraus gezogen. Diese Worte, die von einer Ecke des Platzes zur andern wie im Echo wiederholt wurden, zwangen den Marechal, still zu schweigen, er drückte sich in den Hintergrund seines Wagens, fuhr über den Platz so gut er konnte, und fand es nicht rathsam, hier wieder öffentliche Reden zu halten.

Der Herzog von Bourbon war einmal so treuherzig, sich der Menge Aktien, die er besäße, zu rühmen. Türmenies, Aufseher des königlichen Schatzes, ein Mann von Verstand, und der das Recht oder die Gewohnheit der Familiarität selbst bey den Prinzen erworben hatte, versetzte darauf: „Gnädiger Herr, zwey Handlungen Ihres Großvaters a) sind mehr werth als alle diese Aktien. Der Herzog lachte, um nicht in die Nothwendigkeit zu kommen, sich zu erzürnen. Dieser nämliche Türmenies fand sich bey der Zurückkunft des Grafen Charolois, der drey Jahre auf Reisen gewesen war, und drängte sich mit vielen andern hinzu, um seine Freude zu bezeugen. Der Prinz würdigte sie kaum eines Blicks, worauf sich Türmenies gegen die Gesellschaft wandte, und sagte: „Da, meine Herren! Wenden Sie recht viel Geld daran, Ihre Kinder reisen zu lassen, und sehen Sie wie sie zurück kommen."

Der Graf von Charolois trat bey seiner Ankunft sogleich in den Regentschaftsrath, ohne jedoch denselben zu vermehren.

Das Getümmel des Agio auf der Place Vendôme, wo die Kanzley ist, fieng an, dem Kanzler zur Last zu fallen;

G 3

---

a) Des großen Conde. Uebrigens war der Witz des Originals nicht zu übersetzen, da mir nicht, wie im Französischen, für Handlungen oder Thaten und Aktien das nämliche Wort (actions) gebrauchen können.

len; daher bot der Prinz von Carignan, mehr lüstern nach Geld als bedenklich über die Quelle, woraus es fließen möchte, sein Hotel de Soissons an. Er ließ in dem Garten eine Menge kleiner Baraken aufrichten, deren jede zu fünfhundert Livres monatlich vermiethet wurde; der ganze jährliche Ertrag war fünfmal hunderttausend Livres. Um die Agioteurs zu zwingen, daß sie sich derselben bedienten, erhielt er eine Verordnung, die unter dem Vorwand, eine Art von Polizey im Agio einzuführen, und dem Verlust der Portefeuilles vorzubauen, irgendwo sonst als in diesen Baraken einen Handel abzuschließen verbot.

Seitdem die Deputirten des Parlaments mit den Finanzkommissarien konferirten, schmeichelte sich dieses Gericht schon an der Verwaltung Theil zu haben: aber die Täuschung währte nicht lange. Am 17 Julius, dem nämlichen Tag, wo Leute erstickt wurden, erhielt das Parlament ein Edikt zur Einregistrirung, durch welches der Indischen Kompagnie aller Handel zugesprochen wurde. Während daß man über die Sache mit Wärme berathschlagte, gieng der erste Präsident einen Augenblick hinaus, und erzählte bey seiner Zurückkunft, was bey der Bank vorgefallen war, und daß Law's Wagen vom Volk zerschmettert worden wäre. Auf einmal standen alle Räthe auf den Füßen, und riefen mit einem Freudengeschrey, das dem Ernst der Sitzung wenig angemessen war: ist Law selbst in Stücken gerissen? Der erste Präsident antwortete, er wisse die Folgen des Tumults noch nicht. Das Edikt wurde sogleich einstimmig verworfen, die Sitzung aufgebrochen, und das ganze Parlament lief auf die Straße den Neuigkeiten nach.

Der Regent, durch die Ungefälligkeit des Parlaments auf's äußerste erbittert, versammelte am 18, Donnerstags ein Geheimes Konseil, wo beschlossen wurde, das Parlament nach Blois zu verlegen. Der Kanzler stimmte wie die andern mit der Verwirrung eines Mannes, der des Exi-
siums

liums müde ist, und wieder davon betroffen zu werden
fürchtet. Nach dem Konseil erhielt er indessen vom Regenten, daß Pontoise statt Blois bestimmt wurde.

Am 21, des Sonntags bemächtigten sich unversehens,
denn es hatte nichts davon verlautet, mehrere Kompagnien
von der Garde der Höfe und der Aussenseiten des Palais;
ein Theil von den Mousquetaires besetzte die grand'chambre, und andre das Hotel des ersten Präsidenten; zu gleicher Zeit brachten ihre Kameraden allen Parlamentsgliedern
den Befehl, nach Pontoise abzugehen.

Diese Verlegung des Parlaments auf sieben Lieues
von Paris machte die Regierung lächerlich, statt ihr Ansehen empor zu bringen, und durch die Umstände, welche
dabey vorfielen, wurde das Ganze zu einer Komödie.
Am nämlichen Abend schickte der Regent dem Procureur-général hunderttausend Livres in klingender Münze, und
eben so viel in Papier, um denen auszuhelfen, die es
brauchen möchten. Der erste Präsident bekam eine noch
stärkere Summe, um die Tafel zu bestreiten, und er zog
bey der Gelegenheit in verschiednen Terminen über fünfmal hunderttausend Livres von dem Regenten. Auf diese
Weise war die Sitzung von Pontoise eine Art von Wasfanz zur Ergötzlichkeit.

Der erste Präsident hielt offene Tafel, und wer aus
Unpäßlichkeit oder andern Ursachen zu Hause bleiben wollte, ließ auf der Ersten Präsidenz alles holen, was er wollte.
Nachmittags gab es Spieltische in den Appartements, Kaleschen, ganz angespannt, in den Höfen für die Herren und
Damen, die mehr Geschmack an der Promenade fanden.
Der Erste Präsident stieg in die glänzendste, und nannte
de, mitten unter der Gesellschaft, die sich um ihn herum
stellte, diejenigen, die ihn begleiten sollten. Messieurs
vom Parlament fanden demnach, daß der Erste Präsident
der größte Mann wäre, der je diesen Posten erfüllt hätte.
Abends, ein prächtiges und feines Soupee für die artigen

Damen und die Herren von gutem Ton, welche in dieser schönen Jahreszeit täglich von Paris hinkamen, und in der Nacht wieder nach Hause fuhren. Die Feten, die Konzerte folgten beständig auf einander. Der Weg von Pontoise war so häufig besucht, als es heutzutage der von Versailles ist. Es würde vielleicht nicht unmöglich gehalten haben, den Regenten zu bewegen hinzukommen. Er gab das Geld zu den Vergnügungen dieser Exilirten her, und sie erlaubten sich Scherze darüber, die mehr unanständig als leicht waren. Kaum daß einmal nebenher über einen Proseß Urtheil gesprochen wurde, und bey der ganzen Sache litt niemand als die Parteyen.

Die Chambre des comptes, die cour des aides, das Grand-Conseil *a)* und die Universität ließen das Parlament zu Pontoise durch Deputirte komplimentiren. Es wurde im Protokoll eingetragen, und am 15 August, bey der von Ludwig dem Dreyzehnten gelobten Prozession, ließen die beyden ersten Kollegia den Platz des Parlaments geflissentlich offen.

Da für die Vakanzkammer eine Deklaration des Königs erforderlich ist, so mußte der Erste Präsident, nachdem er vierzehn Tage umsonst gewartet hatte, endlich sich zum Regenten verfügen, und ihn fragen, ob er nicht daran dächte, diese Deklaration auszustellen. Der Herzog gab zur Antwort, daß sie ganz in Bereitschaft läge, und am nämlichen Tage erschien ein Arret vom Konseil zur Einsetzung einer königlichen Kammer, die aus Staatsräthen und Maîtres des requêtes bestand, und der die Prozesse, welche vor das Konseil gezogen worden, nebst den Civil- und Kriminalsachen des Parlaments, unter dem Namen einer Vakanzkammer, zugeeignet wurden. Hierauf nahmen

---

a) Ich habe diese verschiednen Benennungen, die sich zum Theil selbst erklären, und bey uns in jedem Lande anders lauten, lieber gelassen wie ich sie fand. Diese Anmerkung gilt für mehrere Stellen meiner Uebersetzung.

men die Parlamentsglieder von Pontoise ihre Ferien, es blieb niemand als ein Präsident van jeder Kammer und einige Räthe.

Der Regent hatte unnöthig gefunden, bey dem Parlament eine Vakanzkammer zu ernennen, die nicht mehr Sachen beendigen würde als das gesammte Gericht, welches einer Deklaration vom 4 August, in Betreff einer Uebereinkunft zwischen den Bischöfen wegen der Konstitution, die Einregistrirung versagt hatte.

Diese Sache war dem Regenten im Grunde so gleichgültig wie vielen andern; aber der Abbé Dübois nahm einen sehr lebhaften Antheil daran. Seine neue Würde als Erzbischof von Cambrai verstärkte seine Hofnungen und seine Mittel, zum Kardinalshut zu gelangen. Er getraute sich noch nicht öffentlich damit vorzutreten, aber er war, wie man schon gesehen hat, darum nicht weniger sicher, daß ihm die Einwilligung des Regenten, und selbst seine Verwendung nicht fehlen würde. Dieser Prinz hatte zwar zu seinen Vertrauten gesagt: „Wenn der Schurke thöricht und unverschämt genug ist, um an den Kardinal zu denken, so lasse ich ihn zum Fenster hinaus werfen." Er hatte sich aber über das Erzbisthum Cambrai nicht viel günstiger geäußert, und Dübois hatte es doch bekommen. Es kam also blos darauf an, von Seiten des Pabsts die Wege einzuleiten.

Dübois, durch Geld, durch Einfluß, durch Intriguen mächtig, hatte in Rom eine Menge Agenten, die sich unter einander selbst nicht kannten. Der Abbé de Gamache, unser Auditor bey der Rota 1) entdeckte die Kabale.

---

1) Die Rota ist ein Tribunal, das aus zwölf Geistlichen besteht, drey Römern, einem Mayländer, einem Bolognesser a), einem Ferraresser, einem Venetianer, einem Franzosen, zwey Spaniern und einem Deutschen. Die Akademie de la Crusca leitet die Ety-

a) Im Text ist es wahrscheinlich ein Druckfehler, das Polonois, pohle, statt Bolonois, Bologneser, steht.

hale. Aufgebracht, daß man das Geschäft vor ihm geheim hielt, that er sein mögliches, um es zu hintertreiben. Er hatte überdem ein persönliches Interesse; als ein Mann von großem Verdienst, Witz und Gelehrsamkeit, hatte er sich so ausgezeichnet, daß er an der Spitze der Rota stand. Er hatte viele Männer von dem größten Ansehen zu Freunden, und strebte selbst nach dem Hut, wozu das Beyspiel der Kardinäle de la Tremouille und von Polignac, denen die Rota den Weg dazu gebahnt hatte, ihn noch mehr aufmunterte. Er gab sich also gänzlich dem Römischen Hofe hin, sah diesen als sein zweytes Vaterland an, und beschloß, alles seinem Ehrgeitz aufzuopfern.

Dübois wurde durch seine Agenten von diesen Hindernissen benachrichtigt. Er gerieth in Wuth, und ließ auf der Stelle einen Zurückberufungsbefehl an Gamache abgehen. Dieser entschuldigte sich anfangs, und klagte über den Mangel an Zutrauen, den man ihm bewiese. Dübois verwarf die Entschuldigungen, und wiederholte den Befehl, zurückzukommen, mit größerer Härte. Jetzt hob Gamache die Larve auf, und antwortete stolz, die Zurückberufung eines Auditors von der Rota hänge keinesweges von einem Minister ab; der verstorbne König habe durch seine Ernennung seine ganze Gewalt erschöpft, er sey jetzt Mitglied der ersten Tribunale der Welt, um einen Auditor abzusetzen müsse ein Verbrechen erwiesen werden, Richter bey einem solchen Prozeß würde niemand seyn als der Pabst, als Souverain von Rom und von der Rota; wenn es nämlich ja möglich seyn sollte, einen Mann anzufechten, der von Seiten der Lehre, der Aufführung und der Sitten nicht die mindeste Blöße gäbe.

Bey der Ankunft dieses Briefs sprang Dübois vor Wuth in die Höhe, und überließ sich allen seinen tollen

Aus-

Etymologie des Worts Rota davon her, daß die Richter darinn wechseln. Dücange findet den Ursprung des Namens in dem Umstand, daß der Boden des Zimmers aus Stücken Porphyr in Gestalt von Rädern gebaut ist.

Ausbrüchen; dies war bey ihm eine Art von Arkanum, um seinen Verdruß zu kühlen, sodann wurde er ruhig, und er war wieder fähig zu überlegen, und sogar klug zu handeln.

Die Art, wie sich Gamache betrug, war die äußerste Thorheit und Insolenz gegen Frankreich, aber sie wurde ihm in Rom zum Verdienst angerechnet. Jeder Minister, der nicht nach dem Hut gestrebt hätte, würde ihn gezwungen haben, zurückzukommen, würde ihn bestraft, oder wenigstens durch Einziehung seiner Güter auf das Loos eines Verbannten heruntergebracht haben. Aber Dübois hütete sich sehr, als der Vertheidiger der Maximen des Königreichs gegen die ultramontanischen Hirngespinnste, in einem Augenblick, wo er diese zu ehren scheinen mußte, aufzutreten. Er fürchtete zugleich seine Ansprüche ruchbar werden zu lassen; er wußte, daß Gamache in dem heiligen Kollegium und unter den innern Hausbedienten des Pabstes Freunde hatte. Daher ergriff er das Mittel, ihn für sein Interesse zu gewinnen, und schrieb ihm auf der Stelle, daß er ihn in keiner andern Absicht hätte zurückrufen lassen, als um ihn seiner Geburt und seinem Verdienst gemäß anzustellen, und daß er ihm deßhalb das Erzbisthum von Embrün bestimmt hätte. Gamache, der es nun so weit gebracht hatte, von Dübois gefürchtet zu werden, hatte demnächst nicht übel Lust, sich ihn zum Freunde zu machen; er antwortete also mit vieler Erkenntlichkeit, schlug aber das Erzbisthum aus, indem er, wie er schrieb, zufrieden wäre, Auditor von der Rota zu bleiben; zugleich bot er seine Dienste zu Dübois Absichten an. Von diesem Augenblick verstanden sich die beyden Ehrgeizigen trefflich zusammen. Gamache war dem Minister zu Erlangung des Huts sehr nützlich, und würde sich selbst bis dahin geschwungen haben, wenn ihn der Tod nicht in seinem Laufe gehemmt hätte.

Dübois hatte beschlossen, um dem Pabst zu gefallen, und sich durch einen ausgezeichneten Dienst hervorzuthun,

die

die Annahme der Konstitution durchzusetzen. Beym Parlament fand er zur Einregistrirung der Deklaration nicht so viel Leichtigkeit als er wünschte; er glaubte aber daß das Grand-conseil die Stelle des Parlaments ersetzen würde, und überredete den Regenten, daß es die nämliche Wirkung haben müßte.

Man kann nicht militärischer zu Werke gehen, als es in dieser Sache geschah. Auf Dubois Rath ließ der Regent die Deklaration im Conseil ablesen, und ohne die Stimmen zu sammeln, sah er sie für approbirt an.

Man verfuhr beym Grand-conseil ohngefähr auf die nämliche Weise. Da der Regent sich nicht schmeicheln konnte, daß die Magistratspersonen dieses Tribunals eine reine und unbedingte Einregistrirung eingehen würden; so ließ er sich von den Prinzen, den Herzogen und Pairs, den Marschällen von Frankreich begleiten. Diese letzten haben als Kronbedienten Stimme bey diesem Gericht, wenn sie den Kanzler dahin begleiten, da sie hingegen beym Parlament nur vermöge der Gegenwart des Königs, dem sie dahin folgen, Stimmen haben. Viele Magistrats Personen stimmten auch wirklich mit Nachdruck gegen die Deklaration. Einer von ihnen, Namens Perelle, wurde, als er die Grundsätze anführte, worauf er seine Meynung stützte, von dem Kanzler gefragt, wo er solche Maximen gefunden hätte? Perelle antwortete sehr kalt: „in den gerichtlichen Reden des seeligen Kanzlers d'Aguesseau." Da aber das Gefolge des Regenten zahlreicher war als die Gesammtschaft der Magistratspersonen, so wurde die Deklaration einregistrirt, und es gab niemanden, der diese Einregistrirung nicht als eine erzwungene Handlung ansah, die keinen Bestand haben würde; der Pabst selbst war damit nicht zufrieden. Der Römische Hof, der fester als irgend ein andrer an seinen Maximen hängt, wußte wieviel Macht eine nationelle Meynung hat;

hat; das Salische Gesetz hat in Frankreich keinen sicherern Grund. Eine freye Einregistrirung, durch das Parlament verübt, scheint bey uns die Sanktion des Gesetzes, und dieser Gerichtshof ist allein im Recht oder im Besitz, seine Entscheidungen den untern Tribunalen, als Richtschnur anzuweisen.

Dübois ward früh genug gewahr, daß er weder für Rom noch für sich selbst etwas ausgerichtet, und seinen Herrn obendrein kompromittirt hätte: aber es hielt schwer diese Schritte zurückzuthun. Er hatte sich mit Law verbunden um den Regenten zu überreden, daß die Parlamente, weit entfernt von einigem Nutzen zu seyn, vielmehr ein beständiges Hinderniß bey den Operationen der Regierung abgäben; daß man sie abstellen, und alle Aemter in Bankozetteln einlösen, das hieß, Bankerott gegen sie werden müßte; und daß alsdann nur der König sich der freyen Gewalt wirklich erfreuen würde: als ob die willkührliche Macht nicht jede Monarchie zerstörte!

Dieses Projekt war schon vorgeschlagen, und man stand auf dem Punkt es auszuführen, als Dübois eignes Interesse es scheitern machte. Dies geschah auf folgende Art.

Der Kardinal Noailles hatte sich verbindlich gemacht, die Acceptation der Bulle, mit Erklärungen, durch einen Hirtenbrief bekannt zu machen, sobald die Deklaration über die gütliche Uebereinkunft zwischen den Bischöfen einregistrirt seyn würde. Der Abbe Menguy, Parlamentsrath, ein Mann von vorzüglichen Verdiensten, und vertrauter Freund des Kardinals, erhielt Nachricht von den Planen, mit denen man gegen das Parlament umgieng. Er machte seinem Freund begreiflich, daß er dem Staat den größten Dienst leisten könnte, wenn er sich weigerte den Hirtenbrief herauszugeben, bis die Deklaration beym Parlament einregistrirt wäre; er gab ihm zugleich alle

Gründe

Gründe an die Hand, auf welche er sich gegen den Regenten stützen könnte, den man überredet hatte, daß der Frieden der Kirche von der Bekanntmachung dieses Hirtenbriefs abhienge. Der Kardinal nahm diese Maasregeln an, und wandte dem Regenten alles ein, was gegen die Einregistrirung beym Grand-conseil aufgestellt werden konnte.

Auf einer andern Seite leistete der Staatssekretair Le Blanc dem Parlament sehr große Dienste, die ihm in der Folge, unter dem Ministerium des Herzogs von Bourbon, vergolten wurden. Le Blanc überzeugte den Minister, wie viel dem Römischen Hof daran gelegen wäre, daß die Uebereinkunft zwischen den Bischöfen von dem Parlament garantirt würde. Nach diesem Plan suchte nun Dübois den Regenten günstiger für das Parlament zu stimmen, und er bedurfte hiezu der ganzen Gewalt, die er sich über den Geist dieses Prinzen erworben hatte. Der Regent, der an keines Menschen Rechtschaffenheit glaubte, und der von Dübois Büberey Beweise hatte, hatte ihm demohngeachtet sein ganzes Vertrauen geschenkt. Durch Heucheley hatte es Dübois nicht gewonnen, der Herzog, der ihn von Grund aus kannte, würde es nicht gelitten haben, wenn er sich unterstanden hätte von Tugend zu sprechen. Aber er hatte seinen Herren zu überzeugen gewußt, daß er durch ein unzertrennliches Interesse an ihn gebunden wäre, indem er keine Existenz als durch ihn hätte; „Die Abnahme Ihres Ansehens," setzte er oft hinzu, „würde mein eignes Verderben seyn." So überreichte er ihm einmal eine Schrift zum Unterzeichnen, über welche der Regent eine Erklärung foderte; „unterzeichnen Sie das nur," sagte er, „Sie wissen daß ich einen Instinkt habe der bloß für Sie ist, und der Sie sicher machen muß, daß es etwas Gutes ist was ich Ihnen hier überreiche."

Der Kardinal Noailles, indem er dem Regenten bescheiden widerstand, Dubois, indem er diesem Prinzen schmeichelte, der heiligste also und der verworfenste unter den Prälaten arbeiteten auf den nämlichen Zweck los, ohne sich mit einander zu verabreden; denn sie waren nicht dazu gemacht in irgend etwas zusammen zu kommen.

Dubois war zu fein, um auf einmal eine zweyte Einregistrirung, oder gar die Zurückberufung des Parlaments vorzuschlagen, nachdem er die Zulänglichkeit des Grands-conseil in Schutz genommen, und mit denen, die das Parlament vernichten wollten, gemeine Sache gemacht hatte. Er fieng damit an dem Regenten zu sagen, daß der von dem Kardinal Noailles versprochne Hirtenbrief zur Stiftung des Friedens in der Kirche unumgänglich nöthig wäre. Der Regent ließ den Kardinal kommen, und mahnte ihn an sein Wort. Noailles wehrte sich mit der Einregistrirung der Deklaration, die nicht anders als bey dem Parlament gültig seyn könnte. Der Herzog von Orleans, der sich zu der Zeit gerade mit den Mitteln, dieses Gericht abzustellen, beschäftigte, ereiferte sich gegen den Kardinal; dieser bestand auf seiner Weigerung, ohne die Gränzen der Ehrerbietung zu übertreten, und er äusserte daß er lieber seine Demission als den Hirtenbrief geben würde, und daß er, nach einer vierzigjährigen Führung des Bischöflichen Amtes, sich glücklich finden würde eine Welt zu verlassen, die in Sünden versunken wäre.

Der Regent hatte den Kardinal in Verdacht, diese Schritte mit dem Parlament verabredet zu haben; er beschloß also es gegen eine Gesellschaft, welche, wie er sagte, ihn meistern wollte, auf das äusserste zu treiben. Der Herzog von Bourbon, Law, und alle Apostel des Systems erhitzten ihn immer mehr. Es gab sogar Mitglieder des Parlaments, wie zum Beyspiel der Präsident de Blamont (eben der, welcher sich als Patriot hatte exiliren lassen,

und

und als Spion des Regenten zurückgekommen war), die Materialien hergaben über die Form die man der Justiz würde geben können, wenn man das Parlament abstellte. Indessen waren die Sachen noch nicht so in Ordnung, daß man das Projekt schon hätte ausführen können, und die Zeit war nahe, wo sich das Parlament in Pantoise wieder versammeln sollte.

Am 11. November bekamen alle Parlamentsglieder eine lettre de cachet, mit dem Befehl nach Blois abzugehen, um die Sitzung des Parlaments den 2. December daselbst zu eröfnen. Hierauf begab sich der Kanzler, den die Französische Uebereilung der Schwäche beschuldigte, sogleich zum Regenten, sagte ihm daß es nicht mehr Zeit wäre das Unglück des Staats zu verhehlen, daß er sich gleich unfähig fühlte das Gute zu thun oder dem Bösen abzuhelfen, und daher die Siegel zurückzugeben käme. Der Regent erstaunte, weigerte sich die Demission anzunehmen, und bat ihn wenigstens einige Tage abzuwarten bis er sich entschiede.

Der Kardinal, welcher die glänzendste Rolle hätte spielen können, wenn er vom Stolz, Haupt einer Partey zu seyn, geblendet worden wäre, gab am andern Tag seinen Hirtenbrief, damit sein Widerstand nicht dem Parlament zur Schuld gelegt würde, und um dem Regenten keinen Vorwand zur Verlegung nach Blois übrig zu lassen. Noailles verließ eben den Prinzen, dem er seinen Hirtenbrief übergeben hatte, als der Kanzler ankam, um die Bekräftigung seiner Demission zu erhalten. Der Regent war sowohl von dem Betragen des Kardinals als von der ehrerbietigen Standhaftigkeit des Kanzlers gerührt, und bat diesen noch zu warten, indem die Sachen vielleicht noch beygelegt werden könnten.

An dem nämlichen Tag ließen la Brilliere, le Blanc und Dübois, der sie unterstützte ohne öffentlich aufzutreten,

ten, dem ersten Präsidenten anrathen dem Regenten, unter dem Vorwand vor seiner Abreise nach Blois Abschied zu nehmen, seine Aufwartung zu machen.

Der erste Präsident begab sich in Begleitung von zwey und zwanzig Präsidenten oder Räthen nach dem Palais-Royal, wo er den Regenten von den Feinden des Parlaments umgeben fand. Diese ahndeten die Folgen dieses Schritts, und benahmen sich, jeder wie es zu seinem Charakter paßte. Der Herzog von Bourbon war in der größten Verlegenheit, sich zugleich als den Freund des Parlaments, und als Laws Freund zu zeigen. Der Herzog de la Force, der zu bekannt war um sich zu schmeicheln, daß er jemanden betrügen könnte, verschwieg seine Besorgnisse nicht. Law bestrebte sich mehr Uebermuth zu zeigen als jemals, um sich von keiner Schwäche hinreißen zu lassen. Dieser Mann war dabey zu einem glänzenden Glück oder zu einer schlimmen Katastrophe geboren, und er schien auf alle Ereignisse vorbereitet.

Der erste Präsident fieng mit Versicherungen von der Unterwürfigkeit des Parlaments gegen die Befehle des Königs an; hierauf stellte er vor, wie viele Familien jetzt durch die Entfernung des Parlaments leiden würden, und ließ sich über diesen Punkt in einige Umstände ein, die den Regenten veranlaßten zu antworten, daß er diese Ungemächlichkeiten nicht vorausgesehen hätte. Kurz, nach einigen schwankenden Klagen über das Betragen der Parlamentsglieder, wobey er jedoch die anwesenden immer ausnahm, trug er la Vrilliere auf, neue Befehle für Pontoise, anstatt Blois, auszufertigen.

Was einzelne Glieder auch zum Vortheile einer ganzen Gesellschaft für Schritte thun mögen, so finden sie doch nie einen allgemeinen Beyfall. Diejenigen, die nicht mit im Palais-Royal gewesen waren, schalten diesen Besuch eine Niederträchtigkeit, und behaupteten daß man dadurch auf Kosten der Abwesenden seinen Hof gemacht

macht hätte, und daß eine solche Deputation nur auf Befehl des gesammten Parlaments hätte geschehen können. Der erste Präsident und die ihn begleitet hatten, antworteten, jedem einzelnen stünde es frey, einen Höflichkeits- oder Ehrerbietungsbesuch zu machen, sie hätten nicht im Namen des Parlaments das Wort geführt, denn sie hätten den Regenten Monseigneur genannt, ein Titel, den ihm das gesammte Parlament nie gäbe; übrigens aber käme die Frucht eines einzelnen Schritts dem gesammten Parlament zu gute, da der Regent, indem er ihnen die Deklaration zurückschickte, ein authentisches Geständniß ablegte, daß er seine Rechte übertreten, indem er sich an das Grand-Conseil gewandt hätte.

Was indessen nur noch Verdruß war, konnte ein Schisma in der Gesammtschaft hervorbringen. Der Abbé Menguy hatte viel Antheil an der Versöhnung gehabt; der Abbé Pücelle, sein Freund durch Achtung, aber sein Nebenbuhler im öffentlichen Ruf, konnte eine entgegengesetzte Meinung ergreifen.

Das Parlament trat am 25 November in Pontoise wieder zusammen. Eh die Deklaration vorgetragen wurde, bemühte man sich mehrere Tage hindurch den Abbé Pücelle zu gewinnen; und alle Hindernisse waren gehoben, als man die Einschränkungen mit ihm verabredet hatte, die er bey der Einregistrirung verlangte, um die Appellirenden vor aller Gewaltthätigkeit sicher zu stellen.

In den zahlreichsten Gesammtschaften giebt es fast nur zwey oder drey einzelne Mitglieder, auf welche alles ankömmt; ein Beweis, daß es keinen Staatskörper giebt, der sich nicht nach der monarchischen Verfassung hinlenkte. Das Parlament regiſtrirte die Deklaration vom 4 December ein, wurde am 16 zurückberufen, und nahm am 20. seine Verrichtungen in Paris wieder vor.

Das

Das Parlament war in Pontoise so wenig fleißig gewesen, daß sich die Geschäfte außerordentlich gehäuft hatten; noch nach der Zurückkunft des Parlaments fuhr daher die bey den Augustinern sitzende Kammer fort, mehrere Prozesse zu richten, und hatte dabey die größte Ehre von ihrer Schnelligkeit und von ihrer untadelhaften Führung des richterlichen Amts.

Die Zurückberufung des Parlaments entschied Law's Vertreibung; er reiste auch klüglich zwey Tage vor der Ankunft des Parlaments ab, er nahm eine Chaise mit dem Wappen des Herzogs von Bourbon, ließ sich von etlichen Livreybedienten dieses Prinzen begleiten, die ihm statt einer Art von Sauvegarde dienten, und war auch noch auf den Nothfall mit Pässen vom Regenten versehen. Demohngeachtet ließ ihn d'Argenson der ältere, Intendant von Maubeuge, auf seiner Durchreise in Valenciennes festhalten, und schickte einen Kourier ab, um den Hof davon zu benachrichtigen. Der Kourier wurde ihm aber auf der Stelle zurückgesandt, und brachte ihm den lebhaftesten Verweis, daß er die Pässe nicht geachtet hätte.

Law war ein Schottländer, und gab sich, mit oder ohne Grund, für einen Edelmann aus, wie alle Fremde thun. Groß, schön gebaut, von angenehmer und edler Gestalt, viel Witz, eine ausgezeichnete Höflichkeit, ein hoher Anstand ohne Insolenz, das ist ohnfähr sein Portrait. In seinem Hause war mehr Ordnung und Reinlichkeit als Pracht. Seine Frau, oder die vielmehr dafür ausgegeben wurde, denn man hat nachher erfahren, daß sie nicht vermählt waren, war eine vornehme Engländerin, von hochfahrendem Charakter, die durch die Niederträchtigkeiten unsrer kleinen und großen Damen bald zur Impertinz gewöhnt wurde. Nachdem er in Deutschland und in Italien herumgereist war, ließ er sich zu Venedig nieder, wo er gestorben ist. Sein System war für Frankreich verderblich, und mußte es seyn. Law kannte weder den Charakter der Nation, noch den des Fürsten, mit welchem er zu thun hatte. Die Umkehrung der Glücksumstände unter den Bürgern war nicht die unglücklichste Wirkung des Systems und der Regentschaft. Eine weise Verwaltung hätte die Finanzen wieder aufbringen können. Wenn aber die Sitten einmal verdorben sind, so stellt sie nichts wieder her als die Revolution eines Staats a); und ich habe sie merklich fallen sehen. Im vorigen Jahrhundert war die Ehre die einzige Triebfeder des Adels und des Militairstandes; der Richter suchte die öffentliche Achtung; der Gelehrte, der Mann von Talenten strebte nach Ruhm; der Handelsmann rühmte sich seines Vermögens als eines Beweises von Einsicht, Wachsamkeit, Fleiß und Ordnung. Geistliche, die nicht tugendhaft waren, mußten es doch wenigstens scheinen. Heutzutage haben alle Klassen des Staats nur einen Zweck, das ist reich zu seyn, und niemand stellt die Gränzen des Vermögens, nach welchem er trachtet.

Vor der Regentschaft war es der Ehrgeiz eines Generalpachters, seinen Sohn zum Parlamentsrath zu machen; und hiezu mußten persönliche Rücksichten für den Vater noch mit beywirken. Wir hingegen haben ganz kürzlich einen geistlichen Parlamentsrath, der sogar Subdias

---

a) Die Erfahrung lehrt uns, daß auch eine völlige Revolution die verfallenen Sitten nicht wieder herstellt; und der Grund davon liegt am Tage. Ein aus nichts entstehender Freystaat, wie das alte Rom, braucht Sitten und Tugend wie Luft und Nahrung; eine Handvoll von Unterdrückten, die sich gegen mächtige Unterdrücker wehren, wie die Schweizer und die Holländer, kann nur entweder vertilgt werden, oder in koncentrirter Kraft bestehen und tausendfachen Unfällen zum Trotz wachsen. Aber eine Revolution, die aus dem letzten Grab der Verdorbenheit entsteht, wird den Sitten der Generation, die sie betroffen hat, nicht zu gute kommen; sie ist nichts anders als eine schnelle und allgemeine Auflösung, ein Bild des Todes! Und es sind noch die schadhaften und faulen Theile, die sich zu einer neuen Masse wieder sammeln, das Bild reicht nicht bis zu einer Auferstehung der Seelen. Bis andre, gesunde und frische Theile an ihre Stelle gekommen sind, darf man schwerlich hoffen, an einer sogenannten Regeneration Freude zu erleben.

des Herzogs von Orleans.

Diakonus war (Le Gendre de Villemorien), sein Amt verlassen sehen, um die Finanz zu ergreifen. Sicherlich hat es zu allen Zeiten Magistratspersonen gegeben, die niedrig genug dachten, um den nämlichen Geiz zu haben; aber sie würden sich nicht getraut haben es zu äußern, und wenn sie's gethan hätten, so würde man beschlossen haben, die Nachkommen dieser verächtlichen Ueberläufer auf ewig vom Parlament auszuschließen. Unter uns hat diese Infamie sehr wenig Aufsehen gemacht; ich habe sie sogar entschuldigen gehört.

In meiner Jugend sah ich die niedrigen Stellen in den Finanzen als Belohnungen für Lakaien austheilen. Gegenwärtig findet man sie häufiger von Edelleuten als von Bürgerlichen besetzt. In Bretagne ist noch ein grausames Denkmal von der Verachtung, die man für die Finanz hatte, übrig. Das untergeordnetste Amt in der Gesellschaft beraubt einen Edelmann des Zutritts beym Landtag nicht; dahingegen der stolzeste Financier davon ausgeschlossen ist, und in die Rechte seiner Geburt, wenn er welche hat, nicht wieder eintritt, bis er seinen Stand abgeschworen hat.

Unsre Gesetze sind immer die nämlichen; nur unsre Sitten sind verändert, und verfallen mit jedem Tage mehr. Aber die Sitten machen und bezeichnen eine Nation mehr als die Gesetze.

Wir wollen die Geschichte dieses Jahres mit einigen abgesonderten Begebenheiten beschließen. Zwischen dem König von England und dem Prinzen von Wallis herrschte noch immer die nämliche Feindschaft, und die Nation theilte sich zwischen dem Vater und dem Sohn. Dieser war gezwungen, London zu verlassen, und hatte kaum das Nothdürftige zu seinem Unterhalt. Das Parlament half dem ab, indem es ihm eine ansehnliche Pension auswarf, und es stand auf dem Punkt, das Ministerium des

Vaters deshalb in Anspruch zu nehmen. Aus Furcht vor diesem Schritt bewogen die Minister den König zu einer wahren oder scheinbaren Versöhnung die Hände zu bieten. Sie wurde endlich bewürkt, durch die Vermittelung der Prinzessin von Wallis, deren Verdienste die Herzen aller Engländer gewonnen hatten. Wenn auch nicht alle Feindseligkeit erstickt war, so wurde der Wohlstand doch beobachtet; und die auswärtigen Mächte nehmen, nach ihrem verschiednen Interesse, Theil an diesem Ereigniß.

Dübois glaubte hierbey seine Anhänglichkeit für den König Georg durch eine feyerliche Ambassade kundmachen zu müssen, und ließ den Herzog de la Force dazu ernennen. Der König Georg urtheilte aber, daß ein solcher Schritt einen Beweis mehr von jenen Händeln, die er ersticken wollte, abgeben und sie verlängern würde; er verlangte daher vom Regenten, diese Ambassade zurückzunehmen. Außerdem war auch das Subjekt übel gewählt. Der Herzog de la Force war ein geborner Protestant, und hatte die katholische Religion aus den nämlichen Bewegungsgründen angenommen, die alle unsre vornehmen Protestanten bekehrt haben; seine Mutter lebte noch in London, wohin sie sich der Religion wegen begeben hatte. Der neue Proselyt würde also für das Volk einen schlimmen Abstich gegen eine eifrige Protestantin, wie seine Mutter war, gemacht haben.

Der Nuntius Maffei kam in diesem Jahre an Bentivoglio's Stelle nach Frankreich; man konnte niemand den wählen, der seinem Vorgänger weniger ähnlich gewesen wäre. Maffei, Sohn eines Trompeters aus Florenz, hatte sich von der niedrigsten Dienstbarkeit zur Prälatur aufgeschwungen. Viel Verstand, eine anerkannte Rechtschaffenheit, regelmäßige Sitten, etwas einnehmendes bey vieler Offenheit, angenehme Eigenschaften für die Gesellschaft, das alles hatte ihm die Wege zum Glück gebahnt.

Er

Er bewies bey uns sehr gut, daß ein geistlicher Minister seine Pflichten ohne Fanatismus erfüllen kann. Die Armuth, welche diejenigen, die ihr Stand verbindet, im Schooße des Luxus zu leben, nur zu oft erniedrigt, war an ihm ein eignes Verdienst. Der Römische Hof giebt seinen Nuntien nur sehr geringe Besoldungen, und Maffei hatte kein eignes Vermögen zuzusetzen. Er hielt seinen Rang mit Anstand, und verließ Paris, nachdem er zehn Jahre die Nuntiatur gehabt hatte, ohne das mindeste schuldig zu seyn. Seine Abreise war ihm eben so schmerzlich, als denen, die er hinterließ. Er bekam den Kardinalshut, sobald Klemens der Zwölfte, (Corsini) den Römischen Stuhl bestiegen hatte. Benedikt der Dreyzehnte (Orsini) hatte ihn keinen Nuntien geben wollen, weil sie, wie er sagte, nichts als Neuigkeitskrämer wären.

Durch den Frieden, der in diesem Jahre geschlossen wurde, trat der Kaiser wieder in den Besitz von Sicilien, wo der Römische Hof sich wohl hütete, ihm über den Tribunal der Monarchie, von dem ich oben gesprochen habe, Schwierigkeiten zu machen. Auch die Jesuiten schätzten sich sehr glücklich, in aller Demuth wieder den Sicilianischen Boden betreten zu dürfen. Victor bekam Sardinien zum Ersatz, um den königlichen Titel beyzubehalten.

Die Freyheit, die Law dem Hafen von Marseille ließ, zog von allen Seiten her Schiffe dahin; und die wenige Vorsicht, die man bey den aus der Levante anwandte, machte das Unglück dieser Stadt. Eine grausame und langwierige Pest raffte fast alle Einwohner derselben weg, und verbreitete sich auf die benachbarten Oerter.

Der berühmte Heinsius, Pensionarius von Holland, und der furchtbarste Feind, den Frankreich gehabt hat, starb in diesem Jahr. Er war eine Kreatur und ein Werkzeug des Königs Wilhelm, der Haß dieses Fürsten gegen Ludwig den Vierzehnten war auf ihn übergegangen, er beharrte darinn nach dem Tod des Statthalters, und erbte seinen ganzen Einfluß in der Republik. Er wiedersetzte sich fortwährend dem Frieden, und er hatte, mit dem Prinzen Eugen und mit Marlborough die Eroberung und die Zerstückelung von Frankreich geschworen. Seine eigne Republik opferte er dieser Leidenschaft auf; er hat ihr mehr Unheil gebracht als uns. Er erschöpfte ihre baaren Reichthümer, steckte sie in Schulden, und setzte sie dadurch in die Abhängigkeit von England, aus welcher sie sich vielleicht nie befreyen wird. Zu seinem Haß gegen Ludwig den Vierzehnten gesellte sich der Stolz, einen Monarchen zu demüthigen, vor welchem Europa gezittert hatte. Das Centrum der Kriegsflamme war im Haag. Heinsius fand sich geschmeichelt, die zwey größten Feldherren, die seine Befehle zu vernehmen kamen, in seinem Vorzimmer warten zu lassen.

Als aber nach der Unterzeichnung des Friedens die wahren Patrioten die Unermeßlichkeit ihrer Schulden erkannten, und ihren Mitbürgern über ihren Vortheil die Augen geöfnet hatten, da verschwand endlich der Rausch. Der Pensionarius behielt zwar eine Stelle, die sein hohes Alter ihm bald zugleich mit dem Leben rauben mußte, er verlor aber das ganze damit verknüpfte Ansehen. Von Vorwürfen, von täglichen Widerwärtigkeiten niedergedrückt, erlag er endlich dem Kummer und der Demüthigung, die auf den Mißbrauch der Gewalt so bitter schmeckt.

Fünftes Buch.

Laws Vertreibung war nur ein geringes Opfer, das man dem Volk brachte, und machte für die Uebel des Staats nicht die mindeste Erleichterung. Er war am Ende nichts weiter, als ein Werkzeug des Regenten gewesen, und dieser sah sich, als den grösseren Verbrecher, von allen wahren Patrioten verflucht. Er schmeichelte sich den öffentlichen Beyfall für die nun nothwendig gewordenen Operationen zu erhalten, oder, wenn sie übel ausfielen, den Vorwurf wenigstens nicht allein zu tragen. In dieser Absicht ließ er den Regentschaftsrath zusammenkommen, und den König dabey gegenwärtig seyn. Schon längst war der Regentschaftsrath nichts als eitles Gepränge, und die Stellen darin waren so gut wie Sine cura's mit 2000 Livres Pension. Der Regent entschied alles mit dem, der im Augenblick gerade sein Vertrauen hatte, wie z. B. d'Argenson, Law, Dubois u. s. w.

Pelletier de la Houssaie, der eben an Desforts Stelle die allgemeine Verwaltung der Finanzen überkommen hatte, legte vor diesem Conseil über den Zustand der Finanzen Bericht ab; und man sah nun den Abgrund, in welchen Frankreich gestürzt war. Die Mitglieder des Conseils hatten bis dahin nur eine unvollkommne Kenntniß davon gehabt.

Als die Rede auf die Indische Kompagnie kommen sollte, erklärte der Herzog von Bourbon vorläufig, daß er funfzehnhundert Aktien hätte, die er den folgenden Tag zur Disposition des Königs aushändigen würde; er würde sich auf diese Weise alles eignen Interesse entschlagen, und frey über den Gegenstand der Indischen Kompagnie stimmen.

Der Prinz von Conti wollte auch den Uneigennützigen spielen, und sagte: er hätte keine Aktien abzugeben. Er schwieg aber von den Rüstwagen voll Geld, die er, für sein Papier, von der Bank gezogen hatte, wodurch das Signal zum Verfall des Kredits gegeben worden war.

Ich werde mich über einen Gegenstand, der den Stoff zu einer besondern Geschichte machen könnte, nicht weiter ausbreiten; aber es ergab sich klar, daß Bankozettel für zweytausend siebenhundert Millionen Livres cirkulirten, und es war unmöglich zu erweisen, daß diese ungeheure Menge verordnet worden wäre. Der Regent, auf's äußerste getrieben, mußte endlich bekennen, daß Law für einen Ueberschuß von zwölfhundert Millionen an Bankozetteln fabricirt hätte, und daß er, der Regent, da die Sache einmal geschehen, ihn durch antidatirte Arrets vom Conseil, welche diese Vermehrung verordneten, gedeckt hätte.

Der Herzog von Bourbon stellte den Regenten zur Rede, wie er von einem solchen Frevel Wissenschaft haben, und Law aus dem Königreich hätte lassen können. Sie wissen, antwortete der Regent, daß ich ihn auf die Bastille setzen lassen wollte, Sie haben mich davon abgehalten, und ihm die Pässe geschickt. — Ich glaubte freylich nicht, erwiederte der Herzog, daß es gut für Sie seyn würde, einen Menschen festsetzen zu lassen, dessen Sie sich bedient hatten. Aber ich wußte nichts von der unberufnen Fabrikation von Bankozetteln, die wir eben von ihnen erfahren haben, und ich habe weder seine freye Entlassung noch die Pässe, die Sie mir für ihn eingehändigt haben, be-

begehrt. Ich erkläre also vor dem König und vor dem Conseil, daß ich der Meynung gewesen seyn würde, ihn fest zuhalten.

Die Wendung, die der Herzog von Bourbon machte, setzte den Regenten in Verlegenheit, und er brachte bloß folgendes heraus: „Ich habe Law nicht gefangen nehmen lassen, weil Sie mir davor abriethen, und ich habe ihn reisen lassen, weil ich befürchtete, daß seine Gegenwart dem öffentlichen Krebit schaden würde."

Alle Anwesenden verwunderten sich über das was sie hörten. Sie sahen deutlich, daß beyde, der Regent und der Herzog von Bourbon, sich gefürchtet hätten, Law den Händen der Gerechtigkeit zu überlassen, weil er sie zu Urhebern oder Mitschuldigen alles dessen, was er gethan hatte, hätte machen können. Beyde spielten vor dem Conseil eine sehr schlechte Rolle; der Herzog von Bourbon weniger, weil das Gefühl seines Vortheils, ohngeachtet seines äußerst eingeschränkten Verstandes, ihn gut leitete; seine natürliche Wildheit diente ihm statt Würde, er hatte mehr Charakter als der Regent, welcher bey seinem vorzüglichen Verstand, der Lebhaftigkeit seiner Imagination, und seiner persönlichen Tapferkeit, hier nichts als Schwäche zeigte. Ein Oberer, der bloß um den gleichen Antheil an einer Schuld rechtet, findet sich nothwendiger Weise erniedrigt.

Das Resultat von la Houssaie's Bericht war die Ernennung von Kommissarien, zur Liquidation der königlichen Effekte, durch Untersuchung ihres Ursprungs. Der Regent wandte sich hierauf gegen den zehnjährigen König, um feyerlich zu bekräftigen, daß er sich auf keine Weise in das Verfahren der Kommissarien einmischen würde. Worauf jedoch der Marechal von Villeroi sich nicht zurückhalten konnte, mit einem bittern Lächeln zu sagen: „Wozu diese Protestation, gnädiger Herr? Haben Sie denn nicht die ganze Gewalt des Königs?"

Das

Das Conseil brach auf; von der emphatischen Anerbietung der 1500 Aktien des Herzogs von Bourbon war nicht mehr die Rede. Er, die Herzogin seine Mutter, ihr Liebhaber Lasse, die Gräfin von Verue, der Herzog von Antin und alle Subalternen behielten ihre Aktien. Der skandalöse Auftritt im Conseil brachte in dem Umgange zwischen dem Regenten und dem Herzog von Bourbon nicht die geringste Veränderung hervor; sie fuhren fort nach ihrer Gewohnheit mit einander zu leben, ohne Freundschaft, ohne Achtung, und ohne Groll. Den Prinzen von Conti hingegen überhäuften beyde bey jeder Gelegenheit mit Schmach; sie konnten ihm nicht vergeben, daß er dem Kredit der Bank den ersten Stoß gegeben hatte, und nachher noch mit seiner Uneigennützigkeit prahlen wollte. Bey dem Publikum aber war das System so allgemein verabscheut, daß man ihm beynahe ein Verdienst daraus machte. Dies wurde vorzüglich bey der Aufnahme des Herzogs von Brissac im Parlament sichtbar. Der Herzog von Bourbon und der Prinz von Conti erschienen mit einer so großen Anzahl von vornehmen Begleitern, als beyde bewegen konnten, ihren Zug zu verstärken: aber der Prinz von Conti hatte deren viermal mehr als der andre. Der Prozeß des Herzogs de la Force schien sie mit einander zu vereinigen, beyde wollten sich dem Parlament gefällig machen, und bey jedem kam noch ein besondres Interesse hinzu.

Der Herzog von Bourbon suchte den öffentlichen Ruf seiner Anhänglichkeit an das System und an die Handlanger desselben zu zerstören oder zu schwächen. Der Prinz von Conti wollte seinen vorgeblichen patriotischen Eifer immer mehr zu Tage legen, und die Schande, die er sehr zu theilen verdiente, ganz allein auf die Aktionnaires werfen. Außerdem erhitzte ihn noch ein persönlicher Groll. Zu der nämlichen Zeit, wo er die Kasse der Bank an baarem Geld erschöpfte, gab er sich nebenher auch Mühe, sein Papiergeld durch

durch den Ankauf von Mobilien und Landgütern zu realisiren. Er erfuhr, daß der Herzog de la Force um ein sehr beträchtliches Gut im Handel begriffen war, er suchte vorzukommen, fand aber die Sache schon abgeschlossen, und drang vergebens in den Herzog, ihm das Gut abzutreten; von diesem Augenblick wurde er sein abgesagter Feind.

Der Einfluß und die Erbitterung des Prinzen von Conti würden dem Herzog de la Force nicht viel Schaden gethan haben, wenn er nicht gegen das Parlament ein sehr erhebliches Unrecht gehabt hätte. Er hatte mit am eifrigsten für die Ansprüche der Pairie gestritten, war Law's Freund und Mitschuldiger gewesen, und stand sehr stark im Verdacht, für die Abstellung des Parlaments gestimmt zu haben.

Da er eine große Menge von Bankozetteln in Spezereyen, Porcellan und andern Waaren realisirt hatte, auch überdem bey dem Publikum wenig beliebt war, so ergriff das Parlament die Gelegenheit, ihn als Monopolisten in Anspruch zu nehmen. Der Herzog von Bourbon, sein Bruder der Graf von Charolois, der Prinz von Conti, und neunzehn Pairs gesellten sich als Richter hinzu, mit so vieler Leidenschaft als wären sie Parteyen gewesen.

Nicht alle Pairs folgten diesem Beyspiel. Der Erzbischof von Rheims (Mailly), der Bischof von Noyon, Rochebone, und sieben weltliche Pairs 1) überreichten dem König eine Bittschrift, worin sie als Grundsatz aufstellten, daß die Pairs keinen andern Richter hätten als den König; daß in Kriminalsachen in keinem Prozeß gegen einen Pair erkannt werden könnte, als kraft eines besondern Auftrags an ein Tribunal, das der König nach Gefallen wählte; und daß dieses Tribunal alsdann in Gemeinschaft mit den Pairs richtete.

Eine

---

1) Die Herzoge von Luynes, von Saint-Simon, von Mortemart, von Saint-Aignan, von Charost, von Chaulnes und von Rutin.

Eine so ungewohnte Vereinigung zwischen den Prinzen, dem größten Theil der Pairs, und dem Parlament, beunruhigte den Regenten, der einst zum Ziel derselben zu werden fürchtete. Er zog die Sache vor das Conseil. Sogleich machte das Parlament Remonstranzen; und der Regent wollte die Frage nicht entscheiden, bis sie durch Pairs von beyden Parteyen im Conseil abgehandelt worden wäre. Der Herzog von Saint=Simon, ein heftiger Widersacher des Parlaments, vertheidigte den Herzog de la Force mit der größten Lebhaftigkeit, in Ansehung der Inkompetenz des Tribunals. Der Herzog von Noailles, der einsichtsvollste von dem entgegengesetzten Theil, getraute sich doch nicht gegen einen solchen Gegner aufzutreten, führte zur Entschuldigung an, daß er über den Gegenstand nicht vorbereitet genug wäre, und verlangte Frist, um sich mit seinen Kollegen darüber zu besprechen. Der Prinz von Conti, der mit aller Gewalt in dieser Sache vorstechen wollte, unternahm es, den Herzog von Saint=Simon zu widerlegen; es war aber unmöglich etwas anders von seiner Rede zu verstehen, als daß er von dem Anspruch des Parlaments durchaus nicht abgehen würde. Da indessen die meisten Pairs gegen den Regenten erklärten, daß sie statt aller Antwort auf die Gründe des Herzogs von Saint=Simon, sich lediglich auf die Remonstranzen des Parlaments beriefen, so entschied sich der Herzog von Orleans endlich für den zahlreichsten Theil. Er hatte die Evokation der Sache aus Furcht verordnet, und aus dem nämlichen Grund gab er jetzt eine Deklaration, welche den Prozeß wieder dem Parlament übergab.

    Die verschiednen Zufälle verzögerten die Sache bis zum 12 Julius, wo darüber gesprochen wurde. Die Handelsgenossen und Namensleiher des Herzogs de la Force wurden, der eine blamirt, der andre admonirt a). Das Ur=

---

a) Das Blamiren geschah öffentlich mit der Formel: la Cour Vous blâme, und es war eine infamirende Strafe. Admonéter war

Urtheil über den Herzog selbst wurde mit den Pairs verabredet, und lautete folgendermaßen: er sollte gehalten seyn, sich vorsichtiger zu betragen, und inskünftige eine tadellose Aufführung anzunehmen, wie sie seiner Geburt und seiner Würde als Pair von Frankreich geziemte.

Ueber die respektiven Ansprüche des Parlaments und der Pairs ist es schwer zu entscheiden. Wer die Kompetenz des Parlaments läugnet, glaubt die eblere Partey zu ergreifen, wer sie anerkennt, meynt sich an die sichere zu halten.

Es ist auch nicht leicht, den Begrif des Monopoliums, als eines Verbrechens, genau zu bestimmen, und richtig anzuwenden. Wenn man dem Parlament zugemuthet hätte, und wenn man es ihm noch jetzt zumuthete, eine gute Definition vom Monopolium zu geben, so würde es sehr in Verlegenheit seyn. Ich habe den besten Richtern des Herzogs de la Force zuweilen meine Zweifel vorgelegt; sie gaben mir so deutlich als sie nur immer konnten zu verstehen, daß man den Beklagten, wenn er weniger verhaßt, und bey dem Publikum besser angesehen gewesen wäre, auch weniger schuldig befunden haben würde.

Die gute Jagd machte das Parlament hitziger, und nachdem es über einen Herzog Recht gehalten hatte, fand es sich aufgelegt, einen Marschall von Frankreich anzugreifen; aber der Regent urtheilte, daß es damit genug wäre, gebot Stillschweigen und rettete den Marechal d'Estreés.

Dübois ließ sich in dieser Sache nicht sehen; er war mit andern Dingen beschäftigt, die ihn näher angiengen. Der Jesuit Laffiteau, Bischof von Sisteron, und der Abbe Tencin negozirten für ihn in Rom um den Kardinalshut. Um der Bemerkung mehr Gewicht zu geben, schlug er dem
Kar-

war eine geringere Art von gerichtlichem Verweis, der nichts infamirendes hatte, und privatim gegeben wurde.

Kardinal Rohan vor, hinzugehen, und die Promotion zu betreiben, wogegen er ihm bey seiner Zurückkunft die Stelle als erster Minister versprach. Der Kardinal, überzeugt, daß seine Geburt, die Würden, mit denen er bekleidet wäre, die Fähigkeiten, die er sich selbst zutraute, und Dübois Intriguen eine solche Zusage erfüllen müßten, rüstete sich zur Abreise, als man den Tod des Pabsts erfuhr. Diese Begebenheit beschleunigte seine Reise, und er kam in Rom an, mit so viel Geld versehen, als nöthig war, um das mangelnde Verdienst des Kandidaten zu ersetzen.

Der Kardinal nahm Tencin zu seinem Konklavisten, und ließ Laffiteau draussen, um Dubois Briefe in Empfang zu nehmen, die er ihnen regelmäßig mittheilte. Ohngeachtet der vorgeblichen Undurchdringlichkeit des Konklave, schrieb er unterm 5 May an Dübois, daß er mittelst eines nachgemachten Schlüssels alle Nächte hineinkäme, indem er durch fünf Wachtstuben gienge.

Das Gold und die Juwelen wurden nicht gespart, aber Tencin verließ sich nicht allein auf diese schwachen Verführungsmittel, und nahm noch alle Maasregeln, die seiner und seines Patrons würdig waren. Er erbot sich gegen den Kardinal Conti, ihm durch die Französische Faktion und durch andre reichlich bezahlte Anhänger die dreyfache Krone zu verschaffen, wenn er sich schriftlich verbinden wollte, nach seiner Erhöhung dem Abbe Dübois den Hut zu geben. Nach abgeschlossenem und unterzeichnetem Handel kabalirte Tencin so wirksam, daß Conti (am 8 May) zum Pabst erwählt wurde; vielleicht würde er es auch ohne diesen Unterschleif durch seine Geburt und die Achtung, in welcher er stand, geworden seyn.

Nach den Feyerlichkeiten der Erhöhung des neuen Pabstes, mahnte ihn Tencin an sein Versprechen. Der Pabst, der von Natur tugendhaft war, und sich die unglückliche Verschreibung in einem Anfall von Ehrgeiz hatte ablocken lassen, antwortete, daß er sich es ewig vorwerfen

des Herzogs von Orleans.

sen würde, durch eine Art von Simonie nach der höchsten geistlichen Würde gestrebt zu haben; daß er aber seinen Fehler nicht durch die schändliche Wegwerfung des Kardinalats an ein so unwürdiges Subjekt vergrößern wollte. Tencin, der diese gewissenhaften Bedenklichkeiten nicht recht begriff, drang mit Hitze in den heiligen Vater. Dieser widerstand muthig. Wenn er von seinem Gewissen sprach, wandte Tencin seine und Dübois Ehre ein. Diese beyden vereinigt schienen Innocenz dem Dreyzehnten darum nicht stärker. Der Kampf war langwierig, und erneuerte sich zu verschiednenmalen.

Endlich, da Tencin den Pabst durch Gründe zu überzeugen verzweifelte, drohte er ihm die Verschreibung öffentlich bekannt zu machen. Der heilige Vater erschrack, und hielt es für besser, der Kirche dieses Aergerniß zu ersparen, als hartnäckig auf die Verweigerung des Huts zu bestehen, von dessen Entweihung doch schon Beyspiele vorhanden waren. Indessen zögerte er noch, als Scaglione, sein Sekretair, den Unterhändlern Nachricht gab, daß sein Herr große Lust zu einer Bibliothek hätte, für welche man zwölftausend Skudi forderte, die er nicht in seinem Vermögen hätte. Die Summe wurde sogleich aufgezählt, und diese Großmuth zog die Wage vollends nieder; am 16 Julius ernannte der Pabst den Abbe Dübois zum Kardinal, um die unselige Verschreibung zu vertilgen. Er war aber damit nicht am Ziel seiner Leiden. Tencin wollte nicht umsonst das Werkzeug einer Infamie gewesen seyn, er beschloß davon Nutzen zu ziehen, um selbst Kardinal zu werden, er hatte die Unverschämtheit, den Pabst den Vorschlag zu thun, und erklärte, daß er nur unter dieser Bedingung die Verschreibung wieder herausgeben würde. Der Pabst sah sich nun in einen Abgrund von Gräueln gestürzt. Ueber Dübois Ernennung konnte er sich wenigstens mit der Verwendung Frankreichs, mit der Empfehlung des Kaisers, den man in Rom fürchtete, mit Dübois

II. Theil. J eignen

eignem Einfluß und seinem Ministerium entschuldigen, durch welches er dem Römischen Hof nützlich seyn könnte. Welcher Vorwand war aber der Ernennung eines Menschen wie Tencin zu geben, der ohne äußerlichen Glanz, ohne Stüze, durch den Prozeß den er kürzlich verloren hatte, durch sein Vermögen selbst gebrandmarkt war, der fast eben so verrufen war als Dubois, ohne durch Würden gewissermaßen rehabilitirt zu seyn, welche gemeiniglich einen Theil der Vergangenheit bedecken, in Frankreich zumal wo man alles vergißt, wo man nur von der Gegenwart erschüttert wird? Diesem Menschen den Hut geben, hieß, wo nicht den wahren Bewegungsgrund verrathen, doch wenigstens ein schändliches Geheimniß andeuten.

Der Pabst konnte sich nicht entschließen, dem Abbe Tencin die Frucht seiner Treulosigkeit zu gönnen; er wurde krank, und kam nicht wieder zu Kräften. Eine schwarze Melancholie, durch Verdruß und Gewissensbisse entstanden, durch die Gegenwart Tencin's, der als Französischer Minister in Rom blieb, genährt, führte endlich Innocenz den Dreyzehnten in das Grab.

Hätte Tencin mit einem Julius dem Zweyten oder Sixtus dem Fünften zu thun gehabt, er würde sich nicht so glücklich daraus gezogen haben. Wir werden ihn einst zu dem erwünschten Hut gelangen sehen.

Ein Umstand dieses Konklave der nicht vergessen werden darf, weil er den Geist des Römischen Hofs bezeichnet, betrift noch den Kardinal Alberoni. Verfolgt vom Spanischen Hof, von allen Mächten der Ahndung des Pabstes Preis gegeben, flüchtig herumirrend oder gezwungen sich verborgen zu halten, aufgerufen vor einer Kongregation zu erscheinen, welcher Klemens der Eilfte aufgetragen hatte, ihm den Prozeß bis zur Degradation zu machen, fand er noch seine Rettung in dem persönlichen

des Herzogs von Orleans.

chen Interesse seiner eignen Richter, die seine Kollegen waren.

Das heilige Kollegium war von Alberoni's Ernennung empört gewesen; nachdem er aber einmal zu ihnen gehörte, kümmerten sich die Kardinäle nur allein um ihr gemeinschaftliches Interesse. Ihr fester Grundsatz ist, daß der Hut aus keinerley Ursache verloren werden kann; daß er nie von der Feindschaft der Könige noch sogar des Pabstes abhängen darf; daß, wenn die Nothwendigkeit das Opfer eines Kardinals forderte, man ihn eher des Lebens berauben als des Purpurs entkleiden darf. Ein Kardinal der ein geborner Fürst ist, kann den Purpur ablegen um zu regieren, oder um sich, wenn es der Vortheil seines Hauses fordert, zu vermählen; aber das heilige Kollegium würde nicht zugeben, daß ein Kardinal dem Hut entsagte, weil es sein Gewissen beschwerte durch unrechte Mittel dazu gekommen zu seyn, aus reumüthigen Gesinnungen. So wurde zum Beyspiel die Demission des Kardinal Retz nicht angenommen.

Die Kongregation, welche ernannt wurde um über Alberoni zu richten, zog den Prozeß in die Länge bis zum Tode Klemens des Eilften, und würde ihn nie beendigt haben.

Da die Stimme beym Konklave die wichtigste Eigenschaft der Kardinalswürde ist, und was die Größe derselben am meisten auszeichnet, so ermangelte das Kollegium nicht den Kardinal Alberoni dazu zu berufen, er erschien nur bey der zweyten Einladung, und wurde mit den nämlichen Ehrenbezeugungen aufgenommen als die andern Kardinäle. Nach der Wahl war vom Prozeß nicht mehr die Rede. Er miethete in Rom einen Pallast, that sich durch seinen Aufwand hervor, wurde nach einiger Zeit als Legat nach Ferrara gesandt, und kam nach Rom zurück, wo er in Ruhe blieb und starb, 1752.

Dübois gieng als Kardinal mit immer ſtärkeren Schritten auf den erſten Miniſter los. Wenn man ſeine Gewalt über den Geiſt des Regenten ſah, konnte man nicht mehr daran zweifeln. Zwanzigmal hatte der Herzog von Orleans erklärt, wenn der Schurke ſich unterſtünde ihm vom Kardinalshut etwas zu ſagen, würde er ihn zum Fenſter hinauswerfen laſſen. Er hatte ſich kaum acht Tage vorher in Torcy's Gegenwart ſo geäuſſert, als er nach geendigter Arbeit zu ihm ſagte: Apropos, und dieſes Apropos war durch nichts eingeleitet, vergeſſen Sie nicht wegen des Huts für den Erzbiſchof von Cambrai nach Rom zu ſchreiben; es iſt jetzt Zeit.

Der Herzog von Saint-Simon, für welchen der Regent eine beſondre Freundſchaft und Achtung hatte, konnte, wie er in ſeinen Memoiren ſagt, dieſe Art von Widerſprüchen nicht zuſammen reimen; aber er wußte nicht daß der Regent ſelbſt für Dübois an den Pabſt geſchrieben hatte. Ich ſehe in ſeinem Betragen weiter nichts, als die ſcheinbaren Inkonſequenzen ſchwacher Seelen, die keinem Antrieb widerſtehen, alles bewilligen, innerlich ſich ſchämen, und nur auf dem äußerſten Punkt ſich erklären, gegen Menſchen zumal, deren Rechtſchaffenheit ſie ſcheuen. Es giebt gewiſſe Beweiſe von Vertrauen, welche die Achtung ſelbſt verhindert.

Dübois war wirklich ſeiner Ernennung ſo gewiß, daß als der Pabſt ſechs Wochen nach ſeiner Erhöhung, ſeinem Bruder, einem Benediktiner vom Monte Caſſino, und Biſchof von Terracina, den Hut ertheilte, Dübois die Inſolenz hatte ſich zu beklagen, daß er nicht den nämlichen Tag ernannt worden wäre. Er wurde es einen Monat darauf, mit Alexander Albani, einem Nepoten Klemens des Eilften. Ich erwähne dieſen, weil ich Gelegenheit haben werde von ihm zu ſprechen, wenn von dem Kardinal Bernis die Rede ſeyn wird.

des Herzogs von Orleans.

Da ich mir's zum Gesetz gemacht habe die Wahrheit zu sagen, und die Veranlassungen nicht zu verschweigen, in welchen diejenigen, die sich gewöhnlich am schlechtesten betrugen, ein gutes Benehmen gezeigt haben, so werde ich hinzusetzen daß der Kardinal Dübois, als er die Nachricht von seiner Ernennung empfieng, sich so klug und so weise als möglich betrug. Er vermied bey seinen feyerlichen Visiten den Eigensinn sowohl als die Verlegenheit. Den Tag wo er die Kappe aus den Händen des Königs empfieng, machte er nach abgestatteter Danksagung sein Bischöfliches Kreuz los, und überreichte es dem Bischof von Frejus, Fleury, mit der Bitte es anzunehmen, weil es, wie er sagte, Glück brächte. Fleury erröthete, indem er es vor den Augen des Königs und des Hofes empfieng, und er mußte sich, als Hofmann, sogar damit schmücken; was ihm zu einer Zeit, wo man nicht ahnden konnte, daß man für die Zukunft die mindeste Gefahr liefe, einige Spöttereyen zuzog.

Sobald der Abbate Passerini, Cameriere des Pabstes, das Barett gebracht hatte, empfing es der Kardinal Dübois aus den Händen des Königs, und wurde sodann zu den hergebrachten Audienzen geführt, bey Madame, der Mutter des Regenten, und damals der ersten Dame von Frankreich, wo er das Tabouret nahm, und bey Ihrer Königlichen Hoheit, der Gemahlin des Herzogs von Orleans, wo er den Lehnstuhl bekam. Bey den Prinzen und Prinzessinnen vom Geblüt haben die Kardinäle keine förmlichen Audienzen, sondern sie machen bloße Visiten.

Auf die Audienz bey Madame war die Neugierde des Hofs am meisten gespannt. Jedermann kannte ihre tiefe Verachtung gegen Dübois, deren sie nie ein Hehl gehabt hatte. Er zeigte sich ihr wie ein Mann, der nicht verlegen, aber von Ehrfurcht und Dankbarkeit durchdrungen ist. Er sprach von seinem eignen Erstaunen über seinen, neuen Zustand, von der Niedrigkeit seiner Geburt, von der Nichtigkeit aus welcher der Regent ihn herausgerissen hätte. Alles was der Haß und der Neid ihm hätten vorwerfen können, sagte er selbst mit Würde, setzte sich einen Augenblick auf das Tabouret das ihm präsentirt wurde, bedeckte sich, um bloß die Etikette zu bezeichnen, stand fast im nämlichen Augenblick mit entblößtem Kopf wieder auf, und bückte sich vor Madame bis zur Erde, als sie vortrat um ihn zu begrüßen. Als er weggegangen war, konnte sie nicht umhin zu bekennen, daß sie mit dem Benehmen und der Rede dieses Menschen, dessen Erhebung sie verabscheute, zufrieden wäre.

In Dübois Danksagungsschreiben, das ich gelesen habe, befleißigt er sich vorzüglich dem heiligen Vater damit zu schmeicheln, daß die Geistlichen in den Französischen Staatsrath eintreten können, und er setzt hinzu, daß ein Kardinal Staatssekretair seyn kann, seitdem diese Minister nicht mehr in die Hände des Kanzlers schwören. Wirklich behielt auch Dübois als Kardinal und Erster Minister die Verrichtungen als Staatssekretair der auswärtigen Geschäfte, und erst bey der Majorität des Königs trat er dem Grafen von Morville dieses Departement ab.

Die Krankheit des Königs war eine Begebenheit, die ganz Europa interessirte, und von Paris aus in wenig Tagen über ganz Frankreich Bestürzung verbreitete. Am 31. Julius bekam er einen heftigen Anfall von Fieber, mit den beunruhigendsten Symptomen, der Kopf fieng an eingenommen zu werden, und die erschrocknen Aerzte verloren selbst den ihrigen. Helvetius, der jüngste von ihnen, den wir nachher als ersten Leibarzt bey der Königin gesehen haben, und dem sie die Ehre erwies ihn sogar als ihren Freund zu betrachten 1), Helvetius allein

behielt

---

1) Sie hätte dessen mehr eingedenk seyn können, als von der Schrift des Sohnes a) die Rede war.

a) Von der in Frankreich so verfolgten als berühmten, auch in deutscher Sprache bekannten Schrift de l'esprit.

behielt seine ganze Fassung; er schlug eine Aderlaß am Fuß vor, alle konsultirenden Aerzte verwarfen sie. Am meisten lehnte sich der Erste Chirurgus, Marechal, dessen Stimme vorzüglich galt, gegen Helvetius Vorschlag auf; er sagte sogar, wenn es nur eine Lanzette in Frankreich gäbe, so würde er sie zerbrechen, damit diese Aderlaß nicht Statt hätte.

Der Regent, der Herzog von Bourbon, der Marechal von Villeroi, die Herzogin von Ventadour, die Herzogin de la Ferte, ihre Schwester und Pathe des Königs, und einige vertraute Hausbedienten waren bey der Konsultation gegenwärtig, und die Uneinigkeit der Aerzte ängstigte sie sehr. Man berief einige Aerzte aus der Stadt dazu, als Dûmoulin, Silva, Camile, Falconet. Diese überzeugte Helvetius zuerst von seiner Meynung, die er mit großem Muth behauptete und aus einander setzte. Zuletzt sagte er: „wenn man dem König nicht zur Ader läßt, so ist er todt; es ist das einzige entscheidende und sogar dringende Mittel. Ich weiß wohl daß in einer solchen Sache die Gewißheit des Erfolgs nicht zu demonstriren ist, ich weiß, welche Gefahr ich laufe, wenn er meiner Meynung nicht entspricht; aber hier darf ich nach meinen Einsichten, bloß nach meinem Gewissen und für die Rettung des Königs sprechen.

Die Aderlaß gieng endlich vor sich. Eine Stunde darauf nahm das Fieber ab, die Gefahr verschwand, und am fünften Tage war der König im Stande auf zu seyn, und die Komplimente der Gesammtschaften und der fremden Minister anzunehmen.

Der ganze Ruhm der Kur kam bey Hof und beym Publikum auf Helvetius; es war ein Beweis daß in vielen Gelegenheiten die Redlichkeit und das Ehrgefühl nicht die kleinsten Eigenschaften an einem Arzte sind.

Es giebt keine Farben um das freudige Entzücken zu schildern, das in ganz Frankreich über die Genesung des Königs ausbrach, und auf die allgemeine Betrübniß erfolgte. Was wir 1744 gesehen haben, als Ludwig der Funfzehnte zu Metz in so großer Gefahr war, gab nur einen schwachen Begrif von dem, was bey einer ähnlichen Veranlassung, 1721 geschehen war. Ich war Zeuge von beyden Epochen, 1744 sah ich alles was die Liebe der Franzosen einflößen kann, aber 1721 waren die Herzen, außer der zärtlichsten Liebe, noch von einer entgegengesetzten und sehr heftigen Leidenschaft angetrieben, von dem allgemeinen Haß gegen den Regenten, den man zum Herrn zu haben fürchtete. Alle Kirchen, wo man fünf Tage hindurch das Geschrey des Schmerzes gehört hatte, erschallten nun von Te.Deum's; es stieg kein Gebet gen Himmel, das nicht eben so sehr wider den Regenten als für den König war.

Die Verordnung wegen der öffentlichen Feten war nichts weiter als eine Vergünstigung, um sie anzufangen, eine Aufmerksamkeit der Polizey zur Erhaltung der Ordnung. Jene Androhung einer Geldbuße kam darin nicht vor, die bey einer Verordnung über öffentliche Freudenbezeugungen so lächerlich, so schimpflich, so abgeschmackt wie versprechend ist.

Es war ohnehin nicht nöthig, die Liebe des Volks anzufeuern. Man sah nichts als Tänze und Gastgebote auf den Straßen, die Bürger ließen ihre Mahlzeiten vor ihren Hausthüren auftragen, und ladeten die Vorübergehenden ein, dabey Platz zu nehmen. Ganz Paris schien an jedem Tage ein Familiengastmahl zu geben. Dieser freudige Tumult dauerte über acht Wochen durch die Schönheit der Jahreszeit, das lang anhaltende heitre Wetter, und die Feste endigten erst mit den herbstlichen Frösten.

Unsre Freude wurde auch auswärts getheilt; der Kaiser sagte öffentlich, daß Ludwig der Funfzehnte das Kind

von

von Europa wäre. Man konnte wieder in die Gräuel des allgemeinen Kriegs verwickelt werden, wenn man das Unglück gehabt hätte ihn zu verlieren. Durch einen geheimen Artikel des Friedenstraktats, der zu Rastadt unterzeichnet wurde, hatte der Kaiser Ludwig dem Vierzehnten sein Ehrenwort gegeben, nie während der Minorität an einem Kriege gegen Frankreich unmittelbar noch mittelbar Theil zu nehmen. Der Regent erhielt erst sehr spät von diesem Geheimniß einige Wissenschaft, und er konnte es seitdem dem Marechal von Villars nie vergeben, daß er es ihm verborgen gehalten hatte. Wäre der Regent früher davon unterrichtet gewesen, so hätte er sich vielleicht weniger um die Engländer beworben; anstatt sich ihnen Preis zu geben, wie er es that, konnte er vielmehr während der Unruhen, die in England herrschten, seine Freundschaft erkaufen lassen; die Allianz zwischen den beyden Kronen würde ebenmäßig statt gehabt haben, aber mit mehreren Vortheilen für uns, und der Friede würde darum doch gehalten haben.

Bey den ersten Zufällen der Krankheit schrieb sie die öffentliche Meynung dem Gift zu, und beschuldigte den Regenten des Verbrechens. Der Pöbel vom Hof, der mehr Pöbel ist, als irgend ein andrer, begünstigte den Verdacht. Diejenigen selbst, die es nicht glaubten, aber dabey Feinde des Regenten waren, nährten diese Gerüchte aus allen ihren Kräften. Die Herzogin de la Ferte, die von der Kabale war, pflegte zu sagen: „ach! alles was man thut ist vergeblich, das arme Kind ist vergiftet." Das sonderbarste ist, daß nachdem die Symptome, die Behandlung und die Kur der Krankheit ihre Beschaffenheit an den Tag gelegt hatten, diese Gerüchte doch fortdauerten, und noch jetzt nicht einmal ganz vertilgt sind. Was damals am meisten dazu beytrug sie zu verstärken, war, daß der Regent für seinen Sohn, den Herzog von Chartres, die Stelle eines Generalobristen der Infanterie wieder erneuert

hatte,

hatte, eine Stelle, die so übermäßige Vorrechte giebt, daß man sie als gefährlich abgeschaft hatte, und die es in den Händen eines ersten Prinzen vom Geblüt noch unendlich mehr wurde. Man beschuldigte den Marechal von Villeroi, daß er dem Regenten diesen Anschlag eingegeben hatte, um ihn immer mehr in den Verdacht zu bringen, daß er nach der Krone strebte, und sich die Wege dazu bahnte. Wenn das war, so konnte nichts der Albernheit des Marechal würdiger seyn als diese seynsollende Falle; denn wenn er den Regenten dadurch verdächtig machte, etwas Großes im Sinne zu haben, so verschafte er ihm zugleich die Mittel, es glücklich auszuführen.

Der Regent schien während der Krankheit so gerührt, als irgend jemand, und er theilte die Freude über die Genesung des Königs mit aufrichtigem Herzen. Der Marechal von Villeroi fühlte mit Recht das Glück, diesen Fürsten unsern Wünschen wiedergegeben zu sehen; aber er trug seine Freude auf eine Weise zur Schau, mit welcher er den Herzog von Orleans zu beschimpfen glaubte, und deren Schande auf ihn selbst zurückfiel a). Während der Feste, die täglich auf einander folgten, wurden die Höfe und die Gärten von den Tuilerien keinen Augenblick leer; der Marechal führte dabey den König unaufhörlich von einem Fenster zum andern, so daß es dem Kinde äußerst lästig wurde; „Sehen Sie," sagte er, „sehen Sie, mein Gebieter; dieses ganze Volk gehört Ihnen, das alles ist Ihr Eigenthum, Sie sind Herr über alles was Sie da sehen," und andre Albernheiten mehr. Die Montausiers, die Beauvilliers, die Fenelon würden über die lebhafte

und

---

a) Une ostentation qu'il croyoit injurieuse au regent, et qui le devenoit par-là. Ich müßte mich sehr irren, wenn dies kein Druckfehler wäre, und nicht, wie ich es auch übersetzt habe, pour lui heissen müßte. Die Wiederholungen aus Vergessenheit, die in diesen Memoiren nicht selten sind, und wovon auch hier ein Beyspiel vorkommt, (vergl. I. Th. S. 263.) können wenigstens als ein Beweis von Authenticität nachgesehen werden.

und biedre Freude eines Volks, das in seine Könige verliebt ist, andre Dinge zu sagen gewußt haben; und welches Volk verdient es mehr, seinen Fürsten theuer zu seyn?

Der Bischof von Frejus, Fleury, betrug sich mit viel mehr Klugheit, was wenigstens ihn selbst betraf. Er befleißigte sich sehr, dem Hochmuth des Marechals zu schmeicheln, um seine Eifersucht nicht rege zu machen; zugleich aber voll Ehrerbietung gegen den Regenten gab er sich die vorzüglichste Mühe, das Zutrauen seines Zöglings zu gewinnen. Alles was sich dem König näherte, nahm sehr gut wahr, daß der Knabe im Herzen dem Präceptor viel gewogner war als dem Hofmeister.

Der Regent bemerkte es, und eifrig auf alle Gelegenheiten den Neigungen des Königs zu schmeicheln, schlug er ihm das Erzbisthum Rheims, das eben erledigt war, für Fleury vor. Zugleich dachte er darauf, sich einen Menschen zu verbinden, den er merkliche Fortschritte in der Gunst des Königs machen sah, er wollte aber dem Kinde die Freude lassen, seinem Präceptor eine so ausgezeichnete Würde selbst zu ertheilen. Der König ließ Fleury holen, und sagte ihm, welches Geschenk er ihm machte. Fleury ergoß sich in ehrfurchtsvolle und zärtliche Danksagungen, weigerte sich aber, erster Herzog und Pair von Frankreich zu seyn.

Der König schien betrübt über die Weigerung, und äußerte es auf eine Art, die sehr gut bewies, wie theuer ihm der Mann schon war. Der Regent fühlte dieses, und drang lebhafter in den Bischof ein; dieser bestand auf seiner abschläglichen Antwort, und gab zum Beweggrund an, da er schon eine Diöze verlassen hätte, weil ihm sein Alter nicht mehr erlaubte, die Hirtenpflichten zu erfüllen, so würde es ihm um so weniger anstehen, eine noch größere Last zu übernehmen, als die erste gewesen wäre. Der Regent wandte ihm ein, daß sein Amt bey dem König ihn von der Residenz in Rheims dispensirte, daß er dort einem Bischof in partibus die bischöfliche Amts-

füh-

führung überlassen könnte; daß es mehrere Prälaten so hielten, die keine so vollgültige Pflicht, wie die Erziehung des Königs, dazu berechtigte. Fleury erwiederte mit bescheidnem Ton, daß er niemandes Aufführung tadelte, daß ein jeglicher nur sein eigner Richter seyn dürfte, daß er aber seinerseits nicht mit ruhigem Gewissen sich entschließen könnte, Bischof ohne Residenz zu seyn. Er war nicht immer so bedenklich gewesen. Seine vorgebliche Residenz zu Frejus war bloß eine Abwesenheit vom Hof gewesen. Er hatte während der Zeit seines Episkopats verschiedne Städte von Languedoc und von Dauphine besucht, wo es mehr Gesellschaft gab als in Frejus; an diesem Ort hielt er sich wenig auf, und sah sich da immer als exilirt an, so daß seine Niederlegung dieses Bisthums weiter nichts gewesen war, als ein Vorzug, den er dem Aufenthalt und der Gesellschaft vom Hof denen von der Provinz gegeben hatte.

Der Regent begriff sehr wohl, daß der fromme Bischof nach vollbrachter Erziehung unter irgend einem Vorwand nach Rheims verwiesen zu werden besorgte, und daß ers für das sicherste hielt, bey seinem Posten bey dem König, dessen Vertrauen durch die Gewohnheit verstärkt werden würde, unverrückt zu verbleiben. Er hörte also auf, ihm über das Erzbisthum zuzusetzen, und bat ihn zuletzt nur, wenigstens die Abtey Sankt Stephan zu Caen, welche ebenfalls durch den Tod des Kardinal Mailly vakant war, anzunehmen. Um nicht zu scheinen, als ob er dem Regenten keine Verbindlichkeit haben wollte, nahm Fleury dieses sine cura von 70000 Livres jährlicher Einkünfte an, und gewiß war das sein einziger Bewegungsgrund. Er hat, als er allmächtig geworden ist, wohl bewiesen, daß die Prachtliebe und der Eigennutz wenig Gewalt über ihn hatten. Er hat in seinem Ministerium die Sparsamkeit bis auf niedrige Details ausgedehnt, aber er eignete sich nie zu, was er andern abzog, und war bloß für den Staat geizig. Was auch habsüchtige Höflinge darüber gewitzelt haben, die nie etwas bekommen hätten, wenn sie es erst hätten verdienen sollen, so wäre es doch sehr zu wünschen, daß er seinen Nachfolgern zum Muster gedient hätte. Man hat freylich erhebliche Klagen gegen ihn zu führen, und ich werde sie nicht verschweigen; aber man hat seinen Verlust empfunden, und seine Nachfolger haben diese Empfindung gerechtfertigt.

Der bescheidne Fleury gab zu oder veranstaltete, daß seine Weigerung in den Zeitungen und Journalen bekannt gemacht wurde; ein jeder legte sie seinen Begriffen oder seinem Interesse gemäß aus.

Fleury ließ damals eine schöne Gelegenheit vorbey gehen, einer Familie, gegen welche er die größten Verbindlichkeiten hatte, seine Erkenntlichkeit zu bezeugen. Der Abbe de Castries, Erzbischof von Albi, wünschte den Sitz von Rheims, ob er gleich weniger eintrug. Die heran nahende Königsweihe gab diesem Sitz einen vorzüglichen Glanz. Da der Regent ihn Fleury angeboten hatte, so verlangte er wenigstens seine Mitwirkung bey der Ernennung. Fleury verdankte dem Kardinal Bonsi, Oheim des Erzbischofs von Albi, seine erste Existenz, die ganze Familie der Castries hatte ihm wesentliche Dienste geleistet. Er war lange der Freund, oder vielmehr der Klient dieses Hauses gewesen; aber ein gegenwärtiges Interesse stand seiner Dankbarkeit im Wege, und dieses war jederzeit die Richtschnur seines Betragens.

Er dachte schon an den Kardinalshut, diese Krankheit ist bey jedem Geistlichen, der die Gunst eines Hofs hat, unvermeidlich. Der Kardinal Rohan war in dem Augenblick Französischer Minister in Rom, sein Haus war mächtig, der Erzbischof von Albi hingegen war ein erklärter Freund des Kardinal Noailles, die Konstitution fieng an bey der Geistlichkeit die Oberhand zu gewinnen und Fleury nahm sich vor, sie zu seinem Vortheil zu benutzen; darum

ließ

ließ er den Abbe von Rohan-Guemene zum Erzbisthum Rheims vorziehen.

Der Regent gab zu gleicher Zeit dem Abbe Saint-Albin, einem nicht anerkannten Bastard, den er von der Florence gehabt hatte, das Bisthum Laon; er war bey den Jesuiten erzogen, und einer der eifrigsten Ignoranten, die je aus ihrer Schule gekommen sind. Er wohnte das Jahr darauf, als geistlicher Herzog und Pair, der Königs-weihe bey. Als er sich nachher bey'm Parlament wollte aufnehmen lassen, kam ihm das Hinderniß in den Weg, daß er weder Vater noch Mutter angeben, und folglich keinen Namen aufstellen konnte. Dieses Hinderniß trug ihm das Erzbisthum Cambrai ein, das er nach dem Tod des Kardinal Dübois überkam, indem er zugleich die Honneurs als Herzog und Pair beybehielt. In dem Bis-thum Laon folgte ihm der Abbe de la Fare nach, eine Art von kleiner Mißgeburt, am Leib sowohl als noch mehr an der Seele.

Der Kardinal Dübois hatte jetzt eine Unterhandlung geendigt, die dem Regenten äußerst wichtig war: Die Doppelheirath nämlich zwischen dem König und der In-fantin von Spanien auf der einen, und zwischen dem Prinzen von Asturien und Mademoiselle de Montpensier, der Tochter des Regenten, auf der andern Seite. Philipp der Fünfte war außer sich vor Freude gewesen, den König von Frankreich zum Schwiegersohn zu bekommen; und da die zweyte Heirath zur nothwendigen Bedingung der ersten gemacht war, so hatte er den Groll aufgeopfert, den er noch gegen den Regenten haben konnte. Es blieb zwar keine politische Schwierigkeit, aber noch ein häusli-ches Hinderniß übrig, die Sache nämlich dem König be-kannt zu machen, dessen förmlich ausgesprochne Einwilli-gung nothwendig war. Ludwig, damals noch in der Kind-heit, und von scheuer Gemüthsart, konnte den Vorschlag vielleicht nicht völlig nach Wunsch aufnehmen. Der Ma-rechal

rechal von Villeroi, fast erklärter Feind des Regenten, konnte ihn dawider einnehmen, konnte durch die Kabale ausstreuen lassen, daß der Regent eine dem Alter nach ungleiche Heirath stiftete, um, so viel er könnte, die Hoffnung zur Sicherstellung der geraden Erbfolge hinauszuschieben, und daß er sodann auf die möglichen Zufälle rechnete; die Infantin war nicht viel über drey Jahre, und der König war in seinem zwölften.

Um eine Stütze mehr bey dem König zu haben, eröfnete der Regent die Sache dem Herzog von Bourbon, der als Oberaufseher der Erziehung nicht erst mit dem Publikum die Neuigkeit erfahren durfte. Er nahm dieses Vertrauen sehr wohl auf, und billigte die Allianz vollkommen. Hierauf sprach der Regent davon mit dem Bischof von Frejus, indem er ihm zu erkennen gab, daß er ihn hierin dem Marechal von Villeroi vorgezogen hätte, gegen welchen er ihm die größte Verschwiegenheit anempföhle. Fleury wandte erstlich das Alter der Infantin ein, erwiederte die zuvorkommende Art, durch welche der Regent ihn zu gewinnen suchte, mit ziemlicher Kälte, sagte indessen, er glaube nicht, daß der König widerstehen werde, und versprach, sich bey dem König zu befinden, wenn man ihm den Vorschlag thun würde. Es kann sehr bezweifelt werden, ob er dem Geheimniß treu gewesen ist, und sich nicht bey Villeroi ein Verdienst daraus gemacht hat; denn er hatte viel Rücksichten gegen diesen Mann, der ihm Dienste geleistet hatte, der ihm noch nützlich war, und an welchem es noch nicht Zeit war, undankbar zu werden.

Wie dem auch sey, so schien er es anfangs vermeiden zu wollen, bey dem Vorschlag gegenwärtig zu seyn. Die Zeit dazu war unmittelbar vor der Zusammenkunft des Regentschaftsraths angesetzt, der König sollte sich hierauf sogleich dahin begeben, um die Einwilligung, das Ja, das er im Kabinet ausgesprochen haben würde, ungesäumt

säumt zu bestätigen, womit dann die Sache abgethan seyn sollte.

Eh der Regent zum König hineingieng, erkundigte er sich, wer eben bey ihm wäre, und da er hörte, daß der Bischof von Frejus nicht mit darunter war, so ließ er ihn rufen, und gieng nicht hinein, bis er ihn mit dem eiligen Ansehen eines Menschen, der sich in der Stunde geirrt hätte, ankommen sah. Es war nun niemand im Kabinet bey dem König als der Regent, der Herzog von Bourbon, der Marechal von Villeroi, der Bischof von Frejus, und der Kardinal Dubois.

Der Regent nahm eine fröhliche Mine, und einen Ton voll ehrerbietiger Leichtigkeit an, um dem König die Sache vorzulegen, er setzte die Vortheile der Allianz in das Licht, und bat ihn, seine Einwilligung kund zu thun. Der König, erstaunt, schwieg still, das Herz schien ihm aber schwer zu seyn, und seine Augen wurden naß. Der Bischof von Frejus, der sich nun gezwungen sah, eine Partie zu ergreifen, und entweder dem Regenten zu Gefallen zu reden, oder sich ihn zum Feind zu machen, unterstützte den Sinn der vorigen Rede. Der Marechal, durch das Beyspiel des Bischofs bestimmt, sagte zum König: „nun, mein Gebieter, die Sache muß mit guter Art gethan werden." Der Regent sehr verlegen, der Herzog von Bourbon sehr still, und Dubois seine Mine in Falten gelegt, warteten gegen eine halbe Viertelstunde, daß der König sein Stillschweigen bräche. Unterdessen sprach der Bischof unaufhörlich leise mit dem König, und ermahnte ihn zärtlich, in das Conseil zu gehen, und seine Einwilligung bekannt zu machen. Da aber das Stillschweigen fortwährte, und da die Versammlung des ganzen Conseils, wo sich der König gleich darauf einfinden sollte, seine Blödigkeit nur vermehren konnte, so wandte sich der Bischof gegen den Regenten, und sagte: „Seine Majestät werden zum Conseil kommen, Sie brauchen aber etwas Zeit, um sich dazu an-
zu-

zuschicken." Der Regent antwortete, es wäre seine Pflicht die Bequemlichkeit des Königs abzuwarten, grüßte ihn mit Ehrerbietung und Innigkeit, gieng heraus, und gab den andern ein Zeichen, ihm zu folgen. Der Herzog von Bourbon, der Marechal und der Bischof blieben bey dem König. Dübois, der, seitdem er Kardinal war, nicht mehr zum Conseil kam, weil man ihm den Vorsitz versagte, begab sich in ein andres Gemach.

Der Regent fand das ganze Conseil schon versammelt, und voller Spannung über die heimliche Konferenz im Kabinet des Königs. Man sah sich schon eine Viertelstunde einer den andern an, ohne niederzusitzen, als der König erschien, von den dreyen, die bey ihm geblieben waren, umgeben.

Sobald das Conseil saß, wandten sich alle Blicke auf den König, dessen Augen noch roth waren. Der Regent redete ihn mit der Frage an, ob er es gutheiße, daß seine Heyrath dem Conseil mitgetheilt würde. Der König antwortete mit einem sehr kurzen und ziemlich leisen Ja, das indessen doch gehört wurde, und für den Regenten gerade hinreichte. Dieser nahm darauf das Wort, um die Vortheile der Allianz aus einander zu setzen. Nachdem alle Anwesenden günstig eingenommen schienen, sammelte er die Vota, die nicht ermangeln konnten, einstimmig zu seyn; ein jeder fügte zu seinem Votum noch ein Paar Worte hinzu, um seinen Beyfall zu bezeugen. Auch der Marechal von Villerol stimmte den übrigen bey, sagte aber dabey mit bekümmerter Mine, es wäre nur sehr Schade, daß die Infantin so jung wäre. Die Bemerkung war an sich richtig, aber hier sehr übel angebracht; er mußte selbst den Rath befolgen, den er vorher dem König gegeben hatte, die Sache mit guter Art zu thun, da sie einmal entschieden wäre. Diese Glosse konnte nur die finstre Laune des Königs vermehren, der Regent ließ ihm aber nicht die Zeit nachzudenken, sondern stattete ihm seinen Glückwunsch ab, stützte sich auf den einstimmigen Beyfall des Conseils, das für den Beyfall der ganzen Nation bürgte; und ließ auf der Stelle, um Diversion zu machen, über ein Geschäft berichten.

Am nämlichen Tag wurden alle Kouriere versandt. Der König blieb diesen Tag sehr ernsthaft, am folgenden zerstreuten ihn die Glückwünsche, die er empfieng, und er unterhielt sich bald, so gut wie die andern, von den Festen, die für die Ankunft der Infantin bereitet wurden.

Der Regent war gut genug berathen, um nicht auf einmal von den beyden Heyrathen zu sprechen, die Eifersucht über die zweyte würde verschiedne Leute gegen die erste eingenommen haben; aber vierzehn Tage darauf, nachdem man mit dieser hinlänglich vertraut geworden war, begab sich der Regent zum König, erklärte sich in Gegenwart des Herzogs von Bourbon, des Bischofs von Frejus, die er beyde vorläufig unterrichtet hatte, des Marechal von Villeroi, und des Kardinal Dubois über die Ehre, die ihm der König von Spanien zudächte, und bat den König um die Erlaubniß, es anzunehmen. Der König gab seine Genehmigung mit der Lustigkeit eines Kindes, das seit vierzehn Tagen von nichts sprechen hörte als von Heirath und von Spanien. Diese Allianz mit Spanien war ein Kolbenschlag für den Ueberrest des alten Hofs. Die Marschälle von Villeroi, von Villars, d'Huxelles, von Tallart, statteten wie die andern ihren Glückwunsch ab, und bemühten sich ihren Aerger zu verbergen, ohne ihre Bemühung verbergen zu können.

Diese Leute, die Spanien beständig im Munde führten, so lange sie sich schmeichelten, den Regenten damit in Schrecken zu jagen, hatten jetzt nichts mehr, woran sie sich halten konnten; und sie konnten sich von ihrem Erstaunen nicht erholen, die Tochter eines Prinzen, dessen Kopf Philipp der Fünfte unter der vorigen Regierung verlangte, der seitdem selbst Spanien mit Krieg heimgesucht hatte,

hatte, zum Spanischen Thron bestimmt zu sehen. Die Wahl eines Kindes, durch welche die Heirath des Königs um mehrere Jahre hinausgeschoben würde, schien ihnen das Meisterstück der Politik. Es scheint jedoch, daß der Regent sich aus dieser Wahl weniger gemacht haben würde, wenn er ohne diese Bedingung seine Tochter mit dem Prinzen von Asturien hätte vermählen können.

Der Herzog von Saint-Simon wurde zum außerordentlichen Ambassadeur ernannt, um die Infantin zu werben. Der Prinz von Rohan, Großvater des gegenwärtigen Marechal von Soubise, und Schwiegersohn der Herzogin von Ventadour, wurde zur Auswechselung der Prinzeßinnen an der Gränze ernannt. Der Herzog von Offune kam als außerordentlicher Ambassadeur, um Mademoiselle de Montpensier zu werben, nach Paris.

Unser ordentlicher Ambassadeur in Madrid war damals der Marquis von Maulevrier-Langeron. Laufiez a), ein Irländer und Major von der Leibwache des Königs von Spanien war in der nämlichen Eigenschaft am Französischen Hof.

Ohngeachtet der Vereinigung, welche die doppelte Heirath zwischen den zwey Branchen des Französischen Hauses stiftete, mußten sich unsre Gesandten in Madrid doch mit einiger Vorsicht betragen. Zwischen Frankreich, Spanien und England bestand zwar ein Defensivbündniß, das auf die Uetrechter Traktate und auf die Tripelallianz gegründet war. Man hatte darin eine gegenseitige Garantie der Staaten, welche die drey Mächte besäßen, festgesetzt, und sie bestätigten, wenigstens stillschweigend, die Verzichtleistungen und den Uebergang der Englischen Krone auf das Protestantische Haus Hanover. Diese Artikel standen dem Regenten sehr an, aber sie gefielen keinesweges dem König und der Königin von Spanien, welche die Hofnung nicht fahren ließen,

K 2 nach

---

a) Wenn anders der Name recht geschrieben ist; ich habe ihn vergeblich in andern Memoiren gesucht.

nach Frankreich zurückzugehen, wenn man das Unglück hätte, den jungen König zu verlieren. Außerdem hatte Frankreich und England ihre Dienstleistungen versprochen, um die noch übrigen Zwistigkeiten zwischen dem Kaiser und Spanien beyzulegen. Nun gab es in diesem Augenblick eben einen neuen Keim zu Mißhelligkeiten.

Der Kaiser, welcher von den Oesterreichischen Einbildungen nicht abgieng, hatte eine Promotion von Spanischen Granden gemacht. Philipp der Fünfte führte bey den alliirten Mächten darüber Klage. Erkenntlich gegen die Vortheile, die es von Spanien gezogen hatte, legte England die Sache bey, und bewog den Kaiser, eine Erklärung zu geben, durch welche er verkündigte, daß er keine Spanischen Granden zu ernennen im Sinn gehabt hätte, daß dieser bestimmte Titel sich nicht unter den Titeln der Großen befände, denen er bloß Auszeichnungen und Ehrenbezeugungen ertheilt hätte, wie jeder Souverain an seinem Hof dazu berechtigt wäre. Die Nachricht von diesem Vergleich kam zwey Tage nach der Unterzeichnung des Kontrakts in Madrid an, und war Philipp dem Fünften eine große Beruhigung.

Man wird bemerkt haben, daß ich mich bey den Relationen von Festen, womit die Zeitungen und Journale angefüllt sind, wenig aufhalte; ich schränke mich auf einzelne Umstände ein, die man nicht darin finden würde, und die von einigem Nutzen seyn können. Der Regent gab dem Herzog von Saint-Simon zwey Schreiben für den Prinzen von Asturien mit; in dem einen nannte er ihn Neveu, in dem andern Bruder und Neveu. Sonst waren sie beyde gleich, aber es kam darauf an, das zweyte durchgehen zu lassen. Man mußte es dem Regenten eingegeben haben, darauf Anspruch zu machen, denn er setzte sich sonst sehr über das Ceremoniel hinaus, und hatte kein Recht, die Gleichheit mit dem Prinzen von Asturien zu verlangen. Beyde waren königliche Enkel von Frankreich, aber der Prinz von Asturien
hatte

des Herzogs von Orleans.

hatte das Vorrecht der Erstgeburt, und war überdem natürlicher Erbe der Spanischen Krone. Der zweyte Brief gieng indessen durch; Grimaldo, der Spanische Minister, dem er in Abschrift mitgetheilt wurde, gab entweder nicht darauf Acht, oder nahm den Titel Bruder für einen zärtlichen Ausdruck. Bey der mindesten Schwierigkeit hatte der Ambassadeur Befehl, das andere Schreiben an die Stelle zu setzen.

Es ist der Gebrauch in Spanien, daß der König den Heirathskontrakt nicht selbst unterzeichnet, sondern durch Kommissarien unterzeichnen läßt. Dies war bey den Heirathskontrakten unsrer beyden letzten Königinnen so gehalten worden, ohngeachtet bey der Vermählung von Maria Theresia sich Ludwig der Vierzehnte und Philipp der Vierte in Person an der Gränze befanden. Der Herzog von Saint-Simon wünschte die eigenhändige Unterzeichnung des Königs, Grimaldo berief sich auf das Herkommen. Der König und die Königin gaben nach und unterzeichneten, um ihre Zufriedenheit über die Verbindung zu bezeugen.

Während des ganzen Laufs dieser Sache zeigte Philipp der Fünfte mehr Anhänglichkeit als jemals für sein Französisches Vaterland. Es war nicht die abgemeßne Freude eines Königs, dem eine Unterhandlung gelingt, es war die eines zufriednen Vaters, eines edelmüthigen Mannes, der sich aussöhnt. Als er erfuhr, daß die Stadt Paris den Herzog von Ossune komplimentirt hatte, ließ er den Französischen Ambassadeur ebenfalls durch die Stadt Madrid komplimentiren, eine Ehre, die noch keinem Ambassadeur, wenigstens in Paris a), wiederfahren war.

Eine andre Sache ohne Beyspiel wiederfuhr damals dem Herzog von Ossune, und hat in der Folge selbst öfters zum Beyspiel gedient. Der Regent wollte ihm den Heiligen Geistsorden geben, und glaubte, daß der König,

K 3 weil

a) Es ist etwas schiefes in diesen Perioden, das ich einem Versehen des Herausgebers beymessen möchte.

weil er selbst noch nicht Ritter wäre, und erst den Tag nach seiner Salbung das Band zu empfangen hätte, es auch nicht eher andern umhängen könnte. Er trug das Band nur auf die nämliche Art, wie man es allen königlichen Kindern im Augenblick ihrer Geburt giebt. Der Herzog von Ossune erhielt daher die Vergünstigung, das Band unterdessen zu tragen, bis er ernannt werden könnte 1).

Man that in Spanien noch mehr für den Herzog von Saint-Simon, als in Frankreich für den Herzog von Ossune gethan worden war. Philipp der Fünfte gab ihm und einem seiner Söhne, nach eigner Wahl, und zu gleichzeitigem Genuß, die Grandezza. Er wählte den jüngeren, und sie bedeckten sich zusammen in Spanien. Dem älteren wurde das Vließ gegeben.

Aller Oesterreichische Sauerteig schien im Herzen der wenigen Spanier, bey welchen noch etwas davon zurückgeblieben seyn konnte, nun vollkommen ausgerottet; und die gebornen Franzosen, welche durch ihre Stellen an der Person des Königs hingen, ließen ihr Entzücken laut ausbrechen. Darunter war Boutin de Valouse, erster Stallmeister des Königs, und Ritter vom Vließ. Darunter war ferner la Roche, erster Garderobediener, ein Mann von anerkannter Rechtschaffenheit, dem Philipp sogar die Estampilla anvertraut hatte. Die Estampilla ist nämlich

---

1) Der König hat nachher das nämliche für einige von unsern Ambassadeurs und für andre gethan, welche das Band getragen haben, eh sie zu Rittern aufgenommen worden sind.

Es ist zu verwundern, daß der Regent und die damaligen Ritter so wenig Kenntniß von der Geschicht ihres Ordens gehabt haben. Der König, obschon minderjährig und nicht gesalbt, konnte, ohne gegen die Regel zu stoßen, Ritter aufnehmen. Heinrich der Vierte, der bey der Belagerung von Rouen noch reformirt war, und folglich weder selbst Ritter seyn, noch das Band tragen konnte, gab dem ersten Marechal von Biron eine Kommission, um seinen Sohn, den Baron von Biron, der nachmals Marschal von Frankreich und enthauptet wurde, aufzunehmen, und zugleich dem Erzbischof von Bourges, Großkapellan von Frankreich, Renaud de Baunes, an der Stelle Amiot's, eines wütenden Anhängers der Ligue, das Band zu geben.

lich ein Siegel, auf welchem die Unterschrift des Königs mit der täuschendsten Aehnlichkeit nachgemacht ist; man bedient sich derselben in Spanien, um dem König die Mühe zu ersparen, selbst zu unterzeichnen: eine so bequeme als gefährliche Erfindung, eine Asiatische Trägheit, die vielleicht einst auf die Minister selbst übergehen wird. Die Verwahrung der Estampilla ist keine Würde, aber als ein vertraulicher Auftrag desto ehrenvoller, und la Roche war in diesem Betracht Kabinetssekretair. Unter den Franzosen von Ansehen, welche in Madrid lebten, darf ich Sartine um so weniger vergessen, als wir jetzt seinen Sohn in Paris auf dem Weg sehen, ein beträchtlicher Mann zu werden. Sartine war in Lyon geboren, wo er den Wechselhandel getrieben hatte; die Umstände hatten ihn bewogen, sich in Spanien niederzulassen. Er war ein verständiger und rechtschaffener Mann, thätig, ein fleißiger Arbeiter, und fruchtbar an Auswegen. Er hatte die allgemeine Direktion des Proviants für die Armeen in Spanien gehabt, die Minister, die Feldherren und der König selbst holten oft bey ihm Rath, er hatte daher viele Freunde, und verdiente sie. Er war Generalintendant der Marine, als zu Anfang von Alberoni's Ministerium, der Sturz des Staatssekretair Tinnaguas, seines Freundes, ihn mit fortriß. Der heftige und despotische Minister machte ihm seine Verbindungen mit dem Herzog von Saint-Aignan, unserm Botschafter in Madrid, zum Verbrechen; und als dieser gezwungen war, eilig Spanien zu verlassen, kam Sartine ins Gefängniß, und wurde erst nach Alberoni's Fall auf freyen Fuß gesetzt. Er heirathete nachher eine Kammerfrau der Königin von Spanien, welche seitdem Senora de honor bey ihr wurde; er selbst wurde Intendant von Barcelona, wo er gestorben ist. Sein wahrer Name war des Sardines, sein Vater war Specereyhändler in Lyon gewesen, er trug in Spanien das Sankt Michaelskreuz, ich glaube indessen nicht, daß er jemals förmlich zum Ritter aufgenomnommen wurde, er steht auf keiner Liste. Ich wünsche, daß der Sohn mir Gelegenheit gäbe, von ihm zu sprechen, wie von seinem Vater a); übrigens ist das seine Sache, die meinige ist, gerecht zu seyn.

Ein Hauptstück von der Instruktion des Herzogs von Saint-Simon bestand darinn, den Jesuiten d'Aubenton zu sehen und seinen näheren Umgang zu suchen; d'Aubenton hatten, wie man weiß, die Stelle als Beichtvater, die so wichtig ist, sobald sie mehr ist als ein bloßer Name. Gleich bey der ersten Visite ergoß sich der gute Pater in Betheurungen von seiner Anhänglichkeit für den Regenten und für Frankreich, und von seiner innigsten Achtung für den Herzog von Saint-Simon, dessen Freundschaft für die Jesuiten ihm, wie er sagte, bekannt wäre. Hierauf kam er auf den lebhaften Wunsch des Königs von Spanien, daß die Infantin in die Hände eines ihrer Paters kommen möchte, da diese allein im Stande wären, der Prinzessin die wahren Grundsätze der Religion früh einzuprägen.

D'Aubenton sagte die Wahrheit, was den Wunsch des Königs betraf. Bey der ersten Privataudienz, die Philipp der Fünfte dem Herzog gegeben hatte, war er mitten in einer Geschäftsverhandlung mit dem Auftrag eingefallen, den Regenten zu bitten, daß die Infantin von einem Jesuiten unterrichtet werden möchte; und er war zu wiederholtenmalen auf diesen Punkt zurückgekommen.

Der Herzog von Saint-Simon war also vom Wunsche des Königs schon hinlänglich unterrichtet, und konnte auf d'Aubenton's Vorschlag nicht anders als günstig antworten. Der eifrige Pater, höchlich über die Aussicht erfreut, wurde

---

a) Sartine hat als Polizeylieutenant, und späterhin noch mehr als Minister von der Marine, viele Tadler gehabt, und insofern Duclos freylichnicht ganz harmlosen Wunsch nicht erfüllt. Es klebte aber an dem Amt, das er zuerst verwaltete, so viel Verhaßtes, daß hier wenigstens nicht die Stelle seyn kann, zu entscheiden, wie viel auf seine eigne Rechnung kam.

wurde strahlend, liebkosend, und nach einigen glatten Wendungen, abgebrochnen Worten, und helldunkeln Phrasen, „das ist nicht alles," sagte er, „der König erwartet noch mehr von Ew. Exzellenz von ihrer Anhänglichkeit für ihn, von Ihrer Liebe für die Religion, von Ihrer Freundschaft für unsre Societät." Wirklich war die letzte Seite, welche der Jesuit an ihm pries, nicht die bekannteste an dem Herzog von Saint-Simon, aber es ist eine rhetorische Figur bey den Mönchen, den Eifer für ihre Sache einzuflößen, indem sie voraussetzen, daß man ihn schon hat. „Der König," fuhr d'Aubenton fort, „hat das sehnlichste Verlangen, Sie zu bitten, daß Sie in seinem Namen den König, seinen Neffen dahin bringen, einen Jesuiten zum Beichtvater zu nehmen, und den Regenten zu bewegen, daß er Sie darin unterstützt. Die schwächliche Gesundheit des Abbe Fleury bedroht ihn mit einem nahen Tod, es würde also rathsam seyn, einen Vorsprung zu gewinnen, und daß Sie in der nämlichen Depesche, wo Sie für die Infantin einen Jesuiten verlangen werden, auch vorschlügen, daß man dem König einen gäbe."

D'Aubenton endigte seine Rede mit tausend Anerbietungen, dem Herzog in seinem Verlangen nach der Grandezza Vorschub zu thun, und bat ihn schließlich, ihm seine freundschaftliche Meynung über die Sache zu sagen.

Die Falle war ganz gut gelegt, und die Lockspeise geschickt dargeboten. Saint-Simon zog sich indessen heraus. Er zeugte dem Jesuiten die größte Achtung für seine Societät, und räumte ihm ein, daß nichts schicklicher seyn würde, als der Infantin einen Jesuiten zu geben, da der König, ihr Vater, es wünschte; was aber den Beichtstuhl des Königs von Frankreich und das Innere seines Hauses beträfe, so würde der Vorschlag vielleicht in Frankreich nicht besser aufgenommen werden, als es in Spanien gefallen würde, Philipp dem Fünften eine Veränderung seines Beichtvaters oder seiner Minister zuzumuthen; ein großer Schritt würde

würde es ja schon seyn, wenn man für die Infantin einen Jesuiten annehmen ließe; die Achtung für die Societät würde das weitere thun, und man würde es um so eher durchsetzen, je weniger man es zu verlangen schiene.

D'Aubenton war mit der Antwort nicht sehr zufrieden, und er hatte etwas besseres erwartet; aber er verlor nichts von seinem heitern Betragen, und um keine Erkältung wahrnehmen zu lassen, verdoppelte er seine Freundschaftsbetheurungen, und seine Dienstbietungen gegen den Gesandten, und billigte seine Gründe, die ihm im Herzen sehr verhaßt waren.

Hatte der König seinem Beichtvater aufgetragen, den Vorschlag zu thun, daß dem jungen König ein Jesuit zum Beichtvater gegeben werden möchte, oder hatte er es nicht, genug dieser Monarch sprach nie mit dem Gesandten darüber. Um beysammen zu behalten, was diese Sache betrift, so werde ich hier noch anführen, was drey Monate später geschah. Man beredete den Abbe Fleury, sich zu entfernen, und der Pater Taschereau de Linieres wurde an seiner Stelle ernannt. Er war schon Beichtvater von Madame, der Mutter des Regenten; denn der Kardinal Noailles hatte kein Bedenken dabey gefunden, diesem Jesuiten Fakultäten zu ertheilen, um Madame Beichte zu hören. Der Pater de Linieres war ein guter Mann, frey von Kabalen, und hätte, wenn er auch ganz anders gewesen wäre, von der Andacht, die im Palais-Royal herrschte, keinen Nutzen ziehen können. Madame, sein einziges Beichtkind, war katholisch, weil sie es hatte seyn müssen, um Monsieur zu heirathen; übrigens voller Tugend, Seelengüte und deutschen Stolzes, der in einem Beichtvater nichts weiter sah als einen Hausbedienten mehr.

Ganz anders verhielt es sich mit dem Beichtstuhl eines Königs, der als Kind noch für die ersten Eindrücke offen war. Der Kardinal Noailles betrachtete die Wahl des Beichtvaters als eine äußerst wichtige Sache, und versagte

Linies

Linieres die Fakultäten. Wie auch der persönliche Charakter eines Jesuiten beschaffen seyn mochte, so wußte der
Kardinal, daß der Beichtvater eines Königs von Amtswegen das Werkzeug der Societät und ihres Generals ist; und
ohne selbst einen Beichtvater vorzuschlagen, begnügte er
sich die Jesuiten auszuschließen. Der Marechal von Villeroi schlug drey Subjekte zur Wahl vor, den Kanzler von
U. L. F., den Pfarrer von Saint-Germain en Layn, Be-
noit, und den Abbe de Vaurony, der das Bisthum Per-
pignan ausgeschlagen hatte. Der Bischof von Frejus
bot die Wahl an zwischen Paulet, Superior vom Seminarium des Bons-Enfans, und Champigny, Thesaurarius
der heiligen Kapelle. Der Kardinal Rohan stellte, in Ermangelung der Jesuiten, die er vorgezogen hätte, den
Doktor Vivant vor, Pfarrer von Saint-Merri, und fanatischer Anhänger der Konstitution. Noailles, Villeroi
und der Bischof von Frejus widersetzten sich mit allen ihren Kräften der Wahl eines Jesuiten 1); aber der Einfluß des Kardinal Dubois half dem Pater de Linieres doch
durch. Es hielt schwer, irgend einen andern Bewegungsgrund bey ihm voraussetzen, als seinen Groll gegen den Kardinal Noailles, der ihm bey seiner Ernennung zum Erzbisthum Cambrai die Weihe nicht hatte ertheilen wollen. Er
hatte seinen Hut keineswegs den Jesuiten zu verdanken,
man erinnert sich, wie er ihn davon getragen hatte. Uebrigens machte die Verweigerung der Fakultäten die Ernennung noch fruchtlos. Der Kardinal Noailles blieb gegen
alle Anregungen unerbittlich. Den Rechten und der
Ehre des bischöflichen Amts zum Troz wandte sich Dubois an den Pabst, welcher dem König eine Vergünstigung
gab, nach seinem Belieben einen Beichtvater zu wählen.

Um bey denjenigen seiner Kollegen, die mehr als er
auf die bischöfliche Würde hielten, die Schuld von sich ab-
zus

---

1) Ich habe diesen Artikel aus einem Brief des Kardinal Dubois
an den Pater d'Aubenton vom 2 Marz 1772 gezogen.

zulehnen, verbreitete Dübois, daß die Ernennung eines Jesuiten zum Beichtvater des Königs ein von Spanien bedungner Artikel im Friedenstraktat mit Frankreich gewesen wäre. Um indessen alle Schwierigkeiten zu heben, verlegte man den Hof von Paris nach Versailles, von wo aus der König nach Saint-Cyr beichten gieng, in der Diöses Chartres, wo die Jesuiten Fakultäten hatten.

Was die Bedingung anbetrift, durch welche Spanien, wie man sagt, verlangt und erhalten hatte, daß der Beichtstuhl des Königs den Jesuiten wiedergegeben wurde, so ist es eine vollkommne Erdichtung. Diese vorgebliche Anekdote vom Traktat ist so sehr angenommen worden, daß sie bey den Leuten, welche in die Geheimnisse der Politik eingedrungen zu seyn glauben, für ausgemacht gilt. Hier ist der Beweis, daß nichts falscher seyn kann.

In der ersten Konferenz des Herzogs von Saint-Simon mit dem Regenten und dem Kardinal Dübois nach seiner Zurückkunft von Spanien sagte Dübois zum Herzog, indem er die verschiednen Punkte der Negotiation mit ihm durchgieng, „nun mein Herr, wir haben das Verlangen des Königs von Spanien erfüllt." — „Welches?" fragte der Herzog. — „Wir haben dem König einen Jesuiten zum Beichtvater gegeben." — „Wie?" erwiederte der Herzog, „davon hat mir der König von Spanien nie ein Wort gesagt." — „Ich meine doch," sagte der Kardinal, „daß der König von den Jesuiten mit Ihnen gesprochen hat, und daß Sie uns davon geschrieben haben." — „Sie verwechseln gewiß," fiel Saint-Simon ein, „ich habe Ihnen von dem Wunsch des Königs geschrieben, einen Jesuiten für die Infantin zu haben, aber er hat in Ansehung des Königs gegen mich auch nicht das mindeste geäußert. Sie haben meine Briefe, lesen Sie diese noch einmal. Der Pater d'Aubenton hat mir freylich den Vorschlag hiezu gethan, aber ich verwarf ihn, und ich würde es weder vor dem König noch

vor

des Herzogs von Orleans.

vor dem Herrn Regenten verantworten zu können geglaubt haben, wenn ich einen Auftrag übernommen hätte, durch welchen eine fremde Macht sich in die innere Verwaltung von Frankreich eingemischt haben würde. Sie hätten mich selbst darüber mißbilligen müssen."

Bey einem so ungefälligen und geraden Widerspruch fieng Dübois an zu stottern; denn er gieng zuweilen von der Frechheit eines entschiednen Buben zur Verwirrung eines gemeinen Gauners über. Der Regent fieng an zu lachen; „nun," sagte er, „alles was wir von Ihnen verlangen, ist, daß Sie uns nicht Lügen strafen; denn wir haben zu aller Welt gesagt, daß wir auf die bringenden Bitten des Königs von Spanien dem unsrigen einen Jesuiten zum Beichtvater gegeben haben." — „Alles was ich kann, gnädiger Herr," erwiederte Saint-Simon, „ist den Geheimnißvollen zu spielen, wenn mit mir davon gesprochen wird; denn bis zum Lügen werde ich die Gefälligkeit nicht treiben."

Sie mußten sich mit der Diskretion begnügen, die er versprach. Wirklich sagte er nicht mehr von der Sache, als seine Ehre forderte. Aber er vertraute sie dem Kardinal Noailles, dessen Achtung ihm zu kostbar war, dem Marechal von Villeroi, und dem Bischof von Frejus, die sich allein der Auferstehung der Jesuiten widersetzt hatten; und dem Grafen von Cereste konnte er die Folge einer Intrigue nicht verbergen, von deren Ursprung dieser Zeuge gewesen war. Ich glaube nicht, daß andre das mindeste davon durch ihn erfahren haben. Von dem letzteren habe ich die ersten Nachrichten hierüber gehabt, ehe mir die Originalakten in die Hände gefallen waren.

Der Graf von Cereste-Brancas, Bruder des Marechal, hatte den Herzog von Saint-Simon als Freund nach Madrid begleitet, und war einer von den Zeugen bey der Heirath der Infantin gewesen. Da ich nicht weiß, wie weit ich diese Memoiren fortsetzen werde, so ergreife ich

ich diese Gelegenheit, um ihm einen Theil von der Gerechtigkeit, die ihm gebührt, wiederfahren zu lassen. Ich habe keinen Menschen gekannt, bey welchem der Verstand und die Tugend in so vollkommnem Gleichgewicht gewesen wären; er ist es, von dem ich in den Betrachtungen über die Sitten dieses Zeitalters gesagt habe, daß er vielleicht nicht überall der erste, aber gewiß nirgends der zweyte seyn konnte; und ich habe niemanden gefunden, der sein Verdienst streitig gemacht hätte. Er ist als Conseiller d'état d'épée, und Ritter der königlichen Orden gestorben, nachdem er ausgeschlagen hatte, Ehrenritter der Königin zu seyn.

Wir kehren zurück zu dem, was in Spanien bey der doppelten Heirath vorgieng, eh wir die Französischen Angelegenheiten wieder vornehmen.

Die Königin, Italienerin von Geburt und im Herzen, haßte die Spanier, wie sie von ihnen gehaßt wurde, und die täglichen Ausbrüche dieser gegenseitigen Leidenschaft gaben ihr immer mehr Nahrung. Die Königin enthielt sich nicht einmal es öffentlich zu gestehen, und das Volk auf seiner Seite rief ungescheut auf der Straße und aus den Läden, wenn der König und die Königin vorbeygiengen: viva el Re y la Savoyana, die vorige Königin, welche die Spanier angebetet hatten, und deren Andenken noch heilig gehalten wird. Die regierende Königin bestrebte sich vergebens, dieses Geschrey des Volks zu verachten, sie war darüber in Verzweiflung; aber das Volk und sie kämpften nicht mit gleichen Kräften gegen einander. Sie hatte durch ein ziemlich natürliches Mittel die unumschränkte Gewalt. Das Temperament des Königs machte ihm eine Frau zum Bedürfniß, und seine Frömmigkeit erlaubte ihm keine Untreue. Die Königin war häßlich, aber nicht ohne Würde in ihrem Aeußern, und der König war immer in einem Zustand, der sie ihm schön finden, und als solche behandeln ließ. Sie wandte ihrerseits alle möglichen Künste

der

der Koketterie bey ihrem Gemahl an, lobte ihn öffentlich und ins Gesicht über seine Schönheit; und ob er gleich in seiner Jugend schön gewesen war, so war seine Gestalt doch jetzt so zerrüttet, daß wenn die Fürsten nicht gegen die ekelhaftesten Schmeicheleyen bepanzert wären, er diese für Verhöhnung hätte aufnehmen können.

Der König und die Königin schliefen, krank oder gesund, immer in einem gemeinschaftlichen Bett. Selbst wenn seine Gemahlin in Wochen kam, bettete er sich nicht von ihr; und er hatte erst drey Tage vor dem Tod seiner ersten Gemahlin eine abgesonderte Schlafstelle genommen, ohngeachtet sie schon seit langer Zeit die Skropheln im höchsten Grade hatte.

Beyde äußerst eifersüchtig über alles, was jedem einzeln gesagt werden konnte, verließen sich weder Tag noch Nacht. Alle Tage bey ihrem Erwachen erschien die Assafeta [1], um ihnen Bettmäntel umzuthun, sie hielten ihr Gebet, und hierauf trat Grimaldo herein, dem die andern Staatssekretaire die Geschichte ihrer Depatements übergaben, und legte darüber Bericht ab. Nachdem Grimaldo entlassen war, nahm der König seinen Schlafrock, gieng in ein Nebengemach, um sich anzukleiden, und die Königin begab sich zu ihrer Toilette. Der König war bald angekleidet, und ließ sodann seinen Beichtvater hereinkommen, mit welchem er eine Viertelstunde beichtete oder sonst sich allein unterhielt, worauf er sich zu der Königin begab; die Infanten trafen ebenfalls dort eine Einige von den vornehmsten Bedienten, die Damen und die Kammerfrauen, die den Dienst hatten, machten den ganzen Zirkel; das Gespräch handelte von der Jagd, von der Andacht, oder andern Dingen von gleicher Wichtigkeit. Die Toilette

---

[1] Erste Kammerfrau. Diese Stelle ist in Spanien mehr geachtet als in Frankreich, aus keiner andern Ursache vielleicht, als weil der Spanier seinen Beherrschern einen Vorzug über alle andern zuschreibt, sich allem mittheilt, was der sich ihnen nähert. Laura Piscatori, Amme der Königin, war damals Assafeta.

dauerte gegen drey Viertelstunden. Der König und die Königin giengen alsdann in ein Zimmer, wo den fremden Ministern, oder den Großen vom Hof, die welche verlangt hatten, besondre Audienzen gegeben wurden.

Wenn man jemanden einführte, zog sich die Königin geflissentlich in ein Fenster zurück; wer aber mit dem König zu sprechen hatte, wußte, daß er der Königin alles wiedersagen, daß sie über die beabsichtete Verheimlichung empfindlich seyn, und ihren Gemahl gegen das Gesuch einnehmen würde. Man ermangelte also nicht sie zu bitten, daß sie sich nähern möchte, oder sprach laut genug, um von ihr gehört zu werden, wenn sie auf ihrer erlognen Diskretion bestand.

Sie wußte also genau, was mit dem König gesprochen wurde, und hatte überdem in jeder Woche eine Stunde, wo sie ohne Wissen des Königs sich mit jedem, den sie heimlich zu sich lassen wollte, unterreden konnte; das war an dem Tag, wo der König öffentliche Audienz gab.

Der König saß bedeckt vor einem Tisch, die Granden standen in Reihe an der Wand und bedeckt, und jeder einzelne, der seinen Namen gegeben hatte, wurde nach der Ordnung, in welcher er aufgeschrieben war, gerufen. Er kniete vor dem König, brachte seine Sache in sehr kurzen Worten vor, ließ gemeiniglich ein Memorial auf dem Tisch, stand wieder auf, und entfernte sich, nachdem er dem König die Hand geküßt hatte. Die Geistlichen waren von den Laien dadurch unterschieden, daß ihnen der König bey der Kniebeugung aufzustehen gebot. Wenn jemand von denen, welche zu dieser Audienz kamen, von den übrigen nicht gehört seyn wollte, und er sehr bekannt war, so sagte er es; alsdann wandte sich der die Liste hatte gegen die Granden, und sagte laut: es ist eine geheime Audienz. Sie giengen hierauf alle hinaus, und kamen nicht wieder herein, bis sich jener entfernte.

Der

Der einzige Hauptmann von der Garde hielt draussen die Thüre halb offen, und den Kopf hineinsteckend konnte er zwar nichts hören, verlor aber den König und den, der mit ihm sprach, nicht aus den Augen.

Wenn die Königin diese Audienz benutzte, um sich mit jemanden zu unterhalten, so mußte das sehr insgeheim geschehen; denn der König war immer ängstlich, ob man der Königin etwas besonders zu sagen haben möchte, und das gieng so weit, daß wenn sie beichtete, und die Beichte sich mehr wie gewöhnlich in die Länge zog, er in das Zimmer trat, und die Königin rief.

Sie giengen alle acht Tage zusammen zur Kommunion, und die Damen der Königin würden ihr mißfallen haben, wenn sie es anders gehalten hätten.

Die einzige Ergötzlichkeit des Königs war die Jagd, und auch diese war nicht minder traurig als seine ganze übrige Lebensweise. Die Bauern machten einen Bezirk zum Anschlagen, und ließen Hirsche, wilde Schweine, Rehe, Füchse, u. s. w. an dem König und der Königin vorbey ziehen, die, in einer Laube eingesperrt, auf die Thiere schossen.

Was man von dem Leben der Frau von Maintenon weiß, und was man hier von dem Betragen der Königin von Spanien sieht, beweist genug, welche Marter die Weiber auszuhalten haben, die über die unterwürfigsten Könige herrschen wollen. Wenn man das innere Leben der Favoritinnen aufdeckt, so wird man mit einem so beneideten Zustande Mitleiden haben.

Bey aller ihrer Gewalt über den Geist des Königs mußte die Königin ihn doch in jedem Moment studieren, die Gelegenheiten hervorbringen oder ergreifen, zu Augenblicken nachgeben, und zuweilen sich der Vortheile bedienen, die das Temperament des Königs ihr gab. Die Weigerungen der Königin reizten ihren Gemahl, erhitzten ihn immer mehr, veranlaßten zuweilen heftige Auftritte, und schlossen immer damit, daß die Königin ihre Wünsche er-

II. Theil   L   reich

reichte. Die Unbändigkeit der Triebe des Königs machte die ganze Stärke der Königin.

Philipp der Fünfte hatte von Natur einen gesunden, obgleich eingeschränkten Verstand, er war still, zurückhaltend, sogar furchtsam, und ohne Selbstvertrauen. Seine Erziehung in Frankreich und seine Lebensart in Spanien hatten diesen Charakter vollends verstärkt, von dem ich Gelegenheit haben werde, mehr Proben zu geben. Seine Frömmigkeit bestand in geringfügigen Uebungen. Ungesprächig, und schon dadurch geschickter zur aufmerksamen Beobachtung derer, die ihm nahe waren, bemerkte er ihre lächerlichen Seiten sehr gut, und machte mit unter im Innern seiner Einsamkeit lustige Anmerkungen darüber.

Er war sehr über seine Gesundheit besorgt; wenn sein Arzt Lust zur Intrigue gehabt hätte, würde er eine große Rolle gespielt haben. Lyghins, ein Irländer, der diese erste Stelle bekleidete, war vom Kabaliren und von der Habsucht sehr entfernt, er hatte Verdienste in seiner Kunst und beschäftigte sich ausschließlich mit dieser. Nach seinem Tod ließ die Königin ihrem eignen Arzt, Servi, die Stelle geben.

Philipp hatte den Krieg geliebt, ob er ihn gleich auf eine eigne Weise getrieben hatte. Er entwarf nie einen Plan zu einem Feldzug, sondern überließ die kriegerischen Operationen seinen Generalen, und trug bloß durch seine Gegenwart dazu bey. Wenn sie ihn in gebührender Entfernung von der Gefahr hinstellten, so blieb er an seinem Posten, und glaubte seinen Ruhm nicht dabey interessirt, sich derselben zu nähern. Wenn der zufällige Fortgang einer Schlacht ihn dahin trieb, wo das Feuer am stärksten war, so blieb er mit der nämlichen Ruhe stehen, und machte sich die Freude, diejenigen zu beobachten, welche sich furchtsam zeigten.

Leicht zu bedienen, gutmüthig, vertraut in seinem innern Haushalt, im Herzen ganz für Frankreich eingenommen, hatte sein Betragen gegen die Spanier keinen an-

dern

dern Grund als die Erkenntlichkeit für ihre Treue. Er liebte den König seinen Neffen zärtlich, behielt aber stets im Sinne nach Frankreich zurückzukehren, wenn wir das Unglück hätten, diesen einzigen Zweig des königlichen Hauses zu verlieren. Er würde indessen nach seinen feyerlichen Verzichtleistungen auf die Französische Krone, nicht ohne einige Bedenklichkeit den Thron seiner Väter bestiegen haben. Aus dem nämlichen Grunde konnte er die Verzichtleistungen der Königin Maria Theresia von Oesterreich auf die Spanische Krone, bey ihrer Vermählung mit Ludwig dem Vierzehnten, nicht wohl für nichtig ansehen. Er würde auf keinem von den beyden Thronen ein ruhiges Gewissen gehabt haben. Diese Skrupel, die sein Beichtvater zu zerstören Mühe hatte, zeugen von keinem sehr starken Geist, und sind, wenn man will, eines Fürsten unwürdig; aber sie lassen auf ein reines Herz schließen. Die Gewissensbisse, welche mehr unterdrückt als ausgerottet wurden, sind die vornehmste Ursache gewesen, warum er seine Krone niederlegte, und nach dem Tode seines Sohnes, Ludwigs des Ersten, sich so schwer entschloß, sie wieder anzunehmen. Nach eben dieser Gewissenhaftigkeit hätte freylich die Uebergabe des Throns an seinen Sohn ihm für keine geringere Usurpation, wenn überhaupt eine war, gelten sollen; indessen war es für ihn genug, die einzige Aufopferung zu machen, die in seiner Macht stand. Ueberhaupt sind gewissenhafte Seelen weder in dem, was sie quält, noch in ihren Beruhigungsmitteln, eben sehr konsequent.

Die Königin war von einem sehr entgegengesetzten Charakter. Herrschen galt bey ihr alles. Der unrechtmäßigste Besitz würde in ihren Augen ein Recht gemacht haben. An dem kleinen Hof ihres Vaters erzogen, hatte sie nicht die richtigsten Begriffe von den Europäischen Höfen bekommen. Demohngeachtet glaubte sie sich von dem ersten Augenblick an, da sie auf dem Throne war, geschafschaffen, um wohl oder übel zu herrschen. Wir haben gesehen, auf welche Weise das Schicksal ihr diesen Platz verschaft hatte.

Sie setzte sich gleich anfangs zwey Sachen vor, die sie in keinem Augenblick aus den Augen verlor: Die erste war, ihre Gewalt über den König dergestalt zu gründen, daß sie unter dem Namen dieses Fürsten regierte; die zwente, sich gegen den traurigen Stand der Wittwe eines Königs von Spanien, der einen Sohn von einer andern Mutter zum Nachfolger haben würde, zu verwahren.

Sie beschloß also, einem ihrer Söhne eine Souverainetät zu verschaffen, damit sie sich einst zu ihm begeben, und wiederum herrschen könnte, oder wenigstens sich nicht als Unterthanin fühle.

Man kann leicht erachten, wie vieler Ränke sie sich bedienen mußte, um diesen zwenten Vorsatz zu verfolgen, und ihn zugleich dem Blick eines argwöhnischen Königs zu entziehen. Alberoni hatte, in der Verzweiflung über seinen Sturz, die Absichten offenbart, welche diese Fürstin zu verbergen sich so mühsam bestrebte. Sie schmeichelte sich umsonst, daß Alberoni durch seinen Groll zu verdächtig seyn würde, um Glauben zu finden. Der bekannte Charakter der Königin ließ an ihren geheimen Wünschen nicht zweifeln. Ihre kalten und erzwungenen Liebkosungen gegen die Infanten von der ersten Ehe, die Bitterkeiten die ihr zuweilen entfuhren, verriethen ihren Plan hinlänglich; und dieser Plan ist während der ganzen Regierung Philipps des Fünften, die Grundlage oder die Hinderniß aller Unterhandlungen gewesen.

Der Spanische Hof war in zwey Kabalen getheilt und fuhr in dieser Spaltung fort; die Italiänische, die schwächste an der Zahl war durch die Gunst der Königin die herrschende. Die Spanische, mit welcher die Wünsche der Nation übereinstimmten, seufzte über den Einfluß der Italiäner, und haßte sie herzlich. Fast alle großen Stellen waren zwar von den Spaniern besetzt, aber sie
wa-

des Herzogs von Orleans.

waren auf die Titel dieser Stellen eingeschränkt, da durch die Einsamkeit, in welcher die Königin ihren Gemahl beständig hielt, fast alle Verrichtungen derselben wegfielen. Der Chirurgus, der Apotheker, und fast die ganze innere Bedienung waren Franzosen.

Die zwey Prinzeßinnen, deren Kontrakte unterzeichnet worden waren, kamen am nämlichen Tage auf der Fasanen Insel des Flusses Bidassou an, wo die Auswechselung geschah, und wo 1654 die Zusammenkunft Ludwigs des Vierzehnten, der Königin seiner Mutter, und ihres Bruders, Philipps des Vierten, vor sich gegangen war.

Es gab anfangs einige Schwierigkeiten über die Auswechselungs Akte, zwischen dem Prinzen von Rohan und dem Marquis von Santacruz. Der erste hatte in der Französischen Akte den Titel Altesse genommen. Santacruz, majordomo, major der Königin von Spanien, dem die Infantin zum Geleit anvertraut war, erklärte daß er in der Französischen Akte alles was man wollte würde durchgehen lassen, indem Spanien über die Titel und Qualitäten der Franzosen nichts vorzuschreiben hätte; in der Spanischen Urkunde würde man aber einem so gut wie dem andern nur die Excellenz 1) geben. Da der

Prinz

1) Man giebt in Spanien die Excellenz allen Granden, den unmittelbaren Erben einer Grandezza, den Vizekönigen, Statthaltern von Provinzen, Generalkapitänen, Staatsräthen (es ist der Titel der Minister), den Rittern vom goldnen Vließ, dem Gouverneur des Rath von Castilien, und den Weibern aller dieser Personen. Unter den Geistlichen hat keiner die Excellenz, als der Erzbischof von Toledo. Selbst dem Nuntius, dem ersten von den Ambassadeurs, die sie doch alle haben, giebt man sie nicht. Der Titel der Bischöfe ist Signoria illustrissima. Die Weglassung des Spaniers war ein Zug von Hochmuth. Die Granden achten den Titel aus Stolz nicht, indem sie rechnen, daß ihre Grandezza überall so bekannt ist als ihr Name. Da sie sich übrigens des entferntesten Alterthums rühmen, so müssen sie besorgen daß man die Zeit ihrer Grandezza von den Urkunden her rechnete, in denen man sie fände. Wenn sie von einigen Granden in Urkunden aufgestellt worden ist, so ist das erst seit Philipp dem Fünften geschehen, zur Nachahmung der Granden die in Frankreich sind. Durch eine Folge

Prinz von Rohan fand daß Santacruz in dieser Akte nicht einmal seine Eigenschaft als Grande aufstellte, so ließ er auch die seinige als Herzog und Pair weg, und begnügte sich die Auswechselung ohne Zusatz von Qualitäten zu unterzeichnen.

Nach geschehener Auswechselung nahm die Infantin den Weg von Paris, und Mademoiselle de Montpensier den von Madrid. Niemand von ihrer Nation folgte den beyden Prinzessinnen, ausser einer Untergouvernantin, de Nieves, Señora de honor, die man der Infantin ihres zarten Alters wegen ließ.

Ich werde mich bey keiner der Feten aufhalten, von welchen die Journale voll sind, aber ich fahre fort unter den besondern Umständen diejenigen auszuheben, die Erwähnung verdienen.

Die Spanische Gravität und Schamhaftigkeit erlaubt nicht ein Brautpaar zu Bett gehen zu sehen. Unser Gesandter wünschte indessen um so mehr die Heirath der Prinzessin von Asturien zu konstatiren, als sie, wegen der schwächlichen Gesundheit des Prinzen, erst in einem Jahre vollzogen werden sollte. Er erhielt auch von Ihren katholischen Majestäten, daß diesmal von der Spanischen Etikette abgegangen würde, und berief sich, um sie zu überreden, auf die Art wie man es bey der Vermählung des Herzogs von Bourgogne gehalten hatte. Ein Französisches Beyspiel vermochte sehr viel über Philipp den Fünften. Man gebrauchte hierauf die Vorsicht, einige

ge dieses Grundsatzes beobachten sie unter einander selbst keinen Rang. Da das Vließ nicht erblich ist, so beobachten die Ritter einen unter einander, nämlich nach dem Datum ihrer Aufnahme. Nur für die gekrönten Häupter und für die Infanten wird seit Philipp dem Fünften, der beym versammelten Kapitel darauf antrug, hierinn eine Ausnahme gemacht. Die Souveraine die nicht Könige sind, werden in dieser Ausnahme nicht begriffen. Die Prinzen vom Geblüt und unsre Legitimirten haben das nämliche Vorrecht verlangt; da sie aber Widerstand gefunden haben, so werden sie ohne Feierlichkeit aufgenommen, und bleiben von den Ordenskapiteln weg.

ge Personen von Gewicht zu gewinnen, deren Beyfall die andern verhinderte sich dagegen aufzulehnen. Die Neuvermählten wurden in ein Bett gebracht, und bey ofnen Vorhängen ließ man jedem, der sich zeigte, in das Zimmer kommen. Eine Viertelstunde darauf machte man die Vorhänge zu. Der Herzog von Popoli, Hofmeister des Prinzen, blieb hinter dem einen Vorhang, und die Herzogin von Monteliano, Hofmeisterin der Prinzessin, hinter dem andern. Nach einigen Minuten entließ man die Anwesenden, und die Vermählten wurden getrennt.

Die Prinzessin von Asturien gab gleich in den ersten Tagen nach ihrer Ankunft am Spanischen Hof Beweise einer finstern und widrigen Laune. Man mußte ihr fast Gewalt anthun, damit sie dem König und der Königin Visite machte. Man hatte die prächtigsten Anstalten zu einem Ball gemacht, aus welchem der ganze Hof und Ihre Katholischen Majestäten selbst sich ein Fest machten. Die Prinzessin weigerte sich beständig darauf zu erscheinen, nicht etwa aus irgend einem Verdruß, sondern ganz allein aus dem Eigensinn eines albernen und dummen Kindes. Entweder erwiederte sie nichts auf die Vorstellungen die man ihr that, oder ihre Antwort war, daß der König und die Königin nach ihrem Gefallen leben könnten, und daß sie nach dem Ihrigen leben wollte. Es würde auch nur in solchen Memoiren, wie ich sie hier schreibe, ekelhaft seyn, diese traurig lächerlichen Auftritte umständlicher auszumahlen. Um mit wenig Worten diesen Gegenstand abzuthun, ist es genug zu sagen, daß sie in Madrid fortfuhr eben so albern, so einfältig, so widrig zu seyn, als wir sie seitdem in Paris gesehen haben, wo sie von 1725 bis 1742, da sie im Luxembourg starb, als verwittwete Königin von Spanien vegetirte.

Die Infantin kam in Paris an, wo sie als Königin empfangen wurde; man gab ihr sogar in allen Relationen den Titel als solche. Der Ausgang hat bewiesen, daß man hierinn zu eilig zu Werke gieng. Es wäre an sich gleichgültig, und mehr in der Regel gewesen, damit zu warten, indem, ihre Bestimmung abgerechnet, ihre Geburt allein ihr schon den Vorrang über Madame gab. Man hatte zwar der Herzogin von Bourgogne, gleich bey ihrer Ankunft in Frankreich, im Voraus den Titel als Dauphine gegeben; aber das war nothwendig um ihr den Vortritt zu geben, den keine Prinzessin vom Geblüt ihr außerdem hätte lassen können, indem ihr Vater, der Herzog von Savoien, der damals noch nicht König war, den Churfürsten weichen mußte 1).

Sobald Saint-Simon seinen Beruf in Spanien erfüllt hatte, eilte er um so mehr zurückzukommen, als der

Kar-

1) Es giebt in den verschiednen Etiketten so wenig Bestimmtes, daß man bloß die Fakta angeben kann, ohne etwas daraus zu schließen. Der Prinz von Conti, Großvater des gegenwärtigen, gieng in Hungarn und zu Wien stets den Churfürsten vor. Indessen erhielt der Churfürst von Baiern, der einer von diesen gewesen war, vom König die Erlaubniß, inkognito zu bleiben. Ludwig der Vierzehnte bewilligte ihm sogar eine besondre Audienz, wo sie beyde standen, ohngeachtet der König von England, Wilhelm der Dritte, eine ähnliche Audienz, auf einem Lehnstuhl sitzend, und bey welcher dieser nämliche Churfürst auf einem Tabouret saß, gegeben hatte. Der Churfürst benutzte oder mißbrauchte die Güte des Königs, um bey dem ersten Dauphin den Vortritt zu verlangen. Ludwig der Vierzehnte hatte die Gefälligkeit in einen mezzo termine einzuwilligen, daß nämlich der Churfürst den Dauphin in den Gärten von Meudon sähe, und sie beyde zusammen in die nämliche Kaleiche, jeder zu seinem Schlag, einstiegen. Sonderbar und widersprechend ist es, daß der Churfürst von Cöln, Bruder des Churfürsten von Bayern, ebenfalls inkognito, vor dem König stand, der in einem Lehnstuhl saß. Er speißte verschiedenemal zu Mittag und zu Abend in Meudon bey dem Dauphin, und hatte da nichts als einen Feldstuhl an der untern Ecke der Tafel mit den übrigen Hofleuten. Diesem Churfürst kam zuweilen die Lust an, vor der Herzogin von Bourgogne Messe zu lesen, und erwies ihr die nämlichen Honneurs, wie der letzte von den Kapellanen. Es ist der nämliche, der in Valenciennes ankündigte, daß er den ersten April predigen würde. Es war zum Erdrücken voll in der Kirche. Der Churfürst bestieg die Kanzel, begrüßte gravitätisch die Gesellschaft, schlug das Kreuz, rief: der Erste April! und stieg von der Kanzel herunter, während daß ein Orchester von Trompeten, Jagdhörnern und Pauken einen Lärm machte, der, dieses skandalöse Possenspiel würdig genug krönte.

des Herzogs von Orleans.

Kardinal Dübois Lust bezeigte ihn unter verschiednen Vorwänden dort aufzuhalten. Die Bewegungsgründe des Kardinals führen uns wieder auf die Intriguen des Französischen Hofs.

Man erinnert sich daß Dübois, um sich des Kardinal Rohan in Rom zu bedienen, ihm die Ertheilung der Stelle als erster Minister bey seiner Zurückkunft vorgespiegelt hatte. Rohan setzte nicht den mindesten Zweifel in dies Versprechen, hatte die Thorheit es in Rom zu sagen, wo er der einzige war, der daran glaubte, und eherte sobald er konnte nach Paris zurück, um seinen theuern Kollegen an sein Wort zu mahnen.

Seitdem Dübois Kardinal war, fand er sich des Vorsitzes wegen nicht mehr beym Regentschafts Rath ein. Um auf eine Art, die sich für den Purpur ziemte, wieder hineinzukommen, wollte er dem Kardinal, der sein Aelterer war, in das Conseil verhelfen, und sich alsdann hinten nach wieder hineinstehlen. Er nahm ihn mit der größten Innigkeit auf, wiederholte sein Versprechen, und sagte ihm, um zum ersten Ministerium zu gelangen, müßte er erst den Eintritt in das Conseil haben; nach den guten Diensten die er dem König geleistet hätte, wäre er vollkommen gegründet dies zu verlangen; und er, Dübois, wäre ihm viel zu ergeben, um sein Verlangen nicht bey dem Regenten zu unterstützen.

Der leichtgläubige Kardinal Rohan, von dieser Herzlichkeit gerührt, bezeugte seinem Kollegen die zärtlichste Dankbarkeit, versprach ihm das Gewicht einer Stelle die er ihm verdankte redlich mit ihm zu theilen, und bat wenige Tage darauf den Regenten um den Eintritt im Conseil. Die Schnelligkeit und die übergnädige Art mit welcher der Regent ihm dies Gesuch bewilligte, hätte ihn können abnehmen lassen, daß entweder alles im Voraus abgemacht wäre, oder daß man ihm kein großes Geschenk machte.

Der Kanzler und die Herzoge verließen sogleich das Conseil, als sie die Kardinäle hineinkommen sahen. Der Marechal von Villeroi erschien dabey bloß in seiner Eigenschaft als Hofmeister auf einem Tabouret hinter dem König sitzend, ohne ein Wort über die Geschäfte zu sprechen.

Dübois hatte das vorausgesehen, aber er hatte schon viel gewonnen, indem er mit einem Mann von der Geburt des Kardinal Rohan, den er vor sich hingeschoben hatte, gemeine Sache machte. Ein Umstand, der die Unannehmlichkeit hätte krönen sollen, war Dübois sehr willkommen, und that ihm trefliche Dienste. Die Marschälle von Frankreich folgten dem Beyspiel der Herzoge. Dübois gieng hiervon aus, um den Regenten zu überreden, daß es eine gegen ihm persönlich gerichtete Kabale wäre, da die Marschälle von Frankreich, welche sonst nie den Kardinälen etwas streitig gemacht hätten, Partey in der Sache nähmen. Dübois schrieb in diesem Sinn darüber an dem Herzog von Saint=Simon, der die Verehrung der herzoglichen Würde bis zum Fanatismus trieb, dabey aber dem Regenten aufrichtig ergeben war. Dübois gieng über die Frage vom Vorsitz leicht hinweg, und legte in seinem Brief destomehr Gewicht auf die vorgebliche Kabale, zu deren Anführer er den Herzog von Noailles machte, den Saint=Simon außerordentlich haßte; schließlich trug er ihm auf, den König von Spanien zu bewegen, daß er in dieser Sache Partey nähme, und sich öffentlich für eine Regierung erklärte, die gegenwärtig die beyden Branchen des Hauses Frankreich gleich nahe angienge.

Der Herzog von Saint=Simon ließ sich mit dieser vorgeblichen Kabale nicht bethören; er mußte indessen doch wenigstens den Schein annehmen, als ob er Philipp dem Fünften das Anliegen vorgetragen hätte. Er gab aber der Sache eine solche Wendung, daß Philipp sie als eine häusliche Zänkerey ansah, in welche er sich nicht mischen

des Herzogs von Orleans.

schen wollte noch durfte. Um jeden Vorwand in Spanien aufgehalten zu werden abzuschneiden, berichtete Saint-Simon dem Kardinal Dübois die Antwort des Königs, nahm sofort bey Hofe Abschied, und machte sich auf die Reise. Bey seiner Ankunft in Bayonne bekam er eine Depesche, in welcher der Kardinal ihm die größten Lobsprüche über die Art gab, wie er seinen Auftrag ausgerichtet hatte, und tausend Betheurungen seiner Freundschaft und seiner Ungeduld, ihn wieder zu sehen, hinzufügte. Dübois hatte ihm eine andre Depesche geschrieben, durch welche er ihm bedeutete, in Madrid zu bleiben, bis er Chavigni, der gegenwärtig in der Schweitz Ambassadeur ist, dorthin akkreditirt hätte. Jede Depesche war für den Ort eingerichtet, wo der Kourier den Gesandten treffen würde: Die erste sollte ihm übergeben werden, wenn er ihn schon auf Französischem Boden träfe, die andre, wenn der Herzog noch in Spanien gewesen wäre, wo Dübois ihn viel lieber gewußt hätte als am Französischen Hof.

Im Grunde fürchtete der Kardinal den Herzog von Saint-Simon, für welchen der Regent Freundschaft hatte, und der sich den Anmaßungen des Ministeriums sowohl als des Purpurs sehr widersetzte; indessen sparte er keine freundschaftlichen Betheurungen gegen ihn. Da aber seine Heftigkeit zuweilen seine Verstellungskunst überwog, so bewies er seinen Verdruß wider den Herzog von Saint-Simon nur zu sehr, durch die Art, wie er einen Kapitain empfieng, den Saint-Simon mit dem Heirathskontrakt des Königs nach Frankreich geschickt hatte. Man hatte diesem Offizier das Ludwigskreuz und ein Avancement versprochen. Der Kardinal sagte ihm auffahrend, man würde schon sehen. Der junge Mann zeigte sich zwen Monate hindurch bey ihm, ohne nur seinen Blick auf sich ziehen zu können. Er wandte sich an den Staatssekretair vom Kriegsdepartement, der ihm zur Antwort

gab

gab, er wäre selbst vom Kardinal über diesen Punkt so übel aufgenommen worden, daß er sich nicht getraute, wieder davon zu sprechen. Der Offizier fuhr also fort, in aller Demuth vor ihm zu erscheinen. An einem Ausdienstag, wo sich die fremden Gesandten und eine Menge vornehmer Leute fanden, traf es sich, daß jemand den Kardinal ungeduldig machte, der ihn in Dragonerausdrücken zum Teufel schickte, und noch hinterdrein fluchte und wetterte. Der Nuntius, der gegenwärtig war, schien darüber wenigstens sehr verwundert; aber der junge Offizier fand den Kontrast zwischen der Kleidung und der Sprache des Kardinals so sonderbar, daß er laut auflachte. Dübois dreht sich plötzlich herum, wird den Lacher gewahr, und indem er ihm einen Schlag auf die Schulter giebt, als wollte er ihn in den Boden hinein schlagen, wenn er ihm nicht sogleich wieder Muth gemacht hätte: „Du bist eben nicht dumm,“ sagt er, „ich werde Le Blanc sagen, daß er deine Sache abfertigt;“ und am nämlichen Tag war sie richtig.

Dübois suchte sich nach und nach die ehrlichen Leute, die ihm am meisten im Wege waren, vom Halse zu schaffen; er fieng mit dem Kanzler d'Aguesseau an, der zum zwentenmal nach Frenes verwiesen wurden. Die Siegel wurden zuerst Pelletier de la Houssaie angeboten, der sie ausschlug, weil er nicht mehr Lust hatte als d'Aguesseau, den Kardinälen den Vorsitz zu lassen. D'Armenonville (Fleurieux) war weniger schwierig, nahm sie an, und erhielt obendrein die Uebertragung seiner Stelle als Staatssekretair auf seinen Sohn, den Grafen von Morville. Der Marquis von Chatelüs, (Beauvoir) der vor kurzem die Tochter des Kanzlers geheirathet hatte, fand in der Ungnade seines Schwiegervaters einen Grund, der Familie, in welche er getreten war, desto mehr Achtung und Freundschaft zu erweisen. Diese Beauvoir sind eine gute Fa-
mi-

milie aus Bourgogne, ein Geschlecht von braven und rechtschaffnen Leuten.

Da es das größte Augenmerk des Kardinals war, alle Vertraute des Regenten von ihm zu entfernen, so ließ er den Marquis von Nocé exiliren, einen von den Urhebern seines Glücks, und der dadurch seinen Unfall verdiente. Er war der Sohn von Fontenai, der als Unterhofmeister des Herzogs von Orleans zu der nämlichen Zeit, wo Dübois ihn zur Ausübung aller Laster erzog, gesucht hatte, ihm tugendhafte Grundsätze einzuprägen. Der Regent ehrte das Andenken des Vaters, und ergötzte sich sehr an der beissenden und lustigen Laune des Sohnes. Aber durch diese mißfiel er eben dem Kardinal, der seit ihrer Uneinigkeit (denn sie waren sehr genau mit einander umgegangen), der Gegenstand seines Witzes geworden war, und der an einem Hof, wo Einfälle soviel als Vernunftgründe galten, die Würkung davon fürchtete. Nocé konnte leicht bemerken, daß ihn der Regent ungern dem Kardinal aufopferte. Da ihm jemand, um ihn zu trösten, sagte, daß die Ungnade nicht lange währen würde, erwiederte Nocé: „Was wissen Sie das von?" — „Ich weiß es vom Regenten selbst," antwortete der andre. — „Und was weiß er davon?" sagte Nocé, um zu verstehen zu geben, daß der Regent nichts mehr aus sich selbst thäte.

Der Graf von Broglio, einer von den roués des Regenten, wurde auch exilirt. Er war dem Kardinal verdächtig geworden, weil er die Bacchanalien des Palais-Royal hatte benutzen wollen, um in den Geschäften festen Fuß zu gewinnen.

Eines von den besten Mitteln, deren sich der Kardinal bediente, um Herr des ganzen Terreins zu werden, und den Hof des Regenten einzuschränken, war, den Aufenthalt des Königs nach Versailles zu verlegen. In Paris war der Hof natürlicher Weise immer zahlreich,

da

da hingegen die meisten sich in Versailles nicht niederlassen konnten, und daher selten hinkommen mußten, bis sie allmählig die Gewohnheit ganz verlören. Die Minister haben immer den König zu isoliren gesucht, und keiner würde ihn gern die Hauptstadt bewohnen sehen. Sie bereden ihn, daß er durch sie von allem, was vorgeht, unterrichtet ist, ohne durch eine lästige Menge gedrängt zu werden. Wie viel Dinge kann aber ein König nicht erfahren, bemerken und fühlen a), wenn er mitten unter seinen Unterthanen lebt! Auf den Straßen liest er in allen Augen die Leidenschaft die in den Herzen wohnt, das Mißvergnügen oder die Zufriedenheit, die Grade der Liebe oder des Kaltsinns. Die Minister selbst sind nur durch niedrige oder eigennützige Subalternen unterrichtet, und es ist oft ihr Interesse, dem Fürsten zu verbergen, was sie erfahren.

Der König wurde also in Versailles etablirt, und ist seitdem nicht wieder nach Paris gekommen, außer um unnütze oder gehässige lits de justice zu halten, oder auf ein Paar Tage, wenn er von einem Feldzug zurückkam. Die Langeweile folgte dem Regenten bald nach Versailles. Der eigentlich sogenannte Hof ist nur für Leute, die mit

Ge-

---

a) Diese Stelle ließe sich heutzutage sehr gut im aristokratischen Sinne parodiren. Man sagt uns oft, und findet damit, weil man einen Theil der Wahrheit für sich hat, oft Eingang, daß Ludwig der Sechszehnte die Gräuel und die Schmach des 5ten und 6ten Oktobers unmöglich vergessen kann. Aber eben so wenig könnte dieser König, der ein guter Mensch ist, alsdann auch die Versailler Lügen und Reticenzen vergessen, womit man bis zur ungeheuern Explosion des 14 Julius die Uebel vor ihm verbarg, die man veranlaßt, und zu unterdrücken jede Art von Muth verloren hatte. Gekränktes Eigenthum, und künstliche sowohl als natürliche Eingeschränktheit des Parteigeists haben den Despotismus starrer und tauber gemacht als er jemals war. Er, der sonst nur Märtyrer machte, schmeckt jetzt mit dem Wohlgefallen der tiefen Rachbegierde, selbst die Wonne des Märtyrthums. Wenn aber seine Ungelehrigkeit Frankreichs Unglück vielleicht noch auf lange Zeit gegründet, so dürften ihre Folgen, selbst in seinen Augen, seinen Gegnern der Freyheit zu gute kommen

Geschäften oder Intrigue umgehen, erträglich. Nun aber war der Regent durch seinen Rang über die Intrigue erhaben, und für die Geschäfte wurde er mit jedem Tage untüchtiger.

Ob er gleich in seinen besten Jahren war, so hatte die ununterbrochne Reihe der Ausschweifungen seines Privatlebens ihn stumpf gemacht. Eine starre Betäubung von den Bacchanalien der vorigen Nacht hielt jeden Morgen seine Sinne gefangen, und ob er gleich nach und nach ihren Gebrauch wiederfand, so verloren die Kräfte seines Geistes doch ihre Triebfedern; die Lebhaftigkeit seines Verstandes schlummerte nach und nach ein; er vertrug keine starke oder anhaltende Anstrengung mehr, er brauchte rauschende Vergnügungen, um wieder zu sich selbst zu kommen. Seine Soupées, wo die Gesellschaft so gemischt, an Ständen so verschieden und in den Sitten so übereinstimmend war, seine kleine Loge in der Oper, aus welcher er seine Gäste aussuchte, das alles gieng ihm in Versailles ab. Auch mit dem schamlosesten Trotz konnte er die Bedürfnisse seines Vergnügens nicht an den Hof schaffen. Alles hatte er bis auf die Hefen erschöpft, und gestand selbst zuweilen, daß er den Wein nicht mehr schmeckte, und für die Weiber null geworden wäre. Zwey oder drey seiner Diener giengen von diesen Geständnissen aus, um ihn zu bereden, in den Pflichten seines Standes die Zerstreuung, die Erholung zu finden, die er in der Ausschweifung nicht mehr fände. Vergebliche Rathschläge! Die meisten Menschen trennen sich von den Vergnügungen, wenn die Vergnügungen sich von ihnen trennen; aber aus dem Schlamm der Völlerey reißt man sich nie heraus. Die Lust zur Arbeit entspringt aus der Uebung, die man annimmt und behält, aber in einem gewissen Alter nicht mehr erwirbt. Es giebt zwey sehr entgegengesetzte Lebensarten, deren Gewohnheit zum Bedürfniß wird: Die Völlerey und die Arbeit.

Der Kardinal Dubois hatte den Ueberdruß des Regenten an Versailles, und seine häufigen Reisen nach Paris, sehr wohl vorhergesehen; er ergriff daher listig die Gelegenheiten, seine Neigungen zu durchkreuzen, indem er die Augenblicke wählte, um ihm Geschäfte vorzutragen, wo sie ihm am unerträglichsten wurden. Um sich die Last vom Halse zu schaffen, überließ sie der Regent seinem Minister, der sich hierdurch der Korrespondenz von allen Departements ausschließlich bemächtigte, indem die Oberintendenz, zugleich mit dem geheimen Fach der Posten a), deren er den Marquis von Torci beraubt hatte, um sie sich beyzulegen, ihm die Kenntniß aller äußeren und inneren Geschäfte verschafte.

Die Geschäfte mußten bey der Ueberladung des Kardinals und bey den Hindernissen, die er mit Fleiß hineinlegte, nothwendiger Weise leiden. Man klagte, man schrie um Abfertigung. Der Kardinal kam den Vorwürfen seines Herrn zuvor, indem er ihm selbst welche machte. Der Regent, vom Geschrey und von den Klagen ermüdet, wandte sich an den Kardinal, um aus der Verlegenheit zu kommen. Da war es eben, wo ihn dieser erwartete. Die Maschine der Staatsverwaltung kann, sagte er, durchaus nicht treiben, wenn nicht alle Triebfedern von einer einzigen Hand geleitet werden. Die Republiken selbst würden nicht bestehen, wenn sich alle besondern Modifikationen des Willens nicht in einen gemeinschaftlichen und wirksamen Willen sammelten. Der Sammelpunkt, setzte

Du-

---

a) Das war mit andern Worten das Departement des Briefererbrechens, über dessen Errichtung und abscheuliche Folgen unter Ludwig dem Vierzehnten, man die Memoiren des Herzogs von Saint-Simon nachlesen kann. Die einzelnen Inkonsequenzen, die man in andern Ländern in diesem Fach begangen hat, sind gegen dieses vollständige System der Französischen Postverwaltung nichts anders, als was eine ungeschickte Beutelschneiderey gegen das künstliche Gewebe von Cartouchens Räuberbande seyn mag. Woher mag es wohl kommen, daß, ohngeachtet dieser Raffinements, der Französische Despotismus doch die Leiden der Revolution erfahren hat?

Dubois hinzu, kann kein andrer seyn als Sie oder ich, ohne das wird nichts gehen, und Ihre Regentschaft wird der öffentlichen Verachtung Preis gegeben seyn.

Die Wahrheit des Satzes a) konnte der Regent nicht läugnen; „lasse ich dir denn nicht alle Gewalt? Was fehlt dir noch um zu handeln?" — „Nein," antwortete dieser, „der Titel macht hauptsächlich die Gewalt eines Ministers. Alsdann gehorcht man ihm ohne Murren. Ohne Titel scheint jede Ausübung der Macht eine Anmaßung, empört und findet Widerstand."

Der Regent, über das Joch, das er sich aufgelegt hatte, selbst erstaunt und zuweilen unwillig, wünschte es abzuschütteln, und konnte sich nicht verbergen, welche Schande es für einen Regenten wäre, ein solches Mittel, wie ein erster Minister, ergreifen zu müssen. Ein König, der sich der Regierung nicht gewachsen fühlt, kann und muß sich einem Manne anvertrauen, der es verdient, und hat bloß für die Wahl zu stehen. Aber ein Fürst, der bloß mit einer zeitlichen Gewalt bekleidet ist, und einen einzige Minister annimmt, erklärt sich selbst öffentlich für unfähig, und verdient die Schande eines feigen Ehrgeizigen

---

a) So wie man den Teufel selbst zum Organ der reinsten Moral machen kann, eben so dürften wir uns hier dem Kardinal Dubois anvertrauen, um auf den Weg der gesundesten, auf alle Zeiten anwendbaren Politik zu kommen. Frankreich war nie von diesem einzigen, gemeinschaftlichen und würksamen Willen so entfernt, als jetzt in der praktischen Anwendung seiner neuen Konstitution; und man braucht nicht aus dem Kreis der Französischen Demokratie selbst herauszugehen, um überzeugt zu seyn, daß in dem alten Verhältniß zwischen dem Despotismus und der sklavischen Unterwürfigkeit, alle Inkonsequenzen, die dasselbe aufrieben, mit eingerechnet, der Staat mehr Einheit und folglich mehr Kraft hatte, als jetzt in seinem wilden, unsichern und ungleichen Mechanismus. Wenn das Bestreben, die Freyheit eines Staats zu erhalten und zu schützen, jede politische Exertion desselben verschlingt oder tödtet, so gleich die Freyheit der Existenz des Hypochondristen, der im Kampfe gegen die Krankheiten alle Freuden und alle Kraft des Lebens zusetzt.

II. Theil.   M

gen, der sich einem Gewicht unterzogen hat, das er nicht zu tragen vermag.

Ohngeachtet dieser Betrachtungen konnte sich der Regent nicht aus seiner Schlafsucht reissen, so lange diejenigen, die der Kardinal durch Hofnung, oder durch Furcht an sich gezogen hatte, nicht aufhörten, den Prinzen durch sich selbst und durch ihre Freunde, mit Lobeserhebungen der vorzüglichen Einsichten des Ministers, seines Eifers für seinen Herrn, zu bestürmen und von allen Seiten umringen zu lassen. Zugleich hatte der Kardinal Sorge getragen, alle diejenigen, die bey dem Regenten diese aufkeimenden Gedanken hätten ersticken können, zu entfernen. Der Herzog von Noailles und der Marquis von Canillac waren vor kurzem exilirt worden, unter keinem andern Vorwand, als daß sie Beschützer und Anführer einer erdichtete Kabale gegen die Regierung wären. Der erste hatte laut gesagt, daß die Infantin einst fortgeschickt worden, und daß die Heirath einerley Schicksal mit dem System haben würde. Canillac hatte gegen den Kardinal, dessen Patron er ehemals gewesen war, ein Betragen und einen Ton von Ueberlegenheit beybehalten wollen, die jetzt nicht mehr angebracht waren. Die Minister mögen kaum Freunde dulden, sie wollen nichts um sich haben, als Leute, die sich alles gefallen lassen.

Die Roués des Regenten, und die würdigen Theilhaberinnen ihrer Abendstunden, fürchteten den Minister oder standen in seinem Sold. Zwey Männer nur hielten ihn noch auf, der Marechal von Villeroi und der Herzog von Saint-Simon.

Villeroi, dem seine Stelle Wichtigkeit gab, verachtete den Kardinal eben so sehr als er den Regenten haßte, und goß über den Diener die ganze Galle aus, die er gegen den Herrn zurückhalten mußte.

Saint-Simon hatte seit seiner Kindheit die Liebe und die Achtung des Regenten, er war ihm in den bedenklich-
sten

sten Zeitpunkten treu geblieben, hatte Theil an den Geschäften, zeichnete sich durch regelmäßigen Fleiß aus, und behandelte alles wie ein Mann, der sich von den übrigen Gesellschaftern des Regenten unterschied, von deren Ausschweifungen er sich durch ziemlich strenge Sitten immer sehr entfernt hielt.

Der Kardinal hatte öfters die Erfahrung gemacht, daß der Regent dem Herzog von Saint-Simon Dinge anvertraute, über welche er eine unbedingte Verschwiegenheit versprochen hatte; er zweifelte also nicht, daß zwischen ihnen von dem gegenwärtigen Projekt, ihn zum ersten Minister zu machen, die Rede seyn würde, wo Saint-Simon nicht vielleicht gar darüber um Rath gefragt würde. Er suchte diese beyden Hauptpersonen zu gewinnen. Unterdessen vernachläßigte er keine Gelegenheit, dem Regenten seine Dienste anpreisen zu lassen. Der Jesuit Laffiteau, Bischof von Sisteron, der von Rom ankam, war eines von den Werkzeugen, die der Kardinal mit Nutzen gebrauchte. Er kannte ihn wohl für einen Spitzbuben, aber er schätzte ihn darum nicht weniger, und suchte dem Uebel vorzubeugen, wenn er es gewahr wurde. So hatte er ihn zum Bischof gemacht, um ihn aus Rom zu entfernen, wo Laffiteau, wie er erfahren hatte, seine Maitressen und seine andern Vergnügungen mit dem Gelde bezahlte, das er erhalten hatte, als von Dubois Hut die Rede war, um es unter der Familie des Papstes auszutheilen.

Laffiteau hatte den ganzen Karakter eines Bedienten in der Komödie, schurkisch, schamloß, liederlich, nichts weniger als Heuchler, aber im höchsten Grad anstößig, und übrigens ein großer Anhänger der Konstitution. Ueber einen Prälaten, der noch lebt, dürfte man sich ohne Belege nicht so ausdrücken; hier ist zum Beyspiel etwas, das ich in einem Brief von Dubois an den Kardinal Rohan lese: indem ich dem Wege nachgegangen bin, den der Bischof von Sisteron, wie er mir sagt, gewissen Uhren und Brillanten hat nehmen lassen, habe ich sehr dunkle Nebenstege gefunden, und andre, die nur zu deutlich waren. In einem Brief des Abbe Tencin an seine Schwester steht: Der Bischof von Sisteron ist mit den Fr... von hier abgegangen, auf's Land geht er wahrscheinlich, um sich kuriren zu lassen.

Laffiteau hatte nicht das ganze Geld, das ihm für Dübois Promotion zugekommen war, für seine Vergnügungen angewandt; einen Theil davon hatte er unter den Hausbedienten des Papstes ausgestreut, aber die Frucht dachte er für sich selbst zu ärnten. Der Abbe Tencin schrieb seiner Schwester: es ist gewiß, daß der Bischof von Sisteron damit umgieng, sich zum Kardinal zu machen; ich weiß es vom Kardinal Camerlingo.

Ich könnte noch andre, viel beweisende Briefe anführen; was man aber gesehen hat, scheint mir hinreichend, um einen so wenig wichtigen Menschen als Laffiteau bekannt zu machen, der in diesen Memoiren nur gelegentlich und als Werkzeug eines andern erscheint a).

Der Kardinal Dübois wollte ihn bey einer Veranlassung, wo weder Geld noch Juwelen ins Spiel kamen, benutzen; er nahm ihn also bey seiner Zurückkunft von Rom mit der größten Freundschaft auf, dankte ihm für seine Dienste, ohne ihn merken zu lassen, daß er von seinen

---

a) Die verschiedenen Wendungen, mit welchen Duclos von dem Bischof von Sisteron spricht, scheinen anzuzeigen, daß er etwas persönliches gegen ihn hatte; und wenn es auch nur persönliche Verachtung gewesen wäre, so dürfte ihre Aeußerung nicht so individuel seyn, um der Würde des Schriftstellers angemessen zu bleiben. Die Citation, womit Laffiteaus Krankheit belegt wird, gehört zu den kleinlichen Details, welche vielleicht nur ein gewisser Grad von Leidenschaft des Aufhebens werth machen konnte. Der nämliche Fall scheint dem Verfasser in diesen Memoiren auch mit andern Personen begegnet zu seyn; und daß es Memoiren sind, entschuldigt diese Flecken nicht an einem Mann, der sie weder als Hofmann noch als Anhänger einer Partey, sondern als Patriot, als Denker, als Mann von Geist und von Geschmack, als Geschichtschreiber sammelte.

nen Veruntreuungen unterrichtet wäre, und versprach ihm eine Menge Pfründen, wenn er in der besondern Audienz, die er beym Regenten haben würde, diesem Prinzen sagte, wie zufrieden der Römische Hof mit dem Betragen und den hohen Talenten des Kardinals wäre, wenn er zu verstehen gäbe, daß man gewärtig wäre, ihn bald erster Minister werden zu sehen, und daß der Herzog für seine persönliche Ruhe sowohl als für das Wohl des Staats keine schicklichere Wahl treffen könnte.

Das Netz war eben nicht fein gestrickt, aber Dübois konnte den Augenblick, wo er herrschen würde, nicht erwarten, er trug einem jeden, den er bey dem Regenten vorstellte, die nämliche Rolle auf; und wenn er ihn nicht überzeugte, so wollte er ihn doch wenigstens ermüden.

Kaum hatte Laffiteau den Gegenstand berührt, so sah der Regent schon, wo er hinaus wollte, und unterbrach ihn: „Was zum Teufel will denn dein Kardinal? Ich lasse ihm die ganze Gewalt eines ersten Ministers; er ist nicht zufrieden, wenn er nicht den Titel bekömmt. Und was wird er damit anfangen? Wie lange wird er's genießen? Die Fr... haben ihn so mitgenommen, daß er bey lebendigem Leibe fault; Chirac, der ihn visitirt hat, versichert mir, daß er keine sechs Monate zu leben hat." — „Sollte das wohl wahr seyn, gnädiger Herr?" — „Ganz zuverläßig, du sollst es selbst vernehmen." — „Wenn das ist," fuhr der Bischof fort, „so rathe ich Ihnen, ihn je eher je lieber zum ersten Minister zu erklären." — Wie so?" — „warten Sie, gnädiger Herr. Wir nähern uns der Majorität des Königs. Sie werden ohne Zweifel sein Vertrauen behalten, das Ihre Dienste, Ihre vorzüglichen Talente verdienen: demohngeachtet aber werden Sie keine eigne Gewalt mehr haben. In Ihrem erhabenen Stande fehlt es nie an Feinden und an Neidern; sie werden suchen, Ihnen den König abwendig zu machen; die ihn zunächst umgeben, sind nicht Ihre eifrigsten Anhänger; Sie können nach vollendeter Regentschaft nicht sich zum ersten Minister ernennen lassen, das ist ohne Beyspiel; schaffen Sie das Beyspiel an einem andern. Der Kardinal wird erster Minister seyn, wie es die Kardinäle Richelieu und Mazarin waren. Nach seinem Tod, werden Sie in einen Titel eintreten, der nicht für Sie wiederhergestellt worden ist, an den das Publikum gewöhnt seyn wird, den Sie das Ansehn haben werden, aus Bescheidenheit anzunehmen, und aus Anhänglichkeit für den König; und zu gleicher Zeit wird Ihnen das ganze Wesen der Gewalt nicht entgehen."

Diese Vorstellungen würkten auf den Regenten, den freylich der Ueberdruß an den Geschäften noch mehr bewog. Er sah niemanden als Dübois, dem er sie anvertrauen könnte. Von persönlichen Stützen entblößt, würde der Kardinal nur durch den, der ihn erschaffen hatte, existiren. Nach gefaßtem Entschluß hielt nur die Beschämung, es öffentlich zu erklären, den Regenten noch zurück.

Nun sich der Kardinal seiner Ernennung sicher sah, suchte er dem allgemeinen Geschrey, zu welchem der Marechal von Villeroi das Signal geben würde, und den Vorwürfen, die der Herzog von Saint-Simon dem Regenten machen könnte, vorzubauen.

Jede Art von Ehrfurchtsbezeugung verschwendete er an Villeroi, der sie für Pflicht ansah, und bloß mit Verachtung erwiederte. Der Kardinal verdoppelte seine Unterwürfigkeit, und der Marechal seinen Hochmuth.

Als letztes Hülfsmittel wandte sich der Minister an den Kardinal Bissi, der ein Freund von Villeroi war, und bat ihn, die Vermittelung zwischen ihnen zu übernehmen. Bissi war sehr geneigt, dem Minister etwas zu Gefallen zu thun, indem er den Eintritt in das Conseil so gut wie der Kardinal Rohan dadurch zu erlangen hofte; und Dübois unterhielt immer die Hofnungen eines jeden, den er brauchte.

brauchte. Er hatte den Kardinal Rohan in das Conseil eingeführt, um sich selbst den Weg dazu zu bahnen, und seine Wahl war auf denjenigen unter den Kardinälen gefallen, der durch seine Geburt ein vornehmer Mann war; aber um Bissi kümmerte er sich sehr wenig.

Dieser, der durch den Eifer für die Konstitution und den vormaligen gesellschaftlichen Zirkel der Frau von Maintenon mit dem Marechal von Villeroi in genauern Verhältnissen stand, gieng zu ihm, schilderte ihm den Schmerz des Kardinal Dübois, daß er das Wohlwollen des Mannes nicht erhalten könnte, den er am meisten hochschätzte, dessen erhabne Einsichten er bewunderte, und der zur Staatsverwaltung so nothwendig seyn würde, sobald er erlauben wollte, daß der Kardinal-Minister sich bey ihm Raths erholte, ihm sein Portefeuille öfnete, kurz sich ganz nach seinen Eingebungen richtete.

Der Marechal war von seinem Verdienst selbst zu sehr überzeugt, um einen Augenblick an der Aufrichtigkeit der Lobsprüche, die er empfieng, zu zweifeln. In seinem Innern stritt zwar seine Antipathie gegen den Minister; er glaubte sie aber dem Wohl des Staats aufopfern zu müssen, für welches er so unentbehrlich wäre, und erlaubte dem Unterhändler seinem Kommittenten Friedensworte zu bringen.

Bissi, sehr zufrieden mit dem Erfolg seiner Sendung, stattete dem Minister darüber Bericht ab; dieser, außer sich vor Freude, bat ihn sogleich, den Marechal wieder aufzusuchen, ihm die lebhafteste Dankbarkeit für seine Güte zu bezeugen, und eine Audienz von ihm für den Minister, der ihm am ergebensten wäre, zu erhalten.

Eine solche Unterwürfigkeit, die bis zur Niederträchtigkeit gieng, rührte den Marechal, und er glaubte die Großmuth, mit welcher er handelte, zu krönen, indem er dem Minister antworten ließ, er verböte ihm, zu ihm zu kommen, indem er ihn in seinem eignen Hause erwarten sollte. Dübois gehorchte, und erquickte sich im voraus

aus an der glänzenden Ehre, die eine Visite von dem Marechal ihm bringen mußte; er hatte nicht lange zu warten.

Am folgenden Tag, einem Audienztag der fremden Minister, begab sich Villeroi, von dem Vermittler Bissi begleitet, zum Kardinal Dübois. Das Zimmer vor dem Kabinet war mit den fremden Ministern und mit den vornehmsten Personen vom Hof angefüllt. Villeroi's Ankunft erregte die größte Verwunderung in der Versammlung, wo niemand war, dem die Verachtung, mit welcher er den Kardinal beständig behandelt hatte, unbekannt gewesen wäre. Dieser war eben mit dem Russischen Minister allein, und es ist die Regel, daß besondre Konferenzen nie unterbrochen werden 1).

Demohngeachtet wollten die Kammerdiener, wahrscheinlich auf eignen Befehl ihres Herrn, den Marechal anmelden, der es nicht zugab.

Als der Kardinal den Russischen Gesandten heraus begleitete, und den Marechal gewahr ward, stürzte er sich ihm entgegen und fast zu seinen Füßen, und beklagte sich, daß er ihm zuvorgekommen wäre, indem er nur auf die Erlaubniß gewartet hätte, bey ihm zu erscheinen. Er wies den Marechal und den Kardinal Bissi in sein Kabinet, und folgte ihnen nach, indem er sich bey den Ministern mit der Wichtigkeit der immerwährenden Verrichtungen des Marechals bey dem König entschuldigte.

Das Gespräch wurde mit einer Menge Komplimente, Ehrfurchtsversicherungen, Betheurungen der unverletzlichsten Ergebenheit von Seiten des Kardinal Dübois eröfnet, für welche sein Kollege sich zum Bürgen stellte. Der Marechal antwortete anfangs darauf mit würdevollen Höflichkeiten; um sodann die Aufrichtigkeit seiner Gesinnungen durch

---

1) Die fremden Minister werden bey dem Staatssekretair von diesem Departement nach einander eingeführt, und zwar nach der Stunde ihrer Ankunft, um alle Konkurrenz des Ranges zwischen ihnen zu vermeiden.

durch die Freymüthigkeit seiner Rathschläge zu beweisen, führte er dem Minister einige begangene Unbedachtsamkeiten zu Gemüthe. Dübois, etwas verwundert, empfing diese Zeichen von Theilnehmung, die nach und nach ein wenig lebhaft wurden, mit unbestimmten und allgemeinen Danksagungen. Villeroi wollte in dem nämlichen Ton fortfahren, ließ sich aber, ohne es selbst gewahr zu werden, von dem alten Widerwillen, der in seinem Herzen wieder aufwachte, hinreißen, und gieng in harte Wahrheiten über. Der Kardinal Bissi suchte seiner Heftigkeit vorzubauen oder sie aufzuhalten; es war schon zu spät. Der Zorn, der einzige Jugendfehler, der bey alten Leuten in der Erlöschung aller übrigen wieder auflebt, riß den Marechal hin. Er maß seine Ausdrücke nicht mehr ab, behandelte den Kardinal wie den Verworfensten aller Menschen, gieng endlich, so laut daß man es aus dem letzten Vorzimmer hörte, bis zu Drohungen, und sagte ihm, daß er früh oder spät ihn stürzen würde. „Es bleibt Ihnen,“ sagte er hönisch, „nur ein Rettungsmittel, Sie sind allmächtig, lassen Sie mich arretiren, wenn Sie das Herz haben.„ Dübois, bleich und bestürzt, hatte die Kraft nicht mehr zu antworten, und blickte Bissi an, der, nachdem er vergebens diesen Strom von Schmähungen aufzuhalten gesucht hatte, höchst aufgebracht über einen für ihn so beleidigenden Auftritt, den Marechal beym Arm nahm, und ihn gleichsam mit Gewalt nach der Thüre schleppte.

Vergebens suchten sie eine ruhige Fassung anzunehmen, als sie an der Versammlung vorüber giengen; der Auftritt war zu heftig gewesen. Auch hatte man die Stimmen gehört, und der Marechal that sich noch obendrein auf seine Heldenthat etwas zu gute, und rühmte sich damit gegen jeden, der ihn anhören wollte.

Außer Stand, die Audienz fortzusetzen, lief der Kardinal in voller Wuth, schnaubend und stotternd vor Zorn, zum

zum Regenten, sagte ihm, er müßte durchaus zwischen Villeroi und ihm wählen, und erzählte ihm, so wie die Wuth ihm noch zu sprechen erlaubte, was vorgegangen war; die Wahl zwischen dem Marechal und ihm kam übers dritte Wort immer wieder vor. Der Regent wollte Umstände wissen, der Kardinal war seiner nicht mächtig genug, um ihm welche zu sagen, und berief sich deßhalb auf Bissi, endigte aber beständig damit, daß er seinen Abschied, oder Villerois Verbannung forderte. Um seinen Minister etwas zu beruhigen, versprach ihm der Regent Gerechtigkeit, und ließ Bissi kommen, der sich fast eben so beleidigt fand als sein Kollege, und den Marechal keinesweges schonte. Es war auch in der That unmöglich, ihn zu entschuldigen, und er häufte an diesem und den folgenden Tagen noch Bramarbasirereyen auf seine alberne Thorheit.

Der Regent hatte dem Marechal immer mit einer Achtung begegnet, die dieser nur mit dem ungeschickten Stolz eines schwer zurückgehaltnen Hasses erwiederte. Diesen Haß offenbarte er auch oft genug durch seine geflissentlichen Vorkehrungen für die Erhaltung des Königs gegen erdichtete Anschläge des Regenten, womit er sich zum Mittelpunkt der Mißvergnügten, zum Spott der vernünftigen Leute, und zum Götzen des Pöbels gemacht hatte. Er ließ keine Gelegenheit vorbeygehen, sich dem Volke mit dem König zu zeigen, und trieb diese Aufmerksamkeit bis zum Lächerlichen. Als zum Beyspiel der König am Fronleichnamstag die Prozession von Saint-Germain begleitete, ritt Villeroi, der mit Mühe gieng, neben seinem Eleven, welcher zu Fuße war, wodurch freylich mehr Anlaß zu Gelächter als zur Erbauung gegeben wurde.

Bey aller Verachtung des Regenten gegen diese Künste des Marechals brachten sie ihn doch zuweilen auf, und er war ein paarmal nahe daran gewesen, ihn zu exiliren; der letzte Streich machte das Maaß voll. Er fühlte eine solche Beschimpfung seines Ministers als einen Angrif auf sich
selbst.

selbst. Mochte Villeroi die bestimmte Absicht haben, die Regierung zu beunruhigen, oder mochte es bloß albernes Gewäsch eines kindischen Alten seyn, so war er in beyden Fällen bey dem König sehr wenig an seiner Stelle, und hatte niemals andre Eigenschaften eines Hofmeisters gehabt, als das äußerliche Gepräng. Zuweilen besorgte er in Ungnade zu fallen, und gieng alsdann von der Tollkühnheit zur Freyheit über. Seine Albernheiten hatten ihm aber so lange geglückt, daß er sich endlich für unbezwinglich hielt. Wenn irgend ein Freund ihm vorstellte, daß er sich der Ahndung des Regenten aussetzte, so gab er zur Antwort, ein Hofmeister, wie er, sey von seinem Eleven unzertrennlich, und wenn man ihn gefangen setzte, müßte man den König selbst einsperren; kurz er sprach eben so thörigt als er handelte.

Da der Regent sich nunmehr zur Verbannung des Marechals entschlossen hatte, so suchte er vor der Ausführung sich der Unterstützung des Herzogs von Bourbon zu versichern, indem er ihn zu Rathe zog. Er nahm auch den Herzog von Saint-Simon dazu, dem er die Stelle des Marechals zudachte; dieser hatte aber die Klugheit, sie auszuschlagen, seine anerkannte Anhänglichkeit für den Regenten hätte ihn dem Theil des Publikums, der den Marechal bewunderte, verhaßt gemacht.

Alle drey kamen über die Nothwendigkeit überein, den Hofmeister zwar zu entfernen, aber noch ein Paar Wochen abzuwarten, und ihm die Veranlassung zu einem persönlichen Vergehen gegen den Regenten in den Weg zu legen, damit er nicht ganz allein dem Kardinal aufgeopfert schiene.

Villeroi wurde von niemanden in Schutz genommen; aber der Minister war so verhaßt, daß die Verbannung des Hofmeisters für eine unverhältnißmäßige Züchtigung angesehen worden wäre. Villeroi ließ dem Regenten nicht die Zeit ungeduldig zu werden.

Der

Der Herzog kam regelmäßig genug zum König, und gab ihm Rechenschaft über die Ernennung zu geistlichen und weltlichen Aemtern, um den Knaben zu überreden, daß er Theil an der Regierung hätte. Diese Arbeit wurde in Gegenwart des Hofmeisters, und oft des Präceptors, vorgenommen. Zuweilen hatte der Regent mit dem König heimlich sprechen wollen, sogleich steckte Villeroi den Kopf zwischen beyde, und behauptete, daß nichts gesagt werden dürfte, was er nicht hören müßte. Der Regent war darüber empfindlich, hatte aber seinen Aerger unterdrückt. Jetzt beschloß er, den Marechal wiederum in den Fall einer ähnlichen Indiskretion zu setzen, und sie bis zur Beleidigung treiben zu lassen.

Er gieng zum König, und bat ihn, sich mit ihm in ein Nebenzimmer zu begeben, indem er ihm ein Wort insgeheim zu sagen hätte. Der Hofmeister setzte sich, wie man vorausgesehen hatte, dawider. Der Regent stellte ihm vor, mit einer noch ausgezeichneteren Höflichkeit und Milde als gewöhnlich, es wäre nun doch Zeit, daß der König von Staatsgeschäften, die keine Zeugen zuließen, unterrichtet würde, und er bat, daß der Verwahrer der Gewalt des Königs sich einen Augenblick allein mit ihm unterhalten dürfte.

Villeroi fußte auf diese Schonungen, deren Uebertreibung einem jeden andern verdächtig gewesen wäre, und antwortete, er kenne die Pflichten seiner Stelle, und der König könne kein Geheimniß für seinen Hofmeister haben, er würde ihn keinen Augenblick aus dem Gesicht lassen, und müßte für seine Person stehen. Der Regent nahm hierauf den Ton der Ueberlegenheit, und sagte zum Marechal: „Sie vergessen sich, mein Herr, Sie fühlen die Stärke Ihrer Ausdrücke nicht; nur die Gegenwart des Königs hält mich ab, Sie zu behandeln, wie Sie es verdienen." Der Prinz verbeugte sich nach dieser Rede sehr tief gegen den König, und gieng hinaus. Villeroi, aus der

der Fassung gebracht, folgte ihm bis an die Thüre, und wollte sich in Rechtfertigungen einlassen, aber der Herzog fuhr fort, sich zu entfernen, ohne ihm zu antworten, und indem er nur einen verächtlichen Blick auf ihn warf. Der Bischof von Frejus, und einige Personen von der inneren Dienerschaft, die gegenwärtig waren, legten ihre Minen in Falten, um nicht merken zu lassen, was sie dächten, und der König blieb äußerst verwundert.

Als nun der Marechal seine Aufführung und seine Reden gegen die, welche Zeugen des Auftritts gewesen waren, oder mit denen er davon sprach, rechtfertigen wollte, konnte er leicht abnehmen, daß sie ein neutrales Stillschweigen beobachteten, welches für ihn sehr beunruhigend war. Schon am nämlichen Tag ergrif er jede Gelegenheit zu sagen und zu wiederholen, daß er nichts vor Augen gehabt hätte als seine Pflicht; daß er sehr unglücklich seyn würde, wenn der Regent einen alten Diener fähig glaubte, den Willen sich an ihm zu versündigen gehabt zu haben; daß er morgenden Tags hingehen würde, um ihm sein Betragen und seine Bewegungsgründe zu erklären, und daß der Prinz sie sicherlich billigen würde. Alle Reden, die er den ganzen Tag über führte, waren ein Gemisch von Römerstolz und höfischer Niederträchtigkeit.

Er begab sich am folgenden Tag, gegen Mittag, zum Regenten; da war es eben, wo man ihn erwartete. Die Maaßregeln, um ihn festzuhalten, waren bey dem Kardinal Dübois zwischen dem Marechal Berwik, dem Prinzen und dem Kardinal von Rohan, dem Grafen von Belles Isle und dem Staatssekretair Le Blanc verabredet worden. Le Blanc war die einzige nothwendige Person hierbey, die Dazwischenkunft aller andern war zum mindesten unanständig. Berwik verdankte sein Glück hauptsächlich dem Marechal von Villeroi, und hatte stets den Gönner so sehr wie den Freund an ihm zu erhalten gehabt; aber es war ihm sehr willkommen, sich von der Sklaverey befreyt

zu

zu sehen, welche Villeroi jedem, dem er Dienste geleistet hatte, auflegte; was freylich ein Unrecht an diesem, aber eine Infamie am andern war.

Die beyden Rohans berechneten ganz einfach, von wem sie hinführo am meisten zu erwarten haben dürften, von dem Hofmeister oder vom Minister; und nach dem Ausschlag entschieden sie sich. Ueberdem war der Kardinal Rohan von der Hofnung, durch den Kardinal Dübois die Stelle des ersten Ministers zu erlangen, noch nicht zurückgekommen. Man wird hieraus keine besondre Meynung von seiner Menschenkenntniß fassen. Bey der angenehmsten Figur und vielem Reiz im gesellschaftlichen Leben schickte er sich auch in der That zum Ministerium eben so gut, als Villeroi zur Erziehung eines Fürsten.

Der Graf von Belle-Isle, ein Freund von Le Blanc, suchte schon damals sich in die öffentlichen Geschäfte zu mischen, und es ist ihm endlich, ohngeachtet tausendfacher Widerwärtigkeiten, auch gelungen, eine ziemlich große Rolle zu spielen. Bey einem thätigen, und obschon lebhaften, doch ausharrenden Geist, verlor er sein Ziel nie aus den Augen, und behielt so viel Grundsätze und Rechtschaffenheit als einem Ehrgeitzigen davon übrig bleiben kann.

Wenn die Eitelkeit des Marechals ihn nicht verblendet hätte, so würden alle Maaßregeln, die man zu seinem Arrest nahm, vergeblich gewesen seyn. Er brauchte nur beständig bey dem König zu bleiben; der Zwang wäre nicht groß gewesen, da er seinen Eleven überall, wo er selbst Lust hatte hinzugehen, mitnehmen konnte, und im Zimmer des Königs schlief. Niemals würde der Regent eine solche Gewaltthätigkeit unter den Augen des Königs vorzunehmen gewagt haben.

Aber Villeroi bildete sich in voller Sicherheit ein, daß er sich zum Regenten begeben könnte, wie zu einer Erklärung zwischen Gleichem und Gleichem. In der Mitte des ganzen Hofs durchrauscht er mit seinem hochfahrenden

Wesen

Wesen die Zimmer vor dem Kabinet des Herzogs; die Menge öfnet sich, und macht ihm ehrerbietig Plaß. Er fragt mit lauter Stimme, wo der Herzog von Orleans ist, man sagt ihm, daß er beschäftigt ist. „Ich muß ihn aber doch sehen," erwiedert er, „man melde mich." Sofort schreitet er weiter auf die Thüre zu, die, wie er überzeugt ist, sich vor ihm öfnen muß. Der Marquis de la Fare, Kapitain von der Garde des Herzogs, zeigt sich zwischen der Thüre und dem Regenten, arretirt ihn, fordert ihm den Degen ab, Le Blanc übergiebt ihm den Befehl des Königs, und im nämlichen Augenblick drängt sich der Graf d'Artagnan, Kommandant von den Mousquetaires gris, von der andern Seite an ihn. Der Marechal schreit und sträubt sich, man wirft ihn in eine Sänfte, man sperrt ihn darin ein, und trägt ihn zu einem Fenster heraus, das sich nach der Weise einer Thüre nach dem Garten hin öfnet. Die Sänfte, von den Mousquetaires umgeben, wird durch den Garten und die Treppe der Orangerie heruntergetragen, wo ein sechsspänniger Wagen, von vier und zwanzig Mousquetaires umringt, anhält. Villeroi schäumt, stürmt und droht, man trägt ihn in den Wagen, d'Artagnan setzt sich neben ihn, ein Officier nimmt mit Dülibois, Gentilhomme ordinaire des Königs, den vorderen Plaß ein, der Wagen fährt ab, und in weniger als drey Stunden ist der Marechal in Villeroi, acht oder neun Stunden von Versailles. Er hörte unterwegs nicht auf, über die Gewaltthätigkeit, über die Insolenz des schurkischen Dübois, über die Kühnheit des Regenten, über die Unwürdigkeit des Grafen d'Artagnan, sich mit einer so abscheulichen Kommission befaßt zu haben, über Dülibois Infamie zu schreyen. Man ließ ihn toben, ohne ihm zu antworten. Er gieng sodann zu Lobeserhebungen seines Werths, zu der Herzählung seiner Dienste über, worunter er wahrscheinlich seine Feldzüge nicht mit begriff. Ganz Europa, rief er aus, würde von dieser Begebenheit empört seyn; Paris

ris würde sich bey der ersten Nachricht auflehnen. Diese Hofnung linderte in etwas die Bitterkeit seiner Seele a). Der Vorfall hatte indessen keine andre Folge, als Murren unter dem Volk, Furcht und Stillschweigen am Hof.

Was den Regenten am verlegensten machte, war, den König davon zu benachrichtigen, eh er es durch den öffentlichen Ruf erführe; er mußte also hingehen. Kaum hatte er gesagt, daß der Marechal so eben fort wäre, so fieng der König an zu weinen, ohne auf die Gründe, welche der Regent summarisch darstellte, im mindesten Acht zu geben, und ohne ein Wort vorzubringen. Der Regent fand es nicht rathsam, eine Unterhaltung, die für beyde zwangvoll war, mehr zu verlängern, und entfernte sich.

Der König blieb den ganzen Tag äußerst traurig; als er aber am folgenden Morgen den Bischof von Frejus nicht erscheinen sah, da gab es Thränen, Geschrey, und alle Zeichen der Verzweiflung. Man wird sich darüber nicht wundern, wenn man wissen wird, daß ihn der Marechal überredet hatte, die Sicherheit seines Lebens hänge ganz allein von der Wachsamkeit seines Hofmeisters ab. Ein Kind, dem man diese abscheulichen Gedanken eingeprägt hatte, glaubte lauter Feinde um sich zu erblicken, als er die beyden Männer nicht mehr sah, die er als die Schutz-

wehs

---

a) Diese Erzählung von der Festsetzung des Marechal von Villeroi ist beynahe wörtlich, obgleich sehr abgekürzt, aus den Memoiren des Herzogs von Saint-Simon gezogen. Die einzelnen komischen Züge von Villeroi's Charakter sind dort sehr anschaulich geschildert, und in den aufgezeichneten Erinnerungen eines alten Hofmannes sehr an ihrer Stelle. Von dem Verfasser der gegenwärtigen Memoiren hingegen wäre vielleicht zu erwarten gewesen, daß er Villeroi's Unfall nicht bloß von der lächerlichen Seite seiner Kopflosigkeit und seiner Eitelkeit vorgestellt, und den feigen Despotismus, mit welchem gegen ihn verfahren wurde, der um so verabscheuungswürdiger wird, je geringer dessen Opfer ist, nicht völlig zu übersehen geschienen hätte. Weder Saint-Simon noch Duclos fühlen die Infamie, die darin lag, die furchtsamen Vorkehrungen einer militairischen Expedition anzuwenden, um sich eines thörigen Greises zu bemächtigen. Wie verächtlich Villeroi auch seyn mochte, so begieng man an ihm auf Banditenweise ein Banditenstück.

wehren seines Lebens betrachtete. Der Prälat war verschwunden, ohne daß man wußte, wo er hingegangen war. Der Regent, in der grausamsten Verlegenheit, schickte überall nach ihm aus; man glaubte ihn anfangs in Villeroi, man erfuhr, daß er nicht da war. Dubois hatte den ziemlich lächerlichen Einfall, daß er in La Trappe seyn möchte, und man wollte eben einen Kourier dahin abfertigen, als man erfuhr, daß er den Tag zuvor nach Basville zum Präsidenten von Lamoignon gegangen wäre.

Der Regent lief augenblicklich zum König, und sagte ihm, daß der Bischof den nämlichen Tag zurückkommen würde. Diese Nachricht war ein kleiner Trost für Ludwig. Der Kourier, welcher für la Trappe bestimmt war, wurde nach Basville abgesandt, und der Präceptor kam wieder, sehr erfreut über die Beweise von Zärtlichkeit, die durch seine Abwesenheit bey dem König ausgebrochen waren. Ueber den Schmerz, den Bischof verloren zu haben, hatte er den Marechal beynahe schon vergessen; und das Vergnügen, denjenigen von den beyden wiederzufinden, der ihm der liebste war, hinderte ihn, zu seinem ersten Kummer zurückzukehren. Er hieng an seinem Hofmeister nur durch die Gewohnheit der Kindheit. Der Marechal war seinem Eleven sehr ergeben; aber sein Eifer, seine Bewerbungen, seine Liebkosungen waren immer so ungeschickt, daß der König nur die Beschwerlichkeit davon empfand.

Der Bischof, als ein Mann von Verstand, und der besonders äußerst einschmeichelnd war, hatte sich mit mehr Klugheit betragen. Er verstand die Kunst, den jungen König an sich zu locken, ohne den Schein zu haben, als ob er ihm entgegen gienge, und dadurch hatte er sich nothwendig gemacht.

Der Regent begriff, daß es jetzt nöthig seyn würde, sehr viele Rücksichten gegen den Bischof zu beobachten, daß er sich aber zugleich seiner mit Nutzen würde bedienen kön-

II. Theil. N

nen, wozu der gegenwärtige Fall schon die erste Veranlassung gäbe. Weit entfernt also, ihm über seine Flucht bittre Vorwürfe zu machen, machte er ihm lauter verbindliche, liebkoste ihn sehr, und suchte ihn zu überreden, daß man bloß um ihm die Verlegenheit zu ersparen, in welcher er sich gegen den Marechal befunden haben würde, ihn von dem was vorgefallen wäre nicht zuvor unterrichtet hätte. Man erklärte ihm die Gründe zu der Verbannung des Marechals, man bewog ihn sie dem König annehmlich zu machen, und selbst den Herzog von Charost als Hofmeister vorzustellen, der ihm mehr Achtung und mehr Nachgiebigkeit gegen seine Rathschläge erweisen würde als der Marechal.

Der Bischof ließ sich leicht überzeugen; im Herzen war er froh sich von einem Kollegen befreit zu sehen, dessen Hochmuth und Eifersucht er oft erfahren hatte.

Als der Marechal Fleury's Zurückkunft und die Ernennung des Herzogs von Charost erfuhr, verlor er vollends alle Fassung; er zog gegen die Unwürdigkeit des Herzogs los, diese Stelle angenommen zu haben, aber unbeschreiblich war seine Wuth auf Fleury. Er nannte ihn einen Schurken, einen Verräther, einen Buben, eine elende Schlange die er in seinem Busen genährt hätte; und die Ergießungen seines Zorns gaben den Aufschluß über die wahren Gründe, welche den Bischof bewogen hatten sich zu entfernen.

Man erfuhr daß sie schon zu Anfang der Regentschaft einander das Wort gegeben hatten, daß sobald einer von ihnen abgesetzt werden sollte, der andre sich augenblicklich entfernen, und in keinem Fall ohne seinen Kollegen zurückkommen würde. Fleury gab vor, durch seine Flucht die eine Hälfte des Schwurs gehalten zu haben; von der andern aber spräche ihn den Befehl des Königs frey. Da auf diese Weise sein Gewissen unbeschwert

schwert blieb, so überließ er sich der Zufriedenheit, nunmehr ohne Widerspruch einen Erziehungsplan verfolgen zu können. Vom Marechal, der von Villeroi nach Lyon geschickt wurde, war nicht weiter die Rede.

Der Kardinal Dübois, sicher daß der Regent einwilligte und sogar wünschte, die Last der Geschäfte auf einen ersten Minister zu wälzen, hatte nun die Schreiereien des Marechals nicht mehr zu fürchten. Noch stand ihm aber der Einfluß des Herzogs von Saint-Simon bey dem Regenten im Wege; er wollte ihm auf den Zahn fühlen lassen, und gab den Auftrag dazu dem Grafen von Belle-Jsle, dem nichts erwünschter war als eine Gelegenheit thätig zu seyn, von welcher Beschaffenheit sie auch seyn mochte. Sein Leben ist auch in einer beständigen Thätigkeit hingegangen. Ich habe ihn selbst sagen gehört, daß er vier und dreißig Jahr hindurch nicht über vier Stunden auf die Nacht geschlafen hätte.

Belle-Jsle verkündigte ohne Umschweife dem Herzog von Saint-Simon daß die Sache entschieden wäre, daß der Kardinal ihm einen Beweis von Achtung gäbe, indem er sich um seinen Beyfall bewürbe, und ihm die Wahl ließe, sich bey einer so wichtigen Gelegenheit als Freund oder als Feind zu zeigen.

Der Herzog war selbst sehr überzeugt, daß sein Widerstand vergeblich seyn würde; er bekennt auch aufrichtig in seinen Memoiren, daß seine Antwort gegen den Grafen von Belle-Jsle, ohne falsch zu seyn, doch voll Achtung für den Kardinal war; er versichert aber, zum Regenten mit dem größten Nachdruck gegen dieses Projekt gesprochen zu haben. Wenn er die Rede gegen ihn gehalten hat, die ich von seiner Hand geschrieben gelesen habe, so läßt sich schwerlich etwas stärkeres denken, noch etwas das die Schwachheit des Herzogs von Orleans mehr bewiese.

Uebrigens wurde der Kardinal zum ersten Minister erklärt. Das Parlament verstand sich aus Gefälligkeit zur Einregistrirung seines Diploms; die Journale wurden mit faden Gedichten angefüllt, die Höflinge priesen die Wahl, ganz Frankreich schrie dawider, und die Französische Akademie, nach ihrer edlen Gewohnheit, nahm ihn unter ihre erlauchten Mitglieder auf.

Der Kardinal Rohan wurde endlich gewahr, daß er von Dubois betrogen war. Er fühlte sich dadurch etwas gedemüthigt, aber er bemüthigte sich selbst noch vielmehr, indem er die vorzüglichen Talente seines Kollegen, und die Nothwendigkeit der Wahl erhob. Er schmeichelte sich daß eine so weit getriebene Resignation seinem Hause einige Entschädigungen von Seiten des Ministers verschaffen würde; der Prinz von Rohan wurde auch würklich zwey Monate darauf, als die Königsweihe vor sich gieng, erwählt um das Amt des Oberhofmeisters des Königs zu verrichten, an der Stelle des Herzogs von Bourbon, welcher den Herzog von Aquitanien vorstellte.

Die Relationen von der Königsweihe sind so verbreitet gewesen, daß ich mich wiederum auf einige Bemerkungen einschränken werde, welche die Journalisten entweder nicht gewußt, oder geflissentlich übergangen haben.

Die Stelle des Bischofs, Herzogs von Langres, (Clermont Tonnerre) den sein Alter und seine Kränklichkeit verhinderten sich in Rheims einzufinden, nahm derjenige ein, welcher in der Reihe der Pairs auf ihn folgte; so daß der Bischof, Graf von Noyon, (Chateauneuf de Rochebonne) der als sechster Pair den fünften vorstellte, selbst von dem Bischof von Frejus, Fleury, vorgestellt wurde, der auch nachher die Honores dieses Rangs beybehielt.

Der Regent und fünf Prinzen vom Geblüt stellten die sechs weltlichen Pairs vor. Die Herzoge und Pairs hatten gegen solche Repräsentanten

nichts

nichts einzuwenden; aber sie machten, und vielleicht mit Recht, darauf Anspruch, unmittelbar hinter ihnen zu folgen. Der Kardinal Dübois, welcher seine Absichten zum Vortheil der Kardinäle hatte, antwortete den Herzogen und Pairs auf eine so zweydeutige Art, daß außer denen, welche besondre Verrichtungen bey der Cäremonie hatten, keiner dabey erscheinen wollte.

Der Herzog vom Maine, seit dem lit de justice von 1718 auf den Rang seiner Pairie herabgesetzt, stellte sich noch weit weniger ein; und der Graf von Toulouse, der, ohngeachtet man ihm den Besitz der Honneurs als Prinz vom Geblüt gelassen hatte, doch kompromittirt zu werden fürchtete, blieb ebenfalls weg. Der Kardinal Noailles, der Herzog und Pair war, wollte seiner Würde weder als Kardinal noch als Pair etwas vergeben, und blieb in Paris.

Der Kardinal Dübois erfand einen Ausweg um den Römischen Purpur zu verherrlichen. Da er die Kardinäle nicht vor die geistlichen Pairs stellen durfte, und sie nicht hinter ihnen erscheinen lassen wollte, so ließ er eine Bank, etwas seit ab hinter dem Sitz der Pairs, aber weiter vor gegen den Altar für die Kardinäl. aufschlagen, so daß der letzte Kardinal nicht von dem ersten Pair ausgestochen würde. Auf die Weise konnten die Kardinäle den ersten Rang zu haben, oder wenigstens nicht im zweyten zu seyn, scheinen.

Von dem Adelstand wurde niemand, als bloßer Assistent eingeladen, außer denen welche Verrichtungen hatten, und zwey Marschällen von Frankreich die keine hatten. Das war um so weniger in der Regel, als viele Prälaten ohne Verrichtungen, und selbst Geistliche vom zweyten Rang eingeladen wurden.

Zu einer andern Unregelmäßigkeit gab eine kindische Neugierde Anlaß. Die vier Geißeln der heiligen Oelflasche

flasche *a*), denen die Regel und die Observanz vorschrieb in der Abtey Saint-Remi zu bleiben bis die heilige Flasche wieder hingetragen würde, wollten sich das Schauspiel der Weihe nicht versagen; und man begnügte sich mit ihrem Eidschwur die Flasche zurückzubringen. Diese Geiseln sind freylich nichts weiter als eine Formalität; aber die Verachtung der Formen zieht bey uns die Geringschätzung des Wesentlichen bald nach sich. Wir bedienen uns so oft der Kautel: ohne daß es zur Konsequenz gereiche, daß endlich alles ohne Konsequenz seyn wird *b*).

Unter den Formen die man vernachläßigte, gab es eine welche für die Gesammtschaft der Nation ehrenvoll war, und die man bis zur Weihe Ludwigs des Vierzehnten, diese mitgerechnet, immer beobachtet hatte. Man ließ nämlich das Volk, Bürger und Handwerker, in das Schiff der Kirche hereintreten, wo sie mit der Geistlichkeit und dem Adel ihr Jauchzen vernehmen ließen, wenn vor der Salbung des Königs die Versammlung, welche die Nation repräsentirt, mit lauter Stimme um ihre Einwilligung befragt wird. Bey der Weihe Ludwigs des Fünfzehnten

---

a) La sainte ampoule, in welcher das heilige Oel aufbewahrt wird, womit die Französischen Könige gesalbt werden. Dieses privilegirte Oel hat durch die Französische Konstitution das Schicksal alles dessen was privilegirt war erfahren, aber freylich nur erst in thesi; denn wer weiß wo auch dieses besserer Zeiten harrt?

b) Ich zweifle nicht daß der Verfasser dieser Memoiren erschrecken würde, wenn er plötzlich wieder auflebte und fände wie wahr er gesagt hat. Unsre gravitätischen Moralisten können sich hieraus auch erklären, warum die Ideale von Freyheit, Bürgeraltück und politischer Tugend, welche die Französische Revolution auf dem Papier in's Leben gerufen zu haben schien, sich täglich bunter mit Polissonnerien aller Art vermischten. Aber Duclos Bemerkung ist durch die neueren Erfahrungen noch eines andern praktischen Zusatzes fähig geworden. Nachdem das Wesentliche, sey es relativ oder absolut übel, oder gut gewesen, auf diesem natürlichen Wege verloren gegangen schien, da lebte es mit heftigerem Widerstand wieder auf, als in der Zerstörung und Verfolgung der Formen auch ihre Verächtlichkeit aufhörte.

zehnten wurden die Thore erst nach der Intronisation dem Volke geöfnet. Unter einem Minister, welcher selbst aus dem untersten Pöbel entsprungen war, hätte der alte Gebrauch nicht abgeschaft werden sollen.

Den Tag nach der Weihe empfieng der König das Halsband vom Orden des heiligen Geists aus den Händen des Erzbischofs von Rheims; und er gab es sodann, als Großmeister des Ordens, dem Herzog von Chartres und dem Grafen von Charolois.

Bey der Cäremonie bedeckten sich die Verwalter der vier Oberämter so gut wie die Ritter, ohngeachtet der Kanzler des Ordens allein dazu berechtigt ist.

Bey der Kavalkade hatten die Prinzen vom Geblüt einen von ihren vornehmsten Hofbedienten neben sich; ein Vorrecht das bis dahin den königlichen Söhnen und Enkeln vorbehalten war, und das also der Regent allein hätte haben sollen.

Nach seiner Zurückkunft von Rheims, beendigte er das Heirathsgeschäft zwischen Mademoiselle de Beaujolois, seiner Tochter, und Don Carlos, Infant von Spanien. Acht Tage darauf starb seine Mutter 1), Madame, allgemein geschätzt, und von allen die ihr nahe kamen besonders geliebt. Die Mißvergnügten machten eine Grabschrift auf sie, die sehr schimpflich für ihren Sohn war, und wenig Widerspruch fand: Hier liegt der Müßiggang a).

Als am 16. Februar der König seine Volljährigkeit angetreten hatte, empfieng er die Glückwünsche des Hofs, und hielt am 22. sein lit de justice deshalb im Parlament,

---

1) Die Spektakel waren acht Tage geschlossen, weil sie Wittwe eines königlichen Sohnes war. Der König bravirte, und empfieng die Beyleidskomplimente der Gesammtschaften. Die Trauer währte vier und einen halben Monat.

a) Der Müßiggang ist im Französischen weiblichen Geschlechts, und nicht wie bey uns des Teufels Ruhebank oder aller Laster Anfang, sondern aller Laster Mutter.

ment, wobey er drey Herzoge und Pairs, Biron, Levi und la Valliere, ernannte. Die Familie des ersteren berief sich in ihren Bewerbungen ganz freymüthig auf den durch das Verdammungs Urtheil über Karl von Biron, als Majestätsverbrecher, erlittenen Verlust des Herzogthums. Andre wollten gerade hieraus einen Grund gegen sie herleiten; indessen kann man sich nicht genug bemühen, die Fehltritte persönlich zu machen. Es ist gerecht, und für den Vortheil des Staats sogar weise, daß ein Haus, das sich durch Vergehungen zu Grunde gerichtet hat, sich durch Dienste wieder erheben könne.

Der Regentschafts Rath hörte bey der Majorität auf, und die Conseils nahmen die Form wieder, welche sie unter dem vorigen König gehabt hatten 1), ausgenommen daß zwey Prinzen vom Geblüt, der Herzog von Chartres und der Herzog von Bourbon, im Gefolge des Herzogs von Orleans, Zutritt im Staatsrath erhielten. Der Kardinal Dübois gehörte von Rechtswegen dazu, und verschafte dem Grafen von Morville den Eintritt, indem er ihm das Departement der auswärtigen Geschäfte abgab.

Ohngeachtet seiner Macht fürchtete Dübois doch alles was sich dem König näherte. Um den inneren Hof so viel wie möglich einzuschränken, ließ er die kleinen und großen Entreen, welche Ludwig der Vierzehnte bewilligt hatte, abstellen, und erfand andre, sogenannte familiäre Entreen, die er blos sich, den Prinzen vom Geblüt und dem Grafen von Toulouse, der Herzogin von Ventadour, dem Herzog von Charost, und nachmals, als sie wieder in die Honneurs als Prinzen vom Geblüt eingesetzt waren, dem Herzog vom Maine und seinen beyden Söhnen vorbehielt. Er bewilligte sie anfangs nicht dem Bischof von Frejus; als er sich aber bald besonnen hatte,

---

1) Ludwig der Vierzehnte hatte bey seinen Conseils keine Prinzen vom Geblüt zugelassen.

hatte, daß es unvorsichtig seyn würde sie einem Mann zu versagen den der König liebte, und der sie endlich doch von dem Monarchen selbst erhalten würde, so setzte er ihn wenige Tage hernach auf die Liste, als ob er nur durch Irrthum weggelassen worden wäre.

Die Unruhe des Kardinals nahm mit jedem Tage zu. Er konnte sehr gut bemerken, daß der König nicht den mindesten Geschmack an ihm fände. Außer der persönlichen Widrigkeit seiner Figur, und einem natürlichen Stottern, das die Gewohnheit der Falschheit und seiner ursprünglichen Dienstbarkeit noch vermehrt hatte, war sein Benehmen nie ungeschickter und unangenehmer, als wenn er zu gefallen suchte. Ihm fehlte das Aeußere, das die Erziehung giebt und in einem gewissen Alter nicht mehr angenommen wird; da er also die Artigkeit nicht erreichen konnte, wenn sie ihm von nöthen war, so schien er alsdann niedrig und kriechend; und seine gewöhnliche Plumpheit hatte für einen jungen Fürsten, der die Ehrfurchtsbezeugungen und den feinen Anstand des Regenten immer vor Augen hatte, das Ansehen der Insolenz.

Um soviel an ihm war den Widerwillen des Königs zu besiegen, überreichte ihm der Kardinal öfters Kostbarkeiten von der Gattung, die seinem Alter angemessen war. Destouches, Französischer Resident in London, hatte diese Aufträge zu besorgen; und der Kardinal empfahl besonders, sie nur nach und nach abzuschicken, um die Gelegenheiten, sich dem König gefällig zu machen, zu vervielfältigen, und seine Dankbarkeit zu unterhalten.

Dübois wünschte sehr, daß der Herzog von Chartres, erster Prinz vom Geblüt und Colonel-Général von der Infanterie, bey ihm arbeiten möchte. Er getraute sich nicht, den Vorschlag geradezu zu thun, sondern wandte sich an den Abbé Mongault, ehemaligen Präceptor dieses

Prinzen, der sehr viel Einfluß bey ihm behalten hatte. Mongault, ein Mann voll Ehre und Geist, und sehr wenig biegsam, hatte weder Liebe noch Achtung für den Kardinal, und that sich eben keinen Zwang an, um seine Denkungsart zu verbergen. Er antwortete trocken, daß er das Vertrauen des Prinzen nie mißbrauchen würde, indem er ihn beredete, sich zu erniedrigen. Der Kardinal sah nun wohl, daß er mit keinem vornehmen Mann zu thun hätte, und hielt es nicht für rathsam, die geringste Empfindlichkeit zu zeigen. Die meisten Minister lieben die Gelehrten nicht, aber sie behandeln sie mit gewissen Rücksichten, und fürchten sich, Leute zurückzustoßen, die wenig zu verlieren haben, die sehen, fühlen, sprechen und schreiben. Als der Kardinal wenig Tage darauf Mongault begegnete, sagte er zu ihm: „Abbé, der König hat erfahren, daß Sie angefangen haben, ein Landhaus zuzurichten, und daß der Aufwand Ihre Finanzen in Unordnung gebracht hat; er hat mir deshalb aufgetragen, Ihnen eine Gratifikation von zehntausend Thalern zu geben." Mongault fühlte den Bewegungsgrund dieser Großmuth auf den ersten Augenblick, und begriff, daß der Kardinal, nachdem er ihn nicht hatte überreden können, ihn nunmehr bestechen wollte. Er ließ sich nichts davon merken, und bat den Minister, ihn beym König vorzustellen, um seine Danksagung zu machen. Als der Kardinal zurückkam, wollte er das alte Geschäft wieder in Erwähnung bringen, aber Mongault begnügte sich mit etwas mehr Schonung als das erstemal zu antworten, ohne sich übrigens nachgiebiger zu zeigen.

Da Dübois Entwurf bey dem Herzog von Chartres mißlungen war, so rührte ihn die Ehre nicht sehr, den Grafen d'Evreux, Colonel-Général der Kavallerie, und den Grafen von Coigni, der es von den Dragonern war, bey sich arbeiten zu sehen. Er entschloß sich also, das Detail der Infanterie, der Kavallerie und der Dragoner

dem

dem Staatssekretair vom Kriegsdepartement abzugeben. Die Marine blieb dem Grafen von Toulouse zugewiesen. Der Herzog vom Maine behielt die Schweizer und die Artillerie auf dem Fuß, wie er sie unter dem vorigen König gehabt hatte, er mußte sich aber bequemen, bey dem Kardinal zu arbeiten.

Le Blanc, Staatssekretair für den Krieg, und der Graf von Belle-Isle schienen ganz dem Minister ergeben, dessen Geheimen Rath sie sogar ausmachten. Aber der Herzog von Bourbon hatte unternommen, sie beyde zu stürzen, und der Kardinal war nicht aufgelegt, sie gegen einen Prinzen vom Geblüt, den einzigen, den er fürchtete, zu schützen.

Der Herzog von Bourbon war sehr eingeschränkt, halsstarrig, von harter oder vielmehr wilder Gemüthsart, und obgleich ein geborner Fürst, übermüthig wie ein geadelter Bürger. Er hatte keinen Verstand weiter, als um zu fühlen, wie weit er sich seines Rangs überheben könnte. Ohne den geringsten persönlichen Grund zu der Verfolgung, die er gegen Le Blanc und Belle-Isle aufregte, war er bloß das Werkzeug seiner Maitresse, der Marquise von Prie. Dieses Weib hat unter dem Ministerium des Herzogs von Bourbon so despotisch geherrscht, daß es schicklich ist, einen Begriff von ihr zu geben.

Die Marquise von Prie war mehr als schön, ihre ganze Figur war verführerisch. Ihr Geist hatte eben so viel Anmuth als ihre Gestalt, und sie verbarg unter dem Schleyer der Naivetät die gefährlichste Falschheit. Ohne den geringsten Begrif von Tugend, für sie ein Wort ohne Sinn, war sie einfach im Laster, heftig mit der Mine der Sanftheit, ausschweifend aus Temperament; sie täuschte ungestraft ihren Liebhaber, der ihren Worten gegen das Zeugniß seiner eignen Sinne traute. Ich könnte ziemlich lustige Züge davon anführen, wenn sie nicht zu frey wären. Es wird genug seyn, zu sagen, daß sie einmal die

List

List hatte, ihn zu überreden, daß er an einer Folge der Ausschweifung Schuld wäre, deren Opfer er nur war.

Ihr Vater war Bertelot de Pleneuf, ein reicher Finanzier, der als einer von den ersten Untergebnen des Kanzlers und Kriegsministers Voisin, ein unermeßliches Vermögen bey den Proviantlieferungen erworben hatte, und ein stattliches Haus hielt, wovon seine Frau die Honneurs machte. Sie besaß Verstand und Schönheit, und mit einem edeln Anstand hatte sie eine Art von Hof um sich herum gebildet, der ihr ehrerbietig huldigte. Von Anbetern umgeben, die sich um die Wette beeiferten, ihr zu gefallen, hatte sie viele wichtige Freunde, die ihr auch in ihren Unfällen nie fehlten. Während der Kindheit ihrer Tochter beschäftigte sie sich mit der größten Sorgfalt mit ihrer Erziehung, und freute sich ihres Erfolgs. Kaum aber fieng die Tochter an, die Blicke auf sich zu ziehen, so mißfiel sie ihrer Mutter. Ihr Verdruß erweckte den Spott der andern; ein gegenseitiger Haß entspann sich zwischen beyden, und wurde bald zur entscheidensten Antipathie. Pleneuf verheirathete, um des Hausfriedens willen, seine Tochter an den Marquis de Prie, einen Pathen des Königs, der zur Ambassade in Turin ernannt wurde, und seine Frau mit dahin nahm. Bei ihrer Zurückkunft überhob sich die Tochter ihres Standes, behandelte ihre Mutter wie eine Bürgerliche, und wollte aus dem alten Zirkel niemanden sehen, als wer ihre Mutter gänzlich verließe. Viele traten zu ihr über, und da sie keine Theilung leiden wollte, so erstreckte sie ihre Feindseligkeit gegen ihre Mutter auch auf diejenigen, die ihr zugethan blieben; unter den letzten war Le Blanc. Die Marquise ergriff um ihn zu stürzen, die Veranlassung vom Bankerott des Schatzmeisters von der außerordentlichen Kriegskasse, la Jonchere, der auf die Bastille gesetzt wurde. Da dieser von Le Blanc unterstützt gewesen war, so behauptete man, dieser Minister hätte selbst die Kasse angegriffen,

und

des Herzogs von Orleans.	205

und zu dem Falliment des Schatzmeisters beygetragen. Der Herzog von Bourbon, durch die Marquise angetrieben, wandte sich an den Herzog von Orleans und an den ersten Minister, verlangte, daß man gegen alle, die an la Jonchere's Unordnung Theil gehabt hätten, verführe, und bestand hauptsächlich auf Le Blanc.

Der Herzog von Orleans hätte gewünscht, einen Mann zu retten, den er liebte, und der ihm immer gut gedient hatte; aber es war schon lange her, daß sein Willen sich gänzlich dem Willen des Kardinals fügen mußte, und dieser verließ Le Blanc aus Gefälligkeit für den Herzog von Bourbon. Ueberdem war es ihm sehr willkommen, einen Minister los zu werden, der ihn nichts zu verdanken hatte, und einen Menschen an die Stelle zu setzen, der ganz allein ihm angehörte. Le Blanc war also gezwungen, seine Dimission zu geben, wurde bald hernach auf die Bastille gesetzt, und die Kammer vom Arsenal erhielt Befehl, seine Sache zu untersuchen.

Das Kriegsdepartement wurde dem Intendanten von Limoges, Breteuil, gegeben. Man erstaunte, einen vollkommnen, thätigen Minister, dessen Geist sich immer fruchtbar an Hülfsmitteln gezeigt hatte, den das Publikum schätzte und die Truppen liebten, der standhaft und ohne Hochmuth war, durch den geringsten Intendanten des Königreichs, der bis dahin mehr mit seinem Vergnügen als mit den Geschäften sich abzugeben geschienen hatte, ersetzt zu sehen. Man wußte nicht, daß diese Wahl ihren Grund in der Dankbarkeit des Kardinals hatte, und der Preis von Breteuil's Verschwiegenheit war.

Dübois hatte in seiner frühen Jugend in einem Dorf Limosin ein hübsches Bauermädchen geheirathet. Die Dürftigkeit zwang sie zu einer freywilligen Trennung, und sie kamen überein, daß die Frau einen andern Wohnort wählen, und so gut als sie könnte für ihren Unterhalt sorgen, der Mann hingegen sein Glück in Paris versuchen sollte;

sollte; ihre Dunkelheit erleichterte eine solche Einrichtung. Sobald Dübois anfieng durchzubringen, so schickte er seiner Frau so viel als sie brauchte, um bequem zu leben, und ihr gemeinschaftliches Interesse hütete das Geheimniß. Als er zur erzbischöflichen Würde gelangt war, fürchtete er sich mehr als jemals vor der Offenbahrung einer Verbindung, welche die Freiheiten der Gallikanischen Kirche überschritt. Er vertraute sich Breteuil an, der es gern auf sich nahm, einen so mächtigen Minister von der Angst zu befreyen; dieser gieng nach Limoges ab, und fieng bald an, bloß von zwey Bedienten begleitet, in der Provinz herumzustreifen. Einmal richtete er es so ein, daß er um ein Uhr in der Nacht in dem Dorf anlangte, wo die Heirath vor sich gegangen war, und bey dem Pfarrer abstieg, den er feundschaftlich um die Gastfreyheit bat. Der Pfarrer, außer sich vor Freude, Seine Excellenz, den Herrn Intendanten zu empfangen, würde ihm den ganzen Hünerhof und den Meßwein gern geopfert haben. Die Magd bereitete mit den Bedienten das Abendessen, das Breteuil vortreflich zu finden schien, und indem er den Pfarrer mit einer Vertraulichkeit behandelte, die diesen entzückte, schickte er beym Nachtisch die Bedienten hinaus, um mit der Magd zu essen. Nun er allein mit dem Pfarrer war, ließ er im Gespräch mit einfließen, er zweifle nicht, daß das Kirchenbuch in bester Ordnung wäre. Der Pfarrer betheuerte es, und um ihn zu überzeugen, langte er das Kirchenbuch aus einem Schrank, und legte es auf den Tisch. Breteuil blätterte es nachläßig durch, und als er an dem wichtigen Jahrgang war, warf er es mit scheinbarer Gleichgültigkeit wieder zu, und neben sich auf einen Stuhl. Hierauf fuhr er fort sich lustig mit seinem Wirth zu unterhalten, dem er selbst oft einschenkte, um reichlicher zu messen, und um sich selbst zu schonen. Ueberhaupt vertrug Breteuil, mit dem ich oft gespeist habe, den Wein sehr gut.

Es

Es wurde so fleißig zugesprochen, daß dem ehrlichen Pfarrer der Kopf zu schwindeln anfieng, und er bald einschlummerte. Breteuil benutzte den Augenblick, trennte das nöthige Blatt sorgfältig heraus, und nachdem alles wieder in Stand war, gieng er aus dem Zimmer. Es war im Sommer, und der Tag brach schon an. Breteuil gab der Magd einige Louisd'or, trug ihr Danksagungen für den Pfarrer auf, mit dem er einmal wieder zusammenzukommen gedächte, und reiste fort. Kurz darauf kam der Pfarrer zum gnädigen Herrn, um sich für die Ehre zu bedanken, die er ihm erwiesen hätte; Breteuil nahm ihn vortreflich auf, und bemerkte nicht, daß er den geringsten Argwohn über die Beraubung seines Kirchenbuchs gehabt hätte.

Damit war aber noch nicht alles gethan. Es existirte ein Heirathskontrakt, der Gerichtsschreiber, der ihn aufgesetzt hatte, war länger als zwanzig Jahr tod. Breteuil war so glücklich, den Nachfolger zu entdecken, ließ ihn zu sich kommen, und schlug ihm die Wahl vor, zwischen einer ziemlich beträchtlichen Geldsumme oder dem Gefängniß, für die Uebergabe oder die Verweigerung des Aufsatzes. Der Gerichtsschreiber war bald entschieden, der Kontrakt und die Trauungsurkunde wurden Dübois zugeschickt, der sie vernichtete.

Um die Sache vollends abzuthun, ließ Breteuil die Frau holen, und redete ihr über die Geheimhaltung der Ehe mit der nämlichen Beredsamkeit zu, welche auf den Gerichtsschreiber so mächtig gewürkt hatte. Sie hatte keine Mühe, für die Zukunft eben so viel Verschwiegenheit zu versprechen, als sie bis dahin immer gehabt hatte. Nach dem Tod ihres Mannes kam sie nach Paris, wo sie ihn in unbekannter Wohlhabenheit gegen fünf und zwanzig Jahre überlebt hat. Sie sah ihren Schwager ziemlich oft, und diese beyde waren jederzeit sehr einig.

Die

Die Geistlichkeit, welche seit 1715 nicht versammelt gewesen war, wurde es im May dieses Jahres 1723, und sie erwählte einstimmig den Kardinal Dubois zum Präsidenten, damit keine von den Ehrenbezeugungen, auf welche er irgend Anspruch machen konnte, ihm abgienge, und damit keine Gesammtschaft im Staate wäre, die sich nicht weggeworfen hätte. Der Kardinal fand sich außerordentlich geschmeichelt, und um sich öfter seiner Präsidenz erfreuen zu können, verlegte er den Hof von Versailles nach Meudon, unter dem Vorwand, dem König das Vergnügen der Abwechselung zu verschaffen.

Die Nähe von Meudon, welche die Reisen des Hofs nach Paris um die Hälfte abkürzte, ersparte dadurch dem Kardinal einen Theil der Schmerzen, die er von der Bewegung des Wagens litt. Seit langer Zeit mit Geschwüren in der Blase, Früchte seiner ehemaligen Ausschweifungen, heimgesucht, sah er die geschicktesten Mediciner und Wundärzte, und zwar insgeheim, nicht als ob der Grund seiner Krankheit ihn beschämt hätte, sondern aus der allen Ministern geheimen Furcht sich krank zu bekennen.

Als der König die Musterung seiner Leibregimenter hielt, wollte der Kardinal dabey die Honneurs seiner Stelle als erster Minister genießen, die denen ziemlich gleich sind, welche der Person des Königs gebühren. Er setzte sich eine Viertelstunde vor der Ankunft des Königs zu Pferd, und ritt an den Truppen vorbey, die ihn mit dem Degen salutirten. Ich habe einige Jahre später die Leibregimenter dem Kardinal Fleury auf die nämliche Art begegnen sehen, ohngeachtet er den Titel eines ersten Ministers nicht angenommen hatte, aber im Besitz der Allmacht war. Ein Beweis indessen, daß man ihm diese Ehre von freyen Stücken erwies, ist der Umstand, daß der Herzog von Harcourt, Kapitain einer Kompagnie von den Gardes-du-Corps, der mit dem Kardinal Fleury nicht zufrieden war, ihn vor-
bey-

bepließ, ohne im mindesten zu salutiren, und die Kompagnie blieb eben so still als ihr Kapitain.

Dubois mußte diese kleine Freude theuer bezahlen. Die Bewegung des Reiters machte ein Geschwür aufbrechen, und die Aerzte urtheilten, daß der Brand sich bald an der Blase einstellen würde. Sie erklärten gegen ihn, daß er, ohne eine schnelle Operation, nicht vier Tage zu leben haben würde. Er gerieth in die schrecklichste Wuth gegen sie. Der Herzog von Orleans, von dem Zustand des Kranken benachrichtigt, hatte die größte Mühe, ihn etwas zu beruhigen, und ihn zu überreden, daß er sich nach Versailles bringen ließe, wo es wieder einen neuen Auftritt gab. Als ihm die Fakultät vorschlug, vor der Operation die Sakramente zu empfangen, war seine Wuth ohne Gränzen, und er hielt die rasendsten Reden gegen jeden, der sich ihm näherte. Endlich unterlag er vor Müdigkeit nach so unbändigen Ausbrüchen, und ließ einen Barfüßer Mönch holen, mit welchem er eine halbe Viertelstunde allein blieb. Nachher sprach man davon, ihm das heilige Abendmahl reichen zu lassen. „Das Abendmahl!" rief er, „das ist bald gesagt. Für die Kardinäle giebt es ein großes Ceremoniel, man gehe nach Paris und erkundige sich bey Bissy darnach". Die Wundärzte erkannten die Gefahr der geringsten Verzögerung, und sagten, man könnte unterdessen immer die Operation machen. Bey jedem Vorschlag gebehrdete er sich von neuem wie rasend. Der Herzog von Orleans bestimmte ihn endlich durch wiederholte Bitten, und la Peyronnie machte die Operation; aber die Beschaffenheit der Wunde und der Materie ließ abnehmen, daß es der Kranke nicht weit bringen würde. So lange er seiner bewußt blieb, hörte er nicht auf, mit Zähneknirschen auf die Fakultät zu schimpfen. Die Zuckungen des Todes gesellten sich zu denen der Verzweiflung, und als er außer Stand war zu sehen, zu hören und zu lästern, reichte man ihm

die letzte Oelung, die mit die Stelle des Abendmahls er-
setzte. Er starb den Tag nach der Operation.

So endigte dieses Phänomen des Glücks mit Eh-
renstellen und Reichthümern überhäuft. Er besaß, außer
dem Erzbisthum Cambrai, sieben beträchtliche Abteyen 1),
und als er starb, suchte er sich der Cistercienser und Prä-
monstratenser Abtey, so wie noch andrer, die Ordenshäupter
waren, zu bemächtigen. Ich sehe in einem Brief vom
19 May 1722, den der Kardinal an Chavigni, einen seiner Agenten in Madrid schrieb, daß er, mit dem ersten
Ministerium noch nicht zufrieden, die alte Souverainetät
von Cambrai zu seinem Vortheil wieder aufleben lassen
wollte. Er trägt Chavigni auf, sich in Spanien nach
den diesfalsigen Urkunden umzuthun. Wenn der König von Spanien, sagt er in seinem Brief, sich diese
Souveräinetät ungerecht angemaßt hat, wie es aus
den Protestationen scheint, welche die Erzbischöfe
immer gemacht haben, so ist der König von Frankreich im Fall des eben so ungerechten Hehlens.
Chavigni konnte nichts ausfindig machen.

Die Stelle als erster Minister trug dem Kardinal
150000 Livres ein, und die Oberaufsicht der Posten
100000 Livres. Was aber an einem Minister schändlich
ist, und es an jedem Franzosen seyn würde, er empfing
von England ein Gehalt von 40000 Pfund Sterling,
also gegen eine Million Französischer Livres, zum unum-
stößlichen Beweis, daß er sein Vaterland an die Engländer verrieth. Er that für sie noch etwas, das in seiner Stelle
sehr unwürdig war. Der König Georg hatte auf die
Englischen Katholiken eine außerordentliche Taxe von
100000 Pfund Sterling gelegt. Bey der ersten Nachricht nahm unser ganzer Staatsrath für die Katholiken
Partey, und trug dem Kardinal Dübois auf, die lebhaftesten

---

1) Nogent sous Couci, Saint-Just, Airvaur, Bourgueil, Berg
Saint-Vinor, Saint-Bertin und Cercamp.

testen Klagen darüber zu führen, und den Widerruf der Taxe zu verlangen. Schon die Würde des Kardinals ließ ihm hier keine Ausflucht zu. Er schrieb den nachdrücklichsten Brief, las ihn im Conseil vor, wo er gebilligt wurde, und schickte ihn ab. Die Englischen Minister waren in solcher Verlegenheit, daß sie nicht wußten, was sie anfangen sollten, und im Begrif waren, die Taxe zurückzunehmen; aber die Beruhigung blieb nicht lange aus. Unmittelbar nach dem Abgang des Kouriers hatte Dübois einen andern an Destouches, unsern Agenten in London, abgefertigt, mit einem Brief in Chiffren vom 19 November 1722, durch welchen er ihm auftrug, die Englischen Minister zu beruhigen, und sie versicherte, daß wir die Sache nicht verfolgen würden.

Er hatte über zwey Millionen jährlicher Einkünfte, ohne eine Menge baaren Geldes und ein ungeheures Vermögen an Meublen, Equipagen, Geschirr und Juwelen aller Art mitzurechnen. Mehr habsüchtig als geizig, hielt er ein prächtiges Haus und eine reiche Tafel, von welcher er die Honneurs sehr gut machte, ohngeachtet er für seine eigne Person mäßig war.

Der älteste Bruder des Kardinals, der, seit der Ernennung seines Bruders zum Staatssekretair, Kabinettssekretair geworden war, erbte sein unermeßliches Mobiliarvermögen.

Dieser Dübois praktizirte als Arzt in Brive, eh er nach Paris kam. Er war ein sehr rechtschafner Mann. Er hatte nur einen Sohn, Kanonikus zu Saint-Honoré, einen würdigen Geistlichen, der in der Eingezogenheit seines Standes lebte, ohne je andre Pensionen oder Benefizien haben zu wollen als sein Kanonikat.

Der Bruder und der Neffe ließen dem Kardinal in der Kirche Saint-Honoré, wo er beerdigt ist, ein prächtiges Denkmal setzen. Statt aller Grabschrift liest man darauf seine Titel, und hinterdrein eine moralische und christliche Betrachtung.

Die Versammlung der Geistlichkeit, von welcher der Kardinal Präsident war, hielt ihm ein feyerliches Amt. Auch in dem Dom wurde eines gehalten, dem die obersten Gerichtshöfe beywohnten: eine Ehre, welche den ersten Minister immer erzeigt wird. Nirgends aber wagte man eine Leichenrede. Sein Bruder und sein Neffe wurden von einer so reichen Erbschaft nicht verblendet. Sie verwandten sie fast ganz in guten Werken, und haben ihre Bescheidenheit bis zu ihrem Ende nicht verleugnet.

Ich habe mir es nicht zum Gesetz gemacht, von den Helden, die in meinen Memoiren vorkommen, förmliche Portraits zu geben. Meine Absicht war, sie durch die Begebenheiten selbst zu schildern, und ich habe mir keine andern Betrachtungen erlaubt, als die unmittelbar aus diesen entsprangen. Ich werde hier noch einige über den Kardinal Dübois beyfügen, und gewisse Personalitäten anführen, die als Belege dazu dienen werden.

Dübois hatte unstreitig Verstand, aber er war keinesweges seinem Amte gewachsen. Er hatte mehr Talent zur Intrigue als zur Staatsverwaltung, und verfolgte einen Gegenstand mit vieler Thätigkeit, ohne alle Verhältnisse desselben zu umfassen. Das Geschäft, was gerade im Augenblick seine Aufmerksamkeit auf sich zog, machte ihn aller übrigen unfähig. Er hatte weder den Umfang noch die Biegsamkeit des Geistes, die einem Minister unentbehrlich sind, welcher mit verschiedenartigen, aber oft auf einen Zweck zusammenlaufenden Operationen sich beschäftigen muß. Da er sich nichts entgehen lassen wollte, und doch nicht alles verrichten konnte, so sah man ihn oft ganze Haufen unerbrochener Briefe in das Feuer werfen, um, wie er sagte, wieder in Gang zu kommen. Was seiner Staatsverwaltung am meisten schadete, war das Mißtrauen, das er einflößte, die Meynung, die man von seinem Herzen hatte. Er verachtete die Tugend mit so vieler Freymüthigkeit, daß er es nicht der Mühe werth halten konnte zu heucheln, ob er gleich voll Falschheit war. Er hatte mehr Laster als Fehler; frey von Kleinlichkeit, war er es nicht von Thorheit. Seiner Geburt hat er sich nie geschämt, und er wählte das geistliche Kleid nicht als einen Schleyer, der jeden Ursprung bedeckt, sondern als das erste Mittel sich zu erheben für einen Ehrgeizigen ohne Namen. Wenn er auf alle Ehrenbezeugungen der Etikette hielt, so hatte keine kindische Eitelkeit daran Theil, sondern es war Ueberzeugung, daß alle mit gewissen Aemtern und Würden verbundnen Vorrechte, ohne Unterschied der Geburt, jedem, der sich jener bemächtigt, zukommen, und daß es eben so sehr Pflicht als Befugniß ist, sie zu fordern.

Indem er so genau auf alles hielt, was seinem Rang gebührte, wachte er darum nicht sorgfältiger über seine persönliche Würde. Er drückte selten durch Hochmuth, aber destomehr durch plumpe Härte. Der geringste Widerstand machte ihn wüthend, und in seiner Unbändigkeit sah man ihn zuweilen auf den Sesseln und Tischen seiner Zimmer herumspringen.

Am Ostertag, der nach seiner Promotion zum Kardinalat folgte, war er etwas später aufgewacht als gewöhnlich, und fluchte auf alle seine Bedienten daß sie ihn so lange hätten schlafen lassen, und gerade an einem Tage, wo sie wissen müßten, daß er Messe lesen wollte. Man eilte sich ihn anzukleiden, indem er immerfort fluchte. Plötzlich fiel ihm ein Geschäft ein, er ließ einen Sekretair kommen, und vergaß die Messe zu lesen, und sogar zu hören.

Er aß alle Abende gewöhnlich einen Hühnerflügel. Einmal gerieth zu der Stunde, wo aufgetragen werden sollte, ein Hund über das Huhn, und nahm den Braten weg. Die Leute wußten kein andres Mittel, als ein zweytes an den Spieß zu stecken. Der Kardinal verlangt ungezüglich sein Huhn; der Haushofmeister sieht seine Wuth voraus, wenn er ihm die Wahrheit sagt, oder ihm etwas über die gewöhnliche Stunde zu warten vorschlägt; er nimmt seine Partie, und sagt ganz kaltblütig: „Sie haben schon gespeist, gnädiger Herr." — „Ich gespeist?" antwortet der Kardinal. — „Freylich, gnädiger Herr. Sie haben zwar wenig gegessen, Sie schienen den Kopf sehr voll zu haben. Wenn Sie aber befehlen, so wird man ein andres Huhn auftragen. Das wird nicht lange dauern." Der Arzt Chirac, der ihn alle Abende besuchte, kam jetzt dazu. Die Bedienten nahmen ihn erst beiseite, und bitten ihn sie nicht stecken zu lassen. „Das ist etwas sonderbares," sagt der Kardinal, „meine Leute wollen mich überreden daß ich schon gespeist habe. Ich kann mich durchaus nicht darauf besinnen, und was noch mehr ist, ich fühle einen starken Appetit." — „Desto besser," antwortet Chirac, „die Arbeit hat Sie erschöpft, die ersten Bissen haben blos Ihren Hunger gereizt. Sie könnten ohne Gefahr noch einmal essen, aber wenig. Tragt auf," sagte er zu den Leuten, „ich will den Herrn noch vollends speisen sehen." Das Huhn wurde aufgetragen. Der Kardinal hielt es für ein entschiedenes Zeichen von Gesundheit, daß er auf Chirac's Verordnung, der immer die Abstinenz predigte, zweymal soupirte, und war beym Essen von der besten Laune von der Welt.

Er that sich für niemanden Zwang an. Als ihn die Prinzessin von Montauban-Bautru einmal ungeduldig machte, was eben nicht schwer hielt, schickte er sie in kräftigen Ausdrücken zum Henker. Sie beklagte sich darüber beym Regenten, und erhielt keine andre Antwort als daß der Kardinal etwas lebhaft, aber sonst ein treflicher Rathgeber wäre. a) Dübois behandelte den Kardinal

de

---

a) Dieses leichtfertige Bonmot des Regenten ist unübersetzbar. Wer es nicht weiß, daß die Franzosen bey solchen Gelegenheiten viel zu artig sind, um eine Dame zum Henker zu schicken; daß

de Sevres, einen ernsten und strengen Mann, um nichts besser. Da die Satisfactionen des Regenten mit den Beleidigungen des Ministers ziemlich von gleichem Schlag waren, so gewöhnte man sich diesen Redensarten weiter keine Konsequenz beyzumessen.

Man brauchte ihn nicht einmal ungeduldig zu machen, um dergleichen Begegnungen von ihm zu erfahren. Die Marquise von Conflans, Gouvernante des Regenten, war bloß zu ihm gegangen, um ihm eine Höflichkeitsvisite zu machen, war aber von ihm nicht gekannt, und traf ihn gerade in einem Augenblick von übler Laune. Sie hatte ihn kaum angeredet: Monseigneur, so unterbrach sie der Kardinal: „was Monseigneur? das geht gar nicht an." — „Aber Monseigneur" — „Aber, aber! Hier ist kein aber, es geht einmal nicht an." — Die Marquise wollte ihm vergebens ausreden, daß sie irgend ein Anliegen hätte. Ohne ihr die Zeit zu lassen sich zu erklären, drehte sie der Kardinal bey den Schultern herum, um sie herauszuführen. Die Marquise, erschrocken, glaubte ihn in einem Paroxysmus von Tollheit, worinn sie wohl nicht ganz irrte, und lief davon, indem sie laut rief, man müßte ihn einsperren.

Zuweilen besänftigte man ihn, wenn man seinen eignen Ton gegen ihn annahm. Er hatte unter seinen vertrauten Sekretairen einen abtrünnigen Benediktiner, Namens Venier, der ein sehr kecker Mensch war. Wie er einmal mit dem Kardinal in der Arbeit begriffen war,

brauchte

daß sie ein viel passenderes Gewerbe für sie haben; daß sie für die eigentlichen kräftigen Worte, (deren Sinn in den wenigen Fällen, wo sie nicht zum Fluchen gebraucht werden, eine reichhaltige Quelle von Witz für sie ist) nur per euphonicmum das envoyer promener substituiren; und daß die Entschuldigung des Regenten bey einer Prüde wenigstens den officiellen Nutzen haben mußte, alle fernere Klage zu hemmen: dem wird diese Note keinen Aufschluß weiter geben, als daß eine Zweydeutigkeit, die erklärt werden muß, witzig zu seyn aufhört.

brauchte dieser ein Papier, das sich nicht gleich im Augenblick fand. Da fing er an zu toben, zu fluchen, zu schreien: mit dreißig Commis würde er nicht bedient, er könnte ihrer hundert annehmen, ohne daß es um ein Haar besser ginge. Venier sieht ihn ruhig an, ohne ihm zu antworten, und läßt ihn austoben. Seine Kaltblütigkeit und sein Stillschweigen erhitzen den Kardinal noch mehr, der ihn beim Arm ergreifet, ihn schüttelt, und schreit: „Aber so antworte doch, Schurke! Ist's denn nicht wahr?" — „Gnädiger Herr," sagte Venier mit dem nämlichen Phlegma, „nehmen Sie nur einen einzigen Menschen mehr an, der für Sie flucht, so werden Sie Zeit überley haben, und alles wird gut gehen." Der Kardinal besänftigte sich, und lachte endlich selbst.

Der Regent war über den Tod seines Ministers sehr erfreut. Am Tag der Operation war die Luft sehr schwül und es kam ein Gewitter; bey den ersten Donnerschlägen konnte sich der Prinz nicht enthalten zu sagen: „das Wetter soll, hoffe ich, meinen Schurken mitnehmen." In der That behandelte Dubois seinen alten Herren mit eben so wenig Rücksicht als jeden andern; der Herzog getraute sich kaum ihm jemanden zu empfehlen. Er hatte sich die Vertheilung der geistlichen Aemter und der Gnadenbezeugungen zu seiner Arbeit mit dem König vorbehalten; aber er unterwarf sich, die Liste vorher dem Kardinal mitzutheilen, der die Namen derer, die ihm nicht anstunden, mit der größten Frechheit ausstrich. Nie gab es eine schimpflichere Knechtschaft als diese, die sich der Herzog selbst aufgelegt hatte, die er schimpflich empfand, die er einzugestehen sich schämte, und von der er die Stärke nicht hatte sich zu befreien.

So bald der Kardinal todt war, fuhr der Rezent von Versailles nach Meudon, um es dem König zu melden, welcher, durch den Bischof von Frejus schon vorbereitet, den Herzog bat, die Regierung zu übernehmen, und

und ihn am folgenden Tag öffentlich zum' ersten Minister erklärte.

Da der König nur für die Bequemlichkeit des Kardinals nach Meudon gebracht worden war, so kehrte er zwey Tage darauf nach Versailles zurück.

Der Herzog von Orleans schien sich anfangs den Geschäften widmen zu wollen; aber seine Trägheit und die Zerstreuungen brachten ihn bald wieder davon ab. Er überließ die Geschäfte den Staatssekretären, und stürzte sich immer mehr in seine geliebten Bacchanalien. Seine Gesundheit litt merklich darunter, und er war den größten Theil des Vormittags in einer Betäubung, die ihn aller Anstrengung unfähig machte. Man sah voraus, daß er keinen Augenblick vor einem Schlagfluß sicher seyn würde. Seine wahren Diener suchten ihn zur Diät zu bereden, oder wenigstens von den Ausschweifungen abzubringen, die ihn in einem Augenblick tödten könnten. Er sagte, einer eiteln Besorgniß wegen möchte er sich seiner Vergnügungen nicht berauben. Abgestumpft für alles, überließ er sich denselben doch mehr aus Gewohnheit als aus Geschmack. Noch setzte er hinzu, daß er weit entfernt einen plötzlichen Tod zu fürchten, diesen vielmehr wählen würde.

Chirac, der eine inflammirte Gesichtsfarbe und mit Blut unterlaufne Augen an dem Prinzen bemerkte, redete ihm schon lange zu, daß er zur Ader lassen sollte. Den Donnerstag früh, am 2. December, drang er so lebhaft in ihn, daß der Herzog, um sich von der Beschwerlichkeit des Arztes loszumachen, bringende Geschäfte vorgab, die keinen Aufschub litten, zugleich aber versprach, sich den nächsten Montag gänzlich der Fakultät zu überlassen, und bis dahin die strengste Diät zu halten. Er erinnerte sich aber seines Worts so wenig, daß er an dem nämlichen Tag gegen seine Gewohnheit, bloß zu soupiren, zu Mittag speiste, und wie er immer pflegte, sehr viel aß.

Den Nachmittag brachte er mit der Herzogin von Phalaris 1), einer von seinen gefälligen Damen, bis zur Arbeit bey dem König ein Stündchen zu. Sie saßen beyde neben einander am Feuer, als der Herzog auf einmal in die Arme der Phalaris sank; diese, erschrocken ihn ohne Bewußtseyn zu finden, steht auf, und ruft nach Hülfe, ohne irgend jemanden in den Zimmern zu finden. Seine Leute hatten sich alle entfernt, weil sie wußten daß er durch eine Hintertreppe zum König hinaufzugehen pflegte, und daß um diese Stunde niemand kam. Ein ähnliches Beyspiel, wo bey dem König die ganze Dienerschaft aus einander gegangen war, ereignete sich bey Damiens Frevelthat am 5. Januar 1757, weil Ludwig der Funfzehnte an dem Tage nicht wieder in Versailles erwartet wurde.

Die Phalaris mußte also bis in die Höfe hinunterlaufen, um jemanden herbey zu schaffen. Die Zimmer waren bald gedrängt voll, aber es verging wieder eine halbe Stunde, bis man einen Chirurgus fand. Endlich kam einer, der Prinz wurde zur Ader gelassen; er war todt.

So starb in einem Alter von 49 Jahren und etlichen Monaten einer von den liebenswürdigsten Männern für die Gesellschaft; er war voll Verstand, Talenten, kriegerischem Muth, Güte, Menschlichkeit, und einer von den schlechtesten Fürsten, das heißt von den unfähigsten zur Regierung.

La Brilliere ging sogleich zum König und zum Bischof von Frejus, ihnen den Tod des Herzogs von Orleans zu melden. Hierauf suchte er den Herzog von Bourbon auf, und ermahnte ihn die Stelle als erster Mini-

---

1) Gorge d'Antrague, den der Pabst zum Herzog von Phalaris gemacht hatte, war ein Sohn von dem Finanzier Gorge, der in Boileau's erster Satyre vorkommt. In den spätern Ausgaben hat man George statt Gorge gesetzt.

Minister zu verlangen; er ließ von da sofort in seinem Departement die nöthigen Patente, nach dem Muster desjenigen, welche der Herzog von Orleans gehabt hatte, auf alle Fälle aufsetzen. Mit diesem Stück und mit der Eidesformel versehen, ging er wieder zum König, wo der Herzog von Bourbon, von einer Menge Hofleute begleitet, sich schon eingestellt hatte.

Der König, welcher bitterlich weinte, hatte den Bischof von Frejus bey sich, der die ersten Augenblicke der Betrübniß vorüber ließ, und ihm dann sagte: das Beste was er thun könnte, um den erlittenen Verlust zu ersetzen, wäre den Herzog von Bourbon zu bitten, daß er die Stelle als erster Minister annähme. Der König sah den Bischof an, ohne zu antworten, und bezeugte seine Einwilligung durch ein bloßes Kopfnicken. Sogleich machte der Herzog von Bourbon seine Danksagung. La Vrilliere zog die Eidesformel aus der Tasche, und fragte den Bischof, ob es nicht schicklich wäre den Herzog jetzt gleich in Eid zu nehmen. Fleury billigte es sehr, und schlug es dem König vor, der folglich auch damit einverstanden war. Der Herzog von Bourbon leistete den Eid, und eine Stunde nach dem Tod des Herzogs von Orleans war alles schon vollzogen.

Der Bischof von Frejus hätte sich schon damals des Ministeriums eben so leicht für sich bemächtigen können, als er es dem Herzog von Bourbon zuwandte. Seine Freunde riethen es ihm an; aber der Prälat, dessen Ehrgeitz das Wesen der Gewalt vorzüglich betraf, glaubte seine Absichten nicht so geradezu offenbaren zu dürfen, und schmeichelte sich, unter dem Namen eines Prinzen, dessen Untüchtigkeit er kannte, im Grunde doch zu herrschen. Hatte er sich verrechnet, so wußte er, und hat es nachher auch bewiesen, daß er im Stande war, sein eignes Werk zu zerstören, sobald es ihn gereute.

Der

Der Tod des Herzogs von Orleans wurde nach dem verschiednen Interesse eines jeden verschieden empfunden. Seine Vertrauten sagten, daß Frankreich einen großen Mann verlöre, weil er die Gnaden an sie verschwendete, und sie angenehme Abendstunden mit ihm zubrachten.

Die Andächtler ergötzten sich an dieser Todesart, als einer sichtbaren Strafe Gottes. Die frommen Seelen seufzten darüber. Beyde Parteien der Kirche bedauerten seinen Verlust nicht. Die Jansenisten sahen sich, nach einem Schimmer von Hofnung, wieder ihren Feinden aufgeopfert. Die Anhänger der Konstitution fanden ihren Sieg noch nicht vollkommen.

Das Militär, und hauptsächlich die Subalternen, welche den Leib und die Seele der Truppen machen, unwillig alle Auszeichnungen, alle höheren Grade an die Protektion, an die Kabale vergeben, oder durch Höflinge und Weiber verhandelt zu sehen, gedemüthigt durch die Nothwendigkeit einem Untergebnen in den Departements mehr Ehrerbietung bezeugen zu müssen, als einem Marechal von Frankreich, seufzten nach einer Veränderung in der Regierung, welche nicht erschien.

Die Mittelklasse der Bürger, welche dem Staat und den öffentlichen Sitten am treuesten ergeben ist, sah die Frucht ihrer Oekonomie zerstört, die Patrimonialbesitzungen umgestürzt, das Eigenthum unsicher, das Laster schamlos, den Anstand verachtet, das Skandal geehrt. Dies alles war so weit gegangen, daß man sogar die Heucheley des vorigen Hofs zurückgewünscht hätte. Man kann nicht läugnen, daß die Regentschaft die Epoke, und die vornehmste Ursache von einer unverschleierten allgemeinen Verderbniß gewesen ist, zu welcher sie das Signal und das Beyspiel gegeben hat.

Und verdient diese Regentschaft den Lobspruch, ruhig gewesen zu seyn, dafür daß sie den äußeren Frieden erhalten

ten oder erkauft hat, indessen sie das Innere in Unordnung und Flammen setzte? Die Engländer allein würden über den Verlust des Herzogs von Orleans zu trauern gehabt haben, wenn sie unter dem folgenden Ministerium nicht die nämlichen Gefälligkeiten gefunden hätten.

Als der Herzog von Chartres den Tod seines Vaters erfuhr, war er in Paris bey einer Maitresse, die er der Mode zu Gefallen unterhielt, und bald aus Reue verließ. Er begab sich sogleich nach Versailles, ließ sich's nicht einfallen, dem Herzog von Bourbon das mindeste streitig zu machen, und nahm wenig Tage darauf den Titel als Herzog von Orleans an. Ich werde nicht viel mehr von ihm zu sagen haben. Dieser Prinz, der in seiner kleinen vorübergehenden Ausschweifung immer noch fromme Empfindungen behalten hatte, wurde von dem plötzlichen Tode seines Vaters so ergriffen, daß er sich auf der Stelle in das andre Extrem stürzte, und sich einer mönchischen Andacht widmete, in welcher er bis an seinen Tod beharrte. Sein Präceptor war der Abbé Mongault gewesen, ein geistvoller und gelehrter Mann, ein Theolog, der über religiöse Gegenstände frey dachte. Er mochte aber seinen Eleven einer aufgeklärten Moral nicht gewachsen finden, oder er mochte glauben, daß es keine zu starken Bande geben kann, um einen Prinzen im Zaum zu halten, kurz er hatte sich bemüht, seinem Zögling diejenigen Religionsgrundsätze einzuprägen, die am meisten dazu gemacht waren, ihn zu schrecken.

Sechstes Buch.
Ministerium des Herzogs von Bourbon.

Der Herzog von Bourbon, gemeiniglich Monsieur le Duc genannt, bedauerte den Verlust seines Vorgängers wahrscheinlich nicht, war aber gerade der Mann, ihn der Nation am empfindlichsten zu machen. Sein Ministerium war die Regierung der Marquise von Prie, seiner Maitresse und der zügellosesten Kreatur. Er fing damit an, die Stellen, die er bey seinem Antritt des Ministeriums vakant fand, zu besetzen. Darunter gehörte die des ersten Präsidenten des Mesmes, welcher im August gestorben war. Novion bekam sie, er war der älteste unter den Präsidenten à mortier a) und ein Enkel des Novion, der 1689 wegen Uebelverhaltens sich der Stelle als erster Präsident hatte begeben müssen.

Der Enkel hatte nichts mit dem Großvater gemein. Er hatte weniger Einsichten, aber sehr viel Rechtschaffenheit, er wußte viel von der Prozedur und wenig von der Jurisprudenz, er würde daher, bey weniger Trägheit, einen treflichen Prokurator abgegeben haben; er machte einen sehr schlechten Ersten Präsidenten. Hart, scheu, unzugänglich rettete er sich vor dem Palais und vor den Geschäften, um in seinem alten Quartier in dem Laden eines

---

a) Die Präsidenten à mortier haben oder hatten das Vorrecht an gewissen feyerlichen Tagen eine Mütze, die man mortier nannte, zu tragen.

eines Wagners, der sein Nachbar und sein besondrer Freund gewesen war, die Zeit zu verplaudern.

Rovion war längst so bekannt, daß man ihm keine Stelle hätte geben sollen, die Fleiß, Wachsamkeit und Würde erforderte; aber er war der Aelteste unter den Präsidenten à mortier, und man folgte jener Ordnung des Avancements, die in Frankreich so geehrt und so schädlich ist. Ueberdem hatte er das Verdienst, daß seine Frau eine Tante der Marquise von Prie war; konnte der Herzog von Bourbon wohl einen Anverwandten seiner Maitresse abweisen? Diese kleinen Rücksichten sind bey uns die wichtigsten Angelegenheiten, und entscheiden über die großen Stellen. Damit die Begünstigung vollkommen wäre, wurde die Präsidentenstelle seinem Enkel, der funfzehn Jahre alt war, gegeben, und Lamoignon de Blancmenil, der gegenwärtige Kanzler, bekam die zeitliche Verwahrung und Verwaltung der Stelle für den Knaben.

Zum Glück für das Publikum waren dem Ersten Präsidenten seine Amtsverrichtungen eben so lästig als er es den Parteien war; um sich von diesem Zwange zu befreien gab er seine Dimission, nachdem er seine Stelle neun Monate bekleidet hatte, wenn man anders sich über die Art, wie er sich darinn benahm, so ausdrücken darf.

Ich habe seinen Enkel, der Präsident à mortier war, sehr gekannt. Er hat mehr Redlichkeit als Talente, er hat sich aber auch wie ein ehrlicher Mann selbst Gerechtigkeit wiederfahren lassen, und seine Stelle ebenfalls abgegeben, um auf seinem Landgute zu leben.

Der Herzog von Bourbon gab die Stelle des ersten Stallmeisters dem Chevalier de Beringhen, dem nämlichen der noch lebt, einem Bruder des vorigen Titularen, der am ersten December, einen Tag früher als der Herzog von Orleans, starb. Wenn dieser Prinz gelebt hätte, so würde er einem Manne, der sein glücklicher Nebenbuhler

gewe=

gewesen war und ihm die Gräfin von Parabere geraubt hatte, diese Gnade nicht erwiesen haben. Freilich wäre dieser Umstand kein billiger Bewegungsgrund gewesen ihn zurückzuweisen; aber der König würde sich zuverlässig in ökonomischer Rücksicht besser dabey befunden haben. Der Marquis von Nangis, nachmaliger Marschall von Frankreich, hatte große Lust zu dieser Stelle, der Herzog von Bourbon entschädigte ihn, indem er ihn im Voraus zum Chevalier d'honneur der künftigen Königin ernannte; so gab er dem Marschal von Tesse auch im Voraus die Stelle als Oberstallmeister der Königin. Da der Marschall als Ambassadeur nach Spanien gehen sollte, so erhielt er für seinen Sohn den eventuellen Eintritt in seine Anwartschaft.

Zwey Tage nach dem Tode des Herzogs von Orleans trat der Marschall von Villars in den Staatsrath. Am nämlichen Tag verkündigte der Graf von Toulouse seine Heirath mit der Marquise von Gondrin, Schwester des Herzogs von Noailles 1).

Als der Bischof von Frejus dem Herzog von Bourbon das erste Ministerium verschafte, war er sich sehr wohl bewußt, es ihm nur als Pfand anzuvertrauen; und die Dankbarkeit war in seinen eignen Augen von zu geringem Gewichte, als daß er bey einem Prinzen sehr darauf hätte

---

1) Ohngeachtet der Graf von Toulouse im Besitz der Honneurs als Prinz vom Geblüt war, so traf er hier doch keine Mißheirath. Die wahren Prinzen haben Gemahlinnen genommen, die für die Geburt der Noailles nicht überlegen waren. Es sind wenige am Hof die man ihnen entgegen stellen, und noch wenigere die man ihnen vorziehen könnte. Sie haben ihren Namen von einem Schloß, das sie seit undenklichen Zeiten besitzen, und sie erscheinen schon am Ende des zwölften Jahrhunderts mit Glanz in ihrer Provinz. Die Gräfin von Toulouse konnte immer auf die nämlichen Ehrenbezeugungen Anspruch machen als die Herzogin von Verneuil, (Seguier) die bey der Vermählung des Herzogs von Bourgogne zum königlichen Festin gezogen wurde.

hätte rechnen sollen. Er wollte aber unter einem geehrten Phantom den Hof an seinen Einfluß gewöhnen, und auf seine Macht vorbereiten. Das Schwerste war schon gewonnen, indem er auf den Punkt gelangt war, wo er stand. Er war der Sohn eines Zolleinnehmers von Lodeve, und hatte eine Stelle als Kapellan des Königs durch den Einfluß der frommen Damen vom Hof erhalten, den andre, die nicht eben so fromm waren, zu seinem Vortheil gelenkt hatten. Ohngeachtet des Widerwillens des vorigen Königs wurde er nachmals zum Bischof, und hierauf, ohngeachtet der Gegenkabalen der Jesuiten, zum Präceptor Ludwigs des Funfzehnten ernannt, dessen innigstes Vertrauen er besaß. Dieses Wunder des Glücks erregte nicht wie Dübois den Haß und die Verachtung, und es gelang ihm den Neid zahm zu machen.

Der Herzog von Bourbon nahm sogleich das ganze Aeußere als erster Minister an, wohnte sich in den Zimmern ein, wo der Herzog von Orleans gestorben war, und ließ an der Thüre seines Kabinets die Tage und die Stunden anschlagen, welche jedem Minister zu seiner Arbeit bestimmt waren. Der Haufen der Hofleute überschwemmte sein Appartement; diejenigen die nicht bis in das Kabinet dringen konnten, füllten die Vorzimmer, worauf sie dann die Marquise von Prie in den ihrigen belagerten.

Auf der andern Seite blieb der bescheidne Bischof von Frejus auf eine kleine schlecht möblirte Wohnung eingeschränkt, und schien sich auch nicht um einen Zoll höher aufzurichten. Nachdem er aber in das Conseil eingetreten war, fand er sich bey dem König, wenn der Herzog von Bourbon, wie ehemals der Regent, dem jungen König seine Aufwartung machte und das Spiel trieb, als ob er die Geschäfte mit ihm abhandelte.

Der Bischof wich auch nicht auf eine Minute von der Stelle die er hierbey als dritter einnahm; um aber

II. Theil P einen

einen Prinzen vom Geblüt, der von Natur leicht Argwohn schöpfte, nicht aufzuscheuchen, ließ er es an keiner Ehrfurchtsbezeugung, an keiner Aufmerksamkeit gegen ihn fehlen, und setzte ihn gleich in den ersten Tagen auf den Fuß nichts vorzuschlagen, als im Einverständniß mit ihm.

Die Gewalt, die der alte Bischof über den Herzog durch List, und über den König durch Vertrauen erwarb, entging keinesweges dem scharfen Blick der untern Minister. Sie bewarben sich um seine Protektion, brachten ihm heimlich ihre Portefeuilles, und er war, mit eben so viel Heimlichkeit, gefällig genug sich dieselben mittheilen zu lassen, und sie zum Dank für die Höflichkeit, die sie ihm damit erwiesen, zu lenken.

Bald gab der Prälat, mit einem eben so frommen als bescheidnen Ton und Ansehen, dem Herzog zu verstehen, so unbedingt er auch über die weltlichen Geschäfte sich seinen Einsichten unterwürfe, so erlaube ihm sein Gewissen nicht die geistlichen Sachen einem Prinzen zu überlassen, der schon so sehr mit Arbeiten überladen wäre und sich durch diese Ausnahme sehr erleichtert finden würde; die Angelegenheiten der Kirche erforderten einen Mann, der sich ganz allein mit denselben abgäbe. Ob nun der Herzog von Bourbon die Wichtigkeit dieses Fachs nicht kannte, oder ob er sich nicht getraute einen Mann, der dem König theuer war, vor den Kopf zu stoßen; genug er ließ den Bischof die Vertheilung der geistlichen Aemter an sich reißen, und Fleuri war unumschränkter Herr über diesen Theil der Regierung, ohne sich darum weniger in alle andern einzumischen. So wurde er, und so zeigte er sich mehr der Kollege des Ersten Ministers, als sein Gehülfe.

Die Marquise von Prie war höchst aufgebracht, die Vertheilung der geistlichen Güter sich entreissen zu sehen, denn sie hatte sehr darauf gerechnet unter dem Namen ihres

res Liebhabers den Staat und die Kirche zu verwalten. Sie war auch, den letzten Artikel ausgenommen, in den drittehalb Jahren dieses Ministeriums unumschränkte Beherrscherin des Königreichs. Bey ihrer Zurückkunft von der Turiner Gesandtschaft, wohin sie ihren Mann begleitet hatte, war sie mit dem Projekt umgegangen, den Regenten zu erobern, oder wenigstens sonst jemanden durch welchen sie eine Rolle spielen könnte. Auch wäre der Regent dagegen nicht unempfindlich gewesen, er war aber flatterhaft, und indem er keine Galanterien und keine Gnaden sparte, ließ er doch seinen Maitressen keinen Theil an den Staatsgeschäften nehmen. Selbst die Trunkenheit verleitete ihn hierinn nie zu einer Unbesonnenheit; ich habe ein Beyspiel davon angeführt. Die Marquise von Prie ließ also ihre Netze über den Herzog von Bourbon fallen.

Seine Mutter hätte sich gern der Herrschaft über ihn bemächtigt, sie war aber selbst zu gut mit der Liebe bekannt, als daß sie sich geschmeichelt hätte mit dem mütterlichen Ansehen gegen diese Leidenschaft aufzukommen. Sie begnügte sich also, mit der Maitresse ihres Sohns auf einen politischen Fuß zu leben, um nicht ganz von ihm verlassen zu werden; und zugleich behandelte sie den Bischof von Frejus mit vielen Rücksichten.

Die Marquise hatte zu viel Verstand, um die Untüchtigkeit ihres Liebhabers nicht zu erkennen, und um sich einzubilden daß sie selbst alles besäße, was in der Staatsverwaltung den geringen Einsichten des Ministers nachhelfen könnte. Sie entschloß sich, Wegweiser zu wählen, die nur durch sie bestehen könnten, und die Brüder Paris schienen ihr hiezu am tauglichsten. Sie machten den Geheimen Rath der Marquise aus, und wurden durch sie bey dem Herzog eingeführt. Obgleich dieser Prinz schon die größten Begriffe von dem Verdienst seiner Geliebten

hatte,

hatte, so trug doch der Ausschuß der Brüder Paris 1) noch sehr dazu bey, ihn darinn zu bestärken.

Jedes

1) Diese vier Brüder hatten unter der Regentschaft angefangen sich einen Weg zu bahnen, und ihr Einfluß auf die Finanzen war schon wichtig genug, um sie Law verdächtig zu machen, dessen Operationen sie nicht billigten. Er ließ sie exiliren; als er aber das Königreich verlassen hatte, wollte man ihre Talente benutzen und rief sie zurück. In Betracht der Rolle, die sie unter dem Ministerium des Herzogs von Bourbon spielten, und der Achtung in welcher die beyden noch lebenden stehen, wird es gut seyn hiermit ihren Ursprung bekannt zu machen.

Ihr Vater hielt ein Wirthshaus am Fuß der Alpen, wo seine Söhne, große und wohlgewachsene Burschen, ihm die Passagiere bedienen halfen. Es traf sich im Jahr 1710, daß ein Proviantlieferant, welcher in dem Geburge einen Weg suchte, um der Armee des Herzogs von Vendome in Italien Lebensmittel schnell zukommen zu lassen, um welche sie sehr verlegen war, zufällig in das Wirthshaus der Paris kam, und ihnen sein Anliegen eröfnete. Der Wirth versprach ihm durch seine Söhne, die alle Wege in dem Geburge kannten, seiner Verlegenheit ein Ende zu machen. Sie hielten Wort, und brachten den Transport glücklich an Ort und Stelle. Der Mann stellte sie dem Herzog von Vendome vor, pries ihre Dienste sehr an, und bediente sich ihrer ferner in Proviantangelegenheiten. Von diesem Augenblick war die Pforte des Glücks für sie offen. Bey vielem natürlichen Genie, einer ausgezeichneten Figur, einer vollkommenen Einigkeit, einer großen Thätigkeit, und einer gemeinschaftlichen Handlungsweise nach einem bestimmten Plan, mußten sie nothwendig weit kommen. Sie hatten auch noch den Vortheil, im Anfang die Herzogin von Bourgogne für sich zu haben. Eine von ihren Frauen war auf der Reise der Prinzessin nach Frankreich krank geworden, und mußte in dem Wirthshaus der Paris zum Berge (was ihr Wahrzeichen war, und wovon einer von den Brüdern seinen Namen entlehnte) liegen blieben. Sie wurde da so gut behandelt, daß sie bey ihrer Ankunft am Hofe mit Erkenntlichkeit davon gegen die Prinzessin sprach, und ihnen ihre Protektion verschafte. Ihr Glück war 1722 schon so gut gegründet, daß für Paris den ältesten eine dritte Stelle als Wächter des königlichen Schatzes errichtet wurde. Der Sturz des Herzogs von Bourbon 1726 riß die Paris mit fort. Aber sie kamen 1730 wieder in die Höhe, und Paris von Montmartel, der jüngste von den vier Brüdern, erhielt die Stelle als Wächter des königlichen Schatzes, die er noch bekleidet. Indem er Hofbankier geworden ist, hat er so viel Einfluß auf die Finanzen des Reichs bekommen, daß man keinen Generalkontroleur ein- oder absetzen würde, ohne ihn zu befragen.

Jedes Projekt wurde mit ihr verabredet, eh man es dem Herzog von Bourbon darlegte. Man unterließ nicht, Gelegenheit zu Berichtigungen dabey zu laßen, welche die Faßungskraft des Herzogs von Bourbon überstiegen, und die von der vorher abgerichteten Dame immer bemerkt wurden. Die Paris spielten das größte Erstaunen, bewunderten ihre Beurtheilung, und verbesserten den Plan nach ihren Anmerkungen; der Prinz, treuherziger in seiner Bewunderung wünschte sich Glück, in einer angebeteten Geliebten zugleich eine so nützliche Gehülfin beym Ministerium zu finden.

Die Marquise bewog ihren Liebhaber eine Promotion von Rittern des heiligen Geists vorzunehmen, in der Absicht sich Freunde oder Kreaturen zu verschaffen, und sie präsidirte bey der Liste. Es waren damals ein und sechszig Ordensbänder vakant. Der Regent hatte sich nie getraut, sie auszutheilen. Da er niemanden in's Gesicht etwas versagen konnte, so hatte er deren viermal mehr versprochen als würklich da waren; und dadurch außer Stand gesetzt allen sein Wort zu halten, hielt er es keinem.

Im Ordenskapitel vom 2. Februar ernannte der Herzog von Bourbon acht und funfzig sowohl Ritter als Geistliche Comthure; unter den ersten waren einige von ziemlich schlechtem Gehalt.

Vor Bekanntmachung der Promotion, theilte der Herzog dem Bischof von Frejus die Liste mit. Dieser, den seine Geburt davon ausschließen mußte, und dessen Ehrgeiz die Bescheidenheit als ein Mittel brauchte, strich seinen Namen aus, den er unter den Prälaten und Comthuren fand, und schrieb den Erzbischof von Lyon, Villeroi, an die Stelle.

Am nämlichen Tag wurden sieben Marschälle von Frankreich ernannt 1).

1) Broglie, Roquelaure, Medavi, du Bours, d'Alegre, la Feuillade und Grammont.

Ministerium

Bis die Brandschatzungen einliefen, welche die Marquise zu erheben hatte, bemächtigte sie sich vorläufig immer der Pension von 40000 Pfund Sterling, welche der Englische Hof dem Kardinal Dübois gegeben hatte, zur Belohnung der Opfer, die wir dieser Krone brachten. Der Kardinal Fleury war während seines Ministeriums den Engländern nicht weniger günstig, er ließ sich aber nicht dafür bezahlen.

Gleich zu Anfang dieses Jahres begaben sich die Minister der meisten Europäischen Mächte nach dem Kongreß von Cambrai, welcher seit 1720 angesetzt war. Zuerst übergaben die Bevollmächtigten des Kaisers den Spanischen das Belehnungsdekret über die Staaten von Toscana, Parma und Piacenza, welches durch den Traktat der Quadrupel Allianz zum Vortheil des Infanten Don Carlos, des jetzigen Königs von Spanien, stipulirt war. Man eröfnete sodann den Kongreß, man fing damit an, das Ceremonial festzusetzen, und dieser wichtige Artikel war alles, was aus funfzehn monatlichen Conferenzen herauskam.

Der Herzog von Bourbon ließ sich die innere Verwaltung angelegen seyn, und glaubte große Einsichten zu zeigen, indem er gegen die Protestanten eine Deklaration ausgehen ließ, durch welche die ganze Strenge der Verordnungen Ludwigs des Vierzehnten wieder erneuert wurde, da es nicht möglich war darüber hinaus zu gehen. Man wird sich erinnern, daß die Verordnung vom 10. December 1686 den Aerzten, Wundärzten und Apothekern alle Praxis untersagte, so daß man eher von der Hand eines Rechtgläubigen sterben mußte, als dem Beystand eines Kezers sein Leben verdanken durfte. Diese religiösen Gräuel kommen nur zu oft von Fürsten, die keine Sittlichkeit und nicht einmal den Anstand kennen. Die Marquise hatte dieses fromme Projekt gewiß gut geheißen; und dieses ehebrecherische Weib hielt ungescheut die freyesten

ſten Reden über die Gegenſtände, welche dem Volk die ehrwürdigſten waren. Als man im Jahr 1725, wo der Regen die Aernte verdarb, die Reliquien der heiligen Genoveſa in einer Prozeſſion herumtrug, ſagte ſie: iſt das Volk nicht klug? Es weiß ja doch, daß ich es bin, die Regen macht und Sonnenſchein? a)

Auf die Vorſtellungen der General-Staaten machte man Einſchränkungen zum Vortheil der fremden, in Frankreich niedergelaſſenen Kaufleute und der Elſaßiſchen Proteſtanten, deren Vorrechte auf Friedensſchlüſſe gegründet ſind, die es mißlich ſeyn würde zu verletzen. Der Fanatismus iſt zuweilen genöthigt mit der Politik abzurechnen. Die Schweden benutzten dieſe Gelegenheit, um durch ein Manifeſt die Proteſtanten in Frankreich einzuladen, daß ſie ihre Induſtrie nach Schweden brächten; und das Ausland fand wiederum ſeinen Vortheil in der Intoleranz unſrer Regierung.

Zwey Monate nach der Deklaration gegen die Proteſtanten, erſchien eine gegen die Bettler, die eben ſo fruchtlos blieb als alle vorhergegangnen oder nachgefolgten. So lange man der Betteley nicht hinlängliche Hülfsmittel an Arbeit und Arbeitslohn reichen wird, ſo lange wird es eben ſo grauſam und unmöglich als gefährlich ſeyn, Proſcriptionen gegen die Bettler zu verordnen, deren Anzahl täglich ſo zunimmt, daß man ſie nach mäßigen Berechnungen in der Hauptſtadt allein auf acht und zwanzig bis dreyßig tauſend ſchätzt b).

a) Faire la pluie et le beau tems iſt unter uns nicht ſo ſehr als ſprüchwörtlich-bildlicher Ausdruck angenommen, wie im Franzöſiſchen. Die heilige Genoveſa hatte übrigens im Himmel das Departement, Frankreich zur rechten Zeit mit Regen und mit Sonnenſchein zu verſorgen, und ſie machte es im Ganzen wenigſtens eben ſo gut als die irdiſchen Verwalter der übrigen Departements. Ich glaube aber demohngeachtet, daß ſie gegenwärtig mit unter die ci-devant's gekommen iſt.

b) Ich habe in dieſem Augenblick keine Quelle, in welcher ich aufſuchen könnte, um wie vieles dieſe Anzahl ſeit der Zeit in welcher

Zu der nämlichen Zeit wo in dem Französischen Ministerium eine Veränderung vorging, ereignete sich eine beträchtlichere in der Spanischen Regierung. Philipp der Fünfte, der seine Krone mit Muth erobert und vertheidigt hatte, war ihres Besitzes bald überdrüssig geworden. Er beschloß also sie abzulegen, und übertrug sie durch eine authentische Urkunde seinem Sohn, dem Prinzen von Asturien, welcher unter dem Namen Ludwigs des Ersten den Thron bestieg. Philipp begab sich nach San Jldefonso, um sich da lediglich mit dem Heil seiner Seele zu beschäftigen; er nahm zugleich seinen Minister Grimaldo mit in das Kloster, und seine Amtsverrichtungen wurden unter seine ersten Untergebnen vertheilt. Diese Erhöhungen sind in Spanien nicht selten, indem man dort noch im Glauben steht, die erste Bedingung, um eine Stelle zu erfüllen, sey, daß man die Fähigkeiten dazu habe. Orri, Grimaldo, Patinno, und viele andre Minister waren ursprünglich Subalternen gewesen. Außerdem giebt es in Spanien keine feilen Aemter.

Ludwig der Erste regierte nur sieben und einen halben Monat, er starb den 31. August an den Blattern, und sein Vater nahm die Krone wieder an. Jedoch gingen sechs Tage vorüber, eh Philipp der Fünfte sich dazu entschloß; er widerstand diese ganze Zeit den Bitten der Königin, seiner Minister und seiner vornehmsten Beamten,

und

der Duclos schrieb, gestiegen seyn mag. Arbeit und Arbeitslohn haben aber die Bettler in der Revolution gefunden, die Sansculottes spielen eine Rolle in der Französischen Geschichte, und die halbgroßen Menschen, die sie in Bewegung zu setzen mußten, haben das kostbare und unentbehrliche Geheimniß verloren gehen lassen, sie nach Gefallen zu lenken und anzuhalten. Es steht noch zu erwarten, ob die Sache der Freyheit, der Vernunft, der Aufklärung, der Tugend, sich von dem Müßiggang, der Habsucht, dem Leichtsinn, der Liederlichkeit, der Infamie absondern, oder durch diese zur Beute der Politik, der Disciplin, der Observanz werden wird. Doch scheint Grund genug zu dem Prognostikon vorhanden zu seyn: daß die größten Konvulsionen im Stande seyn werden zu reinigen, aber nicht zu zerstören.

und alle Stellen der Regierung blieben unterdessen unthätig. Grimaldo trat zugleich mit dem König von neuem in sein Amt; und die Königin, welcher die Krone durch die kurze Trennung noch theurer geworden war, befliß sich den neuen Unannehmlichkeiten vorzubauen, welche ihr Gemahl davon haben konnte, und hatte in diesem Kampf selbst oft die schrecklichsten zu ertragen.

Obschon die auswärtigen Geschäfte nicht den vornehmsten Gegenstand dieser Memoiren ausmachen, so darf ich Begebenheiten, welche ganz Europa interessirten, wie die pragmatische Sanktion des Kaisers Karl des Sechsten, nicht mit Stillschweigen übergehen. Schon seit dem Jahr 1713 hatte er die Nachfolge zu allen seinen erblichen Staaten in seinem Hause sichern wollen. Er hatte damals keine Kinder, er konnte aber welche bekommen, und ließ in seinem Staatsrath ein Gesetz entwerfen, durch welches seine männlichen Kinder, und in Ermangelung dieser seine Töchter, beyde nach der Ordnung der Erstgeburt, seine Güter, Staaten und Fürstenthümer, ganz ohne Trennung noch Theilung, besitzen sollten. Diese untheilbare Erbfolge sollte, in Ermangelung des von ihm entsprossenen Carolinischen Stammes, auf den von seinem Bruder Joseph entsprossenen Josephinischen Stamm, und in Ermangelung beyder, auf die Schwestern Seiner Majestät übergehen. Seit diesem Successionsplan hatte Karl einen Sohn gehabt, der im Jahre seiner Geburt gestorben war, und drey Töchter, denen er das Recht zu seiner untheilbaren Erbfolge, nach der Ordnung der Geburt, zusichern wollte. Er fing damit an, sich der Verzichtsleistungen seiner beyden Nichten, der Churfürstlichen Prinzessinnen von Sachsen und von Baiern zu versichern, und publizirte sodann das Successionsgesetz unter dem Namen der Pragmatischen Sanktion. Man wird in der Folge die Begebenheiten sehen, zu welchen dieses Gesetz Anlaß gab.

Die politischen Verabredungen, die Thätigkeit der Kabinette, deren Würkungen nur eventuell oder entfernt seyn sollen, haben für den größten Theil einer Nation wie die unsrige wenig Interesse. Worauf sie vorzüglich ihre Aufmerksamkeit wandte, das war der Zustand der Finanzen. Es waren noch für zweytausend Millionen königliche Papiere verbreitet, ohngeachtet zuletzt für fünf bis sechs hundert Millionen ungültig erklärt worden waren. Um die liquidirten Papiere aus der Circulation zu ziehen, hatte die Regierung keine andern Mittel gefunden, als immerwährende oder Leib-Renten und Aemter, welche bald wieder eingestellt wurden, zu errichten. Jede Finanzoperation wurde als ein Heilungsmittel erdacht, und bald für ein neues Uebel erkannt. Man glaubte auch in der Verminderung der Münzen, die man zuweilen vermehrt oder vermindert hatte, eine Art von Hülfe zu finden; und man bedachte nicht daß diese Wechsel, so gleichgültig wie sie im auswärtigen Handel sind, im innern Verkehr jedesmal Konvulsionen hervorbringen. Man scheint seitdem hievon zurückgekommen zu seyn. Verbote, das baare Geld aus dem Königreich zu lassen, hatten natürlicher Weise eben so wenig Erfolg.

Wenn sich der Herzog von Bourbon nach bestem Vermögen um die Geschäfte des Staats bekümmerte, so war er auf seine eignen noch ungleich mehr bedacht. So sicher er sich auch in seinem Posten wußte, so fühlte er doch, daß seine Macht von dem Leben des Königs, der kaum sein funfzehntes Jahr erreicht hatte, abhinge; und da die Infantin erst in ihrem achten war, so sah er voraus, daß viele Jahre vergehen würden, eh Ludwig Kinder haben konnte. Hatte man nun bis dahin das Unglück ihn zu verlieren, so kam die Krone an den König von Spanien oder in das Haus Orleans, und in beyden Fällen hörte die Gewalt des Herzogs von Bourbon auf. Er zitterte

zitterte daher bey der geringsten Unpäßlichkeit des Königs. Ludwig wurde in einem Fieber, das von mißlichen Symptomen begleitet schien, zweymal zur Ader gelassen. Die Krankheit dauerte nur kurze Zeit; aber so lange sie währte, war der Herzog in der schrecklichsten Unruhe. Er schlief gerade unter den Zimmern des Königs, und glaubte einmal in der Nacht mehr Lärm und Bewegung zu hören als gewöhnlich. Er sprang aus dem Bett, und ging in vollem Schrecken, im Schlafrock hinauf. Der erste Chirurgus, Marechal, welcher im Vorzimmer schlief, verwundert ihn zu einer solchen Stunde erscheinen zu sehen, stand auf, ging ihm entgegen, und fragte ihn um die Ursache seiner Bestürzung. Der Herzog, noch ganz außer sich, antwortete blos in einsylbigen Tönen: „Ich habe Lärm gehört — der König ist krank — was wird aus mir werden?" Marechal hatte Mühe ihn zu beruhigen, und beredete ihn endlich sich wieder niederzulegen; aber indem er ihn herauf begleitete, hörte er ihn wie einen Menschen, der allein zu seyn glaubt, zu sich selbst sprechen: „das soll mir nicht wieder begegnen — kömmt er auf, so muß er vermählt werden."

Von diesem Augenblick war die Zurücksendung der Infantin beschlossen. Der Herzog ließ nicht mehr Zeit hingehen als nöthig war, um den Spanischen Hof von dem in Frankreich genommenen Entschluß zu benachrichtigen; denn drey Wochen darauf ließ Philipp der Fünfte die Königin Wittwe Ludwigs des Ersten, und ihre Schwester, Mademoiselle de Beaujolois, welche dem Infanten Don Carlos, dem jetzigen König von Spanien, bestimmt gewesen war, wieder nach Frankreich zurückgehen. Die Infantin verließ Paris vor ihrer Ankunft, und kehrte wieder nach Madrid.

Der König von Spanien und die Königin besonders empfanden den lebhaftesten Verdruß über die Zurücksendung

dung der Infantin. Der Marechal von Tesse, unser Ambassadeur am Spanischen Hof, hatte es vorausgesehen, und sich nicht getraut, die ersten Ausbrüche der Königin auszuhalten, wenn er ihr eine so widerwärtige Nachricht verkündigte; er reiste daher von Madrid weg, und gab dem Abbe de Livri, den er als Geschäftsträger hinterließ, den unangenehmen Auftrag zu besorgen.

Der Herzog von Bourbon hatte den Entschluß die Infantin zurückzuschicken noch früher gefaßt, als er sich über die Wahl der Prinzessin, der er die Krone zudachte, bestimmt hatte. Er warf sein Augenmerk zuerst auf seine Schwester, Mademoiselle de Vermandois, die gegenwärtig Aebtissin von Beaumont-les-Tours ist. Indem er auf diese Art Schwager des Königs geworden wäre, würde er seine Macht noch fester gegründet haben; und die Marquise von Prie war mit der Heirath sehr zufrieden. Da jedermann mußte, daß der Herzog nichts ohne den Rath oder das Gutheißen der Marquise that, so konnte Mademoiselle de Vermandois nicht zweifeln, daß sie ihr dieses glänzende Glück zu verdanken hätte; und die Marquise glaubte sich dagegen berechtigt, von der Erkenntlichkeit einer Königin, die sie dazu gemacht hätte, alles zu erwarten. Bevor sie sich jedoch ganz bestimmte, wollte sie sich hierüber der Gesinnungen der Prinzessin versichern, und die vorläufigen Bedingungen mit ihr abreden. Die erste darunter war, daß Mademoiselle de Vermandois gegen ihre Mutter blos die Rücksichten des Anstandes beobachten, und ihr nicht das mindeste Gewicht einräumen sollte. Die Marquise, welche ihre eigne Mutter nicht leiden konnte, war eben so verwundert als unzufrieden ganz verschiedne Gesinnungen an der Prinzessin zu finden; und gewohnt, wie sie es war, ihren Liebhaber zu ihren Füßen zu sehen, beleidigte es sie, daß seine Schwester nicht eben so unterwürfig gegen sie war. Mehr war für sie nicht nöthig, um ihren Plan fahren zu lassen, und eine

eine gefälligere Prinzessin zu suchen. Es fiel ihr nicht schwer den Herzog zu überreden, daß die Verschwägerung mit dem König, weit entfernt ihn sichrer zu stellen, ihn vielmehr in die Abhängigkeit seiner Schwester und seiner Mutter setzen würde. Es kam nun auf nichts mehr an, als eine schickliche Partie für den König zu finden, was bey dem ungleichen Alter der meisten Europäischen Prinzessinnen, von denen die einen zu jung und die andern zu alt waren, nicht ganz leicht wurde.

Auf die erste Nachricht von der Zurücksendung der Infantin, meldete es der Prinz Kourakin, Russischer Ambassadeur in Frankreich, der Zarin, die ihrem Gemahl Peter dem Ersten nachgefolgt war, und welche sogleich, nach getroffener Verabredung mit Campredon, unserm Ambassadeur in Rußland, die Prinzessin Elisabeth ihre zweyte Tochter, welche in gleichem Alter mit Ludwig dem Funfzehnten war und nachher regiert hat, für den König vorschlug; sie bot zugleich dem Herzog von Bourbon an, ihn nach dem Tode Augusts zum König von Polen zu machen. Der Herzog, welcher bey Lebzeiten des Zars, mit Rücksicht auf die Polnische Krone, um die Prinzessin Elisabeth geworben hatte, antwortete der Zarin, er glaubte sich ihrer Verwendung noch gewisser, wenn er ihr Schwiegersohn würde, als wenn er die Prinzessin Elisabeth zur Königin von Frankreich machte.

Man erschöpfte sich eine Zeitlang in Muthmaaßungen über die Wahl, die man treffen würde. Niemand dachte an die Prinzessin Leseczinska, Tochter des ehemaligen Königs von Polen Stanislaus, welcher damals als ein geächteter Flüchtling umher irrte. Aber eben dies war es, was die Marquise, und folglich den Herzog bestimmte. Sie konnten an der Erkenntlichkeit einer Prinzessin nicht zweifeln, die sie aus der unglücklichsten Lage rissen, um sie auf den ersten Thron von Europa zu setzen. Stanislaus war, nachdem er sich mit seiner Frau

und

und seiner Tochter vor den Verfolgungen des Königs August gerettet hatte, geächtet worden, und ein Dekret des Polnischen Reichstags hatte einen Preis auf seinen Kopf gesetzt. Er hatte sich erst nach Schweden, dann nach der Türkey, und nachher nach Zweybrücken geflüchtet. So lange Karl der Zwölfte lebte, sorgte er ohngeachtet seiner eignen Unfälle für den Unterhalt des vertriebenen Königs von Polen. Aber nach Karls Tod fand sich Stanislaus immer verfolgt, aller Stütze beraubt, ohne Vermögen und ohne Sicherheit seines Lebens; er stellte seine unglückliche Lage dem Regenten vor, welcher, von Mitleiden gerührt, ihm einen heimlichen Zufluchtsort in einem Dorfe bey Landau gewährte, und ihn dort mit dem nöthigen Geld unterstützte. Sein Aufenthalt wurde bald entdeckt, und er erfuhr, daß seine Feinde Maasregeln nähmen, um ihn aufheben zu lassen. Er flüchtete sich sogleich zum Kommandanten von Landau, und erhielt vom Regenten die Erlaubuiß, seine Sicherheit da zu suchen, bis man Einrichtungen getroffen hätte, um ihn zu Weißenburg in einer alten Kommanderie, an welcher die halbe Mauer verfallen war und nicht wieder aufgebaut wurde, einzuquattieren.

Hier war es, wo er durch einen Brief des Herzogs von Bourbon das unverhofte Glück erfuhr, das ihm begegnete. Er eilte in das Zimmer wo seine Frau und seine Tochter waren, und sagte gleich beym Eintritt: „Werft Euch mit mir auf die Knie, und danket Gott! — „Ach mein Vater!" rief die Tochter aus, „Sie sind wieder zum Polnischen Thron berufen? — „O meine Tochter," antwortete Stanislaus, „der Himmel ist uns noch viel günstiger. Du bist Königin von Frankreich!"

Kaum konnten sie sich überzeugen daß es kein Traum wäre. Es ist unmöglich das Entzücken der Mutter und die Empfindung der Tochter zu schildern, die sich vorher glücklich geschätzt haben würde, einen von denen zu heirathen,

rathen, welche nunmehr zu ihren vornehmsten Hofbedienten gehören sollten. Sie sah ein lebendiges Beyspiel das von an der Herzogin von Bouillon, Enkelin des Königs Sobieski, welcher auf dem Thron gestorben war; sie selbst war kürzlich abgewiesen worden. Als die Prinzessin von Baden den Herzog von Orleans heirathete, schlug Stanislaus seine Tochter für den Bruder dieser Prinzessin vor, und sein Anerbieten wurde verworfen. Die Mutter der Herzogin von Orleans zog nachher in Erwägung, daß ihre Tochter jetzt die Unterthanin eben der Prinzessin wurde, welche sie nicht zur Schwiegertochter hatte annehmen wollen, und schrieb einen Brief, worinn sie sich in unterwürfige Komplimente verlohr, um die Gnade und das Wohlwollen der Königin für ihre Tochter anzurufen. Da alles so weit in Ordnung war, begab sich Stanislaus mit seiner Familie nach Straßburg, wo das förmliche Ansuchen durch Ambassadeurs mit mehr Würde vorgenommen werden konnte, als in dem verfallenen Schloß zu Weißenburg.

Der Herzog von Antin und der Marquis von Beauveau erhielten diesen Auftrag, und mit ihnen sandte man zugleich die Hofhaltung der künftigen Königin ihr entgegen. Der Herzog von Antin, obschon ein Mann von Verstand und der feinste Hofmann, sagte ziemlich ungeschickt in seiner Anrede: Der Herzog von Bourbon hätte zwar eine seiner Schwestern vorziehen können, es wäre ihm aber hauptsächlich nur um die Tugend zu thun gewesen. Worauf Mademoiselle de Clermont, eine dieser Schwestern, welche zur Obersthofmeisterin der Königin ernannt, und bey diesem Kompliment gegenwärtig war, sagte: „d'Antin sieht uns, meine Schwestern und mich, also wohl für Huren an." Auf die Lobeserhebungen, mit welchen man gegen die Königin von der Gestalt und den Reizen ihres Gemahls sprach, antwortete sie: „Ach das verdoppelt nur meine Angst!" Der Herzog von Orleans, mit der Vollmacht des Königs versehen, heirathete sie in der Straßburger Domkirche, wo der Kardinal Rohan ihnen den ehelichen Segen gab. Vierzehn Tage darauf kam die Königin in Fontainebleau an, wo der nämliche Prälat am 4. September die Hochzeit Ihrer Majestäten feierte. Diese Ceremonie änderte übrigens nichts an der Regierung. Die Königin bestieg den Thron, und die Marquise von Prie fuhr fort zu herrschen. Alles hing von ihr ab, öffentliche sowohl als Privat-Angelegenheiten. Der Herzog befliß sich nicht allein, allen ihren Launen oder Gelüsten zuvor zu kommen, er mußte auch ihrer Wuth dienstbar seyn. Wir haben gesehen, daß Le Blanc auf die Bastille gesetzt, und daß die Kammer des Arsenals bevollmächtigt worden war, seine Sache zu untersuchen. Der Graf und der Ritter von Belle-Isle, und Moreau de Sechelles, welcher nachher Finanzminister gewesen ist, fanden sich in der nämlichen Sache verwickelt, und wurden zu Anfang dieses Ministeriums arretirt. Ob sie in Ansehung des Staats unschuldig waren oder nicht, das war keinesweges hier die Frage. Ihr unverzeihliches Verbrechen in den Augen der Marquise war ihr freundschaftliches Verhältniß mit ihrer Mutter. Sie wünschte durch eine Kommission über sie erkennen zu lassen, weil der regierende Minister immer sicher ist das Urtheil anzugeben. Aber der Marechal Herzog de la Feuillade, welcher sich mit seinem Einfluß im Parlament brüsten wollte, überredete den Herzog von Bourbon, die Sache diesem Tribunal zu übergeben, und stand ihm dafür, daß die Beklagten nicht durchkommen würden, dahingegen, wie er sagte, die Commissionen in Kriminalsachen dem Volk immer so verhaßt sind, daß selbst ein Schuldiger, den sie verurtheilen, für ein Schlachtopfer der Leidenschaft angesehen wird. Der Prinz ließ sich zureden, und die Sache wurde dem Parlament überlassen. La Feuillade setzte sich sogleich in Bereitschaft sein Wort zu erfüllen, und machte sich beynahe zur Partey der Beklagten; da er aber die Magistratspersonen nicht in der nämlichen Stimmung, wie er als Sollicitant und als heimlicher Gegner aufzutreten, fand, so erhob er sich ungescheut zum Richter. Er nahm also, sobald die Sache in Gang kam, im Parlament seinen Sitz als Pair ein, und zog noch zwey andre mit sich, die so gut wie er der Marquise damit ihren Hof machen wollten. Aber der öffentliche Unwillen war darüber so laut, daß der Herzog von Bourbon fühlte, ein Theil davon möchte auf ihn zurückfallen, und ihnen schon bey der zweiten Sitzung verbot, sich wieder im Parlament zu zeigen. Das Urtheil welches erfolgte, war für Le Blanc so günstig, und der Beyfall so allgemein, daß es für eine Art von Triumph gelten konnte. Der Herzog von Bourbon und die Marquise waren außer sich, aber sie mußten ihre Wuth zurückhalten. Es giebt Fälle, wo die Stimme des Volks die Despoten im Zaum hält.

Durch Mangel an Oekonomie nahmen die Bedürfnisse der Regierung immer zu, und der Herzog ließ ein Edikt ergehen, welches alle Güter des Königreichs der Abgabe des funfzigsten in natura auf zwölf Jahre unterwarf: ein Ziel das weit genug hinausgesetzt ist, um in Frankreich oft die Dauer einer Auflage zu verkündigen. Da sie so gut wie der Zehnte, ohne Rücksicht auf die Kosten des Baues und andre, erhoben werden sollte, so war das Geschrei allgemein. Alle Parlamente machten Remonstranzen, welche den Minister zwangen, ein lit de justice zur Einregistrirung vom König halten zu lassen. Es war das erste dieser Art unter der gegenwärtigen Regierung und hatte den nämlichen Erfolg, wie so viele andre von der nämlichen Art, zu welchen die Minister gezwungen worden sind. Sie hören nicht auf zu schreien, daß die königliche Macht nicht auf's Spiel gesetzt werden

II Theil.   Q   darf,

darf, und sie hören nicht auf sie auf's Spiel zu setzen: man wird oft Beyspiele davon sehen.

Zu der schlechten Staatsverwaltung gesellten sich wirkliche Unfälle, die eine Regierung ohne Grundsätze noch verschlimmerte. Das Korn und der Wein wurden durch Regen 1) verhindert zu reifen.

Der Zustand der Felder ließ eine Hungersnoth besorgen; diese Furcht selbst brachte sie beynahe hervor, und veranlaßte wenigstens eine solche Theurung, daß in Paris das Brod bis 9 Sols das Pfund stieg, und verhältnißmäßig in den Provinzen. Die Monopolisten suchten die Besorgniß zu vermehren, um ihre Räubereyen zu treiben. Magistratspersonen, denen es an Einsichten fehlte, und die es kützelte als Väter des Volks zu erscheinen, bestärkten das Monopolium durch den Widerstand, den sie demselben entgegensetzten. Die Nachsuchungen in den Kornböden bewogen diejenigen, die sich davor sichern konnten, ihren Vorrath noch sorgsamer zu verwahren, in der Hofnung, die Preise noch mehr steigen zu machen. Leute von Ansehen, welche weniger unschuldig waren als die Magistratspersonen, sprachen mit Uebertreibung von Besorgnissen die sie nicht hatten, und errichteten, unter dem Vorwand dem Volke zu dienen, Magazine die ihnen ungeheure Summen eintrugen. Die Marquise von Prie, und die Paris, ihre Rathgeber, wurden dessen laut bezüchtigt. Vielleicht war der Vorwurf ungegründet; aber wenn das Volk leidet, hält es sich immer an diejenigen, die an der Spitze der Regierung stehen; und sie würden es vermieden haben, wenn sie sich begnügt hätten, eine un-

---

1) Das Wasser, das in diesem Jahre fiel, betrug zwar nicht mehr als in andern Jahren, es war sogar kleiner als in manchen, indem es nur 17 bis 18 Zoll gewesen ist, dahingegen 1750 bis 1757 es Jahr aus Jahr ein auf 20 Zoll gestanden hat. Aber im Jahr 1725 fieng der feine und anhaltende Regen im April an, und endigte erst im Oktober.

uneingeschränkte und fortwährende Freiheit in dem Kornhandel einzuführen. Ohne Zweifel wird man dahin gelangen, wenn die Nation Einsichten genug haben wird, um sich von eigennützigen Leuten nicht mehr hintergehen zu lassen.

Die Theurung war nicht von langer Dauer, die Aernte fand Statt und war so gar reichlich; und da das Korn zu sehr mit Wasser getränkt war, um es aufheben zu können, so fiel das Getraide bald zum niedrigsten Preis herunter.

Zur Geschichte dieser Plage gehört noch ein Faktum, das an sich unrichtig ist, das aber, nach meinem vornehmsten Zweck die Menschenkenntniß zu erweitern, zum Beweis dient, wie sehr die Minister, und die unwissendsten am allermeisten, sich scheuen in den Verdacht zu kommen, als ob sie aufgeklärt zu werden brauchten.

Es hatte in Paris des Brodes wegen so heftige Bewegungen gegeben, daß sogar Blut dabey vergossen worden war, und daß die Regierung sich gezwungen sah, drey von den schuldigsten oder von den unglücklichsten hinrichten zu lassen. Aber diese Strenge stellte die Ruhe in den Gemüthern nicht wieder her, weil sie dem Elend nicht abhalf, und der Hunger unumschränkter gebietet als die Könige. Jannel, der jetzige General-Intendant von den Posten, war damals schon mit den Ministern in Verbindung, und sah den Herzog von Bourbon auf einem ziemlich vertraulichen Fuß. Er brachte durch einige Stadtviertels-Commissarien in Erfahrung, daß sie für den folgenden Tag, welches ein Markttag war, einen heftigen Aufstand besorgten, und selbst von dem Pöbel zerrissen zu werden fürchteten. Er gab hierüber dem Herzog von Bourbon ungesäumt Nachricht. Der Prinz gerieth in den größten Schrecken, verbarg es nicht, und stellte sogleich Befehle aus, damit Korn und Mehl um jeden Preis herbeygeschaft würde. Diesen Markttag und die folgenden gab es Ueberfluß; da dies Getraide etwas unter dem Ankauf abgelassen wurde, so fiel durch die Konkurrenz der laufende Preis. Die Monopolisten zitterten, ihrem System gemäß oder aus Furcht, vor dem Ueberfluß, und öfneten ihre Vorräthe, so daß von Tag zu Tag das Gleichgewicht wieder aufkam.

Da der Herzog nun vollkommen beruhigt war, schämte er sich furchtsam gewesen zu seyn, und noch mehr daß er es hatte merken lassen. Seine Vertrauten wollten ihre vorherigen schlechten Operationen bemänteln und sich für den Gewinst, der ihnen entgangen war, entschädigen; sie machten ihm das übertriebenste Bild von der geringen und durch die Umstände nothwendigen Einbuße, die man beim Ankauf des Getraides erlitten hatte. In seinem Zorn gegen Jannel, den er zum Zeugen seiner Beängstigung gehabt hatte, ließ der Herzog eine lettre de cachet ausfertigen, um ihn, als die Veranlassung eines panischen Schreckens, auf die Bastille zu setzen. Der Bischof von Frejus bekam davon Nachricht, fühlte die Ungerechtigkeit, stellte sie vor, ließ den Befehl zurücknehmen, und gab Jannel die Warnung in Zukunft lieber weniger nützlich, und vorsichtiger zu seyn. Ich habe alle diese Umstände von Jannel selbst.

Ob wir gleich zu der Zeit, von welcher die Rede ist, mit Rußland wenig politische Berührungspunkte hatten, so machte doch der Tod des Zar Peter I in Europa ein zu wichtiges Ereigniß, um hier nicht davon Erwähnung zu thun.

Ich habe bey Gelegenheit seiner Reise nach Frankreich einige Züge seines Karakters gegeben; aber über einen so außerordentlichen Mann, dem man den Zunamen des Großen gegeben, und der ihn in vielen Rücksichten verdient hat, muß ich noch einige bestimmtere Nachrichten aufführen. Es ist um so mehr der Mühe werth sich dabey aufzuhalten,

als

als die zwey vornehmsten Geschichtschreiber 1) dieses Monarchen, aus eigennützigen Rücksichten, viele wichtige oder merkwürdige Umstände verfälscht oder weggelassen haben. Ich werde sogar hier einen Vorsprung machen, um ein zusammengedrängtes Gemälde von den Staatsveränderungen zu geben, die sich bis an den gegenwärtigen Augenblick in Rußland ereignet haben.

Man weiß daß Michael Romanow, Großvater Peters des Ersten, im Jahr 1613 den Thron bestieg, und der erste Zar seines Stammes war. Er war der Sohn eines Erzbischofs von Rostow, und durch die Weiber mit den alten Zaren verwandt; aber die Krone verdankte er bloß der Versammlung der Bojaren, die ihm dieselbe durch Wahl übertrugen. Er machte seinen Vater zum Patriarchen von Rußland, und vertraute ihm die ganze Gewalt an. Er hatte 1645 seinen Sohn Alexis zum Nachfolger. Dieser hatte von seiner ersten Gemahlin, Maria

---

1) Der Deutsche Verfasser der Memoiren, die unter dem Namen Iwan Nestechuranoy herauskamen, der Baron von Hausen, war vom Russischen Hof besoldet, und schrieb nach den Eingebungen des Herzogs von Holstein.

Voltaire hatte von der Zarin Elisabeth den Auftrag, die Geschichte Peters des Großen zu schreiben, und empfieng für 40000 Livres goldne Münzen, die ihm Iwan Schuwalof schickte, und von dem Ritter d'Eon gebracht wurden, der sie in Straßburg den Banquiers Hermann und Dietrich übergab. Seitdem bekam der Graf Pouschkin auch noch 4000 Dukaten für Voltaire, er verthat sie aber, machte noch Schulden dazu, und wurde auf das Fort l'Evêque gesetzt. Ich weiß nicht, wie und wenn er wieder herausgekommen ist.

Voltaire hat so gut gefühlt was man ihm über seine Weglassungen vorwerfen würde, daß er sich in seiner Vorrede sehr gegen die Schriftsteller ereifert, welche die Schwachheiten der Fürsten verrathen. Ich wüßte doch nicht, wie man einen richtigeren Begrif von ihnen geben könnte a).

a) Ich werde im Anhang Gelegenheit finden, über Voltaire's Karakter als nützlicher Geschichtschreiber einige Bemerkungen zu sammeln, deren Zusammenstellung und Vergleichung mit den nunmehr so bekannt aufgedeckten Skandalen der Französischen Geschichte, mir nicht ganz unwichtig scheint. Wollen aber die Höfe durch bestochene Federn auf die Völker wirken, so wünschte ich wenigstens, daß wir Deutsche förder der Mühe werth wären, uns durch Voltairische Federn bethören zu lassen, wobey denn doch nicht alles Verlust ist. Es wäre zu demüthigend für uns, dem Kontrast zwischen Voltaire's Siecle de Louis XIV und der Wiener Zeitschrift weiter nachzugehen!

Maria Milaslowski, vier Söhne, Simon und Alexis, die jung gestorben, Feodor und Jwan, welche regierten, und vier Töchter, Theodosia, Maria, Sophia, welche Mitregentin wurde, und Katharina. Von seiner zweyten Gemahlin, Natalia Narischkin, hatte er Petern, den Zaren von welchem ich sprechen werde, und die Prinzessin Natalia.

Nach Alexis Tod 1676 folgte ihm Feodor, sein ältester Sohn, nach, und starb den 27. August 1682, ohne von seinen beiden Gemahlinnen, Euphemia Grosseska, einer Polin, (gestorben 1681) und Martha Mathowna Apraxin, (gestorben 1716, Kinder zu hinterlassen.

Feodor hatte seinen jüngsten Bruder Peter, der erst zehn Jahr alt war, in welchem er aber schon den Mann ahndete, zu seinem Nachfolger ernannt, und den älteren, Johann, welcher dreyzehn Jahre alt, aber an Leib und an Seele gleich schwach war, übergangen. Die Prinzessin Sophia fürchtete jedoch, daß die beyden Narischkins, Brüder der jungen verwittweten Zarin, und Peters Oheime, unter dem Namen ihres Neffen die Regierung an sich reißen möchten; und da sie selbst unter Johanns Namen zu herrschen strebte, wiegelte sie die Strelizen 1) zu einer Empörung auf, ließ die beyden Narischkins und die vornehmsten Großen, die ihr verdächtig waren, ermorden, den ältesten Bruder Johann dem jüngeren zugesellen, und sich endlich selbst zur Mitregentin ernennen, in welcher Eigenschaft sie einige Jahre lang die Alleinherrschaft besaß. Sie fühlte dabey mehr die Unruhe der Unsicherheit als Gewissensangst. Peter verkündigte in seinem siebzehnten Jahre alles, was er zu werden bestimmt war, und Johanns schwächliche Umstände bedrohten ihn mit einem nahen Tod. Er war seit 1684 mit Paraskowia Soltikof vermählt, hatte aber nur drey Töchter, Catharina, Anna und Pharaskowia.

So-

---

1) Die Strelizen waren in Rußland, was die Prätorianische Wache unter den Römischen Kaisern war und was die Janitscharen im Ottomanischen Reich sind: Truppen die immer gleich bereit sind der Wuth ihrer Fürsten zu frohnen, oder sie vom Thron zu stürzen.

des Herzogs von Bourbon.

Sophia sah die Frucht ihrer Verbrechen verloren gehen, wenn sie ihre Zahl nicht noch um eines vermehrte, und sie beschloß Petern umzubringen, welcher noch nicht verheirathet war. Man hat behauptet, daß sie zuerst Gift gebraucht hätte, daß aber schnelle Gegenmittel, mit dem starken Temperament des jungen Fürsten verbunden, die Todesgefahr abgewehrt hätten, und daß die konvulsivischen Bewegungen, die oft an seinen Gesichtsmuskeln sichtbar waren, Folgen der heftigen Würkung dieses Gifts gewesen wären. Welchen Grund diese Behauptung auch haben mag, so war es wenigstens nicht Sophiens Karakter, der sie zerstören konnte; denn sie trachtete nachher diesen Bruder durch die Strelizen ermorden zu lassen, und er war genöthigt sich in das Schloß der Dreyeinigkeit zu flüchten. Die Bojaren, ihre Vasallen oder Sklaven, die Deutschen welche in Rußland lebten, eilten ihm zu Hülfe, zogen durch ihr Beyspiel die Strelizen von Sophiens Partei ab, und brachten den jungen Fürsten nach Moskau zurück, wo man die Mitschuldigen der Prinzessin hinrichten ließ; sie wurde in ein Kloster gesperrt.

Von diesem Augenblick fieng Peters Regierung an, denn Jwan hatte bis zu seinem Tod (am 19. Januar 1696) kein andres Vorrecht der Herrschaft als das, den Titel als Zar zu theilen. Damals beschloß Peter, verschiedne Länder zu bereisen, und bey fremden Nationen die Kenntnisse zu holen, die er zu Hause nicht finden konnte. Er hatte vor seiner Abreise alle Maasregeln genommen oder zu nehmen geglaubt, um während seiner Abwesenheit die Ruhe seines Reichs zu sichern. Aber die Geistlichkeit erschrack vor der zunehmenden Aufklärung dieses Fürsten und vor dem ersten Anbruch eines neuen Tageslichtes; ihre Furcht, den Aberglauben zerstört zu sehen, mochte vielleicht, so wie sie anderwärts aus Eigennuz entspringt, hier sogar in aufrichtiger Dummheit ihren Grund haben;

kurz

kurz sie theilte sie dem Volk mit. Alte Bojaren, die an den herkömmlichen Gebräuchen hiengen, machten mit den Priestern gemeine Sache. Bey einem knechtischen, aber gläubischen und wilden Volk ist eine Revolution das Werk des Augenblicks. Aber es bedarf auch nur eines Augenblicks zu einer entgegengesetzten Revolution. Rußland hat während dieses Jahrhunderts in wenigen Jahren mehrere Beyspiele davon geliefert. Die Rebellen waren im Begrif, Sophien wieder auf den Thron zu setzen, und sie nahmen sich vor, dem Zaren den Eingang seiner Staaten zu verschließen. Aber auf das erste Gerücht von dem Aufruhr reiste Peter von Wien ab, und zeigte sich bald in Moskau. Noch vor seiner Ankunft hatten die fremden Truppen, die er hier zurückgelassen, den Strelizen, welche um Sophiens willen von den Gränzen des Reichs herbeykamen, die Spitze geboten. Die Gegenwart des Zaren unterwarf vollends alles. Er gebot sogleich die schrecklichsten Hinrichtungen, und da er nicht hoffen konnte, den Geist des Aufruhrs in den Strelizen zu ersticken, beschloß er sie zu vernichten. Er ließ sie durch die fremden Truppen, und durch die übrigen, die ihm treu geblieben waren, umringen und entwafnen. An einem Tage wurden zweytausend gehenkt, und gegen fünftausend enthauptet. Der Zar eröfnete selbst das Hochgericht, indem er ein Beil nahm und gegen hundert Köpfe abhieb; zugleich befahl er seinen Hofleuten, seinem Beyspiel zu folgen, und den Rest überließ er gemeineren Henkern. Alle diese Köpfe wurden um die Mauern von Moskau auf eisernen Pfälen gepflanzt, ein großer Theil den Fenstern des Gefängnisses der Prinzessin Sophia gegenüber, wo sie an sechs Jahre, bis zu ihrem Tode, 1704, zur Schau ausgestellt blieben.

Die Strelizen waren aber nur die Werkzeuge des Aufruhrs gewesen, und der Zar wollte nun diejenigen unterjochen, welche die Seele desselben gewesen waren. In
den

den Provinzen wurden an der Stelle der Bojarenregierung Stadtgerechtigkeiten eingeführt. Ein noch wichtiger er Gegenstand war die Macht der Geistlichkeit. Die Patriarchen von Rußland waren in den öffentlichen Feyerlichkeiten oftmals neben den Zaren aufgetreten, und obgleich diese Art von Gleichstellung nichts weiter als eine Ehrfurchtsbezeugung gegen die Religion war, so vergaß doch Peter nicht, daß seine Familie ihre Erhöhung zum Theil der Geistlichkeit verdankt hatte. Er wollte nicht, daß einst ein andres Geschlecht den Priestern, deren Gewalt über ein abergläubisches Volk er wohl kannte, die nämliche Verbindlichkeit haben dürfte. Er schafte also das Patriarchat ab, bestimmte die Einkünfte desselben zu den Bedürfnissen des Staats, und hauptsächlich zu der Löhnung der Truppen, deren Vortheil sich auf diese Weise mit dem Erfolg seiner politischen Operation in Verbindung fand. Er schränkte die Klostergelübde auf funfzig Jahre ein. Diese Verordnung, welche andern Fürsten hätte zum Muster dienen können, setzte der Anzahl der Mönche solche Gränzen, daß sie dadurch fast so gut wie zerstört wurden. Die Geistlichkeit brachte er endlich auf ihre bloßen Amtsverrichtungen herunter, und forderte überdem von derselben einen neuen Eid, dessen Formel ihm die geistliche Supremazie zuerkannte. Der Zar fühlte die Größe seiner Unternehmung, und das Verdienst sie durchgesetzt zu haben, so gut, daß er einmal, als er eine Parallele zwischen Ludwig dem Vierzehnten und ihm, von Steele, gelesen hatte, zwar dadurch geschmeichelt schien, aber hinzusetzte: ich habe indessen meine Geistlichkeit unterjocht, und er gehorcht der seinigen.

Peter hatte sich 1689 zum zweytenmal mit Eudoxia Theodora Lapoukin, von dem ersten Adel des Herzogthums Nowogorod, vermählt. Die Heirath war nach dem alten Gebrauch gemacht worden. Alle jungen und schönen Mädchen, adelichen Geschlechts, aus allen Theilen des

Reichs, wurden durch einen allgemeinen Ausruf benachrichtigt, daß der Zar unter ihnen eine Gemahlin wählen wollte, und kamen zu diesem Wettkampf herbey. Der Zar ließ sie in dem größten Saal seines Pallasts versammeln, und nachdem er sie alle in Augenschein genommen, entschied er sich für Eudoxia. Eine solche Wahl konnte allein auf die Schönheit fallen. Unter dieser Menge von Nebenbuhlerinnen äußerte sich von so vielen verschiednen Karakteren nichts weiter, als der Wunsch zu gefallen, oder der ehrgeitzige Trieb die Vorgezogene zu seyn. Eudoxia besaß die Eigenschaften nicht, welche Petern an sie fesseln konnten. Ihr Gemahl hatte das brausende Temperament, welches einen Liebhaber nicht treu seyn läßt, selbst wenn er beständig bleibt; sie hingegen, stolz und eifersüchtig, wollte ungetheilt über das Herz ihres Gemahls, und mit ihm über das Reich herrschen. Sie vergaß daß dieser Gemahl ein Despot war, zügellos in seinen Begierden, unfähig den geringsten Zwang zu erdulden, und durch den Genuß schon erkaltet. In weniger als zwey Jahren hatte er zwey Söhne von ihr; der älteste, Alexander, starb früh, der zweyte war der unglückliche Alexis.

Der Karakter der Zarin wurde Petern mit jedem Tage lästiger, und sie wurde bald ein Gegenstand seines Abscheus. Er verliebte sich sterblich in Anna Mousen, eine geborne Moskauerin, deren Aeltern in der Vorstadt der Deutschen Staboda lebten. Dieses junge, schöne und geistreiche Mädchen flößte ihm eine Leidenschaft ein, die desto heftiger wurde, je größer die Entfernung und selbst der Widerwillen war, mit welchem Anna ihm begegnete. Die Zarin, außer sich vor Wuth, überhäufte ihn mit Vorwürfen, und nahm zu tausend Ränken ihre Zuflucht, um ihre Nebenbuhlerin zu stürzen, welche weit entfernt ihre Feindschaft zu erwiedern, sich bemühte einen verhaßten Liebhaber von sich zu weisen, und deswegen ihn mit Eudoxia zu versöhnen suchte. Der Abscheu der jungen Deutschen

schen gegen den Zaren hatte seinen Grund in ihrer Liebe für Kaiserling, den Preußischen Gesandten.

Der Zar, durch Eudoxiens bittre Vorwürfe und durch Annens Kaltsinn gleich aufgebracht, beschloß sich an der ersten zu rächen, indem er sie verstieße, und hofte alsdenn die andre durch Ehrgeiz zu verführen; wenn er ihr seine Hand und seine Krone anböte. Er befragte die Russischen Theologen über die Mittel die zu finden wären, um seine Ehe für ungültig zu erklären; ihre Antwort war seinen Wünschen nicht günstig, er hatte damals seine Geistlichkeit noch nicht unterworfen. Der Genfer Le Fort, sein Günstling, sein Minister, kurz alles was ein Mann mit einem festen und umfassenden Geist, mit einem entschiednen und fruchtbaren Verstand bey einem Fürsten, wie Peter seyn konnte, warf sich zum Kasuisten über diese Gewissensfrage auf, und beredete den Zaren, daß er allein hierin zu richten hätte. Le Fort fand seinen eignen Vortheil dabey; denn Eudoxia, statt ihn zu schonen, suchte ihn beständig zu durchkreuzen. Eine ehrgeizige Fürstin, die des Einflusses beraubt ist, nach welchem sie strebt, und gegen den Herrn selbst ihren Verdruß nicht laut werden lassen darf, ist natürlicherweise die Feindin der Minister, die sie nicht in ihr Interesse ziehen kann.

Der Zar sprach das Urtheil der Verstoßung selbst aus, und um Eudoxien alle Hofnung zur Rückkehr abzuschneiden, ließ er sie in einem Kloster einsperren, und zwang sie das Gelübde abzulegen 1). Dieser Fürst war zu mächtig, um Verstellung zu brauchen, und es scheint, daß er wärklich die Absicht hatte seine Geliebte auf den Thron zu

1) Voltaire sagt, daß sie in ein Kloster von Susdal, im Jahr 1696 kam. Ich finde in sehr genauen Memoiren das Jahr 1693 angegeben, und ein Kloster in Rostow, das für adeliche Mädchen gestiftet war. Die Intriguen welche Eudoxia in der Folge, durch die Vermittelung des Erzbischofs von Rostow, mit dessen Bruder, Glebow, spielte, scheinen meine Meynung zu bewähren. Uebrigens ist das ziemlich gleichgültig, und ich schreibe diese Note bloß der historischen Genauigkeit wegen.

zu setzen, wenn sie selbst den Wunsch gehabt hätte; denn von Seiten der Sinne hatte er schon alle Befriedigung. Anna Mousen war, als Sklavin in das Bett dieses furchtbaren und unumschränkten Liebhabers gestiegen, aber sie konnte sich nicht enthalten ihren Abscheu blicken zu lassen, das Geständniß entfuhr ihr zuweilen wider ihren Willen. Wenn sie den eigentlichen Grund verbarg, so geschah es bloß um Kaiserling der Wuth eines eifersüchtigen, stolzen und despotischen Fürsten nicht bloszustellen, dessen Rachsucht den Titel, mit welchem sein Nebenbuhler bekleidet war, nicht geschont haben würde. Annens beständige Weigerung die Hand des Zaren anzunehmen, war allein hinreichend einen Fürsten von dieser Gemüthsart in dem Vorsatz sie ihr zu geben, zu bestärken. Aber nach den gewaltigsten Ausbrüchen von Liebe und von Wuth, nach unzähligen Kämpfen zwischen der Leidenschaft und dem Verdruß, fand sich der Zar völlig zurückgewiesen, und suchte endlich seine Heilung in den Ausschweifungen, zu welchen sein Temperament ihm schon vielen Hang gab. Er hatte seitdem keine bestimmte Leidenschaft mehr; denn was er in der Folge für Katharinen that, war weniger die Folge der Liebe, als der Dankbarkeit gegen dieses ausserordentliche Weib.

Sobald Anna Mousen von ihrer glänzenden Knechtschaft erlöst und in Freyheit war, über ihre Hand zu schalten, eilte sie sich mit ihrem wahren Liebhaber zu verbinden.

Peter hatte noch, vor seinen ersten Reisen, die er 1697 nach dem Tode seines Bruders anfing, Eudoxien geheirathet und sie auch wieder verstoßen. Er unterbrach diese Reisen, um die Empörung der Strelitzen zu züchtigen, und fing sie erst 1716 wieder an. In der Zwischenzeit fielen hauptsächlich seine Kriege vor, deren Geschichte zu bekannt ist, um sie hier zu wiederholen. Was die zweyte Heirath des Zaren, und insbesondre den Anfang vom Schicksal der Zarin Katharina betrift, ist

weniger

des Herzogs von Bourbon.

weniger bekannt. Bisher sind in allen gedruckten Werken, ohne Ausnahme, die merkwürdigsten Umstände ausgelassen, verfälscht oder bemäntelt worden. Ich werde diese Lücken nach sehr sichern Urkunden ergänzen.

Katharina von Alfendiel ward 1686 gebohren, in dem Dorf Ringen vom Distrikt Dorpt in Liefland, bey katholischen Polnischen Bauern. Man hat behauptet, daß sie die uneheliche Tochter eines Edelmanns, Namens Rosen war, welcher als Besitzer dieses Dorfes die Mutter und das Kind ernährte. Andre, wie Hübner, geben ihr einen andern Edelmann, Albendiel oder Alfendiel, einen Nachbar und Freund von Rosen, zum Vater. Der Mann der Bäuerin war so wenig bekannt, und diese Genealogie damals noch so unwichtig, daß das Kind im Kirchenbuch als Fündling eingezeichnet wurde. Uebrigens ist in Vergleichung mit der Höhe, die sie erreichte, an dem größeren oder kleineren Grad der Niedrigkeit ihres Ursprungs wenig gelegen; sie hatte dem Glück und ihrem persönlichen Verdienst alles zu verdanken. Schon im dritten Jahr verlor sie ihre Mutter und Rosen, und der Vikarius von Ringen, ihr Pathe, nahm die kleine Waise aus Milde zu sich. Sie war dreyzehn Jahr alt, als der Superintendent von Riga, Gluk, sie auf seiner Kirchenvisitation beym Vikarius fand, der ihn bat, da er selbst arm wäre, die Sorge für die Waise zu übernehmen. Gluk nahm sie mit, und übergab sie seiner Frau, die sie als eine Art von Magd brauchte. Wie sie heraus wuchs, entwickelten sich ihre Züge und ihre Gestalt, ihre Schönheit fing an bemerkt zu werden, und Gluk sah, daß sie auf das Herz seines Sohnes etwas zu viel Eindruck machte. Um den Folgen vorzubauen, verheirathete er sie an einen Schwedischen Trabanten von der Wache Karls des Zwölften, oder wie andre sagen, an einen Soldaten von dem Regiment Schlipenbach; vielleicht hatte er erst in diesem Regiment gedient, und übrigens
wäre

wäre ein Streit über den eigentlichen Stand des Mannes eben so unwichtig, als über die rechtmäßige Geburt der Frau, da es in allen Fällen bey der Dunkelheit ihres Ursprungs bleibt. Die Heirath wurde in Marienburg getroffen, wo der Mann in Garnison stand, und drey Tage darauf erhielt er Befehl zur Armee zu stoßen. Er war mit unter den Schwedischen Gefangnen bey der Schlacht von Pultawa, und wurde nach Sibirien geschickt, wo er 1721 starb.

In Rücksicht auf die kurze Zeit, welche dieses Ehepaar bey einander zubrachte, hat man nachher angenommen, daß die Heirath nicht vollzogen worden wäre und für nichtig angesehen werden könnte: was von einem jungen und verliebten Soldaten gegen ein ebenfals junges und schönes Mädchen schwer zu glauben ist. Diese Schwierigkeit hat einen wichtigern Gegenstand gehabt als die vorherigen, weil es dabey auf die Rechtmäßigkeit der Kinder von der zweyten Ehe ankam, welche alle bey Lebzeiten des ersten Mannes geboren waren. Das Für und das Wider ist von den nämlichen Personen, aber zu verschiedenen Zeiten, und nach verschiedenen Rücksichten, behauptet worden. Als übrigens der Feld-Marschall Sheremetof 1702 Marienburg eroberte, fand er Katharinen, nahm sie unter seine Sklaven, und behandelte sie wie die andern, als Russischer Sieger.

Wie Menzikof, der zu erst Geselle bey einem Pastetenbecker gewesen war, und nach Le Fort's Tod Günstling und Minister des Zaren wurde, an Sheremetofs Stelle das Kommando übernahm, trat ihm dieser Katharinen ab, die nun wieder in eine Art von Feldserail gerieth. Der Zar speiste einmal, indem er die Quartiere in seiner Armee visitirte, bey Menzikof zu Abend, sah Katharinen, 1) fand sie nach seinem Geschmack, befahl ihr,

als

---

1) Was die Geburt, die erste Ehe Katharinens, und überhaupt alles

als er vom Tisch aufstand, die Fackel zu nehmen und ihm in sein Zimmer zu leuchten, und ließ sie bey sich schlafen. Den andern Tag, wie er wegging, gab er ihr einen Dukaten, und glaubte noch großmüthig für seine Nacht bezahlt zu haben; nicht daß er geizig gewesen wäre; aber er behauptete, daß die Freuden der Liebe wie alle andern Bedürfnisse des Lebens angesehen werden, und eine Taxe haben müßten. Nach derjenigen, die er festgesetzt hatte, war ein Soldat nicht mehr als einen Sou von seiner Löhnung für drey Umarmungen schuldig. In Rücksicht auf die Wohlfeilheit dieser Waare hatte er bey den Truppen die Sodomie streng verboten. Gegen die Mönche war er in diesem Punkt nachsichtiger. Ein Mönch, der einen jungen Sklaven genothzüchtigt hatte, wurde bloß verurtheilt, ihn wegzuthun. Es sollte hieraus scheinen, als ob bloß in der Gewaltthätigkeit das Strafbare gelegen hätte. Auch beweist dieses, daß die äußerste Verderbniß der Sitten mehr in der Barbarey als bey polizirten Nationen zu finden ist. In den Anfällen seiner ver-

lieb-

---

alles betrift, was dem Zeitpunkt vorherging, wo der Zar sie bey Menzikof traf, ist so dunkel, daß Männer die gleich glaubwürdig sind, doch ziemlich verschiedene Umstände darüber anführen. Campredon zum Beyspiel, welcher von 1723 bis 1728 französischer Minister in Rußland war, sagt in seiner Korrespondenz, daß Katharina einen Bruder hatte, der vom Zaren umgebracht wurde, und eine Schwester, die sie mit einer Pension von 300 Rubeln in Reval unterhielt, und endlich wegen ihrer Ausschweifungen einsperren ließ. Campredon behauptet auch, ein Schwedischer Hauptmann, Tiesenhausen, hätte Katharinen, da sie noch bey Gluk war, ein Kind gemacht; ihr Hausherr hätte sie fortgejagt, weil sie schwanger gewesen wäre, und der Hauptmann hätte sie an einen Reiter von seiner Compagnie verheirathet; mit diesem hätte sie drey Jahre gelebt, bis zur Einnahme von Narva, da sie beyde zu Gefangenen gemacht und nach Moskau geschickt worden wären, nachdem der Zar Katharinen von Menzikof weggenommen hätte, wäre sie heimlich mit ihrem Mann zusammengekommen; der Zar hätte sie aber einmal überrascht, mit Stockschlägen gestraft, und den Mann nach Sibirien geschickt.

liebten Wuth, seines glühenden Temperaments, galt dem Zaren ein Geschlecht so viel wie das andere.

Kurz nach seiner ersten Zusammenkunft mit Katharinen, besuchte sie der Zar wieder, unterhielt sich mit ihr, und fand sie zu einem besseren Gebrauche gemacht, als bloß eine vorübergehende Regung zu befriedigen. Ohne jemals lesen oder schreiben gelernt zu haben, sprach sie vier Sprachen und verstand die Französische. Viel natürlicher Verstand, ein thätiger, richtiger und biegsamer Geist, eine muthige Seele, mit den äußerlichen Reizen verbunden, mußten natürlicher Weise einem Fürsten gefallen, der in der nämlichen Person eine liebenswürdige Maitresse und für den Nothfall eine Art von Minister fand. Er befahl Menzikof sie ihm abzutreten, und bemächtigte sich ihrer. Von dieser Zeit an folgte sie überall ihrem neuen Herren, theilte alle seine Strapazen, stand ihm mit ihrem Rathe bey, und wurde endlich seine Gemahlin und Kaiserin.

Der Erzbischof von Novogorod, welcher die Heirathsceremonie verrichtete, wollte diesen Umstand benutzen, um den Patriarchentitel zu erhalten, und stellte dem Zaren vor, daß dieses Amt nur einem Patriarchen zukäme. Statt aller Antwort gab ihm der Zar etliche Stockschläge, und der Erzbischof segnete das Ehepaar ein.

Der Zar feierte seine Heirath mit Katharinen erst nachdem er seinen Sohn Alexis an die Prinzessin Charlotte von Braunschweig-Wolfenbüttel, Schwester der Kaiserin, Gemahlin Karls des Sechsten, vermählt hatte 1).

Er

---

1) Der Verfasser der Nordischen Geschichte sagt im Ersten Theil, S. 532, beim Jahr 1712, daß der Zar, von Bewunderung der großen Eigenschaften Katharinens durchdrungen, da er ihr am Pruth sogar seine Rettung verdankte, sie zum Rang seiner Gemahlin erhöhen hätte. Hieraus müßte man schließen, daß die Prinzessinnen Anna und Elisabeth erst durch eine nach ihrer Geburt erfolgte Ehe legitimirt worden wären.

des Herzogs von Bourbon.

Er hatte damals schon zwey Töchter von ihr gehabt, Anna im Jahr 1708, und Elisabeth im Jahr 1710. Er bekam nachher 1715 einen Sohn, welcher 1719 starb, einen zweyten 1717, welcher zu Wesel am Tage seiner Geburt starb, und 1718 eine dritte Tochter, die 1725 starb. Katharina war in der römisch-katholischen Religion gebohren, in der Lutherischen erzogen, und hatte die letztere bey ihrer Thronbesteigung abgeschworen, um die Griechische anzunehmen. So wie sie einen Sohn bekam, wachte die Hofnung in ihr auf, ihn nach seinem Vater regieren zu sehen, und sie arbeitete auf diesen Entwurf los. Dieser Ehrgeiz war der Gerechtigkeit und den Gesetzen der Blutsverwandtschaft zuwider, aber für den Staat konnte er nützlich seyn. Indem sich die Zarin schmeichelte, ihren Sohn zu behalten, hofte sie auch selbst lange genug zu leben, um ihn zu einem würdigen Nachfolger seines Vaters zu bilden.

Der Czarowitz Alexis hingegen schien keineswegs dazu gemacht, die Entwürfe des Zaren zu verfolgen und zu vervollkommen. Ein finsterer Karakter, plumpe Sitten, Unmäßigkeit, ein eingeschränkter und allen religiösen sowohl als politischen Vorurtheilen unterjochter Geist droh-
ten

Voltaire hingegen behauptet, daß Peter schon 1707 Katharinen geheirathet, am 17. März 1711, dem nämlichen Tag, wo er zum Krieg gegen die Türken ausgezogen wäre, die Ehe deklarirt, und 1712 bloß die schon vollbrachte und anerkannte Heirath mit mehr Gepränge gefeiert hätte. Voltaire nimmt das Jahr 1707 an, um die rechtmäßige Geburt der Prinzessinnen zu gründen. Auserdem aber, daß eine heimliche Heirath einem Fürsten, der seine erste Gemahlin verstoßen hatte, nicht sehr ähnlich sehen würde, so bliebe die größte Schwierigkeit doch noch zurück, indem Katharinens Mann noch lebte, und vor 1721 nicht gestorben ist.

Die Prinzessin Anna wurde 1726 an den Herzog von Holstein Gottorp vermählt, den Sohn dessen, welcher die Schwester Karls XII geheirathet hatte. Elisabeth regierte in der Folge vom 6. December 1741 bis zum 5. Januar 1762, da sie starb.

ten das Reich wieder in die alte Barbarey zu stürzen: Eudoxiens Kabalen, und hauptsächlich die Eingebungen dummer und fanatischer Priester, nach welchen Mutter und Sohn handelten, beförderten beyder Untergang.

Kaum hatten der Zar und die Zarin Rußland verlassen, so fingen die Mißvergnügten an sich zu regen. Auf den ersten Verdacht den der Zar hierüber faßte, befahl er dem Czarowiz zu ihm zu kommen. Aber anstatt zu gehorchen, entfloh dieser nach Wien, zu seinem Schwager Karl VI, und begab sich van da nach Neapel, wo ihn der Zar anhalten und nach Moskau zurückbringen ließ.

Peter erfuhr auch, daß Eudoxia in ihrem Kloster die Nonnenkleidung abgelegt, und sich mit dem kaiserlichen Ornat geschmückt hatte; daß ein Offizier, Namens Glebow, einen strafbaren Umgang mit ihr hatte, wobey der Erzbischof von Rostow Unterhändler war, und daß jener bey den Truppen, und der Prälat bey der Geistlichkeit Anführer einer Verschwörung zum Vortheil Eudoxiens und ihres Sohnes waren.

Der Zar reiste unverzüglich ab; alle Schuldigen, alle auch nur verdächtigen wurden festgesetzt und seiner Rache aufgeopfert. Eudoxiens Bruder, Abraham Lapoukin, wurde enthauptet, der Erzbischof lebendig gerädert. Eudoxien schreckten die Vorbereitungen zur Tortur so sehr, daß sie alles, was man wollte, gestand; wie man sagte, waren ihre eigenhändigen Briefe allein hinreichend, sie des Ehebruchs zu überführen. Glebow aber behauptete unter den Qualen der schrecklichsten Folter immerfort Eudoxiens Unschuld, und schob ihr Geständniß auf die Furcht vor den Martern. Er wurde nachher gepfählt, und fuhr bis zu seinem Tod fort, die Tugend dieser unglücklichen Prinzessin zu betheuern. Der Zar war bey der Tortur gegenwärtig gewesen und wollte es auch bey der letzten Hinrichtung seyn, welche mitten auf dem großen Platz von Moskau vor sich ging; Glebow athmete noch, als der

Zar

Zar auf ihn zutrat, und ihn, bey allem was heilig wäre, beschwor, seine Verbrechen und Eudoxiens Mitschuldigkeit zu bekennen. Glebow rafte noch alle seine Kräfte zusammen, und antwortete mit einem unwillig-verächtlichen Blick: du mußt so dumm als grausam seyn, um zu wähnen daß ich, der unter den ungeheuern Martern, die du mir auszustehen gabst, sich nicht bewegen ließ, Eudoxiens Tugend zu beflecken, jetzt da ich keine Hofnung mehr habe zu leben, gegen die Unschuld und die Ehre eines tugendhaften Weibs klagen werde; ich kannte keinen Flecken an ihr, als den, dich geliebt zu haben. Geh Ungeheuer, und hier spie er ihm ins Gesicht, hebe dich weg, und laß mich in Ruhe sterben. Eine Viertelstunde darauf gab er seinen Geist auf, der Zar ließ ihm nachher den Kopf abhauen, den er bey den Haaren aufhob, und dem Volke wies: wobey er sich so weit vergaß, in Flüchen gegen ihn auszubrechen.

Wie sehr er auch wünschte, Eudoxien zu verurtheilen, so wollte er es doch nicht selbst auf sich nehmen, und berief deshalb eine Versammlung von Bischöfen und Priestern, deren Spruch bloß dahin ausfiel, daß sie von zwey Nonnen gezüchtigt werden sollte, welches bey vollem Kapitel ins Werk gerichtet wurde. Hierauf wurde sie in ein Kloster am See Ladoga gebracht. Die Prinzessin Maria, Schwester des Zaren, wurde als ihre Mitschuldige verurtheilt, hundert Ruthenstreiche zu bekommen, die ihr in Gegenwart des Zaren und des ganzen dazu entbotenen Hofs auf die Hüften zugezählt wurden. Sodann sperrte man sie in das Schloß von Schlüsselburg ein, wo sie kurz darauf starb. Die Beichtväter und Bedienten der beyden Prinzessinnen wurden öffentlich vom Henker gepeitscht, er schlitzte ihnen dann die Nasen auf und schnitt ihnen die Zungenspitzen ab, worauf sie nach Sibirien geschickt wurden.

Nun schritt der Zar zur Verurtheilung seines Sohnes. Man weiß daß der Tod über ihn erkannt wurde, und daß sein Urtheil und seine Begnadigung, die ihm fast zu gleicher Zeit verkündigt wurden, eine so heftige Revolution in ihm hervorbrachten, daß er den Tag darauf starb. Der Zar meldete den Ministern, die er an den fremden Höfen hatte 1), daß sein Sohn am Schlag gestorben wäre, von der Folge des heftigen Schreckens, der ihn betroffen hätte. Personen die gut unterrichtet scheinen, behaupten, daß der Zar zu dem Chirurgus, welcher berufen wurde, um dem unglücklichen Prinzen zur Ader zu lassen, diese Worte gesagt habe: Da die Revolution schrecklich gewesen ist, so öfnet die vier Adern. So wäre das Mittel zu seiner Rettung die Vollstreckung des Urtheils geworden. Der Körper des Czarowiz wurde vier Tage hindurch mit unverhülltem Gesicht öffentlich ausgestellt, und dann, in Gegenwart des Zaren und der Zarin, in der Citadelle beerdigt. Die Zarin hatte ihren Gemahl gebeten, seinen Sohn zu begnadigen, ihm das Urtheil nicht einmal zu verkünden, und ihn bloß die Mönchskutte anlegen zu lassen. Diese Bitte ist keinesweges mit dem Wunsch und der Gewißheit abgewiesen zu werden unvereinbar.

Die Jesuiten, die sich in Rußland eingenistet hatten und dort festen Fuß zu gewinnen suchten, wurden bey dieser Gelegenheit fortgejagt.

Eudoxia lebte sechs Jahre, das heißt die übrige Lebenszeit des Zaren, auf einem Zimmer, bey Wasser und Brod, nebst einigen Liqueurs. Nach Peters Tod ließ sie die Zarin Katharina in einen Kerker auf der Festung Schlüssel-

---

1) Das Schreiben des Zaren an den Prinz Kourakin, seinen Minister in Frankreich, über das Todesurtheil und seine Unentschlossenheit in Betref der Vollstreckung, ist vom 5. Julius 1713, und das wo er den Tod des Czarowiz meldet, vom 7. desselben Monats.

des Herzogs von Bourbon.

Schlüsselburg bringen, wo sie allein mit einer alten Zwergin zu ihrer Bedienung blieb, und diese oft selbst zu bedienen hatte, je nachdem eine oder die andre von Krankheiten befallen wurde.

Nachdem Peter seinen ältesten Sohn geopfert hatte, traf ihn der Schmerz den zu verlieren, den er von Katharinen gehabt hatte, und der als Erbe des Reichs anerkannt war. Er wurde in den Armen seiner Amme vom Blitz erschlagen. Zu dem Kummer den der Zar darüber empfand, kam auch noch die verdrüßliche Laune hinzu, die durch zerstörte Gesundheit in Männern, welche an Thätigkeit und an stetem Genuß aller ihrer Kräfte gewöhnt waren, meistentheils entsteht. Die Zarin mußte oft stürmische Anfälle dieser Laune erdulden, der heftigste ging dem Tode des Zaren kurz vorher. Er glaubte zwischen Katharinen und einem seiner Kammerherrn, Namens Moëns. 1), einem schönen wohlgewachsenen Menschen, sehr viel Vertraulichkeit zu bemerken. Ob er nun seine Eifersucht zu äußern sich nicht getraute, oder ob er sein Geschlecht nicht entehren wollte, kurz er bediente sich zu Moëns Untergang eines Vorwands, der unter einer gerechten Regierung ein Gesetz seyn sollte. Nur zu häufig trift man an den Höfen eine Art von Leuten, die durch eine niedrige und heimliche Brandschatzung ihren Einfluß verkaufen, wo darum angesucht wird. Peter hatte bey Lebensstrafe verboten, in irgend einer Anstellung Geschenke anzunehmen. Es ist nicht schwer Schuldige dieser Art zu finden, und wahrscheinlich war das Gesetz unbefolgt geblieben, da es öfter wieder erneuert wurde. Der Zar fand für gut, gegen den Kammerherrn Gebrauch davon zu machen,

R 3

---

1) Ich weiß nicht ob Moëns oder Mousen ein Bruder oder Verwandter von Anna Mousen war, die der Zar geliebt hatte. Er hatte aber eine Schwester, welche Hofdame bey der Zarin war.

machen, und um den wahren Grund dieser Strenge besser zu verbergen, wurde die Schwester des Schuldigen, welche mit in die Sache verwickelt war, bloß zu etlichen Streichen mit dem Knout verurtheilt; ihr Bruder aber wurde enthauptet, und sein Kopf blieb bis zum Tode des Zaren auf einem Pfahl. Nach der Hinrichtung fand man des Bildniß der Zarin in den Kleidern des Unglücklichen. Einige Tage darauf fuhr der Zar mit Katharinen in einer ofnen Chaise, und brachte sie zu mehrerenmalen gerade an Moëns Haupt vorbey, indem er mit einem grausamen Blick den Eindruck ausspähte, den dieser Gegenstand auf die Mine der Zarin machte, welche die Augen beständig niedergeschlagen hielt.

Seine Eifersucht betraf bloß die Empfindungen seiner Gemahlin; alles übrige mußte ihm ziemlich gleichgültig seyn, wenn man wenigstens nach seinem Benehmen bey ihrem Abentheuer mit Willebois urtheilen darf. Willebois war ein Edelmann aus Bretagne, der bey wenigem Vermögen und vieler Herzhaftigkeit gesucht hatte, sich etwas Wohlstand zu verschaffen, indem er auf einem kleinen Fahrzeug, das er selbst gegen die Generalpächter kommandirte und vertheidigte, Kontrebande trieb. Die Verfolgungen der Finanzjustiz zwangen ihn, aus seinem Vaterland zu wandern. Er hatte alle Wechsel des guten und des schlechten Glücks erfahren, als ihn der Zufall auf einem kleinen Holländischen Schiff mit dem Zaren zusammen brachte. Es erhob sich ein so heftiger Sturm, daß der Steuermann und die ganze Equipage ihre Fassung verloren. Willebois, der als bloßer Passagier da war, bemächtigte sich des Steuerruders, theilte von da alle Ordren aus, und brachte das Schiff glücklich aus der Gefahr. Seine Einsicht und seine Unerschrockenheit fielen dem Zaren auf, der diese Eigenschaften vorzüglich zu schätzen wußte; und er schlug ihm vor, in Rußland Dienste zu nehmen. Willebois, der das Leben eines Abentheurers führte

führte, und seinen Beruf meistens vom Zufall erhielt, schlug witzig ein, und folgte einem Fürsten, der eben so für ihn gemacht war, als er für diesen Fürsten. Der Zar gebrauchte ihn in der Marine, vertraute ihm das Kommando über einige Galeeren, und gab ihm öfters einzelne Aufträge zu besorgen.

Kurz nach seiner zweiten Heirath schickte ihn der Zar einmal nach Streina Mysa, einem Lustschloß wo sich die Zarin aufhielt, um ihr eine Angelegenheit mitzutheilen, von welcher sie allein unterrichtet seyn sollte. Der Abgesandte trank gern, der Rausch machte ihn heftig, und die Kälte war so stark, daß er unterwegs eine Menge Branteswein trank, um sich dagegen zu schützen. Die Zarin war im Bett als er ankam, er wartete vor einem Ofen, bis man ihn gemeldet hatte. Der schnelle Uebergang von der Kälte zur Hitze entwickelte die Dünste des Brantesweins, und er war so gut wie betrunken als man ihn hereinführte. Die Zarin entfernte ihre Frauen, und Villebois fing an seinen Auftrag auszurichten. Aber bey dem Anblick eines jungen und schönen Weibes, das in einem mehr als nachläßigen Zustand vor ihm lag, bemächtigte sich eine neue Trunkenheit seiner Sinne, seine Gedanken verwirrten sich, er vergaß seine Botschaft, den Ort, den Rang der Person, und stürzte über sie her. Erschrocken fing sie an zu schreien, nach Hülfe zu rufen; aber eh diese kommen konnte, war alles, was man hätte hindern wollen, schon geschehen. Villebois wird ergriffen und in einen Kerker geworfen, wo er eben so ruhig einschläft, als ob er seinen Auftrag vollkommen ausgerichtet, und nichts sich vorzuwerfen oder zu fürchten hätte. Die Strafe entsprach auch in der That dem Frevel nicht. Der Zar war nur fünf Stunden von dem Ort entfernt, und hatte bald Nachricht von dem Vorfall. Er kam, und um seine Gemahlin zu trösten, welche Villebois in seiner Gewaltthätigkeit so verletzt hatte, daß sie verbunden werden mußte,

mußte, sagte er ihr, er kenne den Verbrecher schon von lange her, und er müsse zuverläßig betrunken gewesen seyn. Er ruft ihn vor sich, und fragt ihn wie er seine Botschaft erfüllt habe. Willebois, noch halb betrunken, antwortet daß er seine Befehle gewiß ausgerichtet habe, aber wo, wenn und wie er es gethan, wisse er nicht mehr. Ob es nun gleich schwer zu glauben war, daß er alles Bewußtseyn von dem Vergangnen verloren hätte, so fand der Zar rathsamer, seine Aussage für wahr anzunehmen, weil er sich oft mit Nutzen seiner bedient hatte, und ihn noch ferner zu gebrauchen Gelegenheit voraussah. Aber aus einer Art von Polizey-Rücksicht, und um eine Gewaltthätigkeit nicht ganz unbestraft zu lassen, die an einer Frau vom niedrigsten Stand, und unter der mildesten Regierung ausgeübt, den Tod verdienen würde, schickte er den Frevler als Ruderstlaven auf die Galeeren, die er vorher kommandirte, und nach sechs Monaten setzte er ihn wieder in seinen Posten ein.

Die Zarin vergab ihm ohne Zweifel auch, denn in der Folge verheirathete sie ihn mit der Tochter des Superintendenten Gluk von Riga, von dem sie in ihrer Jugend Verbindlichkeiten gehabt hatte. Wie sie auf dem Thron war, bezeugte sie überhaupt allen ihren vorigen Wohlthätern ihre Dankbarkeit, und zeichnete Gluk und seine Familie, die sie an den Hof zog, besonders aus. Der Willebois, dessen Namen man zuweilen in den Zeitungen unter dem Artikel Rußland liest, ist vielleicht der Sohn oder der Enkel desjenigen, von welchem ich hier gesprochen habe.

Auf einen bloßen Verdacht war der Zar gegen Moëns weiter gegangen, als er hier bey Willebois offenbarem Frevel that. Da sein Tod kurz auf die Hinrichtung jenes Unglücklichen erfolgte, kam die Zarin in den Verdacht, die Tage eines Gemahls abgekürzt zu haben, dessen Kräfte täglich mehr abnahmen, der dadurch immer schrecklicher wurde, und dessen wütende Anfälle ihr selbst furchtbar

bar werden konnten. Auch der Fürst Menzikof, der ehemals Günstling des Zaren gewesen war, und noch die Ministerstelle bey ihm bekleidete, aber Katharinen, unter deren erste Herren es gehört hatte, besonders ergeben war, hatte Gefahr gelaufen, mehreren nur zu gegründeten Klagen über ministerielle Unterschleife und willkührliche Handlungen unterzuliegen. Seine Stelle war ihm noch geblieben, aber die Liebe des Zaren hatte er verloren, und mußte jeden Augenblick seinen Sturz fürchten. Der Vortheil, den Katharina und er bey dem Tod des Zaren finden konnte, war die einzige Ursache, um welche sie dessen verdächtig wurden 1). Gewiß ist es, daß er an einer Folge seiner Ausschweifungen, einem Geschwür in der Blase starb. Die Bacchanalien bei seinem letzten Konklave machten das Uebel vollends unheilbar, und es tödtete ihn in wenig Tagen.

So endete Peter der Erste, dessen Ruhm sich mehr auf große Eigenschaften als auf Tugenden gründet. Sein Geist und seine Kenntnisse machten ihn seiner Nation überlegen, aber in seinen Sitten behielt er ihre ganze Barbarey. Wild, selbst in seinen Vergnügungen, hatte er nicht den geringsten Begrif von der Achtung, die ein Fürst sich selbst schuldig ist. Sein Abentheuer mit Barbara Arseniow, der Schwester von Menzikofs Frau, kann

zum

---

1) Voltaire behauptet, die Zarin habe vielmehr das größte Interesse gehabt, ihren Gemahl am Leben zu behalten; aber die Beweise, die er davon zu geben glaubt, verstärken den Verdacht statt ihn zu widerlegen. Katharina, sagt er, war der Nachfolge noch nicht versichert. Man glaubte sogar, daß der Zar seinen Enkel, Peter, Alexis Sohn, dazu ernennen würde, oder seine älteste Tochter, Anna Petrowna, mit ihrem Gemahl dem Herzog von Holstein. Eben bey diesen Umständen scheint mir der Tod des Zaren, eh er über die Nachfolge etwas bestimmt hatte, das Vortheilhafteste für Katharinen gewesen zu seyn, zumal da es noch keinen ernannten oder anerkannten Erben gab, und sie daher, wie sie auch gethan hat, durch Menzikofs Ansehen bey den Truppen unmittelbar nach dem Tod des Zaren sich in den Besitz des Thrones setzen konnte.

zum Beweis davon dienen. Du bist so häßlich, sagte einst der Zar zu ihr, daß dich noch niemand um eine Gunst angesprochen hat; ich will dich dafür trösten, und außerdem liebe ich das Außerordentliche. Er hielt Wort, und alle Anwesenden blieben Zeugen dieser brutalen Galanterie, die von Reden von gleichem Schlag begleitet wurde. Man soll sich, sagte er hierauf, seiner Liebeshändel nicht rühmen; aber diese Geschichte muß bekannt gemacht werden, wäre es auch nur um gegen alle, die der armen Barbara gleichen, eine ähnliche Großmuth einzuflößen. Dies war der Reformator des Russischen Reichs, von dem man behauptet, er habe seine Nation gesittet gemacht.

Kein Despotismus war jemals so grausam als der seinige. Der bloße Verdacht einer Schuld galt bei ihm oft für einen Beweis, und die Verbrecher selbst schienen weniger der Gerechtigkeit überlassen, als seiner Rache aufgeopfert. Er weidete seine Augen an ihren Martern, und war zuweilen selbst der Vollstrecker seiner Urtheile. Er gestand daß er seinen Karakter nicht zu besiegen vermocht hätte: hatte er ihn aber bekämpft? Einige seiner Entwürfe waren ungeheuer, aber unvollkommen angelegt, und seinen Fähigkeiten überlegen. Er wollte zu gleicher Zeit seine Unterthanen aufklären und das Joch des Despotismus schwerer über sie werfen, das glücklicher Weise bey aufgeklärten Völkern sich früh oder spät verliert, und einer gesetzmäßigen Regierung Platz macht, welche den Fürsten so vortheilhaft ist als den Unterthanen. Aber das war nicht der Zweck Peters des Ersten. Er hat die Imagination der Menschen ergriffen, was freylich einem gemeinen Geist nicht gelingen würde; aber die Imagination und das Vorurtheil können nicht so wie die Vernunft das wahre Verdienst eines Fürsten abwägen. Wenn man ihn indessen auch nicht unter die großen Menschen zählt, so muß man ihm doch einen ausgezeichneten Rang in seinem

nem Zeitalter zugestehen; den er dafür verdient, daß er einer Nation, deren Schöpfer er seyn wollte, nachdem er sein eigner gewesen war, in Europa Raum gemacht hat. Bis zu seiner Regierung hatten die Russen keinen Theil von dem politischen System von Europa ausgemacht, und der Name des Zaren erscheint 1716 zum erstenmal in der Liste von Souverainen, die in Frankreich gedruckt wird.

Das Konklave, das er am Dreykönigstag, der auch zur Weihung des Wassers bestimmt war, in einem lustigen Gelage feyerte, war eine ziemlich plumpe Verspottung des Römischen Hofs, und gerade darum desto geschickter auf ein plumpes Volk zu würken, dem er den Pabst und die Lateinische Kirche verächtlich machen wollte. Er hatte ehemals, wie ich schon an einem andern Ort gesagt habe, die entfernte Absicht gehabt die Griechische mit derselben zu vereinigen; aber der Päbstliche Despotismus hatte ihn empört, und er suchte seitdem ihn in Rußland verhaßt zu machen, um die Scheidewand mehr zu sichern. Darum erfand er sein possenhaftes Konklave. Einer seiner Hofnarren wurde zum Pabst gewählt, die andern wurden zu Kardinälen ernannt, und das ganze Fest bestand in Thorheiten und Trunk.

Am nähmlichen Tag geschah die Wasserweihe, und der schale besoldete Schriftsteller, der Baron Hausen, der sich unter dem Namen Nestechuranoy verborgen hat, nimmt daher Anlaß zu sagen, daß Peter an einem Katharr starb, den er sich durch die übermäßige Kälte zuzog, die er bey dieser Feyerlichkeit litt: bey welcher er, sagt der Verfasser, mit seiner gewöhnlichen Frömmigkeit zugegen war. Und wer wollte daran zweifeln, zumal da er sich auf seine Bacchanalien vorzubereiten hatte?

Während der letzten Augenblicke des Zaren versammelten sich die Senatoren, um über die Nachfolge zu berathschlagen; aber Menzikof ließ den Pallast durch die Truppen umringen, deren Kommando er als Feldmarschall hatte,

hatte, und sobald der Zar seinen Geist aufgegeben hatte, trat er in die Versammlung, und schlug vor, der Zarin die Krone zu übergeben. Menzikofs Gegner, welche voraussahen, wie viel Einfluß er unter Katharinen haben würde, suchten die Ansprüche des Sohnes vom Czarowiz Alexis geltend zu machen, thaten den Vorschlag, wenigstens das Volk zu befragen, das auf dem Platz versammelt war, und setzten sich in Bereitschaft die Fenster in dieser Absicht zu öfnen, als Menzikof, welcher den Werth des Augenblicks fühlte, rief, daß es zu kalt wäre um Fenster zu öfnen, und es verbot. In diesem Augenblick traten die Offiziere an der Spitze der Garden in den Saal, und unterstützten die Meinung des Feldmarschalls; der Erzbischof von Nowogorod war bestochen, und der von Pleßow versicherte, am Tage vor der Krönung der Zarin hätte der Zar erklärt, daß diese Feyerlichkeit keinen andern Zweck hätte, als ihr nach seinem Tode die Regierung zuzusichern. Die Ehrfurcht gegen den Prälaten, und hauptsächlich der Anblick der Truppen ließen dagegen keinen Zweifel aufkommen. Alle traten zu Menzikofs Meynung über, oder getrauten sich nicht sie zu bestreiten, und Katharina wurde am nähmlichen Tag, da der Zar starb, dem 28. Januar 1725, zur Kaiserin ausgerufen.

Katharina bewies in ihrer Regierung, die funfzehn bis sechszehn Monate währte, daß sie es verdiente, ihrem Gemahl nachzufolgen. Sie setzte die Regierungsplane und die Einrichtungen, die er angefangen hatte, fort, und fand dabey noch Zeit, sich die Geschäfte durch einige Vergnügungen zu versüßen. Sie nahm erst den Grafen von Löwenwolden, und dann den Grafen Sapieha 1) zum Liebhaber; an den letzteren verheirathete sie ihre Nichte. Aber den vornehmsten Einfluß hatte Menzikof unter ihrer

Regie-

---

1) Er war ein Vetter des Königs Stanislaus und seiner Gemahlin.

Regierung. Sie war ihm Verbindlichkeiten schuldig; Indessen wird die Erkenntlichkeit den Großen leicht drückend. Menzikof glaubte zu bemerken, daß dies bey der Zarin der Fall war, und außerdem konnte sie sterben, und jemanden zum Nachfolger bestimmen, der ihm nichts zu verdanken hätte, folglich ihn einem andern nachsetzen könnte. Das Recht dazu hatte Katharina durch ein Reichsgrundgesetz Peters des Ersten vom 16. Februar 1722, dessen Befolgung von allen Russischen Unterthanen beschworen wurde, und welches den Souverainen von Rußland die Vollmacht ertheilte, nach eignem Gutdünken ihre Nachfolger zu erwählen. Menzikof beschloß also auf allen Fall sich eine Stütze zu bereiten, indem er ordnungsmäßigere Maasregeln träfe, als die er zu Katharinens Vortheil angewandt hatte. Er trat in geheime Unterhandlung mit dem Wiener Hof, um dem Sohn des Czarowiz Alexis, der durch seine Mutter ein Neffe der Kaiserin, Karls des Sechsten Gemahlin war, die Krone zu versichern. Er trug Sorge die Bedingung festzusetzen, daß der künftige Zar sein Schwiegersohn werden, und seine Tochter heirathen würde. Kaum war dieser Vertrag abgeschlossen und unterzeichnet, so starb Katharina, und im nämlichen Augenblick, am 17. May 1727, wurde der Czarowiz unter dem Namen Peters des Zweyten ausgerufen und anerkannt.

Alle diejenigen, welche für den Herzog und die Herzogin von Holstein, Peters des Ersten Tochter, hätten auftreten können, hatte Menzikof wohlbedächtig schon im Voraus exilirt, entfernt, oder sonst auf andre Art scheu gemacht. Beyde begaben sich in ihre Deutschen Staaten, wo die Herzogin im folgenden Jahre starb.

Katharinens Tod war so passend für Menzikofs Entwürfe eingetroffen, daß man ihn sehr stark im Verdacht hatte, sie vergiftet zu haben; und die Präsumtionen waren so überwiegend, daß sie sich in der Folge immer mehr verstärkten. Niemand aber hätte sich getraut ihn öffentlich deſſen zu zeihen, ſo furchtbar wurde ſeine Macht. Seine erſte Sorge war die Großmutter des neuen Zaren, Eudoxia, aus ihrem Gefängniß zu ziehen, er ſchickte ihr ſtandesmäßige Kleidung und ein eben ſo anſtändiges Gefolge, und bat ſie um ihre Einwilligung in die Heirath ihres Enkels mit ſeiner älteſten Tochter, der Prinzeſſin Menzikof. Er hatte ſich zum Generalvikarius des Reichs ernennen laſſen. Seine Tochter wurde mit dem Zaren verlobt, in Erwartung der Zeit wo die Heirath vollzogen werden könnte. Weil er übrigens Eudoxiens unruhigen Geiſt, ihren Hang zur Kabale, und die Gewalt fürchtete, die ſie ſich über ihren Enkel anmaaßen konnte, ſo war er geſchickt und mächtig genug, um ſie zu bewegen, daß ſie den Schleyer behielt, und ſich begnügte Aebtiſſin eines adelichen Kloſters, mit 60000 Rubeln Penſion, zu ſeyn. Er herrſchte über Rußland und über ſeinen Fürſten ſelbſt, den er mit drückendem Hochmuth behandelte, ihm ſeine Uebungen und Erholungen vorſchrieb, und nicht die geringſte Abweichung von ſeinen Befehlen zuließ. Was für einen Unterthanen das gefährlichſte iſt, er machte ſich ſeinem Herrn furchtbar; überdem haßte ihn der ganze Hof, und ſeine ungeheuern Reichthümer erweckten die Habſucht aller derer, die bey ſeinem Sturz ſich in ſeine Beute zu theilen hoften. Unter den zwey vorhergehenden Regierungen hatte eine thörigte Eitelkeit ihn irre geleitet; um die Niedrigkeit ſeiner Geburt vergeſſen zu machen, hatte er Mittel ergriffen, deren zu groller Abſtich nur noch mehr daran erinnerte. Er hatte ſich mit den Ritterorden der Fürſten, die ſeiner nöthig gehabt hatten, ſchmücken laſſen. Er ſtrebte auch ſehr nach dem Orden des heiligen Geiſts, und aus Schonung gründete man die Weigerung auf die Verſchiedenheit der Religion, ſtatt ſeine Geburt anzuführen. Die nahe Gefahr, in welcher er ſich unter Peter dem Erſten befunden, hatte ihn nicht weiſer gemacht. Sobald er ſich vor allen Anfechtungen ſicher geglaubt hatte, war ein wilder

der Uebermuth an die Stelle seiner vorigen Eitelkeit getreten. Er behandelte die Bojaren und Minister mit Verachtung und Härte; dem Grafen Ostermann drohte er einst mit dem Rade, weil er im Staatsrath gewagt hatte, anderer Meynung als er zu seyn. Eine Macht die meistens früher verschwindet als die rechtmäßige, ist zugleich auch empörender; und trotz aller Vorkehrungen, welche die Tyrannen treffen, entgehen ihre Nachfolger doch immer ihren Verfolgungen.

Die Prinzessin Elisabeth, welche in der Folge regiert hat, und der junge Prinz Dolgoruki, den ich in seiner Jugend gekannt habe, waren die einzigen, denen Menzikof erlaubte an den Erholungen des Zaren Theil zu nehmen, weil ihr Alter sie am wenigsten verdächtig machte. Aber sie dienten der Partei die sie leitete, zu Werkzeugen. Dolgoruki schlief gewöhnlich im Zimmer des Zaren, und unterhielt den Verdruß des jungen Monarchen gegen seinen Minister. Dieser war mit dem Hof nach Petterhof, einem Lustschloß unfern Petersburg, gezogen. Auf Dolgorukis Rath entwischte hier der Zar mit ihm Nachts aus dem Fenster; von den Wachen unbemerkt kamen sie durch den Garten, fanden eine Bedeckung um sie in Empfang zu nehmen, und langten mit dieser in Petersburg an, unter dem lauten Zuruf aller Mißvergnügten, das heißt aller Unterthanen des Zaren. Die Wachen wurden sogleich verändert, oder traten zu den Einwohnern über; und als Menzikof dem Zaren nachgesetzt kam, sah er beym ersten Eintritt in die Stadt, daß keine Hofnung mehr für ihn war. Er wurde sogleich angehalten, mit dem Befehl sich auf eines seiner Güter, Renneburg, zu begeben. Ich habe große Verbrechen begangen, sagte er als er arretirt wurde, war es aber am Zaren mich dafür zu bestrafen? Diese Worte bestätigten den Verdacht, den man von Katharinens Vergiftung gehabt hatte.

Men-

Menzikof verließ Petersburg mit seiner Familie, in seiner brillantesten Equipage, von seiner ganzen Haushaltung begleitet, und mit seinen kostbarsten Effekten. Aber dieser Prunk beleidigte seine Feinde, und er wurde zwey Stunden von der Stadt durch einen Offizier an der Spitze eines Detaschements eingeholt, der ihn aus dem Wagen zu steigen zwang, ihn, seine Frau und seine Kinder, jedes in einen besondern Karren setzte, und die Equipagen den Rückweg nach Petersburg nehmen ließ. Je weiter sich Menzikof von dieser Stadt entfernte, desto mehr Erniedrigungen suchte man auf ihn zu häufen. Man zog ihm und seiner Familie ihre mitgenommenen Kleider aus, und kleidete sie dafür in grobes Tuch. So kam er mit seinem Sohn und seinen zwey Töchtern, deren älteste mit dem Zaren verlobt gewesen war, nach Jakutsk im äussersten Sibirien. Seine Frau, die während ihres Glücks eben so viel Bescheidenheit und Wohlthätigkeit gezeigt hatte, als er Härte und Stolz, war der Müdigkeit und dem Schmerz über den Zustand ihrer Kinder unterlegen, und auf der Reise gestorben. Menzikof selbst fing erst im Unglück an, groß zu seyn oder wenigstens zu scheinen, denn die Verzweiflung eines starken Geistes kann leicht dem standhaftesten Muth gleichen. Ihm entfuhr keine Klage; in Ansehung seiner erkannte er die Gerechtigkeit des Himmels, nur seine Kinder rührten ihn, und er suchte ihnen die Gefühle einzuflößen, die für ihr gegenwärtiges Schicksal paßten. In der Hütte, die sie mitten in ihrer Wüste zu ihrer Wohnung aufgebaut hatten, theilte jeder die Arbeit zur gemeinschaftlichen Nahrung. Menzikofs Standhaftigkeit wurde von neuem geprüft, als diejenige von seinen Töchtern, die zur Kaiserin bestimmt gewesen war, in seinen Armen starb. Endlich erlag er unter dem Gewicht seines Unglücks, unter der Arbeit selbst, die er anwandte um es zu ertragen, und in welcher er die Kräfte seines Geistes aufrieb. Er starb an der Krankheit

heit der verungnadeten Minister, und hinterließ denen die ihm glichen eine fruchtlose Lehre, weil sie diese niemals von andern als sich selbst, und wenn sie keinen Gebrauch mehr davon machen können, empfangen.

Das nämliche Schicksal traf wirklich auch die Dolgoruki's, die Menzikof gestürzt hatten und ihm nachgefolgt waren. Die Schwester des jungen Günstlings wurde mit dem Zaren verlobt, aber die Heirath hatte nicht Statt. Peter II starb den 29. Januar 1730 an den Blattern, im dritten Jahr seiner Regierung, und dem funfzehnten seines Lebens.

Anna Jwanowna, Tochter des Zaren Johann III, Peters I ältesten Bruders, Wittwe des Herzogs von Kurland, und Großtante Peters II, folgte diesem nach. Die Dolgoruki's, Vater, Mutter und Kinder wurden nach Sibirien verbannt, mit der nämlichen Strenge behandelt als vorhin die Menzikofs, und hatten den Verdruß, den Sohn und die Tochter die von diesen übrig blieben, zurückrufen zu sehen. Diese aber fühlten sich durch das Unglück mit den Dolgoruki's, ihren ehemaligen Feinden und den Urhebern ihres Falls, versöhnt, hinterließen ihnen ihre Wohnung in besserem Stand als sie dieselbe gefunden hatten, beklagten sie, und versprachen sich so weit für sie zu verwenden, als man es am Hofe für Unglückliche thun darf.

Die Begnadigung Menzikofs und seiner Schwester war von Seiten der Regierung nicht ganz uneigennützig; man trachtete damit nach den ungeheuern Summen, die ihr Vater in der Venetianischen und Amsterdamer Bank niedergelegt hatte, und welche die Direktoren niemanden als ihm oder seinen in Freiheit gesetzten Kindern überantworten wollten. Die Zarin überließ ihnen den fünften Theil.

Sie fuhr fort, Eudoxien die Ehrenbezeugungen wiederfahren zu lassen, die der Wittwe und Großmutter von

Zaren gebührten, und auch die Pension von 60000 Rubeln wurde ihr ferner ausgezahlt. Aber sie überlebte ihren Enkel nicht lange, und starb am 8. September 1731 an einer auszehrenden Krankheit.

Annas Regierung dauerte über zehn Jahre. Bey ihrem Tode, am 27 October 1740, hinterließ sie die Krone dem Prinzen Iwan, dessen Großtante sie war, einem Sohn Anton Ulrichs, Herzogs von Braunschweig Bevern, und Elisabeths von Meklenburg, der Tochter von Katharina Iwanowna, ältesten Schwester der Zarin Anna. Dieses Kind, das durch sein tragisches Ende so berühmt wurde, war den 22 des vorigen Augustmonats geboren, und nur zwey Monate alt, als es unter dem Namen Johann IV gekrönt wurde.

Einige Tage zuvor hatte ihn die Zarin, seine Großtante, kraft des oben erwähnten Reichsgrundgesetzes Peters I, zu ihrem Nachfolger ernannt. Dem zu Folge wurde er zum Großherzog von Moskovien ausgerufen, und die Minister, die Feldherren, die obersten Kronbedienten leisteten ihm den Eid der Treue. Der Herzog von Kurland, Biron, war zum Regenten ernannt; aber drey Wochen nach dem Tod der Zarin Anna ließen der Herzog und die Herzogin von Braunschweig, Aeltern des neuen Zaren, den Herzog von Kurland einsperren, bemächtigten sich der Regentschaft, und überließen unter ihrem Namen die Verwaltung des Reichs dem Großkanzler Grafen von Ostermann.

Diese Art von Regierung dauerte nur vierzehn Monate. In der Nacht, vom 5. zum 6. December 1741, erhob sich Elisabeth Petrowna, auf den Rath ihres französischen Chirurgus, Lestoc, und an der Spitze von acht Grenadieren, nach den Kasernen der Garden, beredete sie, ihr zu folgen, kehrte nach dem Pallast zurück, ließ den Herzog und die Herzogin von Bevern, die Grafen von Osterman und von Münnich festsetzen, gieng in das Zim-

Zimmer des kleinen Zaren, schloß ihn in die Arme, küßte ihn, und übergab ihn ihren Vertrauten, mit dem Bedeuten, die größte Sorge für ihn zu tragen, und ihn vor jedem andern Unglück, außer dem Verlust der Krone, zu verwahren. Um sechs Uhr des Morgens war die Revolution geendigt, ohne daß ein Tropfen Bluts dabey vergossen war, und Elisabeth wurde von allen Ständen einstimmig als Kaiserin erkannt.

Ihr Unternehmen war um so gerechter, als Peter I durch ein Testament verordnet hatte, daß wenn der Zar sein Enkel ohne Kinder stürbe, die Prinzessin Elisabeth Petrowna ihm nachfolgen sollte. Der Großkanzler, Graf Osterman, hatte dies Testament untergeschlagen. Da sich aber eine Abschrift davon fand, bekannte Osterman sein Verbrechen, und wurde verurtheilt den Kopf zu verlieren. Elisabeth schenkte ihm das Leben, und begnügte sich ihn nach Sibirien zu schicken, wo er gestorben ist. Wie groß auch sein Vergehen gegen sie war, so wollte sie doch ihr Gelübde nicht übertreten, unter ihrer Regierung keine einzige Hinrichtung zu gestatten. Wenn sie sich aber gegen Osterman mild bezeigte, so war sie gegen Lestoc, der mehr Antheil als jemand an der Revolution gehabt hatte, desto undankbarer. Er wurde durch die Intriguen des Kanzlers Bestuchef und des Präsidenten vom Kriegskollegium, Apraxin, nach Sibirien verbannt, und diese beiden theilten sich in die Geschäfte, die man um so leichter an sich reißen konnte, als Elisabeth nur in der Absicht den Thron bestiegen hatte, sich ihren Vergnügungen ohne Zwang überlassen zu können 1).

---

1) Man hatte fast Gewalt anwenden, das heißt ihr Furcht einjagen müssen, um sie auf den Thron zu setzen. In der nämlichen Nacht wo die Revolution ausgeführt wurde, besiegte Lestoc die Furcht der Prinzessin vor den Folgen des Unternehmens nur dadurch, daß er eine größere Furcht in ihr erweckte. Er brachte ihr eine Zeichnung vor Augen, wo man auf der einen Seite Elisabeth auf dem Throne und Lestoc zu ihren Füßen
sitzend

Sie hatte während einer Regierung von mehr als ein und zwanzig Jahren keine andre Beschäftigung; und ihre Günstlinge, mit denen sie oft abwechselte, und die ihr lieber waren als ihre Minister, machten alle das größte Glück. So gieng es den zwey Brüdern Rasoumowski; sie waren Kosaken von niedriger Geburt, aber jung, schön, und wohlgewachsen, Eigenschaften welche bey Ellisabeth viel galten. In der nämlichen Rücksicht wurde Sievers, der Sohn eines Lakaien des verstorbnen Herzogs von Kurland, Biron, zum Grafen gemacht, und bey glänzenden Veranlassungen nach Wien gesandt. Peter Schuwalof, und sein Vetter Iwan Schuwalof, gelangten ebenfalls, dieser durch seine Gestalt, jener durch seine Gewandtheit, zu der höchsten Gunst. Der erste fieng durch eine Heirath mit einer Favoritin der Kaiserin zuerst an seinen Weg zu machen; nachher brachte er seinen Vetter als Pagen bey ihr unter, und war dabey des Erfolgs gewiß. Iwan wurde Kammerherr und Günstling seiner Gebieterin in jedem Betracht; er bekam einen großen Antheil an der Staatsverwaltung, und zog seinen Vetter mit dazu. Peter entwarf die Plane, und Iwan sorgte dafür daß sie bey der Zarin durchgiengen. Die beiden neuen Grafen wurden bald Bestuchef und Aprarin als Kollegen aufgedrungen, und da diese sich nicht getrauten es mit ihrem Einfluß aufzunehmen, mußten sie sich's gefallen lassen. Iwan Schuwalof hatte einen Sekretair, der dem Französischen Hof sehr behülflich hätte seyn können, um Rußland von England abzuziehen; denn außer dem

---

sitzend sah, auf der andern aber diese Prinzessin auf dem Schaffot, im Begrif enthauptet zu werden, und Lestoc auf dem Rade. So machte er ihr begreiflich, daß die Wahl ihr nur für den Augenblick frey stünde; morgen, sagte er, ist der Thron verscherzt, und das Schaffot sicher.

Elisabeth hat acht natürliche Kinder gehabt, von denen keines anerkannt worden ist, und die eine Italiänische Vertraute, Namens Juanna, auf ihre Rechnung nahm.

des Herzogs von Bourbon.

dem Vertrauen das sein Herr auf ihn setzte, konnte der Haß der Gemahlin von Peter Schuwalof gegen Bestuchef, welcher den Engländern ganz ergeben war, hier benutzt werden. Dieser Sekretair war ein Franzose, der Sohn eines Parlamentsraths von Metz, Namens Eschoudi. Wegen seiner unordentlichen Aufführung war er gezwungen gewesen, sein Vaterland zu verlassen, und hatte den Namen Chevalier de Lussi angenommen. Nachdem er als Avantürier in einem Theil von Europa herumgezogen war, fand er sich genöthigt unter die Französischen Schauspieler der Zarin Elisabeth zu gehen. Er schrieb auch einige Romane, und ein Journal unter dem Titel: le Parnasse François. Seine Talente, und die Leichtigkeit mit welcher er verschiedne Sprachen sprach, empfahlen ihn dem Favoriten, Jwan Schuwalof, der ihn vom Theater wegnahm, ihm die Stelle als Sekretair der Akademie geben ließ, und ihn zugleich, unter dem Namen eines Grafen von Putelauge, zum seinigen annahm. Wenn er jetzt (1764) noch lebt, kann er höchstens vierzig Jahre alt seyn.

Elisabeth hatte den Herzog von Holstein Gottorp, den einzigen Sohn ihrer ältern Schwester, Anna Petrowna, welcher mit Katharina von Anhalt Zerbst vermählt war, als ihren Nachfolger anerkennen lassen. Aber sie ließ beyden nicht den mindesten Antheil an der Regierung. Sie wurden genau beobachtet, und Spionen waren zur Aufsicht über sie gesetzt. Kein Fremder durfte ihnen zu nahe kommen. Aus der Abneigung, welche Elisabeth gegen sie blicken ließ, muthmaßte man daß sie ihren noch unerwachsenen Sohn, oder in dessen Ermangelung den Prinzen Jwan, welcher in einem Schlosse bey Archangel gefangen lebte, ihnen vorzuziehen Willens war. Welche Beschaffenheit es nun mit den geheimen Absichten dieser Fürstin gehabt haben mag, so starb sie den 5 Januar 1762, und der Herzog von Holstein wurde am nämlichen Tag unter dem Namen Peters III zum Kaiser ausgerufen.

Seine Regierung war von kurzer Dauer. Jedermann weiß daß im Monat Julius des nämlichen Jahres seine Gemahlin ihn festsetzen ließ, daß er wenige Tage darauf in seinem Gefängniß an einer angeblichen Hemorrhoidalkolik starb, und das Katharina II sich hierauf, den Rechten ihres Sohnes zum Nachtheil, als Kaiserin ausrufen ließ. Da ich von den Ursachen und den Umständen dieser Revolution nicht so gut unterrichtet bin, als von den Begebenheiten die ich bis jetzt angeführt habe, so beschließe ich hier diesen Artikel von Rußland. Vielleicht werde ich in der Folge, aus sehr sichern Quellen, den gegenwärtigen Zustand dieses Reichs beschreiben; und ich muß voraus erinnern, daß meine Darstellung, wenn sie auch nicht ganz mit dem, was hierüber schon bekannt ist, übereinstimmt, darum nicht weniger wahr seyn wird.

Der Herzog von Bourbon und die Marquise von Prie hatten an der Königin alle Erkenntlichkeit und alle Gefälligkeit gefunden, die sie sich von ihr versprochen hatten. Blos mit dem Wunsche dem König zu gefallen beschäftigt, dachte sie ganz und gar nicht an die Staatsgeschäfte; und dem König, welcher durch die Jagd, die Feten und die Reisen von Chantilli, Rambouillet und Marli zerstreut wurde, wären die Angelegenheiten der innern Regierung und der Politik sehr beschwerlich gewesen. Der Herzog von Bourbon hatte also mit seiner Maitresse und den Paris als Subalternen die unumschränkte Herrschaft. Er gieng täglich, nach dem Beyspiel des Regenten, zu dem König um ihm seine Aufwartung zu machen, und gewisse Geschäfte summarisch mit ihm abzuhandeln, gleichsam in der Absicht mit ihm, oder vielmehr in seiner Gegenwart, daran zu arbeiten. Aber der Bischof von Frejus ermangelte nie sich als Dritter dabey einzufinden. Dieser ewige Dritte war dem Herzog lästig, und mißfiel der Marquise sehr, welcher die Vergebung der geistlichen Aemter noch auf dem Herzen lag. Sie nahm
sich

sich vor, dieses Fach unter dem Namen ihres Liebhabers an sich zu reißen, und um den alten Bischof abzuschütteln, erfand sie ein Mittel, das sie selbst an seine Stelle setzte, und ihr fast den offenbaren Zutritt im Staatsrath verschaffte. Sie ließ den König durch den Herzog überreden, jene Arbeit in dem Zimmer der Königin abzuthun, die er damals noch liebte, oder für welche er wenigstens die Art von Trieb empfand, die jedem jungen Mann bey dem ersten Weib, dessen Genuß er hat, natürlich ist. Da der Präceptor dort keine Stunden zu geben hatte, so konnte er dem König nicht folgen, und ohne gar zu plump gestoßen zu werden, mußte er auf diese Art so zu sagen von seiner Stelle gleiten, und ganz natürlich auf den Boden kommen. Dann nahm die Marquise, von der Gnade der Königin unterstützt, den vierten Platz ein, und führte das Ruder des Staats. So bewundernswürdig wie ihr der Anschlag vorkam, so entsprach doch der Erfolg nicht ihrer Erwartung.

Nachdem also der Herzog eines Tags den König beredet hatte einmal bey der Königin zu arbeiten, begab sich der Bischof von Frejus, der nichts davon wußte, um die gewöhnliche Stunde in das Kabinet des Königs, welcher noch nicht weggegangen war. Da nach einigen Augenblicken der Herzog nicht kam, gieng der König, ohne dem Bischof ein Wort zu sagen, heraus, und kam zu der Königin, wo er den Herzog traf. Der Bischof blieb allein und wartete; nachdem aber die Stunde der Arbeit schon längst verflossen war, blieb ihm kein Zweifel mehr übrig, daß man ihn hatte ausschließen wollen. Er kehrte zurück in seine Wohnung, und schrieb dem König einen Brief, worinn er von dem Vorgang betrübt, auch wohl gar piquirt schien, zugleich aber sich so zärtlich als ehrerbietig ausdrückte, von Seiner Majestät Abschied nahm, und ankündigte daß er seine Tage in der Entfernung vom Hof beschließen würde. Er trug dem ersten Kammermerdiener, Niert, den Brief zur Bestellung auf, und reiste sogleich nach Issi zu den Sulpicianern, wo er zuweilen zur Erholung sich aufhielt.

Bey seiner Zurückkunft fand der König den Brief, und glaubte sich verlassen als er ihn las. Die Thränen fielen ihm aus den Augen, und um seinen Schmerz vor den Bedienten zu verbergen, rettete er sich in seine Garderobe. Niert suchte sogleich den Herzog von Mortemart, ersten Kammerjunker, auf, und erzählte ihm was vorgieng. Dieser eilte zum König, fand ihn untröstlich, und hatte die größte Mühe ihn so weit zu bringen, daß er die Ursache seiner Betrübniß gestand. Mortemart nahm hierauf den Ton des Eifers und des Verdrusses an: „Was Sire?" sagte er, „sind Sie nicht Herr? lassen Sie doch dem Herzog von Bourbon sagen, daß er sogleich nach dem Bischof von Frejus schickt, und Sie sehen ihn sicher wieder." Da er den König noch verlegen sah, den Befehl, auszustellen, erbot er sich ihn zu übernehmen. Ludwig, sehr erleichtert, nahm das Erbieten an, und Mortemart verkündigte dem Herzog von Bourbon diesen Befehl der ihn sehr niederschlug. Er wollte Schwierigkeiten machen, aber Mortemart fühlte seine eigne Gefahr, wenn ihm das Geschäft mißlänge, für dessen Urheber der Herzog ihn bald erkennen würde, so gut wie für den Ueberbringer des Befehls. Er sprach also in einem so standhaften Ton, daß nichts wie Gehorsam übrig blieb.

Sobald man den Expressen abgeschickt hatte, hielten der Herzog, die Marquise, und ihre Vertrauten Berathschlagung über ihre Lage. Einer stimmte, daß man den Bischof auf dem Weg von Issi nach Versailles anhalten und ihn sofort den Weg einer entfernten Provinz, wie etwa die seinige, nehmen lassen sollte, wo eine lettre de cachet ihn in der Verweisung zurückhalten würde. Der Schlag war kühn, aber wahrscheinlich würde er geglückt haben. Man hätte dem König vorgespiegelt, daß der

Bischof

Bischof sich zurückzukommen geweigert und freywillig entfernt hätte. Niemand würde es gewagt haben einem Prinzen, der erster Minister war, zu widersprechen, und bey der großen Jugend des Königs, der überdies damals mehr mit seiner Gemahlin als mit einem alten Präceptor beschäftigt war, würde der Abwesende bald vergessen worden seyn. Zum Glück für den Staat, der einem zügellosen Weib zur Beute gedient hätte, kam der Bischof bey dem König an, während daß die Rotte noch berathschlagte, und Ludwig empfieng ihn wie einen Vater.

Horace Walpole, der Englische Gesandte, und Bruder des Staatsministers, Robert, unterhielt sorgfältig die Freundschaft des Bischofs von Frejus, dessen Macht er vorhersah, und dessen verborgnen aber sichern Einfluß er schon erkannte. Er war der einzige, welcher auf die erste Nachricht nach Issi eilte, und dem Bischof Freundschaftsbetheurungen machte. Da dieß vor der Entwickelung der Sache geschehen war, so behielt der alte Prälat, bey allem Mißtrauen das ihm durch Karakter und durch Erfahrung natürlich war, seitdem für Walpole eine Anhänglichkeit, welche dieser, zum Nachtheil unsers Seewesens und unsers Handels, sehr anzuwenden gewußt hat.

Man kann leicht urtheilen, was für Gesinnungen der Herzog von Bourbon und der Bischof von Frejus nach einem solchen Auftritt gegen einander hegten. Der erste sah indessen, daß man einen Mann der dem König so theuer war, forthin für etwas rechnen müßte, und fieng an ihm die größte Achtung zu erweisen; Fleuri, welcher seinerseits nur um das Wesentliche des Einflusses besorgt war, vermied alles was ein Frohlocken über seinen Triumph anzeigen konnte, und behandelte den Herzog mit der Ehrerbietung die seiner Geburt zukam. Die Marquise von Prie, die sehr an dem Glück des Prinzen, aber keinesweges an seiner Person hieng, beschied sich nun daß sie auf die Vertheilung der Benefizien Verzicht leisten,

leisten, und noch verschiedne andre Ansprüche einschränken müßte. Sie schmeichelte dem Prälaten, und unterließ nichts um bey ihm nicht mit dem Herzog vermengt zu werden, den man, sagte sie, für ihren Liebhaber ansähe, ohngeachtet sie nie etwas anders als seine Freundin gewesen wäre, und jetzt auch das zu seyn aufhörte, da aller gute Rath, den sie ihm gäbe, nichts fruchtete. Den besten Beweis daß sie den Herzog nicht liebte, den sie hätte anführen können, hätten unstreitig die vielen Untreuen gemacht, die sie an ihm begieng; aber der alte Bischof war nicht so leicht zu hintergehen als ein junger Prinz. Fleuri war völlig entschlossen, den Staat von allen die seit der Regentschaft an dessen Verwaltung Theil genommen hatten, zu befreyen; und er stand nicht lange an dieß ins Werk zu richten. Es scheint daß der Herzog vor seinem Sturz nicht das mindeste davon ahndete; denn wenn er sich freywillig zurückgezogen hätte, würde er der Verbannung entgangen seyn, und die Demüthigungen vielleicht zum Theil verhindert haben, welche den Sturz der Marquise begleiteten.

Der König gieng voraus nach Rambouillet ab, wohin der Herzog von Bourbon ihm folgen sollte, und sagte vor seiner Abreise zu ihm: er möchte nicht zu lange auf sich warten lassen. Dieß war vielleicht überflüssig, aber wahrscheinlich hatte der Bischof von Frejus den ganzen Plan angelegt, und dem König sogar die Worte bestimmt.

Kaum hatte der König Versailles verlassen, so verkündigte ein Kapitän von der Garde dem Herzog den Befehl, sich nach Chantilli zu begeben; und zur nämlichen Zeit bekam die Marquise einen, durch welchen sie auf ihr Gut Courbepine in Normandie verwiesen wurde. Ich werde hier, was sie betrift, vollends mitnehmen, um nicht wieder auf den Gegenstand zu kommen. Sie sah diese Ungnade anfangs für eine vorübergehende Wolke an; einer ihrer besondern Freunde, der am Tage ihrer Abreise

mit

mit ihr speiste, hat mir erzählt, daß sie ihn gefragt hätte, ob er glaubte daß ihre Entfernung von langer Dauer seyn würde. Er kannte den Hof zu gut um daran zu zweifeln, aber er gab ihr eine tröstliche Antwort. Durch die Hofnung aufrecht erhalten, oder wenigstens nicht so vom Schmerz angegriffen, daß jedes andre Gefühl in ihr erstickt gewesen wäre, ließ sie eine Stunde vor ihrer Abreise einen verborgnen Liebhaber zu sich in ein Kabinet kommen, und nahm von ihm Abschied. Sie waren zu sehr mit einander beschäftigt, oder zu eilig um darauf zu denken die Fenster zu verschließen, so daß aus einem benachbarten Hause verschiedene Personen diesen zärtlichen Abschied mit ansahen. Sie hielten es nicht geheim, und da sie nicht nahe genug waren, um den begünstigten Nebenbuhler des Herzogs von Bourbon zu erkennen, sich auch nicht träumen ließen daß es der Sekretair ihres Mannes wäre, so schrieben sie es auf die Rechnung des .... und zogen ihn damit auf, weil er der einzige war, von welchem man wußte daß er an dem Tage bey ihr gespeißt hatte. Dieser hat mir's erzählt a).

Die

a) Auch bey dieser Anekdote muß die Bemerkung wiederhohlt werden, daß Duclos sich zuweilen bey Zügen aufhält, welche des ernsthaften und denkenden Mannes, selbst wenn er nur Memoiren sammelt, nicht würdig genug sind. Bey Stellen dieser Art scheint der Geist der Leerheit und der Kleinlichkeit aus dem gesellschaftlichen Leben das Gedächtniß des Verfassers angesteckt zu haben; aber von größerer Wichtigkeit ist der von ohngefähr hier so nah zusammengestellte Kontrast zwischen den Russischen und den Französischen Hof-Revolutionen. Es kann wenigstens von einigem Nutzen seyn die Probe anzustellen, ob man nicht in dem grelleren und wilderen Karakter jener Auftritte die Unwürdigkeit und die bey ihren wichtigen Folgen so traurige Geringfügigkeit der Versailler Thorheiten, in dem milderen und feineren Anstrich aber der Französischen Hoftabalen nicht die Falschheit, die Ungerechtigkeit, die Unmenschlichkeit der Russischen Gräuel, wesentlich wiederfindet. Es wird immer mehr Zeit, diese sittlichen Züge zu dem Gemälde der politischen Dekadenz von Europa im Stillen zu sammeln, und damit der großen Sendung künftiger Montesquieu's und Gibbon's vorzuarbeiten.

Die Standhaftigkeit der Marquise hielt nicht lange an. Kaum war sie in Courbepine, so erfuhr sie daß ihre Stelle bey der Königin ihr genommen, und an die Marquise d'Alincour vergeben war. Sie sah nun deutlich daß sie vom Hofe weggejagt war, und ohne Hofnung jemals wieder aufzukommen. Verzweiflung ergriff sie, und der Kummer zehrte sie ab, ohne daß sie nur den Trost hatte, den Arzt den sie kommen ließ, und Silva, den Arzt des Herzogs, von welchem sie Konsultationen einholte, zu überzeugen daß sie wirklich krank wäre. Sie blieben dabey, daß sie nichts als Vapeurs oder Nervenzufälle hätte; die letzte Krankheit fieng damals an Mode zu werden, sie hat seitdem die Vapeurs verdrängt, und gehört mit zu den Namen, womit die Aerzte ihre Unwissenheit bemänteln. Ohne Zweifel haben sie das Prognostikon des Todes aus Verzweiflung nicht; denn an dem Tage wo die Marquise von Prie, in ihrem neun und zwanzigsten Jahre, starb, nachdem sie funfzehn Monate lang in ihrer Verbannung eingegangen war, hatten sie noch ihre Krankheit für Einbildung erklärt.

Von dem Kardinal Fleuri.

Der Bischof von Frejus, der von jeher im Besitz des Königlichen Vertrauens gewesen war, und nunmehr öffentlich damit beehrt wurde, hätte sich zum ersten Minister können ernennen lassen; er begnügte sich aber mit der ganzen Gewalt dieser Stelle, und ließ den Titel und die äußerlichen Verrichtungen derselben eingehen. Wahrscheinlich rieth er auch dem König an, sie nie wieder aufkommen zu lassen, wie der Kardinal Mazarin auf seinem Todbett es schon Ludwig XIV angerathen hatte. Le Blanc bekam wieder das Kriegsdepartement, Pelletier des Forts bekam die General Aufsicht über die Finanzen, und Berthelot de Montchene, Bruder der Marquise von Prie, für welchen sie eine sechste Intendantenstelle in den Finanzen hatte errichten lassen, wurde gezwungen diese abzugeben. Die ganze Verwaltung des Herzogs von Bourbon wurde verändert, und unter dem Vorwand um ihre Entlassung gebeten zu haben, mußten alle seine Diener sich entfernen. Ueberhaupt wird in den öffentlichen Nachrichten die offenbarste und oft gerechteste Verjagung von Staatsbeamten immer auf diese Weise beschönigt. Wer die Geschichte nur aus den zeitlichen Druckschriften kennt, sieht kaum das Gerippe derselben.

Die wichtigste Operation für das gemeine Beste war die Abschaffung des Funfzigsten. Ohne den Plan der Regierung zu verändern, den er eingeführt fand, und der im Fach der Finanzen einer neuen Gestalt bedürfte, gründete bete der Bischof von Frejus wenigstens eine ökonomische Verwaltung, der er, so lange sein Ministerium dauerte, das heißt bis an seinen Tod, getreu blieb. Man kann ihm zu viel Vertrauen auf die Financiers vorwerfen. Er mußte wissen daß ihr vorgeblicher Kredit, den sie dem König zu leihen scheinen, von dem König selbst herrührt. Aber er unterstützte sie, entweder weil er kein Mittel kannte sie zu entbehren, oder aus Furcht, in seinem Alter eine Reform zu unternehmen, die er nicht Zeit haben würde zu vollenden oder fest zu gründen. Er half indessen durch die Ordnung und die Sparsamkeit nach, welche bey jeder Regierungsform die Grundlage der Verwaltung seyn müssen, und was für die Regel das wesentlichste ist; er gab selbst das Beyspiel davon. Kein Minister war je so uneigennützig. An Pfründen nahm er nichts, als was er nothdürftig brauchte, ohne dem Staat etwas abzukürzen, um ein bescheidnes Haus und eine spärliche Tafel zu halten. Das Vermögen das er hinterließ, war auch kaum das eines mittelmäßigen Bürgers, und nicht der zehnte Theil der Kosten des Grabmals das ihm der König errichten ließ, wäre damit zu bestreiten gewesen. Sein Tod konnte an jene uralten Zeiten erinnern, wo Bürger die ihrem Vaterland gedient hatten, so arm starben, daß sie auf öffentliche Kosten zur Erde bestattet werden mußten. Auch hätten die Finanzverwalter, für welche er so viel Gefälligkeit hatte, nicht mit dem üppigen Aufwand prangen dürfen, den wir seitdem von Leuten, die sich aus dem Staube der Kanzleyen empor schwingen, haben auskramen sehen. Unter diesem Minister war die Erhebung der Auflagen weniger hart, und die Zahlungen waren richtiger. In wenigen Jahren stellte er die Auslage der Einnahme gleich, indem er diese durch die Oekonomie allein erhöhte.

  Da meine Absicht bloß ist, Recht wiederfahren zu lassen, und nicht Lobreden zu halten, so werde ich den

Von dem Kardinal Fleuri.

gegründeten Vorwurf nicht verschweigen, den man diesem Minister macht, daß er die Marine hat in Verfall gerathen lassen. Der Geist der Oekonomie führte ihn in diesem Punkt irre. Sein Vertrauen auf Walpole ließ ihn glauben, daß er mit den Engländern einen unwandelbaren Frieden erhalten, und also den Aufwand für die Marine würde ersparen können. Er hätte fühlen sollen daß die Dauer des Friedens von der Sorge abhieng, die er nahm, um ihn zu erhalten, daß sie mit seinem Karakter in Verbindung stand, und daß unvermuthete, gezwungene Umstände den Krieg zwischen uns und den Engländern, unsern natürlichen Feinden, immer wieder entzünden konnten. Durch einen seltsamen Widerspruch fürchtete er Verbesserungen zu unternehmen, die sein hohes Alter ihn nicht hoffen ließ zu vollenden, und bey andern Gelegenheiten handelte er, als ob er sich für unsterblich gehalten hätte.

Wenn er zuweilen die Oekonomie zu weit trieb, so murrten diejenigen am meisten, die dadurch im Zaum gehalten wurden; und sie suchten ihn in den Ruf zu bringen, daß er die Dinge nicht im Großen sähe, worauf denn tausend von den Dummköpfen, die nichts weder im Großen noch im Kleinen sehen, diese Formel wiederholten. Aber das Volk und der Bürger, also der zahlreichste, der nützlichste Theil des Staats, der die Grundlage und die Kraft desselben ausmacht, konnte sich eines Ministers erfreuen, der das Königreich wie eine Haushaltung verwaltete. Was man ihm auch für Vorwürfe machen mag, so wäre es wünschenswerth für den Staat, daß er Nachfolger gehabt hätte, die bey einer eben so unbeschränkten Macht als die seinige, ihm in der Denkungsart geglichen hätten. So viel ist ausgemacht, daß man die Regentschaft ohne Bedauern hat endigen sehen, daß man das Ministerium des Herzogs von Bourbon verflucht hat, daß man seinen Nachfolger gern wieder vom Tode auferwecken möchte,

möchte, und über das was wir seitdem sahen, wissen wir sehr gut woran wir uns zu halten haben. Ich werde davon sprechen.

Der Bischof von Frejus beschäftigte sich unstreitig zu viel mit der Konstitution, die er beyseite legen, und zugleich mit den Opponenten aussterben lassen konnte. Aber es wäre fast widernatürlich gewesen, daß ein Prälat, mit seiner Lage zufrieden, groß genug gedacht hätte, um nicht nach dem Kardinalat zu streben, und das sicherste Mittel dazu zu vernachläßigen. Er hatte den Namen als erster Minister nicht angenommen; er wollte indessen sich wenigstens den äußeren Glanz verschaffen, den seine geistlichen Vorgänger in seiner Stelle gehabt hatten. Man kann leicht denken, daß er keine Schwierigkeiten fand. Die erste Promotion von Kardinälen welche bevorstand, war die der Kronen, und der König gab seine Ernennung dem Bischof von Frejus. Aber die Promotion war noch entfernt, und der alte Prälat etwas eilig in den Besitz zu kommen; es mußte also bewürkt werden, daß er im Voraus, außer der Reihe, ernannt wurde. Da die Genehmigung des Kaisers und des Königs von Spanien hiezu nothwendig war, so erklärte der König gegen sie, daß er die Französische Ernennung bloß um eine kurze Zeit zu anticipiren verlangte, und daß sie demnach bey der Promotion der Kronen sich schon erfüllt finden würde. Die beiden Höfe, welche nichts dabey verloren, gaben ihre Einwilligung, und würden wahrscheinlich dem Pabst erlaubt haben, einem mächtigen Minister, auf dessen Erkenntlichkeit sie sich ein Recht erwarben, den Hut proprio motu zu geben. Aber der Bischof, dem wenig daran gelegen war, ob es in Frankreich einen Kardinal mehr gäbe, machte darauf keinen Anspruch, und begnügte sich mit einer Auszeichnung, die nichts auffallendes hatte 1).

Das

1) Der Kardinal Fleuri wurde den 11 September 1726 ernannt, und die Promotion der Krone geschah im November 1727.

Das lag überhaupt in seiner Denkungsart. Er hatte den Orden des heiligen Geists und das Erzbisthum Rheims ausgeschlagen, zu einer Zeit, wo ein jeder andrer davon geblendet gewesen wäre.

Ohne Prunk, mit einer bescheidenen Außenseite, zog er das Wesen der Macht dem Gepränge derselben vor; und er hatte wirklich eine unumschränktere, weniger widersprochene Gewalt als Mazarin durch seine Ränke, oder Richelieu durch seine Henker.

Dies Ministerium, das gegen siebenzehn Jahre dauerte, konnte man als ein glückliches Interregnum betrachten; was darauf folgte war nichts wie Anarchie, und die ganze Zeit des Kardinal Fleuri wird mir weniger Geschichtsbegebenheiten im Innern des Reichs darbieten, als ein einziges Jahr der Regentschaft. Die Gewalt war beständig in den Händen des Kardinals, und der Wille, welcher sich so oft zugleich mit der Macht unter mehrere Minister vertheilt, und dadurch dem Staat so verderblich wird, war hier zu einem einzigen vereinigt. Alles schritt auf Einer geraden Linie fort; kein Vernünftiger getraute sich jemals bey dem König etwas gegen seinen Minister zu unternehmen. Die Königin selbst sah die Nothwendigkeit davon ein. So unzufrieden sie auch mit dem Sturz des Herzogs von Bourbon und der Veränderung des Ministeriums seyn konnte, so suchte sie keinen Einfluß in die Regierung zu erlangen, und schränkte sich von diesem Augenblick auf die Pflichten ein, aus denen man sie seitdem bey keiner Gelegenheit hat herausgehen sehen.

Das Betragen der Königin, der Gehorsam der untern Staatsbeamten, und die Unterwürfigkeit der Hofleute erinnern mich an die Thorheit einiger jungen

Schwin-

Schwindelköpfe vom Hof, die sich's einmal einfallen ließen, eine Rolle spielen zu wollen. Der Kardinal hatte sie zu den Belustigungen des Königs, und zu einer Art von Familiarität mit dem jungen Monarchen ziehen lassen. Sie nahmen dieß treuherzig für Vertrauen von Seiten dieses Fürsten, und bildeten sich ein, daß sie die Regierung an sich reißen könnten. Der Kardinal bekam Nachricht davon, und wahrscheinlich durch den König selbst. Unter Richelieu, welcher den geringsten Angriff auf seine Macht so gut zum Verbrechen zu machen, und Richter zu finden wußte, deren Art nie ausgeht, hätte die Thorheit dieser jungen Leute schlimme Folgen haben können. Der Kardinal Fleuri, welcher die Dinge nicht so tragisch aufnahm, lachte mitleidig, behandelte sie als Kinder, ließ einige von ihnen eine Zeitlang auf ihren Gütern reif werden, oder bey ihren Aeltern zu Verstand kommen, und achtete ein Paar andre so gering, daß er sie am Hof den Spöttereyen zum Ziel dienen ließ, mit welchen man sie nicht verschonte. Es ist unnöthig ihre Namen jetzt aufzufrischen, sie haben sich seitdem in keinem Fach welche gemacht, und sind vollkommen vergessen. Man nannte das damals die *Verschwörung der kleinen Buben*.

Man könnte den Karakter dieses Ministeriums mit einer einzigen Bemerkung im Voraus bezeichnen: wenn man nämlich nur einen Monat seiner Staatsverwaltung umständlich darlegte, würde man das vollständige Gemälde eines Zeitraums von mehr als sechzehn Jahren geben a). Die Kriege von 1733 und von 1741 muß man

---

a) Fleuri's Ministerium giebt unter andern auch einen auffallenden Beweis, mit wie wenigen Kräften die Wohlfahrt eines Staats bewürkt werden kann. Alles was diese natürliche Anlage des Volks, durch Ruhe, Ordnung und Einrachheit in der Regierung zufrieden gestellt zu werden, so gewaltsam zerstört hat,

Von dem Kardinal Fleuri.

man jedoch hiervon auszunehmen: dieß waren gezwungne Lagen, in welche er mehr gestoßen wurde, als daß er sich freywillig hinein begeben hätte.

Nachdem er das Baret aus den Händen des Königs empfangen hatte, und ihm deshalb seine Danksagung abstattete, erwies ihm Ludwig die Ehre, ihn vor den Augen des ganzen Hofs zu umarmen; und der König bezeugte so viel Freude, als der neue Kardinal nur in seinem Herzen verschließen konnte.

Jedermann glaubte auf Fleuri's Dankbarkeit Ansprüche zu haben, und suchte sie geltend zu machen. Der Pabst bediente sich seiner, um seine wankende Konstitution wieder vorzunehmen. Der Reichsvicekanzler Sinzendorf hatte bald Ursache sich zu freuen, daß ihn der Kaiser zu der Unterhandlung über den Hut gebraucht hatte, und der Herzog von Richelieu, unser Ambassadeur in Wien, ebenfalls, daß er diese Korrespondenz zu besorgen gehabt hatte. Beyde hatten den Kardinal in einem Abentheuer nöthig, das sie persönlich betraf, und das der Geschichte nicht würdig seyn würde, wenn es nicht über die Men-

schen,

hat, wird einst von der unparteyischen Geschichte, nicht mit der glimpflichen Formel der beleidigten Volksmajestät, sondern mit dem schrecklichen Namen: Verbrechen des verachteten Menschenglücks gebrandmarkt werden. In jenen engen Kreis sehnt sich, wissentlich oder nicht, alles zurück; und wie lange man sich auch draußen schlage, eh der Kreis wieder gebildet wird, so werden weder die wortreichen Spartaner in Frankreich, noch die antiphilosophischen Diener der Ehre und des Königs, jemals in dem Innern des Bürgers einen andern wahren Trieb pflanzen können. Aber es gehört mit zu den merkwürdigen Folgen dessen was geschehen ist, daß dieser Trieb selbst nicht mehr hinreicht sich zu befriedigen; allein und unbewehrt wird er das Opfer der streitenden Parteyen, wenn er nicht, früh oder spät, mit einer Entschiedenheit, die sein Wesen verändert, dem nackten Begrif des Zuträglichen das Gewand des einen oder des andern Glaubens anlegt.

schen, welche eine Rolle in den öffentlichen Geschäften spielten, eine Art von Licht verbreiteten.

Der Sohn des Reichsvicekanzlers, welcher im geistlichen Stande erzogen war, der Graf von Westerloo, Hauptmann von der kaiserlichen Harschierwache, und der Herzog von Richelieu lebten in Wien durch einen gleichen Hang zum Vergnügen mit einander verbunden. Einer von jenen Betrügern, welche von der Leichtgläubigkeit gewisser starker Geister leben, die nicht so selten sind als man meint, die an die Magie und andre ähnliche Absurditäten glauben, überredete diese drey Herren, daß er durch die Vermittelung des Teufels jedem die Sache verschaffen würde, die er am meisten zu besitzen wünschte. Richelieu soll, wie man sagt, den Schlüssel zum Herzen der Fürsten verlangt haben, denn der Weiber hielt er sich schon für gewiß. Der angewiesene Ort zur Teufelsbeschwörung war an einem Steinbruch, nahe bey Wien. Sie begaben sich des Nachts dahin. Es war im Sommer, und die Beschwörungen dauerten so lang, daß der Tag schon anbrach, als die Werkleute, die zu ihrer Arbeit kamen, von einem dringenden Geschrey herbeygelockt wurden, und die drey Männer um einen Mann in Armenischer Kleidung *a*) versammelt fanden, der in seinem Blute schwamm und eben seinen Geist aufgab.

Der Unglückliche war ohne Zweifel der vorgebliche Magus, den diese Herren, so grausam als leichtgläubig, und beschämt getäuscht worden zu seyn, ihrem Verdruß

auf-

---

a) Ich glaube versichern zu können, daß dieser Armenier mit dem unter uns durch den Geisterseher so bekannten nichts gemein hat, und daß man sich also irren würde, wenn man den Knoten, welcher so viel Erwartung erregt hat, hier zufällig selbst zu finden glaubte.

aufgeopfert hatten. Die Arbeiter liefen sogleich davon, in der Furcht für Mitschuldige angesehen zu werden, und machten ihre Anzeige bey der Polizey. Als die Wache kam und den Namen der Verbrecher erfuhr, gab sie dem Vater des einen, dem Reichsvicekanzler, davon Nachricht. Dieser wandte alles an um den Handel zu schlichten, der für alle drey ernsthaft genug, aber für Sinzendorf am wichtigsten war, da er die Ernennung zum Kardinalat hatte und die Promotion herannahte.

Der Reichsvicekanzler hatte diese Ernennung für seinen Sohn von einem Abbe Strickland gekauft, einem Engländer, der einer von den listigsten Abentheurern war, und das Mittel gefunden hatte sich die Polnische Ernennung zu verschaffen. Bey aller seiner Geschicklichkeit entgieng Strickland nicht dem gemeinen Loos dieser Art von Menschen; sein Ruf war zweydeutig, und eine unregelmäßige, zu öffentlich bekannte Lebensart ließ ihn befürchten, daß seine Hofnungen in Rom, wo die Konkurrenten ein erstaunliches Talent haben sich unter einander zu durchkreuzen, nicht erfüllt werden möchten. Er fand also rathsam, um nicht alles zu verlieren, seine Rechte oder Ansprüche bey dem Reichsvicekanzler gegen klingende Münze auszutauschen; und Sinzendorf welcher das Departement der auswärtigen Geschäfte hatte, fand nicht die mindeste Schwierigkeit dabey, seinen Sohn an Stricklands Stelle unterzuschieben. Aber dies letzte Abentheuer gab dem Vater und dem Sohn sehr gegründete Besorgnisse. Der Antheil an einem Verbrechen der Magie würde in Rom größeres Aergerniß gegeben haben, als Stricklands Sittenlosigkeit und der Mord des Armeniers. Die Verbrechen gegen das Vorurtheil mögen so sinnlos seyn als sie wollen; sie werden immer höher aufgenommen, als die welche nur die Sittlichkeit verletzen oder die Natur schänden.

Sinzendorf erstickte die Sache in Wien so gut er konnte, schrieb deshalb an den Kardinal Fleuri, und bat ihn bey dieser Gelegenheit gemeine Sache mit ihm zu machen, nämlich seinerseits den Herzog von Richelieu zu unterstützen, und die Gerüchte, welche bis nach Frankreich bringen könnten, als Verläumdungen zu behandeln. Fleuri, für welchen sich der Reichsvicekanzler kurz vorher des Hutes wegen verwandt hatte, und den Richelieu überredet hatte, daß er ihm auch dabey sehr nützlich gewesen wäre, ließ sich gern zu dem, was von ihm verlangt wurde, gebrauchen.

Damit war indessen noch nicht alles gethan; es kam hauptsächlich darauf an zu verhindern, daß die Sache nicht in Rom zu Sinzendorfs Nachtheil ruchbar würde. Das bloß präsumirte Verbrechen der Magie zieht schon die Exkommunikation nach sich. Der Reichsvicekanzler ergriff das Mittel, dem Pabst ein Memorial zu schicken, worinn die Begebenheit bloß unter dem Licht einer jugendlichen Unvorsichtigkeit vorgestellt wurde, die von der Verläumdung gemißbraucht werden könnte, und für welche doch eine Absolution ad cautelam erbeten würde. Man erhält eine Absolution ziemlich leicht in Rom, wenn man das Recht sie zu geben anerkennt, und wenn sie von einem mächtigen Minister verlangt wird. Sie wurde insgeheim dem künftigen Kardinal und dem Herzog von Richelieu gegeben. Kurz darauf erhielt der junge Sinzendorf den Purpur, und um allen Verdacht zu vertilgen, wurde Richelieu unter der ersten Promotion von Rittern des heiligen Geistes begriffen, mit der Erlaubniß, die Ordenszeichen vor seiner Aufnahme zu tragen. Nur der arme Westerloo, welcher keinen Minister zum Vater und kein persönliches Ansehen hatte, blieb der Sündenbock bey dieser Geschichte; er lief von Wien fort, verlor seinen Posten, und kehrte in sein Vaterland,

land, Flandern, zurück, wo er in der Dunkelheit lebte und starb.

Nachdem sich der Herzog von Richelieu einige Zeit in seinem Hotel verborgen gehalten hatte, trat er, mit seiner geheimen Absolution versehen und seinem Ordensband geschmückt, glänzender als jemals wieder in Wien auf, und zerstörte einen Theil des Argwohns, durch die Stirne mit welcher er demselben trotzte. Er eilte indessen doch sich zu beurlauben, und durchreiste Italien, ohne aber Rom zu berühren, wo er eben nicht Lust hatte seine Absolution vom Pabst bestätigen zu lassen. Noch weniger getraute er sich das Herzogthum Modena zu betreten. Bey dem vertrauten Umgang den er mit der Herzogin gehabt hatte, als sie noch Mademoiselle de Valois war, befürchtete er von ihrem Gemahl einen Anfall und einen Streich von Italiänischer Eifersucht. Er kehrte nach Frankreich zurück, wo er von dem Kardinal sehr gut empfangen, und in die innere Gesellschaft des Königs eingeführt wurde. Ludwig hat ihn auch immer ziemlich günstig aufgenommen, und mit ausgezeichneten Gnaden beehrt, aber nie mit einem gewissen Vertrauen. Wir werden ihn wichtige Posten bekleiden und sie oft glänzend erfüllen sehen; aber sein Blick ist immer nur der eines Mannes nach der Mode geblieben.

Der Kardinal, der während seines ganzen Ministeriums nicht aufgehört hat, an der Erhaltung oder Wiederherstellung der innern Ruhe des Königreichs zu arbeiten, befleißigte sich bey allen andern Europäischen Mächten den Frieden zu erhalten. Er wußte, wie es auch allgemein anerkannt ist, daß sie niemals gegen einander in Krieg gerathen, ohne daß Frankreich durch irgend einen Umstand hineingezogen werden müßte. Er suchte daher, und es gelang ihm, das verschiedne Interesse

des Kaiserlichen, Englischen, Spanischen Hofs, und
ihrer Alliirten zu vereinigen. Sein vorzügliches Augenmerk war, die Empfindlichkeit des Madrider Hofs über
die Zurücksendung der Infantin aus dem Weg zu räumen. Die Niederkunft der Königin von Spanien gab
die Veranlassung sich einer Versöhnung anzunähern.
Der König schrieb sogleich über die Geburt des Infanten
einen freundschaftlichen Glückwunsch an seinen Onkel,
der Philipp V so rührte, daß er sich auf der Stelle versöhnt erklärte. Die Königin war nicht so leicht zurückgebracht, und ob sie gleich genöthigt war ihren Gesinnungen einigen Zwang anzuthun, so mußte sich doch der
Graf von Rothenburg, der mit dem Auftrag abgesandt
wurde, dem Infanten den Orden des heiligen Geists zu
überreichen, einiger Formalitäten unterwerfen, die er-
niedrigend gewesen wären, wenn man sie nicht als thö-
rig angesehen und die Königin wie ein Kind betrachtet
hätte, die man als ein solches zufrieden stellen müßte.
Sie forderte daß Rothenburg in einer Privataudienz, die
sie und der König ihm geben würden, beim Hereintreten vor ihnen auf die Knie fiele, und sie bäte die Beleidigungen unsers vorigen Ministeriums zu vergessen.
Die Königin, neben ihrem Gemahl sitzend und mit einer
weiblichen Arbeit beschäftigt, erhob ihre Augen nicht einmal auf den Gesandten als er hereintrat, und schien ihn
nicht zu bemerken; aber der König ließ ihn wieder auf-
stehen und stellte ihn der Königin vor, mit der Bitte hin-
fort den König von Frankreich bloß als ihren Neffen zu
betrachten, und die Einigkeit, die zwischen den beyden
Kronen seyn müßte, vor Augen zu haben.

Philipps Versöhnung war so aufrichtig als seine
stete Anhänglichkeit für sein Haus; die Königin aber
schien nur stufenweise ihren Groll schwinden zu lassen,
und behielt immer genug davon in Vorbehalt, um fühlen

len zu lassen, wie viel man gegen sie gut zu machen hätte, und um Frankreich zu den größten Dienstleistungen gegen die Infanten zu bewegen.

Es ist hier der Ort von der schlimmen Veränderung zu sprechen, die mit dem Verstand des Königs von Spanien vorging. Ob man gleich im Allgemeinen von der Melancholie des Königs einige verwirrte Nachrichten hatte, so sind doch die besondern Zufälle dieser Krankheiten nur wenigen bekannt geworden. Die besondern Entreen, welche die Königin unsern Ministern, als Gesandten eines verwandten Hofs, zu bewilligen nicht immer vermeiden konnte, setzte sie in den Stand unserm Hof von dem Zustand des Königs bestimmte Rechenschaft zu geben. Außerdem wollte sie Philipp zuweilen sehen, wo die Königin gewünscht hätte sie entfernt zu halten, und es gab wiederum Veranlassungen wo sie genöthigt war, sich an sie zu wenden und ihnen alles zu gestehen. Die Depeschen unsrer Ambassadeurs, des Grafen von Rothenburg, und des Marquis, nachmaligen Marechals von Brancas, geben das traurige Gemälde des Innern vom Spanischen Hof.

Man weiß, daß Philipp in einer furchtsamen Ehrerbietung gegen den König und in der Unterwürfigkeit gegen einen Bruder, dessen Unterthan er werden konnte, auferzogen, eine Gewohnheit zu gehorchen angenommen hatte, die jedem zu gute kam, der es unternahm ihn zu beherrschen. Die Prinzessin bei Ursini hatte dies benutzt, und als die Königin sie vertrieb, hatte sie keine Mühe weiter, als dem vorgezeichneten Plan zu folgen. Die Einsamkeit, in welcher man ihn beständig hielt, versetzte ihn endlich in eine Art von Melancholie, die bis zur Tollheit ging. Ohne irgend eine sichtbare Unpäßlichkeit blieb er zuweilen sechs Monate ohne das Bett verlassen zu wollen,

len, ohne sich rasiren zu laſſen, ohne sich die Nägel abzuschneiden, oder seine Wäsche zu wechseln. Wenn ihm sein Hemd nun am Leibe verfault war, nahm er kein frisches bis es die Königin getragen hatte, aus Furcht, wie er sagte, damit vergiftet zu werden. Er aß, verdaute und schlief gut, obgleich nie zu gleichen Stunden. Auch für die Meſſe, die er auf seinem Zimmer hörte, hielt er nicht mehr auf regelmäßige Zeiten, manchmal ließ er sie früh, manchmal um sieben Uhr des Abends lesen. Den Winter ließ er im ungeheizten Zimmer alle Fenster öfnen, und in der brennendsten Sommerhitze ließ er sie zumachen, so daß die Anwesenden vor Frost erstarrten oder vor Hitze erstickten, ohne daß er das geringste Gefühl zeigte. Er konnte in den heiſſeſten Tagen drey Deken von Flanell ertragen, warf in der strengsten Kälte die leichteste von sich ab, und entblößte sich auf eine ziemlich unanständige Art. So lang er das Bett hütete, beichtete er nie, aber man hörte ihn zuweilen Gebete hermurmeln.

Wenn er aufstand, hätte er ohne Stütze gehen können, wenn der Schmerz, den ihm die langgewachsenen Nägel an seinen Fußzehen unter der Kleidung machten, ihn nicht gehindert hätte. Mit seinen langen, schneidenden und harten Nägeln zerriß er sich selbst im Schlafe, und behauptete nachher, daß man die Zeit, wo er schliefe, wahrnähme um ihn zu verwunden, oder daß er Skorpionen um sich herum hätte, die ihn stächen. Es gab Augenblicke, wo er sich todt glaubte, und fragte warum man ihn nicht begrübe. Er konnte viele Tage in einem finstern Stillschweigen beharren, und diese düstre Stimmung endigte sich oft mit den wütendsten Ausbrüchen, wo er um sich schlug, die Königin, den Beichtvater, den Arzt und alle die ihm nahe stunden zerkratzte, und sich mit gräßlichem Geschrei in die Arme biß. Man fragte ihn, was

es

er hätte. Nichts, sagte er, und den Augenblick darauf fing er an zu singen oder versank wieder in seine Träumerei. Er stand manchmal plötzlich in der Nacht auf, und wollte im Hemd, mit bloßen Füßen, ausgehen. Die Königin lief, um ihn zurückzubringen, und dann schlug er so arg auf sie los, daß sie oft ganz zerblaut war.

Nachdem er ganze Monate in der scheußlichsten Unreinlichkeit zu Bett zugebracht hatte, verging eben so viel Zeit wo er sich gar nicht niederlegen wollte, und auf einem Lehnstuhl schlief, so daß seine Beine vom Herunterhängen anschwollen. Ob er gleich wenig Bewegung machte, waren seine gewöhnlichen Mahlzeiten doch sehr stark, er verlangte die nahrhaftesten Speisen, das kräftigste Fleisch; um zehn Uhr des Morgens nahm er eine Kraftbrühe, um zwölf speiste er zu Mittag, womit er zwei Stunden zubrachte, schlief alsdann auf fünf bis sechs Stunden ein ohne von der Tafel aufzustehen, aß beim Aufwachen sechs bis sieben Zwiebäcke und nahm um eilf wieder eine starke Kraftbrühe.

Er verwechselte unaufhörlich die Verrichtungen des Tags und der Nacht, legte sich zuweilen um zehn Uhr des Morgens nieder, speiste im Bett, arbeitete da mit einigen Ministern, und stand um fünf der Messe wegen auf. Er schlief manchmal zwölf bis vierzehn Stunden, und den folgenden Tag schlummerte er nur wenige Minuten. Er ließ sich verschiedene Breviarien auf's Bett bringen, und die Königin mußte die Psalmen oder Gebete hersagen die er ihr angab, und wechselsweise aus dem einen oder dem andern wählte. Mitten unter diesen frommen Beschäftigungen bemerkte er einmal daß seine Hündin läufig war, ließ einen Hund holen, und als sie sich vor einer Gesellschaft von funfzig Personen begatteten, hielt er über dieses Geschäft der Natur eine Menge Reden, ben, bie mehr schmutzig als gelehrt waren. Bey andern Gelegenheiten hinderte ihn seine Frömmigkeit nicht, sehr muthwillige Einfälle zu haben. Ich werde mich bey diesen Abwechselungen von Tollheit und Vernunft nicht aufhalten. Ich verschweige mehrere Umstände, die für mich eben so ermüdend seyn würden, als es die Auszüge aus den Depeschen 1) für die Leser wären, wenn diese Memoiren jemals erscheinen sollten.

Philipp der Fünfte mußte mit dem stärksten Temperament begabt seyn, um seiner Art zu leben, und den Gesundheitsmitteln, auf welche er fiel, nicht unterzuliegen. Er nahm viele Tage hinter einander eine Büchse voll Theriak auf einmal, und sagte seine Aerzte wären Schurken, die nicht zugeben wollten daß er krank wäre, da er doch sein Ende herannahen fühlte.

Ohngeachtet dieser Verirrungen seiner Vernunft behielt er für die Geschäfte den richtigsten Verstand und das untrüglichste Gedächtniß. Es wurde ihm einmal ein Vorschlag gethan, den er nicht annahm, weil er sich besann ihn ein Jahr vorher schon verworfen zu haben. Ohne Zweifel verlor sich diese Krankheit späterhin, denn ich finde diese Umstände bloß in den Briefen des Grafen von Rothenburg und des Marquis von Brancas, die in der Spanischen Ambassade auf einander folgten.

Ich merke noch an daß durch die Abnahme von Philipps heftigem Temperament in Ansehung der Weiber, die Königin eines ihrer größten Mittel ihn zu beherrschen verlor; und da die Natur ihr nicht mehr so gut zu statten kam, so nahm sie, wie man sagte, ihre Zuflucht zu

sti-

---

1) Inebesondere aus denen vom 1. 8. 11. März, vom 3. April 1728, vom 24. May 1729, vom Julius 1730 u. s. w.

stimulirenden Mitteln, welche selten ihrem Zweck entsprechen. Sie schlugen ihr bey einer Gelegenheit 1) fehl, wo ihr viel daran gelegen war, Begierden zu erwecken, die sie entschlossen war nicht zu befriedigen, bis sie ihren Willen erlangt hätte. Es kam darauf an den König zu bewegen, daß er mit Patino arbeitete, gegen den er einen Abscheu gefaßt hatte. Damals schlug er die Königin sehr heftig, und schalt sie eine Elende, die noch nicht zufrieden sein Reich ins Verderben gestürzt zu haben, auch seine Ehre und seinen Ruhm angreifen wollte. Um sich ohne Zweifel zu überzeugen, daß er in diesen gewaltthätigen Auftritten noch Recht hätte, zwang er sie einmal, nachdem er sie geschlagen hatte, ihn um Verzeihung zu bitten. Ich will, sagte er zu seinen Bedienten, daß sie sich ihrer vier Evangelisten entschlage. So nannte er Patino, den Marquis Scoti, den Erzbischof von Amida, Beichtvater der Königin, und die Kameristin Pellegrine. Dieser Gegenstand brachte ihn immer in Wuth. Auf diese heftigen Auftritte folgten oft gewisse empfindliche Reden, die mehr noch als Gewaltthätigkeiten von einem wunden Herzen, von einem erbitterten Gemüth zeugten. Aus dem innern Verhältniß zwischen dem König und der Königin schloß man, daß sie bloß den glühenden Sinnen ihres Gemahls, den die Frömmigkeit allein treu erhielt, den Einfluß zu verdanken gehabt hatte, der nachher durch die Macht der Gewohnheit fortdauerte. Philipp befand sich in der Art von Sklaverey, wo man aus Verdruß die Ketten schüttelt, ohne sie ganz zerbrechen zu können, oder auch nur zu wollen.

Ob er gleich alle seine Kinder liebte, so pflegte er doch in Gegenwart der Königin oft zu sagen, daß Ferdinand,

1) Der Kardinal Fleuri behauptet in einem seiner Briefe, vom August 1740, daß Philipp der Fünfte damals vollkommen null war.

nand, der Sohn seiner ersten Gemahlin, der beste darunter wäre. Als dieser Prinz einmal von einer Krankheit genas, bezeugte ihm die Königin vor seinem Vater die zärtlichste Theilnehmung darüber; aber der König schien durch einen Blick und ein bittres Lächeln seinem Sohn einen Wink zu geben, daß sie ihn hinterginge. Sie ist unerhört falsch, sagte er zuweilen von ihr. Sie haßte auch würklich den Prinzen Ferdinand, ohngeachtet sie ihm mit der größten Unterwürfigkeit begegnete; aber sein Unrecht gegen sie war seine Existenz und seine Bestimmung, ihr und ihrer Kinder König zu werden; was sich jeden Augenblick ereignen konnte. Seit dem Tod Ludwigs des Ersten, dem Philipp seine Krone übertragen hatte, nährte er immer, zur größten Angst der Königin, den Wunsch zum zweytenmal vom Thron zu steigen. Im Mai 1729 schrieb er an den Präsidenten von Castilien, das Conseil zu versammeln, seine Abdankung bekannt zu machen und den Prinzen von Asturien, Ferdinand als König vorzustellen. Die Königin bekam davon Nachricht, warf sich zu seinen Füßen, und bewog ihn endlich durch die bittersten Thränen, wenigstens den Marquis von Brancas, unsern damaligen Gesandten, um Rath zu fragen. Der Marquis ermahnte ihn, im Namen des Königs von Frankreich, die Krone zu behalten; und Philipp, über welchen dieser Name, den das Haupt seines Hauses führte, alles vermochte, ließ sich überreden, forderte das Schreiben zurück, und zerriß es. Der Marechal von Tesse hatte gleich nach dem Tod Ludwigs des Ersten der Königin den nämlichen Dienst erwiesen, indem er den König im Namen Frankreichs beredet hatte, die Krone wieder anzunehmen. Seine Liebe, seine Ehrfurcht sogar gegen den älteren Zweig seines Hauses ging so weit, daß er bey der Nachricht von der Geburt des Dauphins, ohngeachtet sie in der schlimmsten Zeit seiner Krankheit eintraf, sogleich vom Bett aufstand, wo er seit vielen Monaten lag, sich rasiren, säubern,

bern, prächtig ankleiden ließ, und sich äusserst lustig
zeigte.

Seit dem Sturm den der Marquis von Brancas
beygelegt hatte, ließ die Königin ihrem Gemahl weder
Dinte noch Feder mehr; und um ihn zu zerstreuen, schaffte
te sie ihm kleine Pinsel von gerolltem Papier und den
Dacht von Wachslichtern in Wasser aufgelöst; diese
Werkzeuge dienten ihm sich mit Zeichnen zu belustigen.
Wenn ihn aber die Königin auch hinderte, die Krone wirk
lich niederzulegen, so konnte sie ihm doch den Gedanken
nicht nehmen, und daraus erfolgte ein beständiger
Kampf.

Indem Philipp aufhören wollte zu regieren und ei
gentlich auch nicht regierte, blieb er darum nicht weniger
eifersüchtig auf seine Macht. Wie alle schwache Fürsten,
die sich unfähig fühlen, sie in wichtigen Dingen zu üben,
und sich in Kleinigkeiten damit brüsten, so sagte auch
Philipp zuweilen, er wäre Herr, und bewies es durch
irgend eine Kinderey. Er stand zum Beyspiel einmal in
dem Hafen Santa Maria auf seiner Galeere, im Be
grif abzusegeln, und sah den Anker lichten, fragte warum
dies ohne seinen Befehl geschehe, ließ ihn wieder werfen,
und den Augenblick darauf von neuem lichten.

Er fühlte daß keiner von seinen Ministern eigentlich
seine Wahl war, und bezeugte ihnen darum öfters üble
Laune. Wenn er die Expeditionen unterzeichnete, und
sie in Verdacht hatte, eine darunter vorzugsweise abge
than zu wünschen, so mischte er sie vorher alle unter einan
der, oder steckte diejenigen unter, die er oben fand, und
verschob sie auf ein andermal. Männer, wie Patino,
bey denen er Fähigkeiten erkannte, die sie mißbrauchen
könnten, behandelte er oft auffahrend. Die eingeschränkt
teren hielt er für ehrlicher, und ging viel besser mit
ihnen

ihnen um. Es ist ein Dummkopf, sagte er von ei=
nem solchen, aber dabey ein guter Mensch. Diese
Meynung ist ziemlich gemein, oft sehr falsch, und der
Dummheit äußerst zuträglich.

Die Königin hatte natürlichen Verstand, aber oh=
ne die geringste Kultur; auch war ihr Urtheil oft falsch,
und die Leidenschaft führte sie noch obendrein irre. In=
dem sie immer ihren persönlichen Nutzen suchte, gab es
viele Gelegenheiten wo sie selbst diesen nicht recht kannte,
und verkehrte Mittel nahm um dahin zu gelangen. Sie
hatte einen ehrgeizigen, aber keinen hohen Geist. Aus
Mangel an Kenntnissen zu den Geschäften untüchtig, be=
stand ihre ganze Klugheit bloß aus Mißtrauen und Arg=
wohn. Sie hatte die Feinheit und die Ränke des Pöbels.
Sie war von Natur heftig, wußte sich aber aus Eigen=
nutz im Zaum zu halten. Auch wo Aufrichtigkeit ihr zu=
träglicher gewesen wäre, gebrauchte sie die List, und setz=
te immer voraus, daß man sie betrügen wollte, weil sie
dieser Absicht sich immer bewußt war. Sie liebte die
Klätschereyen: eine Stimmung bey Großen, die sie im=
mer mit Angebern umringt. Bis zum Augenblick ihrer
Vermählung war sie im Herzen immer Oesterreichisch ge=
wesen. Die Veränderung ihrer Lage mußte nothwendig
eine in ihren Gesinnungen hervorbringen; aber dafür
kam jetzt eine Eifersucht auf Frankreich bey ihr auf, die
uns in Spanien nachtheiliger war als ein ohnmächtiger
Haß in Parma. Sie bewarb sich um Frankreich aus
Nothwendigkeit, aber in dem Bündniß der beyden Kro=
nen war ihre Idee, daß alle Bemühungen gemeinschaftlich
oder auf unsrer Seite überwiegend seyn sollten, das In=
teresse aber getrennt bliebe.

Ende des Zweyten Theils.

Nachschrift des Uebersetzers.

In dieser letzten Hälfte von Duclos Memoiren ist es vorzüglich, daß Herr Soulavie den ersten Herausgeber beschuldigt, vieles untergeschlagen zu haben. Auch vermißt der Leser hier wirklich verschiedne Gegenstände, die Duclos bearbeitet zu haben schien, und auf welche er sich sogar im Vorhergehenden einigemal beruft. Indessen scheint der Eingang des folgenden Abschnitts, in welchem sogleich auf die Geschichte des siebenjährigen Kriegs übergegangen wird, diese große Lücke so gut zu erklären, daß er sogar, wenn sie sich nicht im Original vorgefunden hätte, von dem ersten Herausgeber interpolirt seyn müßte, was nichts weniger als wahrscheinlich ist. Ueberdem sieht man nicht wohl ein, wem zu Liebe Herr Büisson gerade hier seinen Autor beschnitten hätte, da gerade in dem Abschnitt, welcher seine Ausgabe schließt, die vorletzte Epoke der Französischen Regierung am wenigsten geschont ist, und da es gerade der Theil dieser Memoiren ist, über welchen gegenwärtig lebende Personen sich zu beklagen haben könnten. In jedem Fall ist Herr Soulavie zu saumselig sein Versprechen zu erfüllen, und hierdurch dem Publikum den einzigen Beweis seiner Anklage zu geben, da seit der Erscheinung des ersten Theils dieser Uebersetzung seine Sammlung von Memoiren nicht fortgesetzt worden ist. Ich werde daher den kleinen Rest des Buissonschen Textes und den versprochenen Anhang nunmehr, ohne weiter anjustehen, bearbeiten und liefern.

Meine Entfernung vom Druckort hat in dem ersten Theil eine große Menge von Druckfehlern veranlaßt, von denen verschiedne so erheblich und dem Sinn so nachtheilig sind, daß ich ausdrücklich bitten muß, das folgende Blatt, wo ich einen Theil derselben aufgezeichnet habe, nicht zu übersehen.

Druckfehler des Ersten Theils.

S. XX. Z. 8. statt schienen lies schien.
— 7. Z. 3. st. Anstaunen l. anstaunen.
— —. Z. 3. v. u. st. den l. der.
— 9. Z. 1. v. u. st. hören l. hörten.
— 52. Z. 6. v. u. st. waren l. war.
— —. Z. 8. v. u. st. mußten l. mußte.
— 93. Z. 2. v. u. st. angriffen l. angreifen.
—101. Z. 12. v. u. st. welchen l. welchem.
— 112. Z. 14. st. Aufklärungen l. Erklärungen.
— — Note, Z. 1. st. croyoent l. croyoient.
— 113. Z. 1. v. u. st. Tillerin l. Silleri.
— — Note, Z. 1. st. Vorspiel l. Wortspiel.
—114. Z. 7. st. zufrieden l. zufriedner.
—118. Z. 4. v. u. st. Digne l. Dandigné.
—142 Z. 4. st. Kammern l. Kennern.
—149. Z. 7. v. u. st. Valeroi l. Villeroi.
—159. Z. 18. st. Kleinigkeit l. Uneinigkeit.
—180. Z. 13. v. u. st. zubrachte, l. zugebracht.
—185. Z. 12. st. und angebauter l. unangebauter.
—186. Z. 15. st. Gattungen eine l. Gattungen, eine.
—187. Z. 6. st. aber l. oder.
— — Z. 2. v. u. st. zwischen dem Herzog, dem Parlament l. zwischen dem Parlament.
—188. Z. 2. st. Gesandtschaften l. Gesamtschaften.
— — Z. 2. v. u. st. Herzog l. Herzogin.
—189. Z. 1. st. von Luxembourg l. vom Luxembourg.
— — Z. 10. st. in Luxembourg l. im Luxembourg.
—190. Z. 19. st. Jonsac und d'Aubeterre l. Jonsac b' Aubeterre.
—193. Z. 12. v. u. st. eine l. einer.
—195. Z. 2. st. Lignon l. Bignon.
— — Z. 9. v. u. st. seine l. ihre.
—199. Z. 11. st. Lebenswandel — und l. Lebenswandel, und.
—200. Z. 17. st. würde l. wurde.
—203. Z. 3. st. dem l. den.
—208. Z. 17. v. u. st. gelesen l. gelassen.
— — Z. 18. v. u. st. die Trevoux l. du Trevoux.
—220. Z. 13. v. u. st. sicher l. sehr.
—223. Z. 3. v. u. st. sahe l. sah.
—229. Z. 5. v. u. st. beständigen l. beständige.
— — Z. 6. v. u. st. Leben l. Leben war.
— 236. Z. 10. v. u. st. den Parlamentern von l. den Parlamentern, von.
—237. Z. 13. st. der Partei l. an der Partei.
—238. Z. 15. st. Gesandtschaften l. Gesamtschaften.
— — Z. 10. v. u. st. Konstitutionen l. Konstitution.
—239. Z. 12. v. u. st. Gesandtschaft l. Gesamtschaft.
—241. Z. 4. v. u. st. wenden müssen l. haben wenden müssen.
—251. Z. 2. st. hatte l. hatten.

S. 251. Z. 5. statt schickte lies schickten.
— 252. Z. 2. st. mußte l. mußten.
— 253. Z. 10. st. ansahe l. ansah.
— 254. Z. 1. st. Muse l. Muße.
— — Z. 2. st. besahe l. besah.
— 263. Z. 13. st. davon l. daran.
— 266. Z. 7. st. Anordnung l. Unordnung.
— — Z. 18. st. den Purpur selbst, an l. den Purpur, selbst an.
— 270. Z. 10. st. bestreut l. gestreut.
— 271. Z. 17. st. gerühmt l. gerichtet.
— 274. Z. 9. st. anstanden l. anstund.
— — Z. 12. st. als l. das.
— — Z. 13. st. ausmacht l. ausmachte.
— 275. Z. 3. st. dieseRede l. die Rede.
— 276. Z. 1. v. u. st. ThatlichFeit l. Thätigkeit.
— — Z. 4. v. u. st. untrüglicher l. untauglicher.
— — Z. 12. v. u. st. diesen l. diesem.
— 281. Z. 4. v. u. st. den l. der.
— 283. Z. 10. st. bliebe; l. bliebe,
— 287 Z. 3. st. im Augenblick l. ein Augenblick.
— 289. Z. 5. st. um l. nur.
— 298. Z. 5. st. abweiche l. abwiche.
— 299. Z. 5. v. u. st. Ludwigsfest l. dem Ludwigsfest.
— 301. Z. 4. v. u. st. Material l. Materiale.
— 303. Z. 5. st. Fade l. Faden.

Carl Duclos

geheime

Memoiren

zur Geschichte der Regierungen Ludwigs des Vierzehnten und Ludwigs des Funfzehnten.

Aus dem Französischen übersetzt, mit einer Einleitung und Anmerkungen begleitet

von

dem Verfasser des heimlichen Gerichts.

Dritter Theil.

Berlin, 1793.
In der Voßischen Buchhandlung.

Geschichte der Ursachen des Kriegs von 1756.

Da ich nicht sowohl eine förmliche Geschichte zu schreiben, als vielmehr künftigen Geschichtschreibern brauchbare Materialien zu hinterlassen vorhabe, so unterbreche ich hier auf einige Zeit die Memoiren, die ich angefangen habe, und wende mich zu der größten, der unglücklichsten und der erniedrigendsten Begebenheit der gegenwärtigen Regierung: dem Krieg, welchen die Seeräuberey der Engländer 1755 entzündet hat, und der im laufenden Jahr durch einen Frieden geendigt worden ist, dessen Gesetze sie vorgeschrieben haben.

Ich will die Kenntnisse, die ich Gelegenheit gehabt habe mir zu verschaffen, nicht aus dem Gedächtniß verlieren. Sollten diese Jahrbücher frühzeitig erscheinen, so weiß ich sehr wohl, daß sie dem gemeinen Vorurtheil zu anstößig seyn werden, um gleich anfangs das Vertrauen zu erhalten, das sie verdienen. Gewissen handelnden Personen liegt es zu nahe mir zu widersprechen, als daß sie es nicht mit desto mehr Eifer und Bitterkeit thun sollten, je inniger sie selbst von der Wahrheit meiner Erzählung überzeugt seyn werden. Aber noch sicherer weiß ich, daß einstens, wenn die Zeit den Schleier gehoben haben wird, der jetzt so viele Intriguen bedeckt, wenn die geheimen Aktenstücke und Urkunden ihre gefährliche Wichtigkeit verloren haben werden, die Nachwelt ihr Urtheil in dem meinigen gleichsam anticipirt finden muß. Wie viele Meinungen werden von einer Generation als wahr angenommen, deren Falschheit in der folgenden an den Tag kömmt?

Die Königin von Ungarn empfand es noch als die tiefste Kränkung, daß sie nur durch die Abtretung Schlesiens mit dem König von Preussen hatte Frieden schließen können, und sie sah diesen Frieden selbst nur als einen Waffenstillstand an, dessen sie sich bedienen wollte, um sich mit größerem Vortheil zu einem neuen Kriege zu rüsten.

Von nun an hörte sie auf, Frankreich als eine rivalisirende Macht anzusehen oder zu behandeln. Sie ließ sich in ihrer biegsamen Politik das Bündniß mit dieser Krone angelegen seyn. Blondel war damals französischer Geschäftsträger in Wien. Die Königin suchte ihn für's erste durch allgemeine Aeußerungen auf den Unterschied aufmerksam zu machen, zwischen der gegenwärtigen Lage der beyden Mächte und jenem Verhältniß, das sie vor zweyhundert Jahren gegen einander bewafnet hätte. Nunmehr, fügte sie hinzu, wäre das Gleichgewicht zwischen ihnen so vollkommen, daß sie nicht mehr streben dürften es zu stören, und daß ihre Einigkeit die Ruhe von Europa sichern würde; sollte aber eine Macht von der zweyten Größe versuchen, sie zu unterbrechen, so würden sie, als die beyden vornehmsten Höfe, das Recht sowohl als die Mittel haben diese zu bezwingen.

Blondel fand sich geschmeichelt, bey einem solchen Plan als Unterhändler gebraucht zu werden, und zögerte nicht, dem Marquis von Puisieux, Minister der auswärtigen Geschäfte, davon Nachricht zu geben; dieser hielt es aber nicht für rathsam, mit dem König hierüber zu sprechen, und verbot Blondeln, sich weiter damit einzulassen. Die Königin verfolgte vor der Hand eine Unterhandlung nicht, der unser Ministerium nicht günstig war, aber sie verlor sie darum nicht aus den Augen; und als der Marquis d'Hautefort in der Eigenschaft eines Französischen Ambassadeurs nach Wien kam, ließ sie sich gegen ihn noch weiter heraus als sie gegen Blondel gethan hatte: in der Hofnung, daß ein Mann von Stunde mehr Gewicht bey unsern Ministern haben würde als ein bloßer Agent. Außer den politischen Gründen, welche für beyde Höfe geltend gemacht werden konnten, verschwieg sie auch ihren Groll gegen den König von Preussen nicht. Ich habe, sagte sie, der Ruhe von Europa durch die Abtretung Schlesiens mein theuerstes Interesse aufgeopfert; wenn der Krieg aber jemals zwischen mir und dem König von Preussen wieder losbräche, so würde ich wieder in alle meine Rechte treten, oder ich würde mit dem letzten meines Hauses dabey umkommen.

Die Instruktionen des Grafen Kaunitz, welcher in der nämlichen Eigenschaft und zur nämlichen Zeit nach Paris kam, als der Marquis d'Hautefort nach Wien, waren diesen Absichten seiner Monarchin ganz angemessen. Er bemühte sich gleich anfangs, die Minister zu überreden, und bewarb sich hauptsächlich um die Frau von Pompadour, deren Einfluß ihm der wichtigste schien. Sie gefiel sich in der Idee, eine edlere Rolle wie bisher zu spielen, und auf der Schaubühne der Kabinette zu glänzen. Sobald sie sich in die Politik einließ, glaubte sie alle Talente eines Staatsmannes zu besitzen. Sie nahm sich also des österreichischen Projekts an, und schmeichelte sich unsre Minister zu bekehren; aber sie fand sie alle dem neuen System so abgünstig, daß sie es nicht auf sich zu nehmen wagte, dem König einen Plan vorzulegen, den das ganze Conseil bekämpft haben würde. Sie vertröstete daher den österreichischen Gesandten auf eine geschicktere Zeit, indem die Französische Allianz mit Preussen noch zu neu wäre, um davon abzugehen.

Der Graf von Kaunitz brach nunmehr die Unterhandlung ab, suchte sehr vielen äußerlichen Prunk zu zeigen, entschädigte sich dafür durch eine große häusliche

Oekonomie, und begnügte sich zu seinem gewöhnlichen Umgang mit der reichsten Klasse aus der Finanz, wo ich ihn sehr viel gesehen haben.

Als er nach Wien zurückkehrte, kam der Graf von Staremberg an seine Stelle; dieser war mit den nämlichen Instruktionen versehen, und hatte den Auftrag, am nämlichen Faden fortzugehen und auf der Lauer der Umstände zu bleiben. Bald boten sich die günstigsten dar. Ohne vorgängige Kriegserklärung, ohne irgend eine Ankündigung des geringsten Mißvergnügens gegen Frankreich, nahm im Junius 1755 ein Englisches Geschwader zwey von unsern Schiffen, den Alcides und die Lilie, weg.

Unser damaliger Gesandter in London war der Marechal von Mirepoix, ein Mann voll Ehre und Muth, ein wahrer Ritter aus den Fehde- und Turnierzeiten Franz des Ersten, aber ein eingeschränkter Kopf; er forderte Gerechtigkeit von dem Englischen Ministerium. Aber sein ofner Charakter begünstigte die List und die Doppelzüngigkeit derer, mit welchen er zu thun hatte. Der König Georg scheute sich nicht, die Majestät zu erniedrigen, indem er die Ränke seiner Minister theilte und ihre Antworten bekräftigte. Sie betheuerten ihren Wunsch den Frieden zu erhalten; sie begriffen, sagten sie, die Ursachen jenes Ereignisses nicht; sie gaben vor, daß unsre Streitigkeiten mit ihnen über die Gränzen von Kanada, in Amerika Folgen gehabt haben könnten, welche den Angriff, von dem die Rede wäre, vielleicht veranlaßt hätten; sie erwarteten aber darüber Aufklärung, durch welche ohne Zweifel der Frieden befestigt werden würde. Der Marechal schloß von seiner eignen Redlichkeit auf die der Minister, und ließ sich noch weniger einfallen an der Aufrichtigkeit eines Königs zu zweifeln. Er verbürgte sich dafür bey unsrer Regierung, die sich selbst fast eben so leicht täuschen ließ.

Die

Die Absichten der Engländer waren indessen nicht schwer zu durchschauen. Wir wußten ja, wie eifersüchtig diese Macht, unsre natürliche Feindin, deren ganzer Wohlstand aus dem Handel entspringt, auf den unsrigen war, und wie neidisch sie uns hierin das Gleichgewicht gegen sie halten sah. Ihr ununterbrochner Plan war unsre Marine zu zerstören, und sich die Herrschaft zur See ausschließlich zuzueignen. Es ist nicht ganz entschieden, ob die ersten Friedensbrüche in Amerika von den Engländern oder den Franzosen herrührten; aber sehr gewiß ist es, daß die Engländer den Krieg wünschten, und um ihn mit Vortheil zu führen, entschlossen waren, mit unvorgesehenen und wiederholten Feindseligkeiten anzufangen, durch welche unsre Kräfte geschwächt, die ihrigen geübt würden, und sie sich der Ueberlegenheit versicherten, ehe wir uns in Vertheidigungsstand gesetzt hätten. Während man sich also in Frankreich begnügte, bey den Engländern um Genugthuung anzusuchen, ließen diese unser Ministerium von dem ihrigen mit zweydeutigen Antworten hinhalten, und bemächtigten sich unterdessen aller Französischen Schiffe, die sie auf der See trafen. Diese Seeräuberey dauerte ein halbes Jahr, ehe wir Repressalien gebrauchten. Der Marechal von Mirepoix, bethört bis zur Dummheit, fuhr immer fort sich für die friedfertigen Gesinnungen des Königs von England zu verbürgen; und unser Ministerium, eben so blind als der Gesandte, erwartete die Genugthuung in aller Demuth. Wir wollten, sagte man, ganz Europa zum Zeugen unsrer Mäßigung haben und damit den allgemeinen Unwillen gegen England und den allgemeinen Beyfall für die Gerechtigkeit unsrer Sache auffordern. Diese Gesinnungen konnten vor Gott sehr verdienstlich seyn; wenn sie aber nicht bald durch eine glückliche Rache gerechtfertigt werden, so setzen sie einen Staat in den Augen der Nationen herab, deren Beyfall nur den Sieger belohnt.

lohnt. Der niedrige Frieden, durch welchen wir jetzt einen schändlichen Krieg geendigt haben, hat unserm Ansehen in Europa einen Stoß gegeben, und Frankreich hat vielleicht seinen Rang unter den Staaten dabey verloren. Die Engländer hatten uns schon zehntausend Matrosen weggenommen, eh wir's uns einfallen ließen, sie zu bekämpfen; und da die meisten von diesen Matrosen durch Noth oder Gewaltthätigkeit gezwungen wurden auf den Englischen Schiffen zu dienen, so nahmen die Kräfte der Engländer in gedoppeltem Verhältniß gegen unsern Verlust zu. Dies war die erste und die Hauptquelle unsrer Unfälle. Wenn wir, ohne den Weg der Unterhandlung zu verwerfen, uns nicht anders darin eingelassen hätten, als mit den Waffen in der Hand bey der ersten Feindseligkeit, so würde das Loos des Kriegs zwischen beyden Nationen vertheilt gewesen seyn, und es hätte in der Untersuchung der Rechte und der Ansprüche mehr Gleichheit geherrscht.

Es kann zwischen zwey großen Mächten nicht leicht zum Kriege kommen, ohne daß die übrigen daran Theil nehmen. Außerdem war es sichtbar, daß die Engländer uns durch einen Landkrieg von Seiten ihrer Alliirten eine Diversion zu machen suchen würden, die uns zwänge unsre Kräfte zu theilen. Unsre Allianz mit dem König von Preussen sollte noch ein Jahr dauern, und zwar bis zum Junius 1756, wenn sie nicht erneuert würde. Der Freyherr von Knipphausen, sein Minister in Frankreich, bot sogleich die Hülfe seines Herrn an. Er gab vor, daß die Engländer sich schon der Königin von Ungarn versichert hätten, daß wir aber ihre Maaßregeln zerstören könnten, indem der König von Preussen mit hunderttausend Mann in Böhmen einbrechen würde, wenn Frankreich die Niederlande angreifen wollte. Auf der andern Seite ergrif Staremberg diese Gelegenheit, die Allianz mit der Königin

nigin anzubieten; hierdurch wurde der Verdacht gehoben, in welchen man den Wiener Hof bey uns bringen wollte, und wir schienen des Friedens auf dem festen Lande sicher zu werden.

Unser Staatsrath, dessen vornehmste Mitglieder ihr besondres Interesse hatten, war sehr getheilt. Der Kriegsminister d'Argenson wünschte sehr eifrig den Landkrieg, und stimmte dafür, daß man den Vorschlag des Königs von Preussen annähme. Machault, Minister von der Marine, behauptete, daß man sich auf den Seekrieg einschränken müßte; unsre Finanzen würden nicht zu dem Aufwand hinreichen, den der doppelte Krieg erforderte; bisher wären die Engländer unsre einzigen Feinde; wenn man aber den Bewerbungen des Königs von Preussen nachgäbe, so würde die Königin von Ungarn sich für England erklären; wenn man sich hingegen mit dieser in ein Bündniß einließe, so würde der König von Preussen dies als einen Eingriff in den Traktat, der ihn mit uns verbände, ansehen; wir hätten also kein andres Mittel, als unser Bündniß mit Preussen zu unterhalten, mit der Königin eine Unterhandlung anzuspinnen, durch welche ihre Verbindung mit England verhindert oder wenigstens verzögert würde, und wir Zeit gewönnen, alle unsre Kräfte gegen unsern wahren Feind zu richten. Der Graf d'Argenson wandte dagegen ein, alle unsre Vorkehrungen würden den Krieg auf dem festen Lande nicht abwenden; wir müßten also darauf bedacht seyn, ihn mit Vortheil anzufangen, nach dem Plan des Königs von Preussen agiren, durch die Oesterreichische Langsamkeit einen Strich machen, und die Königin von Ungarn außer Stand setzen den Engländern zu nützen.

Wie die politischen Gründe des Grafen d'Argenson auch beschaffen seyn mochten, so war es immer sein persönliches Interesse, den Landkrieg zu erregen, der alles was den Hof bewohnt oder ihm anhängt in Bewegung setzt, und also seinem Departement das Uebergewicht über die Marine geben mußte, deren Verwalter, Machault, mit ihm an Einfluß wetteiferte.

Man hat der Marine von jeher weniger Aufmerksamkeit gegönnt als dem Departement des Landkriegs. Wenn die Hauptstadt ein Seehafen wäre, so würde die Marine die Oberhand haben: so sehr hängt das Moralische und Politische von den physischen und Lokalumständen ab. Puisieur, Saint-Severin und der Marechal von Noailles traten Machaults Meinung bey. Rouille und der Abbe Graf von Bernis stellten sich auf d'Argenson's Seite. Der Graf von Bernis war noch nicht im Staatsrath, aber die Geschäfte wurden ihm alle durch die Frau von Pompadour mitgetheilt, und durch die Minister, welche der Gunst schmeicheln wollten, in der sie ihn bey dieser Dame stehen sahen. Er war von dem Gesandtschaftsposten in Venedig zurückgekommen, man sah voraus, daß er nicht wieder hingehen würde, sondern bestimmt wäre in kurzem die größte Rolle am Hofe zu spielen. Da ihm die Preussischen Anerbietungen einleuchteten, so schlug er vor, wenn man sie auch nicht annähme, dem König wenigstens einen Mann von Gewicht zu schicken, der nach seinem Geschmack wäre, ihn günstig erhalten und seine Absichten durchschauen könnte. Er lenkte die Wahl auf den Herzog von Nivernois, und es konnte keine bessere getroffen werden; aber man ließ ihn erst im December 1755 abgehen. Diese Verzögerung, die von seiner Seite unwillkührlich war, schadete seiner Unterhandlung. Außerdem waren die seltensten Talente von geringem Einfluß bey einem Fürsten, der sich zwar sehr gut auf wahres Verdienst, aber noch mehr auf seinen Vortheil verstand; und der Herzog von Nivernois kam nur eben nach Berlin, um Zeuge von der Unterzeichnung des

Traktats

Traktats zwischen England und Preussen zu seyn, im Januar 1756. Man hatte bey uns, ohne die Anerbietungen der Königin von Ungarn anzunehmen, dem König von Preussen freundschaftlich für die seinigen gedankt, und man wollte bey dem Seekrieg stehen bleiben. Aber der König, welcher überzeugt war, daß der Fortgang der Begebenheiten auch auf dem festen Lande einen Krieg entzünden würde, besorgte das Opfer davon zu werden. Er kannte die Schritte der Kaiserin, um sich mit Frankreich zu verbinden und das bisherige System umzuändern. Wenn sie es durchsetzte, so kehrte sie uns ausbleiblich ihre Waffen gegen ihn, und eroberte Schlesien wieder. Blieb sie auch nur zwischen Frankreich und England neutral, so kam sie schon dadurch in den Stand einen Fürsten mit Ueberlegenheit anzugreifen, der sich in Schlesien noch nicht festgesetzt hätte, der mit den Engländern sehr übel stünde, und zu dessen Vortheil Frankreich keine Diversion machte. Die Russen, welche von den Engländern herbeygerufen wurden, vermehrten die Unruhe des Königs, und seine Furcht, zwischen so vielen Mächten erdrückt zu werden, war gegründet genug a).

Der König von Preussen war also nicht zu tadeln, daß er durch eine Allianz mit England für seine eigne Sicherheit sorgte. Er unterzeichnete sie, während daß man in unserm Staatsrath überlegte, ob wir seine Anerbietungen annehmen oder abweisen würden. Es hielt für ihn nicht schwer, von unsern Debatten unterrichtet zu seyn. Die Maitressen, die Freunde, die Klienten

---

a) Für den deutschen Leser bedarf es bey Begebenheiten, die uns so nahe sind, kaum der Bemerkung, daß in diesen Memoiren, sofern sie fremde Höfe betreffen, nur allgemeine Angaben zu erwarten sind. Die Details und das, was die Franzosen dessous des cartes nennen, kannte der Verfasser nur an seinem Vaterland, das dann freylich um so mehr Stof dieser Art darbot, je weniger wahre Politik in der Französischen Regierung zum Grunde lag.

der Minister waren, nach unsrer Gewohnheit, in allen Geheimnissen der Berathschlagungen eingeweiht; und an den glänzenden Soupers von Compiegne, wo der Hof war, versammelte sich während des ganzen Aufenthalts der würdige Ausschuß, wo die politischen Gegenstände nach Französischer Art unter den artigen Weibern, den verliebten Intriguen und den witzigen Einfällen behandelt, für den Staatsrath vorbereitet wurden. Während daß der König von Preussen den Handel mit England abschloß, verbreitete Knipphausen, um dem Verdacht vorzubauen und nach geendigter Sache seinen Herrn zu rechtfertigen, geflissentlich die Vorschläge, die er unserm Ministerium insgeheim gethan hatte. Diese Indiscretion war zu stark, um nicht verdächtig zu seyn, und der Graf von Bernis zweifelte von dem Augenblick nicht mehr an dem Verständniß zwischen Preussen und England. Er machte die andern Minister aufmerksam, aber vergebens; sie waren noch nicht recht überzeugt, daß die Engländer den Krieg ernstlich wollten, und sie verließen sich bey der wichtigsten Angelegenheit des Staats auf eine Unterhandlung von Banquiers, die das Ganze wie ein bloßes Mißverständniß und wie eine Zänkerey zwischen Handelsleuten ansahen.

Nach der Eröfnung des Parlaments war es nicht länger möglich, sich über die Absichten Englands zu täuschen; die Anrede des Königs enthielt eine Kriegserklärung und ein Manifest. Der Graf von Bernis, dessen Verdacht durch den Ausgang bestätigt wurde, erhielt von nun an mehr Uebergewicht bey dem Ausschuß. Er schlug also vor, daß man den König von England um die Zurückgabe unsrer Schiffe requiriren, auf eine schnelle und bündige Antwort dringen, im Verweigerungsfall augenblicklich alle Unterhandlung abbrechen und Minorka angreifen sollte.

Staremberg unterließ indeſſen nichts, um uns zur Allianz mit der Kaiſerin zu bewegen; er gab uns öftere Nachrichten von der Unterhandlung des Königs von Preuſſen mit England, die durch die Vermittelung des Herzogs von Braunſchweig gepflogen wurde, und wir fiengen an die Eröfnungen des Wiener Hofs günſtiger aufzunehmen. Die Kaiſerin war willens geweſen, ſich an den Prinzen von Conti zu wenden, deſſen Einfluß durch die regelmäßigen Arbeitsſtunden, die er bey dem König hatte, von der Frau von Pompadour unabhängig ſchien. Er ſtand außerdem in Verbindung mit Frau von Coislin, welche die Favoritin zu verdrängen ſuchte. Der Geſchmack des Königs an der Frau von Pompadour war abgenutzt, ſie hatte ſchon zu Feten, Ballets, Komödien, wo ſie die Hauptrollen ſpielte, ihre Zuflucht nehmen müſſen. Dieſe Ergötzlichkeiten, woran der König niemals beſonderen Gefallen gefunden hatte, waren nun erſchöpft, und die Langeweile hatte die Oberhand. Die koketten Angriffe der Frau von Coislin zogen den König aus dieſem Zuſtande der Abſpannung, und ſie hätte ihren Weg machen können. Anſtatt aber ihren Liebhaber ſtufenweiſe zu einer glänzenden Huldigung zu bringen, wodurch ſie ihre Nebenbuhlerin entfernt hätte; anſtatt ſeine Wünſche lange zu reizen und dadurch zu ſtärken, ergab ſie ſich ſo ſchnell daß ſie ihm keine mehr übrig ließ. Sie gab ſich preis wie ein Freudenmädchen, und wurde wie ein ſolches genommen und verlaſſen. Sie machte indeſſen der Frau von Pompadour viel Verdruß und Kummer, weil dieſe wohl begrif, daß eben das was einer ungeſchickten Nebenbuhlerin mißlungen war, von einer andern beſſer ausgeführt werden konnte. Sie zog daraus den Schluß, daß ſie ſich als Maitreſſe nicht lange erhalten würde, und nahm ihre Zuflucht zur Miniſterrolle, zu welcher ſie denn auch gelangt iſt. Die Staatsgeſchäfte haben ihrer Exiſtenz eine

ne festere Dauer gegeben, und die vorübergehenden Galanterien des Königs haben bloß die Frau von Pompadour in dem Posten einer unentbehrlichen Freundin gesichert.

Sie stand damals noch nicht auf dem Punkt, wo wir sie seit vielen Jahren sehen; aber sie zielte schon das hin. Der Zufall und die Umstände haben sie, ohne voraus entworfnen oder beharrlich verfolgten Plan, so weit gebracht. Der Graf von Kaunitz, der ein treues Gemälde von unserm Hof hatte, wozu man freylich nichts als Augen, und nicht einmal einen scharfen Blick braucht, urtheilte daß die Frau von Pompadour, so schwankend ihre Gunst auch schien, noch immer die sicherste Mittelsperson wäre um auf den König zu wirken; und indem er sie in die Politik verwickelte, machte er sie zum Herrn von Frankreich, was er freylich wünschte, sie aber zu verlangen sich noch nicht getraut hätte.

Der Kaiserin machte es einigen Widerwillen, eine Korrespondenz einzugehen, die zugleich ihrer Würde, ihrer Tugend, und dem österreichischen Hochmuth kostete; aber der Graf von Kaunitz wußte diese Vorurtheile durch den großen Bewegungsgrund des Interesse, das bey den Fürsten so mächtig ist, wegzuräumen. Er erhielt von ihr ein schmeichelhaftes Billet für die Frau von Pompadour, der es der Graf von Staremberg mit dem gehörigen Eifer zustellte.

Frau von Pompadour war so entzückt über diese unmittelbare Bewerbung der Kaiserin um sie, daß sie von nun an Maria Theresia wo nicht wie Ihresgleichen, doch wie eine Freundin ansah, deren Projekte sie zu unterstützen beschloß, es möchte kosten was es wollte. Sie kannte die Widersetzlichkeit des Ministeriums zu gut, um sich an das zu wenden. Der Graf von Bernis, der
ihr

ihr den Ursprung seines Glücks verdankte, und dessen Erhöhung durch diese Sache vollendet werden konnte, schien ihr der beste Rathgeber und Führer zu seyn; aber sie erfuhr von ihm noch mehr Widersprüche als von jedem andern. Zu den politischen Gründen zog er noch die Theilnehmung der Freundschaft. Er suchte ihr begreiflich zu machen, daß hier von keinem Traktat über geringfügige Gegenstände die Rede wäre, sondern von der gänzlichen Umstürzung eines seit Philipp II bestehenden Systems, das die Grundlage aller Politik ausmachte; er bemerkte, wie gefährlich es wäre der öffentlichen Meynung, wäre es auch in einem Vorurtheil, Trotz zu bieten; ein Bündniß zwischen den zwey ersten Mächten von Europa würde die Unterjochung der andern verkünden; Frankreich würde sich von dem Augenblick an dem deutschen Reich verdächtig machen, da es bisher immer von demselben für die Schutzwehre seiner Freyheit angesehen worden wäre. Unter welchem Vorwand würde es sich jetzt als Garanten des Westphälischen Friedens aufstellen? Die Kaiserin hätte keine andre Absicht als den König von Preussen mit Sicherheit anzugreifen, uns in ihre Sache zu verwickeln, und die Kosten des Kriegs, welche ohnehin immer durch Frankreich und durch England herbeygeschossen werden, auf uns zu wälzen. Der König würde sich also zu dem Landkrieg genöthigt finden, den er zu vermeiden suchte. Wenn das Loos dieses Kriegs übel ausschlüge, wie viele Vorwürfe würde sie, als Französin, sich selbst zu machen, und von dem König auszuhalten haben? Der Graf von Bernis ermahnte sie schlüßlich, lieber darauf bedacht zu seyn, daß sie ihrem königlichen Liebhaber immer gefiele, ihn belustigte, ihm keine Launen zeigte, und hauptsächlich sich vor den Staatsgeschäften zu hüten, durch welche sie sich der Nation verhaßt machen und ihren Untergang finden könnte.

Frau

Frau von Pompadour schien mit dem Grafen von Bernis nicht unzufrieden; aber sie ließ darum ihre Idee nicht fahren, und beschloß bey dem König einen Versuch zu wagen, den sie sogleich aufgeben könnte, wenn sie zu vielen Widerstand fände. Dazu kam es nicht einmal; Ludwig der Funfzehnte hatte viel Achtung für die Königin von Ungarn, gegen welche wir einen ziemlich ungerechten Krieg geführt hatten; und dem König von Preussen war er, als Ketzer, als schönem Geist, und weil er sich seiner Vorzüge zu gern überhob, nicht besonders gewogen. Man hatte dem König von Frankreich gewisse Spöttereien aus Berlin zugetragen, noch mehr empörte ihn die Gottlosigkeit, zu welcher Friedrich sich, um es gelind zu sagen, mit Indiscretion bekannte, und vielleicht war er auch neidisch auf den Ruhm, den ein kleinerer Fürst erworben hatte. Der König von Frankreich wünschte schon längst ein katholisches Bündniß, durch welches das Gleichgewicht in Europa gegen die protestantische Partei wieder hergestellt werden könnte. Er rechnete darauf daß die Verbindung zwischen Frankreich und dem Haus Oesterreich alle andern Mächte in Zaum halten, den Krieg auf immer abwenden, und den Engländern ihren natürlichen Bundsgenossen entziehen würde. Bevor er sich entschlösse, wollte indessen der König durch die Frau von Pompadour dem Grafen von Bernis auftragen lassen, sich mit Staremberg über die Sache zu besprechen. Da Frau von Pompadour die Gesinnungen des Grafen von Bernis kannte, und ihn nicht in die Verlegenheit setzen wollte ein System zu bekämpfen, dem der König günstig war und das sie so eifrig wünschte, so stellte sie vor daß Bernis, der nicht Minister wäre, sich weniger dazu schicken würde als jedes andre Mitglied vom Staatsrath. Aber der König bestand darauf, und sie unterließ nicht gegen Bernis zu erinnern, und ihn zu bitten es nicht zu vergessen,

gessen, daß sie ihn nicht vorgeschlagen hätte, und daß die Wahl lediglich von Seiner Majestät käme.

Den folgenden Tag, (am 22. September, 1755.) begaben sich die Frau von Pompadour, Bernis und Staremberg nach Babiola, einem Landhaus unter Bellevue.

Man kann nicht mit mehr Offenheit zu Werke gehen, als es der Graf Staremberg von der ersten Konferenz an that. Die Kaiserin hielt es der Würde der beiden ersten Kronen von Europa angemessen, ohne die geringsten Winkelzüge zu handeln. Alle Absichten, Ansprüche, Vorschläge des Wiener Hofs wurden auseinandergesetzt, und sie waren so beschaffen, daß es schwer gehalten hätte, dagegen unempfindlich zu bleiben. Wir werden sie bald anführen; aber dieses neue System war von einer solchen Wichtigkeit, daß der Graf von Bernis ohne Zuziehung des Staatsraths nicht darüber zu entscheiden wagte; und während des ganzen Gangs dieser Sache gebrauchte er die Vorsicht, alle Befehle die er vom König empfing, von ihm unterzeichnen zu lassen.

Um den Plan aufzusetzen, welcher dem Staatsrath vorgelegt werden sollte, und um ihn nicht im voraus ruchbar werden zu lassen, hielten die Grafen von Bernis und von Staremberg einige Zusammenkünfte in einem Logis das ich im Luxemburg hatte und nicht bewohnte, der eine begab sich durch die rue de Tournon dahin, der andre durch die rue d'Enfer.

Der Plan den die Kaiserin vorgeschlagen hatte, war so verführerisch daß der König an dem Beifall des Staatsraths kaum zweifelte. Indessen konnten einige Rücksichten die einzelnen Mitgliedern persönlich waren, lästige Weitläuftigkeiten veranlassen. Puisieux und Saint-Severin würden einen Plan nicht ohne Verdruß ansehen, der ihren Aachner Friedensschluß berichtigte.

Der

Der Graf d'Argenson würde einem Werk nicht günstig seyn, das der Frau von Pompadour am Herzen lag. Um diesen Widersprüchen vorzubauen, ließ der König diese Sache nicht vor dem versammelten Staatsrath, sondern in einem Ausschuß vortragen, der aus Machault, Rouillé, Sechelles, und dem Grafen von Saint-Florentin bestand. Hierdurch erhielt man auch ein Mittel, den Grafen von Bernis, welcher noch keinen Sitz im Staatsrath hatte, zu den Konferenzen zu ziehen. Am 20. Octobr. 1755. wurde die erste gehalten, und in dieser geschah die Vorlegung eines Plans, der jeden Keim zu einem Krieg zwischen Frankreich und dem Haus Oesterreich zu zerstören schien. Der Infant verließ Italien für die Niederlande. Die Kaiserin trennte sich auf immer von England, und die Häfen welche Frankreich gleichsam an den Thoren von Holland erhielt, verhinderten diese Republik sich gegen uns für die Engländer zu erklären. Mons wurde uns abgetreten, und Luxembourg geschleift. Die Polnische Krone wurde erblich gemacht, und die Freyheit der Republik zugleich erhalten, um die Pforte nicht aufzubringen. Schweden erhielt Pommern. Die Einrichtung des nördlichen und südlichen Europa machte einen Theil von dem allgemeinen Plan, und das Gewicht der contrahirenden Mächte schien die Ausführung unzweifelhaft zu machen. Die Vortheile welche man uns anbot, waren so auffallend, daß uns nichts zurückhalten konnte als die Achtung für herkömmliche Grundsätze. Ist es weise, sagten einige, ein System aufzugeben, das beynahe zwey Jahrhunderte steht, das Heinrich der Vierte, Richelieu, Mazarin, d'Avaux, Servien befolgt haben, und das ein Axiom der Nationalpolitik geworden ist? Kann Frankreich auf die Treue des Wiener Hofs rechnen, nachdem es selbst beygetragen haben wird seine Macht zu vermehren? Wir machen uns alle Reichsstände abspenstig, die wir in die Abhängigkeit

vom

vom Haus Oesterreich bringen. Wir verlieren die protestantische Partey, und bereichern damit England. Nachdem wir die Freyheit von Polen aufrecht erhalten haben, setzen wir dieses Reich der Zerstückelung oder der Unterjochung aus, sey es von Seiten Rußlands, oder des Hauses Oesterreich, das einem der Erzherzoge eine Krone verschaffen möchte. Von diesem Augenblick verlieren wir das Zutrauen und die Freundschaft der Pforte, die so eifrig für die Polnische Freyheit wacht.

Auf diese Einwendungen erwiederte man, daß zu der Zeit wo das alte System aufgekommen wäre, das Haus Oesterreich die Kaiserliche, die Spanische, und die Neapolitanische Krone in sich vereinigt, einen Theil der Staaten des Königs von Sardinien, und Servien als Schutzwehre gegen die Türken besessen hätte. Gegenwärtig hat es nichts mehr als das Reich. Durch das vorgeschlagene System vergrößert sich der Wiener Hof nicht in Bezug auf Frankreich, welches die Niederlande gewinnt, und durch die Seeplätze von Flandern beziehungsweise, und zumal gegen die Engländer, mächtiger wird. Die zwey contrahirenden Mächte verbinden sich gegen einander unmittelbar durch Eidschwüre und durch das Band der Ehre. Aber auch überdem sind ihre beyderseitigen Vortheile so augenscheinlich, daß auch das Interesse, das erste Gesetz der Fürsten, hier die Ehre garantirt. Da der Westphälische Frieden unangefochten bleibt, so werden die Protestanten beruhigt. Der Beytritt von Schweden zur Garantie ist eine neue Sicherheit, und Dänemark erbietet sich der Union beyzutreten. Die Freiheit der Polen macht eine von den Grundlagen des Vertrags. Rußland kömmt in Allianz mit uns, und wird in dieser Rücksicht weniger gegen Polen unternehmen. Unsre Allianz mit den Russen verbindet uns gegen sie zu keinem Beystand gegen die

Türken, und das sichert die Neutralität der Pforte zwischen Frankreich und England. Außerdem mußte aus dem Seekrieg nothwendig auch ein Landkrieg entspringen; die Engländer würden nicht ermangeln die Kaiserin gegen uns zu bewafnen. Also hatten wir nur zwischen den Feinden zu wählen, und sollten wir denn die Allianz mit Preussen der Oesterreichischen vorziehen, bey welcher man uns die größten Vortheile einräumte?

Die verschiednen Allianzen, welche in das neue System einschlugen, waren so verwickelt, daß durch den Abgang einer einzigen das Ganze zusammenbrechen konnte; aber dieser Nachtheil ist allen Kriegen gemein, die durch eine Ligue zwischen mehreren Mächten geführt werden, und bey dieser waren sie alle interessirt. Die Kaiserin entsagte auf ewig der Verbindung mit England, der Erfolg des Kriegs schien dadurch vollkommen gesichert, und in der That haben auch nur unsre Feldherren diese Rechnung durchstrichen. a)

Ohne

a) Frankreich hat in Ansehung der Oesterreichischen Allianz das doppelte Unglück gehabt, weder ihren Vortheil noch ihren Schaden erweisen zu können. Wir sehen hier daß ihre übeln Folgen großentheils auf die Rechnung der französischen Regierung gehören; und als Brissot auf der Rednerbühne gegen den Allianztraktat von 1756 donnerte, war Frankreich gegen die fremden Mächte gar nicht mehr in dem Verhältniß, eine Meynung über einen Vertrag äussern zu können, in welchem es keine Stelle mehr einnahm. Aber es war freylich leichter einen Zeitpunkt zu benutzen, wo man als Volksrepräsentant freies Spiel hatte so kühn zu deklamiren wie man wollte, als die Nation die man repräsentirte auf den Fuß zu setzen, daß andern Mächten an ihrer Allianz etwas gelegen seyn mußte. α)

α) Diese Note war vor der Eröfnung des Feldzugs von 1792 geschrieben; seit dieser Zeit bis zur gegenwärtigen (im May 1793) haben sich Begebenheiten zusammengedrängt, die das Obige ziemlich zu Schanden machen. Bey so bewandten Umständen wäre es, war das Nächste gewesen, die vorlaute Note auszustreichen; ich hielt es aber nicht für unnütz sie als ein warnendes Exempel der Irrthümer stehen zu lassen, in welche man verfällt, wenn man dem fortlaufenden Strome der Zeit zum Troz, aus der Vergangenheit Resultate wie Dämme bauen zu kön-

des Kriegs von 1756.

Ohngeachtet man auf alle Einwendungen zu antworten schien, so blieb doch der Ausschuß so unentschieden, daß man bey der Erklärung stehen blieb: man wolle, bevor man sich entschlösse, die Schritte des Englischen und des Preußischen Hofs beobachten. Die Kaiserin war darüber ziemlich mißvergnügt, und forderte uns auf, selbst einen Plan vorzuschlagen, da wir den ihrigen nicht annähmen. Der Graf von Bernis schlug nunmehr einen Unions und Garantievertrag zwischen beyden Mächten über ihre beiderseitigen Staaten in Europa vor; aber auch die Preußischen Staaten sollten in die Garantie begriffen, und England allein, der angefangenen Feindseligkeiten wegen, ausgeschlossen seyn; in Ansehung der letzteren Macht sollte die Kaiserin die Neutralität beobachten.

Der Wiener Hof zeigte sich über die Garantie der Preußischen Staaten sehr schwierig. Der König selbst, welcher eine engere Allianz wünschte, besorgte daß die Unterhandlung abgebrochen würde, und äusserte einigen Schmerz darüber. Endlich aber schien die Kaiserin einzusehen, daß der Unionstraktat sie wenigstens vor den Feindseligkeiten Frankreichs sicher stellte, und daß der König von Preußen wohl bald durch eigne Angriffe Veranlassung zum Krieg geben würde.

Man war im Begriff den Traktat zu unterzeichnen, als die Nachricht einging, daß die Allianz zwischen England

---

nen wähnt. Daß ich selbst einigen Nutzen aus der Lehre gezogen habe, kann ich nicht besser beweisen, als indem ich mich enthalte im gegenwärtigen Punkt der Zeit andre eben so haltbare Resultate anzustellen. Zum Trost derer, die seit ein Paar Jahren auch wohl öfter das Unglück erleben mußten sich geirrt zu haben, kann es übrigens dienen daß sie wahrscheinlich weniger Unrecht hatten als das Schicksal: ja es kann nicht leicht ein politisches Raisonnement so albern seyn, daß es nicht vernünftiger wäre als die Weltgeschichte. Ob aber dieser, wie mich dünkt, unläugbare Satz, dem Schicksal oder der Vernunft zur Schande gereicht, das ist eine andre Frage, deren Erörterung schwerer und weitläuftiger werden dürfte.

land und Preussen den 16 Januar 1756 zu London abgeschlossen worden war. Der Wiener Hof erklärte hierauf, daß Frankreich unter diesen Umständen nicht auf die Garantie der Preussischen Staaten dringen könnte, ohne ein sehr gegründetes Mißtrauen gegen sich zu erregen; und wenigstens müßten die Niederlande durch eine Neutralitätsconvention gedeckt werden. Der Graf von Bernis fand die Forderung billig; Machault schämte sich, nicht, dawider zu stimmen, indem wir, wie er sagte, im Fall wir gegen England den kürzeren zögen, uns an den Niederlanden entschädigen könnten. Das Sonderbarste, dabey war daß ein Rath, der den König so augenscheinlich beschimpfte, vielen Gliedern des Ausschusses, die anfangs dafür waren, daß man offensiv gegen den König von Preussen agiren sollte, ein Zug der höchsten Politik schien.

Auf die Klagen die der Herzog von Nivernois gegen diesen Fürsten über seinen Traktat mit England führte, antwortete er daß sein Bündniß mit Frankreich darunter gar nicht litte, daß er vielmehr bereit wäre dieses zu erneuern, und daß er es nicht übel empfinden würde, wenn sich Frankreich seinerseits mit dem Wiener Hof verbände. Der Herzog von Nivernois erhielt Befehl wiederzukommen, und der Marquis von Vallory ging an seinen Posten, mit der einzigen Anweisung das Betragen eines Fürsten zu bewachen, den wir bereits als einen Feind ansehen müßten, mit welchem wir aber noch nicht in offnem Kriege stünden. Von einer andern Seite versuchte der Herzog von Duras, bey der ersten Nachricht der Englischen Feindseligkeiten und ohne Auftrag von unsrer Regierung, den Madrider Hof, an welchem er Gesandter war, zu bewegen daß er sich gegen England erklärte. Sein Vorschlag wurde sehr übel aufgenommen, und um zu verhüten daß er uns nicht leichtsinnigerweise in falsche Maaßregeln verwickelte, erhielt er Befehl zurückzukommen.

kommen. Der Graf von Bernis wurde an seiner Stelle ernannt, indessen ließ ihn der Fortgang der Begebenheiten bald darauf zum Wiener Posten bestimmen; da aber seine Gegenwart in Frankreich selbst noch nothwendiger war, um die Unterhandlung, die mit jedem Augenblick thätiger wurde, in allen ihren Zweigen fortzuführen, so reiste er nicht ab. Der Graf d'Aubeterre reiste von Wien nach Madrid an die Stelle des Herzogs von Duras, und der Marquis von Stainville, jetziger Herzog von Choiseuil, wurde nach Wien gesandt.

Kaum hatte der König von Preussen den Londoner Traktat ratificirt, so forderte die Kaiserin einen von uns über die Neutralität der Niederlande, der im Fall Preussischer Feindseligkeiten für defensiv gelten sollte. Bernis, dem der König auftrug, diesen Traktat aufzusetzen, wollte in einer so wichtigen Sache nichts auf sich nehmen, und verlangte die Vereinigung des Staatsraths zu einem Ausschuß.

Ludwig der Funfzehnte, empfindlich über das Verfahren des Königs von Preussen, und Frau von Pompadour, von der Kaiserin aufgeregt und von ihren Schmeicheleyen berauscht, wünschte, daß der Traktat offensiv wäre. Der Graf von Bernis war fast der einzige, der sich dawider setzte. Er fühlte, daß sobald der Krieg nur einigermaßen ernstlich würde, die ganze Last desselben auf uns zurückfallen müßte, daß wir keine Feldherren hätten, auf welche die Armee Vertrauen setzte, und daß unsre Finanzen in dem schlechtesten Zustand wären. Er stellte vor, daß wir noch immer Zeit haben würden, offensive Maaßregeln zu ergreifen; daß es aber gefährlich wäre, sich mit dem Wiener Hof noch weiter einzulassen als er es selbst verlangte. Es gelang ihm endlich, die Empfindlichkeit des Königs aufzuhalten, den Eifer der Frau von Pompadour für die Kaiserin zu mäßigen, der Hitze, mit welcher alles, was zur Armee gehörte, für den Krieg stimmte,

stimmte, zu widerstehen. Der Traktat wurde also abgeschlossen, so wie er gedruckt nachzusehen ist.

Der Graf von Bernis drang auf die Geheimhaltung des Traktats, weil er überzeugt war, daß der König von Preussen den Zeitpunkt voraussehen würde, wo die Allianz nicht mehr defensiv bleiben könnte, und daß er zu gut ausgerüstet wäre, um sich nicht seines Vortheils zu bedienen und die Königin von Ungarn anzugreifen. Zugleich verlangte er, als eine nothwendige Vorkehrung, daß man den König von Polen, Churfürsten von Sachsen, in Vertheidigungsstand gegen Preussen setzte. Der ganze Staatsrath behauptete mit großem Eifer, die Geheimhaltung wäre der Würde des Königs nicht angemessen, der König von Preussen würde viel zu bestürzt seyn, um jemals die Waffen zu ergreifen, und die Vorkehrungen zur Beschützung der Sächsischen Länder würden einen sehr unnützen Aufwand machen. Der Graf d'Argenson war der einzige, welcher Bernis Meinung, daß man auf Sachsen ein Augenmerk haben sollte, nicht mißbilligte, weil dabey Truppen in Bewegung kamen, was einem Kriegsminister immer recht ist; aber den Vorschlag der Geheimhaltung unterstützte er nicht, weil die Publicität den Ausbruch fördern konnte. Sobald der Traktat bekannt wurde, war der Beyfall allgemein, und ging bis zur Trunkenheit, zumal als die Engländer ihren Verdruß darüber nicht verbargen. Jedermann erwartete, daß die Vereinigung der beyden ersten Mächte ganz Europa im Zügel halten würde. Man schlug sogar in der Akademie vor, den Traktat zwischen dem Kaiserlichen und dem Französischen Hof zum Gegenstand der Preisgedichte zu machen; und ich verhinderte es nur durch die Vorstellung, daß man wenigstens bey einer Sache, welche mit der Politik zusammenhinge, vorher das Ministerium befragen müßte; hierauf wählte man denn einen andern Stof.

Von

Von den Ministern bis zu den letzten Subalternen wollte jeder seinen Theil am Traktat beygetragen haben. Rouillé, der bloß Beysitzer gewesen war, schlug ganz treuherzig vor, ihn Traktat von Joui zu nennen, weil auf seinem Landhaus Joui die Präliminarien festgesetzt worden waren, was denn auch seinen ganzen Antheil daran ausmachte. Man lachte über die Prätension, und brachte ihn wieder zu sich selbst. Er meinte aber auch, daß man nicht weniger thun könnte, als seinen Schwiegersohn, den kleinen Beuvron, zum Herzog zu machen. Der König dachte indessen anders; und Rouillé mußte sich mit einer Pension von sechszehntausend Livres in seiner Familie zufrieden stellen.

Ich weiß, daß man seitdem ganz andrer Meinung geworden ist; aber man bedenkt die Verschiedenheit der Zeitpunkte nicht. Ohne über den Traktat selbst urtheilen zu wollen, führe ich die Fakta an, und behaupte, daß bis zur Roßbacher Schlacht die Allianz sich in ihrer Gunst erhalten hat. Nunmehr wollen wir betrachten, wie und warum sich die Dinge so sehr geändert haben.

Anfänglich schien uns alles zu gelingen. Der Marechal von Richelieu erobert Minorka, la Galissonniere schlägt und zerstreut die Englische Flotte unter dem Kommando des Admiral Bing. Man hat behauptet, daß der Angriff des Fort Saint-Philippe zu Mahon eine thörige Unternehmung war. Man würde sich auch vielleicht nicht darinn eingelassen haben, wenn man eine genauere Kenntniß von der Sache gehabt hätte. Man hatte sich auf einen Plan, den Spanien an die Hand gab, dazu entschlossen; aber man kannte den Zustand des Platzes nicht, seitdem die Engländer ihn im Besitz hatten; und die Unerschrockenheit der Französischen Soldaten war es allein, was den Mängeln der Unternehmung abhalf. Indessen würkte diese Eroberung so sehr auf die Engländer, daß sie eine Landung in ihrer Insel befürchteten, und die Franzosen in London zu sehen besorgten. Auch würde es nicht beym eiteln Schrecken geblieben seyn, wenn wir den Marechall von Sachsen und Dugué-Trouin noch gehabt hätten; aber diese Männer sind von der Erde verschwunden, ohne Nachfolger zu hinterlassen. Die Engländer zogen von ihren Unfällen einen Nutzen, der uns unbekannt geblieben ist. Bing, der bloß unglücklich war, wurde als schuldig verurtheilt, und es wurde Kriegsrecht über ihn gehalten. Dieses Beyspiel von Strenge gab der Nation wieder Muth, machte sie glauben, daß sie bloß schlecht bedient worden wäre, und unterrichtete ihre Feldherren von der Nothwendigkeit, und vielleicht gerade dadurch, von den Mitteln glücklich zu seyn.

Was uns betrift, so waren ein Paar Lieder die angenehmste Frucht unsers Siegs; der Anfang unsers Glücks war auch das Ziel desselben, und es folgte wenig mehr darauf als Unfälle und Demüthigungen.

Geldgierige, unerfahrne oder einbildnerische Kabinetsfeldherren; unwissende, eifersüchtige, oder übelgesinnte Ministers; Subalternen, die auf dem Schlachtfeld ihr Blut verschwendeten, und am Hof vor den Ausspendern der Gnaden krochen: das waren die Werkzeuge, deren wir uns bedienten.

Der einzige, welcher die Fähigkeit hatte, im Geist eines Systems zu handeln, in das er wider Willen eingegangen war, aber dabey doch der einzige, der im Stande war es zu verfolgen, weil er alle Triebfedern desselben geordnet hatte, wurde in die Unmöglichkeit gesetzt, sie zu bewegen; der Graf von Bernis hatte mehr Gunst als Einfluß, und man ließ es ihm an der thätigen Gewalt abgehen. Rouillé, neidisch auf einen Mitarbeiter, den er sich nicht entbrechen kann als seinen Meister anzusehen, entzieht ihm die Kenntniß dessen was auswärts vorgeht, und — so unglaublich wie dies scheint — fährt sogar

fort,

fort, an allen Höfen im Geist des alten Systems zu handeln, ohngeachtet er ein Werkzeug des neuen gewesen war und sogar den Ehrgeitz hatte, seinen Ruhm darin zu setzen.

Der König fühlte den Nachtheil dieser Verstimmung, und wollte den Grafen von Bernis in den Staatsrath eintreten lassen, damit er sich mit allem was in seinen Plan einschlug, bekannt machen konnte. Dem kleinen Rouillé wird darüber Angst, und der Monarch behält noch sechs ganzer Monate, zum Schaden der Geschäfte, einen Lückenbüßer vom Minister, dessen ganzes Verdienst war, sich zum Gegenstand des Mitleidens gemacht zu haben.

Der Graf von Bernis wünschte aus der Wegnahme von Minorka den Vortheil zu ziehen, daß der Seekrieg geendigt und der Landkrieg verhindert würde; er schlug daher vor, England wiederum zur Restitution der Prisen, zugleich mit der Freylassung von Dünkirchen, anzuhalten, und dagegen die Zurückgabe von Minorka anzubieten. Die Engländer hätten ohne Zweifel den Vorschlag angenommen; aber er wurde einstimmig in unserm Staatsrath verworfen. Die Meinung des Grafen von Bernis war, nur im Fall eines Angrifs von Seiten des Königs von Preussen offensiv gegen ihn zu handeln; aber Friedrich sah sehr wohl ein, daß die Königin von Ungarn aus keiner andern Ursache sich um Frankreich beworben hatte, als um in ihren Absichten auf Schlesien nicht gestört zu werden. Er kannte den persönlichen Haß der Kaiserin von Rußland, Elisabeth, und ihre Zuneigung für die Königin von Ungarn. Es ließ sich voraussehen, daß diese beyden Fürstinnen sich vereinigen würden, und daß alsdann der Groll, den der Churfürst von Sachsen noch vom letzten Krieg her gegen ihn hegte, ausbrechen würde. Er beschloß seinen Feinden zuvorzukommen; er hatte hundert und funfzigtausend Mann auf den Beinen, alle

wohl

wohl bewafnet und wohl disciplinirt; der König August hingegen hatte die Schätze, womit er seinen erlittenen Unfällen abhelfen und sich in Achtung hätte setzen sollen, in Feten und unschmackhaften Ergötzlichkeiten verpraßt. In dieser Lage ließ der König von Preussen der Königin von Ungarn verkündigen, daß die Kriegsrüstungen, die man im Reich vornähme, ihn beunruhigten, und forderte sie auf, öffentlich zu erklären, daß sie, wenigstens in diesem und dem folgenden Jahre, die Absicht nicht hätte, ihn anzugreifen. Die Königin ließ zur Antwort geben, daß eine solche Erklärung zu unregelmäßig seyn würde, indem sie einen bestehenden Frieden zum Waffenstillstand umwandelte.

Auf eine so wenig bündige Antwort faßt der König einen schnellen Entschluß. Sechszigtausend Preussen rücken unter der Anführung des Prinzen Ferdinand von Braunschweig in Sachsen ein und bemeistern sich der Stadt Leipzig; der König selbst geht auf Dresden zu. Der König von Polen gibt ihm seine Hauptstadt preis, und verschließt sich mit siebenzehntausend Mann in dem Lager von Pirna, wo er sogleich bloquirt wird. Der König von Preussen, der hierauf zum Feind des Reichs erklärt worden ist, wendet sich zur Antwort gegen Böhmen, liefert dem Grafen von Brown bey Lowositz eine Schlacht, gewinnt sie, und kehrt ohne Zeitverlust zu dem Lager bey Pirna zurück. Der König von Polen begibt sich mit dem Kronprinzen auf die Festung Königstein und verläßt seine Armee, die sich als Kriegsgefangene ergibt, und, bis auf die Officiere, unter die Preußischen Truppen inkorporirt und vertheilt wird. August macht Friedensvorschläge, die verworfen werden. Er bittet den Sieger, die Bedingungen vorzuschreiben, Friedrich schlägt es aus, weil er nicht als Feind in Sachsen eingedrungen wäre, sondern es bloß in Verwahrung genommen hätte. August

bittet

des Kriegs von 1756.

bittet ihn, wenigstens seine Garden wieder auszuliefern, Friedrich schlägt es ab, indem er die Mühe nicht haben wolle sie wieder wegzunehmen. Alle Antworten des Königs von Preussen sind höhnisch oder verächtlich, und Augusts ganzes Betragen scheint den Sieger zu entschuldigen. Der unglückliche Fürst begnügte sich endlich um Päffe zu seiner Abreise anzusuchen, und dies war die einzige Bitte, die Friedrich ihm bewilligte; er bot ihm sogar Postpferde an.

August, aus seinen Erbstaaten verwiesen, flüchtete sich nach Polen, wo ihm die Republik ein demüthigendes Mitleiden bezeugte, ohne ihm den geringsten Beystand anzubieten. Die Königin von Polen hingegen zeigte alle Standhaftigkeit, die mit ihrer Lage vereinbar war. Sie ließ sich nie bereden, Dresden zu verlassen, endlich aber erlag sie dem Kummer und der Härte, die sie zu erdulden hatte, und starb.

Bis dahin hatten wir die Vollstreckung des Traktats von Versailles verzögert; da aber der Preussische Angriff uns keinen Grund mehr zum Aufschub ließ, so wurden die vier und zwanzigtausend Mann, achtzehntausend Infanterie und sechstausend Cavallerie, welche im Traktat bedungen waren, beordert zu marschiren. Der Graf von Bernis wollte, daß man genau dabey bliebe; das war aber nicht der Vortheil des Grafen d'Argenson, welcher lieber alle Französische Truppen in Bewegung gesetzt hätte, um sein Departement zu erweitern. Unterstützt von den Thränen der Dauphine, welche für ihren Vater um Rache schrie, suchte er den König zu überreden, daß eine Hülfe von vier und zwanzigtausend Mann nicht hinreichend wäre, und daß man sie also bloß ohne Nutzen aufopfern würde; daß sie immer die größten Gefahren laufen würden; daß man sie beständig würde rekrutiren müssen, und daß man, ohne etwas vortheilhaftes für die Kaiserin

oder

oder rühmliches für uns zu bewürken, durch mehrere Feldzüge Frankreich an Geld und Menschen erschöpfen würde; dahingegen, wenn man gleich damit anfinge große Hülfsmittel anzuwenden, man die Fortschritte des Königs von Preussen aufhalten, und ihn zwingen würde, die Bedingungen, die man ihm auflegte, anzunehmen. Zwey Feldzüge, wurde behauptet, wären hinreichend, um den Frieden auf dem festen Lande wieder herzustellen, und um Frankreich sowohl als der Königin von Ungarn die gegenseitigen Vortheile ihrer Verbindung zu genießen zu geben.

Dem König gefiel ein Plan, der seinen persönlichen Gesinnungen gegen die Kaiserin und den König von Preussen angemessen war. Zuvor aber wollte er die Sache im Staatsrath untersuchen lassen. Dies geschah im November 1756. Machault war d'Argensons Meinung sehr zuwider. Er wußte, daß eine Landarmee die Aufmerksamkeit und die Sorge des Hofs immer viel mehr anzieht als die Marine. Die Hofleute selbst dienen fast alle zu Land, dahingegen die Seeofficiere sich wenig am Hof sehen lassen, und damals noch mehr taugten, als sie noch weniger dort erschienen. Machault, der als Finanzminister dem Grafen von Maurepas für die Marine nichts hatte bewilligen wollen, fürchtete nunmehr ein schlimmes Beyspiel gegen sich selbst gegeben zu haben. Er suchte zu beweisen, wie gefährlich es seyn würde, sich nicht hauptsächlich mit dem Krieg gegen die Engländern, unsre eigentlichen Feinde, zu beschäftigen, und versicherte, daß er wenigstens sechszig Millionen brauchte, um die Marine zu erhalten.

Der Graf d'Argenson, mit Sechelles dem Finanzminister einverstanden, bot fünf und sechszig an. Machaults Besorgnisse wurden dadurch nicht gehoben, aber seine Einwendungen waren beantwortet, und die Meinung zung des Grafen d'Argenson fing an die Oberhand zu gewinnen. Noch wurde indessen nichts entschieden, sondern die politische Frage gelangte erst an den Ausschuß, damit der Graf von Bernis, der noch keinen Sitz im Staatsrath hatte, darüber stimmen könnte. Er war nicht von d'Argensons Meinung, und sah den Nachtheil voraus, der aus diesem Plan erwachsen konnte; aber die Neigung des Königs für die Kaiserin, der leidenschaftliche Eifer der Frau von Pompadour für diese Fürstin, die sie treuherziger Weise als ihre Freundin ansah, und deren Gönnerin zu seyn sie sich fast einbildete; die Zudringlichkeiten des Prinzen von Soubise, des Grafen und nachherigen Marechals d'Estrees, des Herzogs von Richelieu, und aller derer, welche mehr Ehrgeiz als Selbstgefühl hatten: dies alles überzeugte den Grafen von Bernis, daß wenn er die Vermehrung des Beystands nicht zugäbe und dadurch die einzige Möglichkeit ergriffe, ihr noch einige Schranken zu setzen, man sie viel weiter treiben würde als der Zustand unsrer Finanzen es litte. Er suchte vergebens darauf aufmerksam zu machen, wie wenig Zutrauen die Nation auf unsre Generale hätte; endlich gab er zu, daß man die Hülfe auf 45000 Mann hinauf triebe, unter der Bedingung, daß man es bey fremden Truppen bewenden ließe, deren Aufwand um die Hälfte geringer seyn würde als der einer Französischen Armee. Die Kaiserin wäre mit dieser Vermehrung sehr zufrieden gewesen; aber dem Grafen d'Argenson war es daran noch nicht genug, die fremden Truppen standen ihm nicht an, er wollte seine Klienten, seine Kreaturen unter den Hofleuten anstellen, und sein vorzüglichstes Augenmerk ging auf die Klasse von subalternen Klienten, aus welcher er ein ganzes Heer von Lieferanten zog, dessen Last der Staat noch lange nachfühlen wird.

So stufenweise und durch solche Kabalen gelangten wir dahin, dem Traktat diese unnatürliche Wendung zu gegeben, und dem Privatinteresse einiger Personen die Kräfte und die Finanzen des Königreichs aufzuopfern.

Das Oesterreichische Ministerium war in seinem Plan nicht getäuscht wie wir, denn es hatte nichts anders gewollt, als uns, unter dem bloßen Namen von Alliirten zu Hauptpersonen des Kriegs machen. Man muß eingestehen, daß seit Philipp dem Zweyten kein Hof seinem Ziel getreuer geblieben ist. Wenn er von seinem Plan abzuweichen scheint, so geschieht es nur, um durch einen Umweg wieder hineinzukommen. Der nämliche Geist und ein beharrliches System, das sich den Umständen anzupassen, sie herbeyzuführen und zu ergreifen weiß, sind immer im Oesterreichischen Kabinet sichtbar gewesen.

Mit vielem Rechte konnte also der Kardinal Fleury sagen, was ich eben in einem seiner Briefe aus der Zeit unsers Krieges mit den Ostreichern (Junius 1741) lese: „Die Königin von Ungarn ist im Fall eines Handwerkladens, wo der Tod des Meisters keine Veränderung macht, wenn die Gesellen die Arbeit fortsetzen; sie handelt nach den nämlichen Eingebungen, und gerade wie ihre Vorfahren. In einem andern Brief sagt er: Der Kaiser ist falsch, und haßt uns von Herzen. Er hat von dem Stempel des verstorbenen Kaisers Gebrauch gemacht, um nach seinem Tode verschiedne Geschäfte abzuthun; und das ist erwiesen.

Während daß man sich zum Krieg rüstete, negocirte der Graf von Bernis, — denn Rouillé war nur dem Titel nach Minister — mit allen Europäischen Mächten. Rußland trat dem Traktat von Versailles bey, ohngeachtet aller Gegenbemühungen Bestuchefs, der ganz dem Englischen Hof angehörte, wo er als Page des Königs Georg des Zweiten erzogen worden war. Schweden

bes

bewafnete sich für die nämliche Sache. Man legte den Grund zu einer Waffenunion mit Dänemark. Man negocirte mit Baiern, Pfalz und Würtemberg. Der Reichstag verhinderte den König von Preussen, diesen Krieg als einen Religionskrieg vorzustellen. Holland bekräftigte seine Neutralität. Diese Unterhandlungen wurden mit einer solchen Schnelligkeit und Geschicklichkeit fortgeführt, daß sie im April 1757 alle vollendet waren; und der üble Ausschlag des Kriegs zog auch in der Folge, bis an den Tod der Kaiserin Elisabeth, keine der contrahirenden Mächte von dem Bunde ab.

Nunmehr reiste der Graf d'Estrees nach Wien, um den Plan der Kriegsverrichtungen zu verabreden. Hierbey fielen noch einige Schwierigkeiten vor; wir forderten von der Kaiserin eine unbegränzte Entsagung auf die Englische Allianz; und ihre Abneigung dies zu thun, bestärkte uns in der Ueberzeugung von der Nothwendigkeit unsrer Forderung. Endlich willigte sie ein, unter der Bedingung, daß sich Frankreich ebenfalls auf immer von Preussen lossagte, was denn auf beyden Seiten beliebt ward. Hierauf kam die Frage von der Hanöverischen Neutralität. Der Graf von Bernis schlug sie vor, und der König von England wäre um so weniger davon entfernt gewesen, als unsre Fortschritte in Amerika ihn besorgen ließen, daß die Engländer, zufolge ihres Rechts die Anwendung ihrer Finanzen zu bestimmen, die Vertheidigung ihrer Kolonien der Sorge für seine deutschen Staaten vorziehen würden. In der That hatte der Ausgang ihren Entwürfen auf Kanada nicht entsprochen.

Bradock hatte, in Verfolg schon seit 1754 aus London erhaltener Befehle, sich Rechnung darauf gemacht, unsre Besitzungen einzunehmen. Boscaven war durch ähnliche Befehle vom April 1754 beordert, uns zur See anzugreifen. Diese Thatsachen, und viele andre

aus

aus den vorhergehenden Jahren, beweisen hinlänglich, daß die Engländer den Einbruch in Kanada schon längst im Sinne führten; daß sie entschlossen waren uns den Krieg zu erklären; und daß sie das Loos desselben, gegen die Treue der Verträge, durch kombinirte Feindseligkeiten in der alten und der neuen Welt sichern wollten. Die ersten Würkungen dieses Verfahrens waren folgende.

Jumonville, ein Französischer Officier, bringt in Kanada den Engländern, mitten unter den Wilden, ihren Alliirten, gütliche Vorschläge und Friedensworte. Er wird von den Engländern schändlich ermordet, im Angesicht der Wilden, die über einen solchen Frevel gegen die Menschheit und das Völkerrecht entrüstet, größtentheils die Engländer verlassen. Einige von ihnen, wüthend über die Barbarey, die man gehabt hatte, sie zu ächten und einen Preis auf ihre Häupter zu setzen, brachen mit Feuer und Schwert in die Englischen Besitzungen.

Der General Bradock fiel in dem Gefecht vom 5ten Julius; und die Papiere, die man bey ihm fand, enthüllten den Zusammenhang der Englischen Projekte, die von verständigeren oder aufmerksameren Ministern als die unsrigen vorausgesehen worden wären. Der Marquis von Vaudreuil und der Marquis von Montcalm waren in den ersten Zeiten dieses Kriegs in Kanada mit dem ausgezeichnetsten Glück gekrönt. Damals war es also sehr wahrscheinlich, daß sich die Engländer zur Hanöverischen Neutralität verstehen würden, um sich bloß auf ihre eigne Vertheidigung einzuschränken; aber unsre Regierung bildete sich ein, daß der König, der nach der Englischen Verfassung Herr über Krieg und Frieden wäre, den letzteren erwählen würde, sobald er sich seines Churfürstenthums beraubt sähe; und dies hielt man für die Sache eines einzigen Feldzugs.

Dem

Dem Adel, welcher Dienste suchte, und dem Kriegsminister, der nichts wollte als Krieg, schienen diese Schlüsse untrüglich. Auch hätten sie einigen Grund gehabt, wenn man anstatt die Kräfte zu betrachten, auf diejenigen, die sie treiben sollten, mehr Acht gegeben hätte; wenn man anstatt die Truppen zuzählen, ihre Anführer genau gegen einander gewogen hätte.

Der Einfluß, der dem Grafen von Bernis in den politischen Geschäften gebührte, wurde weniger gestört, nachdem er den 2ten Januar 1757 in dem Staatsrath Sitz und Stimme genommen hatte. Die kleinen unterirdischen Kabalen von Rouillé waren dem König endlich lästig geworden, und einige Monate nach Bernis Eintritt in den Staatsrath gab Rouillé das Departement der auswärtigen Geschäfte ab, von dem er sich wohl bewußt war, nur den Namen zu führen. Damiens Unternehmung gegen das Leben des Königs begab sich drey Tage nach dem Eintritt des Grafen von Bernis in Staatsrath. Ich werde mich aber hier nicht bey diesem abscheulichen Vorfall aufhalten, indem ich ihn einzeln behandelt habe a).

Die Uneinigkeiten zwischen dem Parlement und dem Ministerium hatten damals ihren höchsten Gipfel erreicht.
Un-

---

a) Dieser Theil von Duclos Memoiren fehlt in den Ausgaben, die wir bisher von denselben haben. Herr Soulavie hat behauptet, daß ihn Herr Buisson unterschlagen hat, und er versprach ihn in seiner Ausgabe zu liefern. A er aus den neuerlich bey Herrn Buisson erschienenen Ausgaben der Memoiren von Maßfillon und von dem Herzog von Aiguillon, an welchen Herr Soulavie selbst einigen Antheil genommen hat, ergibt es sich, daß die beyden Herausgeber sich wieder vertragen haben. Herr Soulavie gibt sogar seine Memoiren von Richelieu wieder im Buissonschen Verlag heraus, und so scheinen denn alle seine vorhergegangnen Beschuldigungen und Versprechungen gänzlich in Vergessenheit gerathen zu seyn. Oekonomische Köpfe wie Herr Soulavie, die mit der Maske des Eifers für irgend eine Partey wuchern, sind auch in unsrer Litteratur nicht selten.

III. Theil. C

Unmittelbar nach dem lit de justice vom 13ten December hatten die Chambres des Enquêtes und des Requêtes und ein Theil von der Grand'Chambre die Demission ihrer Aemter eingegeben. Der Frevel vom 5ten Januar würde wahrscheinlich alle Gemüther wieder genährt haben, wenn der erste Präsident Maupeou und die vornehmsten Ministers, d'Argenson und Machault es ernstlich gewollt hätten; aber diese drey Männer befolgten den Grundsatz des Tiberius: divide et impera. Drey Wochen darauf (den 2ten Februar) wurden die zwey Ministers durch Hofkabalen entfernt. Niemals sah man den Zeitpunkt so ungeschickt ab, um zwey erfahrne Ministers abzudanken, zumal wenn erwogen wird, wie ihre Nachfolger beschaffen waren. Moras kam an Machaults Stelle, und der Marquis von Paulmy folgte seinem Onkel d'Argenson. Das waren die vornehmsten Werkzeuge des Geschäfts, an welches man zu gehen hatte.

Nachdem alle Einrichtungen gemacht, die Plane verabredet und die Operationen festgesetzt waren, ließ man (1757) eine Armee nach Deutschland abgehen; sie stand unter den Befehlen des Marechal d'Estrees und der Prinz von Soubise kommandirte darinn eine Division. Der Marechal rückte auf die Hanöverischen Lande zu, durchschnitt ganz Westphalen, bemächtigte sich der Stadt Emden, unterwarf Hessen und ging über die Weser ohne zu schlagen. Der Herzog von Cumberland, welcher die Englische Armee von der Braunschweigischen und der Hessischen verstärkt, anführte, zog sich immer vor dem Marechal zurück, und verschanzte sich endlich in einem vortheilhaften Lager bey Hastenbeck. Vielleicht würde ihn der Marechal da nicht angegriffen haben, wenn die Klagen des Hofs, die Spöttereyen der Pariser Cirkel, und die Warnungen, die er erhielt, daß man daran arbeitete, ihn zurückberufen zu lassen, seiner Unentschlossenheit

heit nicht ein Ende gemacht hätten. Die Partey des Prinzen von Soubise, von den Kabalen seiner Schwester, der Gräfin von Marsan, unterstützt, schrie unaufhörlich gegen die Langsamkeit des Marechals, und forderte einen unternehmendern Feldherrn. Die wichtigsten Entschlüsse werden gewöhnlich am Hof durch die nichtigsten Albernheiten bestimmt. Frau von Pompadour war sehr unzufrieden, daß es der Marechal d'Estrees übel nahm, daß der Prinz von Soubise, welcher nur eine Division kommandirte, seine Briefe stempeln ließ: armée de Soubise. Außer diesem wichtigen Grund, hatte auch d'Estrees den albernen Stolz gehabt, über seine Operationen mit Düvernay keine Abrede nehmen zu wollen. Düvernay war Generallieferant, ein unentbehrlicher Mann, dessen Geist sehr fruchtbar an Auswegen war, und der den Krieg besser verstand als die meisten unsrer Generale. Düvernay war gegen diese lächerlichen Aeußerungen von Geringschätzung empfindlich. Er stand in Achtung bey dem König, und war bey der Frau von Pompadour sehr gut aufgenommen, indem er ihr zu einer Zeit Dienste geleistet hatte, wo sie in der Lage war, von sehr vielen Leuten welche empfangen zu können. Der Marechal von Richelieu säumte nicht, diese Gelegenheit zu ergreifen, und sprang sogleich hervor, um sich anzubieten. Frau von Pompadour getraute sich noch nicht, dem Prinzen von Soubise das Generalkommando zu geben und ihn an die Stelle des Marechal d'Estrees zu setzen; sie würde alle Marschälle von Frankreich und alle andern Generale, die älter im Dienst waren als ihr Freund, vor den Kopf gestoßen haben; aber unter allen widerstand ihr der gerade am meisten, der sich jetzt vorschlug. Sie war dem Marechal von Richelieu nie gewogen, weil er, ohne ihr gerade offenbar die Spitze zu bieten, immer auf eine gewisse leichte Art von ihr gegen den König gesprochen und gesucht hatte, sie auf dem Fuß eines bürgerlichen

Geschöpfs, das nicht an seiner Stelle war, einer vorübergehenden Galanterie, eines bloßen Zeitvertreibs, kurz einer Frau, die nicht dazu gemacht war, mit Anstand am Hofe zu leben, von ihm betrachten zu lassen. Das wunderbarste ist, daß diese Vorstellungsart des Marechal von Richelieu ihm nicht eigen war, sondern daß der ganze Hof lange Zeit keine andre kannte. Es schien als ob die Stelle der Maitresse des Königs Geburt und Glanz erforderte. Die Männer beeiferten sich um die Ehre, diese Stelle zu besetzen, und wo möglich durch eine Verwandte; die Weiber stritten sich um den Vorzug.

Es fehlte wenig, daß sie sich nicht laut über die Ungerechtigkeit einer Wahl, die auf eine Bürgerliche gefallen war, beklagt hätten. Ich habe viele von den Damen im Anfang zweifeln gesehen, ob sie anständiger Weise mit ihr umgehen könnten. Sie wählte sich aber bald selbst ihren gesellschaftlichen Zirkel, und zog nicht alle dazu, die sich darum bewarben.

Der Marechal von Richelieu war nun auch in Ansehung der Frau von Pompadour behutsamer geworden; jetzt suchte er sich durch Dúvernays Einfluß zu heben, bewarb sich eifrig um seine Gunst, überhäufte ihn mit Liebkosungen und Lobsprüchen, versicherte ihm, daß er sich ganz nach seinen Rathschlägen richten wollte; und Dúvernay, vielleicht eben so sehr von Eigenliebe als von seiner Empfindlichkeit gegen d'Estrees geleitet, unternahm es, dem Marechal von Richelieu das Kommando zu verschaffen. Er bat den Grafen von Bernis, ihm bey der Frau von Pompadour eine besondere Audienz auszuwürken, und setzte hinzu, daß er sein Projekt nicht lange gegen ihn geheim halten wollte, daß er es aber für den gegenwärtigen Augenblick verschweigen zu dürfen wünschte. Der Graf von Bernis drang nicht weiter mit Fragen in ihn ein, und verschaffte ihm die Audienz. Bernis war

per-

persönlich hierbey wohl unverdächtig, aber sein Verhältniß mit dem Marechal von Belle-Isle ließ befürchten, daß er ihm mittheilen würde, was im Werke wäre, worauf dann Belle-Isle, als ein Freund von d'Estrees, diesem davon Nachricht geben würde. Man wird bald sehen, wie alle diese kleinen Vorkehrungen nicht verhinderten, daß die Intrigue ruchbar wurde.

Düvernay legte dem König, in Gegenwart der Frau von Pompadour und des Marquis von Paulmy, seinen Plan vor. Paulmy, ein kleiner Schatten von Minister, war nicht im Stand gegen Düvernay zu streiten, noch vielleicht gar ihn zu verstehen. Mehr gemacht, um in nächtlichen Saufgelagen eine Stelle einzunehmen, als in einem Staatsrath, war er hier nichts als Beysitzer. Das Ziel war, den König von Preussen von der Oder- und Elbseite anzugreifen. Die Franzosen und die Kaiserlichen sollten gegen Magdeburg, die Schweden und Russen gegen Stettin rücken. Die Proviantirungen geschahen auf der Maas, dem Rhein und der Weser. Man nahm alle Maaßregeln gegen die Unfälle der Kriege, welche in der Ferne geführt werden.

Der Plan wurde gut auseinander gesetzt, und versprach die glücklichsten und sichersten Folgen; der König billigte ihn sehr. Für die Ausführung war Düvernays Zuziehung nothwendig, und da der Marechal d'Estrees nicht mit ihm sympathisirte, so mußte durchaus ein andrer General ernannt werden. Düvernay überzeugte den König davon, und schlug sogleich Richelieu vor. Er machte das Vertrauen geltend, daß der Sieger von Minorka den Truppen einflößen würde, deren Eifer unter dem Zauberer d'Estrees erkaltete. Um die Frau von Pompadour zu gewinnen, setzte er hinzu, daß der Prinz von Soubise 35000 Mann unter seinen Befehlen haben müßte, mit welchen er in Sachsen einfallen, den König von Preus-

sen daraus verjagen, und sich den glänzendsten Ruhm
erwerben würde. Der Marechal d'Estrees, der persönlich sehr tapfer, aber unruhig ist, hat immer furchtsam
geschienen, sobald er en chef kommandirt hat. Weniger von dem Wunsch zu siegen begeistert als mit der
Sorge für den Rückzug im Fall einer Niederlage beschäftigt, fürchtete er immer, sich zu weit einzulassen.
Außerdem hielt ihn noch ein andrer Grund zurück. Der
Marquis von Puisieux, sein Schwiegervater, und Saint-
Severin waren seine Orakel für die Politik, und sie hatten ihm ihre Vorurtheile gegen das neue System eingeflößt; nun taugt man freylich nicht für die Ausführung
eines Plans, dem man nicht gewogen ist. Er hätte
aber handeln sollen, oder sich nicht um das Kommando
bewerben. Der König, über Düvernays Entwurf fast
schon bestimmt, theilte ihn dem Dauphin mit, und forderte ihn auf, darüber nachzudenken, und ihm seine Meinung schriftlich einzugeben. Der Dauphin untersuchte
den Plan mit vielem Scharfsinn, und auf seinen Bericht
darüber ließ der König den Staatsrath zusammenkommen; um aber alle Debatten über einen gefaßten Entschluß zu vermeiden, brachte er die Sache nicht in Berathschlagung, sondern befahl, sogleich zur Ausführung
des vorgelegten Plans zu schreiten.

Der Marechal von Richelieu, welcher der Frau von
Pompadour zum Vortheil des Prinzen von Soubise alles
was sie nur verlangte versprochen hatte, wurde sogleich
ernannt, um die Stelle des Marechal d'Estrees zu besetzen, und erhielt Befehl, das Kommando der Armee zu
übernehmen. Wie geheim man aber bis dahin auch die
Sache vor dem Marechal von Belle-Jsle gehalten hatte,
so hatte er, wo nicht alles, doch wenigstens genug davon
abgenommen, aus den geheimen Zusammenkünften, aus
den Bewegungen des Marechal von Richelieu, aus den

bittern Deklamationen der Gräfin von Marsan, und aus so vielen andern Indiscretionen im Thun, die so viel und noch mehr verrathen als Worte. Diese Entdeckungen waren hinreichend, um ihn zu bewegen an seinen Freund d'Estreés zu schreiben, daß er nicht säumen dürfte, wenn er die Ehre des Feldzugs noch einärnten wollte, indem sonst ein andrer sie ihm entziehen würde. Dadurch wurde d'Estreés veranlaßt, am 26. Julius die Schlacht bey Hastenbeck zu liefern, die er hauptsächlich durch die Tapferkeit des Marquis von Brehan, des Grafen von Chevert und einiger andern Officiere von Rang gewann. Die Folgen dieses Siegs waren so beschaffen, daß die feindliche Armee, in einem seit vier Wochen verschanzten Lager bezwungen, sich zwanzig Stunden weit vom Schlachtfelde zurückzog. Hameln, das mit allem Mund- und Kriegsvorrath ausgerüstet war, ergab sich bey der ersten Aufforderung. Minden verlangte zu kapituliren, und Hanover schickte seine Magistratspersonen, um die Kontributionen richtig zu machen.

Richelieu kam wenige Tage nach der Schlacht an, und er würde die Ehre davon gehabt haben, wenn er sich nicht in Strasburg aufgehalten hätte, um dort galanter Weise die Herzogin von Lauraguais (Mailli) eine seiner Liebschaften, die von einem Bad zurückkam, zu erwarten. Ich will hier eine edle Handlung aufbewahren, die zwar nur einen Privatmann betrift; aber ich werde leider nicht so viel sonderbare Züge dieser Art haben, daß ich befürchten könnte, den Leser damit zu ermüden.

Brehan, Oberster vom Regiment Picardie, trug durch sein Beyspiel so viel zum Siege zu Hastenbeck bey, daß der Hof, welcher bis dahin seine Dienste wenig erkannt hatte, ihm das Diplom zu einer Pension von 2000 Livres schickte. Brehan antwortete, daß er nie

Belohnungen in Geld verlangt hätte, und daß er den König bäte, diese Pension unter einige Officiere von seinem Regiment, die dessen bedürftiger wären, zu vertheilen. Man wollte von ihm die Namen derer wissen, die sich am meisten ausgezeichnet hätten. Seine Antwort, die ich gelesen habe, lautet: „Keiner von uns hat sich vor dem andern ausgezeichnet, sie haben alle tapfer gefochten, und sind alle bereit wieder anzufangen. Ich kann also bloß ihre Liste nach der Ordnung der Anciennetät eingeben. Was mich betrift, da alles, was ich bisher verlangt habe, mir abgeschlagen worden ist, so sind meine Dienste vom 26sten (dem Tage der Schlacht) zu gering, als daß ich mir schmeicheln sollte, um derentwillen etwas zu erlangen. Mein Glück besteht in der Achtung und der Freundschaft der Soldaten, die niemand im Stande ist mir zu rauben, und ich werde hinführo kein andres mehr suchen.

Der neue General zeigte sich in Ansehung des Geldes weniger schwierig. Da man seine Gierigkeit in diesem Punkt kannte, und bey den Truppen die niedrige Sucht nach Beute, die aus Soldaten Räuber macht, zerstören wollte, so durfte der Feldherr nicht selbst das schändliche Beyspiel davon geben. Der Graf von Bernis hatte Auftrag gehabt, dem Marechal von Richelieu vor seiner Abreise vorzuschlagen, daß er selbst seinen Gehalt bestimmen, und ihn so hoch als er wollte, ansetzen möchte. Richelieu verwarf durchaus jede Bestimmung, und behauptete, um seinen Geiz mit einem Ansehen von Würde zu übertünchen, daß er auf keines von den Rechten der Feldherren, wie die Kontributionen, die Sauvegarden, u. s. w. Verzicht thun dürfte, und daß er sich nicht wollte nachsagen lassen, als ob er den Vorzügen seiner Stelle etwas vergeben hätte. In dieser Stimmung

mung reiste er ab, und kein General hat je so fest darin beharrt. Nachdem er sich die Ehre des Siegs hatte entgehen lassen, beschloß er, sich wenigstens durch die Kosten reichlich zu entschädigen, durch alle ersinnlichen Wege bezog er ungeheure Summen aus Westphalen und dem Hanöverischen. Die Soldaten, durch das Beyspiel angetrieben, und durch die Ungestraftheit frech gemacht, plünderten überall, und nannten ihren General unter sich nicht anders als Papa Maraudeur, (le pere la maraude). Weit entfernt, sich dieser Räuberey zu schämen oder sie nur zu verbergen, trug er bey seiner Zurückkunft in Paris die ausschweifendste Pracht zur Schau. Er glaubte einer von den Triumphatoren zu seyn, welche ehemals mit der Beute der Ueberwundnen prangten. Er ließ vor den Augen des Publikums das köstliche Landhaus bauen, welches vom Volk noch bis diese Stunde das Hanöverische Pavillon genannt wird.

Nachdem der Marechal d'Estrees seinem Nachfolger das Kommando der Armee übergeben hatte, kam er zurück ohne abgerufen zu seyn, und erschien am Hofe, mit jener edlen Bescheidenheit, die dem gekränkten und siegreichen Verdienst so schön ansteht.

Die Truppen, welche während der Feldzüge zur Wache des Königs zurückbleiben, gingen zusammen hinaus, um den Marechal zu salutiren und zu bewillkommen. Seine Gegenwart brachte die feindliche Kabale aus der Fassung. Aber er machte davon keinen Gebrauch. Er legte dem König über den Zustand der Armee seine Rechnung ab, und bat um die Gnade, auf seine Güter gehen zu dürfen, ohne den Kriegsminister zu sehen, den er den Auswurf von Paulmy nannte. Der König ließ ihm in allem seinen freyen Willen.

Indessen benutzte der Marechal von Richelieu den Sieg seines Vorgängers, und drang in das Hanöversche

sche ein, dessen Hauptstadt er durch den Herzog von Chevreuse einnehmen ließ. So lange als dieser in Hannover gewesen ist, haben alle Einwohner sich seines edeln Betragens zu erfreuen gehabt, und sie haben noch nach seiner Abreise fortgefahren, ihm die größten Lobsprüche zu geben. Die Städte Braunschweig und Wolfenbüttel unterwarfen sich. Der Herzog von Cumberland, welcher immer vor dem Marechal floh, ließ ihm verschiedne Vorschläge thun, auf welche dieser anfangs antwortete, daß er nicht als Unterhändler, sondern als Feldherr abgeschickt worden wäre. Seine Antwort wurde vom König gut geheissen, und ihm ausdrücklicher Beyfall bezeugt. Es wäre zu wünschen, daß er in diesen Gesinnungen beharrt hätte.

Kaum erfuhr er, daß sein Betragen gebilligt wurde, so fing er an es zu ändern. Der Herzog von Cumberland, der sich mit seinen erschrocknen Truppen nach Stade geflüchtet hatte, und sich auf dem Punkt sah, vernichtet zu werden, ließ durch den Grafen von Lynar, Dänischen Minister, der aber in Englischem Solde stand, mit dem Marechal eine Unterhandlung anspinnen. Lynar bot die Vermittelung des Königs von Dänemark an, und gab dem Marechal die größten Lobsprüche über den Ruhm, der seiner wartete, den Krieg ohne Blutvergießen zu endigen. Man brachte ihm die glänzenden Namen des Friedensstifters in Genua, des Erhalters dieser Stadt, des Siegers von Minorka in's Andenken zurück. Der König von Preussen berauschte ihn mit den nämlichen Schmeicheleyen in einem Brief, dessen Original ich gelesen habe.

Damals schrieb der Marechal an den Grafen von Bernis, daß er Willens wäre, die Hanöverische Armee in Bremen, Verden und Stade einzuschließen; und er setzte hinzu, daß er dem Präsidenten Ogier, unserm Minister in Dänemark, bereits davon Nachricht gegeben hätte.

hätte. Dieser hatte, in der Ueberzeugung, daß Richelieu von unserm Hof autorisirt werden wurde, bey dem König von Dänemark in Verfolg dieser Mittheilung gehandelt.

Wenige Tage nach dem Abgang dieses Briefs an den Grafen von Bernis, (den 8. September) und ohne die Antwort abzuwarten, schloß Richelieu die berüchtigte Konvention von Kloster Seven, durch welche die Franzosen Meister vom Hanöverischen, Bremischen und Verdischen blieben; die Braunschweigischen, Hessischen, Sachsen-Gothaischen Truppen hingegen, und überhaupt alle Alliirten von Hanover sich jede in ihre Länder zurückziehen, bis an das Ende des Kriegs in der vollkommensten Neutralität beharren, und die Hanoveraner über die Elbe ziehen sollten.

Hierbey ist zu bemerken, daß weder der Herzog von Cumberland noch der Marechal von ihren Herren bevollmächtigt waren; daher brachte der Fortgang der Begebenheit auch bald diese Konvention auf ihren wahren Werth herunter, und machte sie zu einem bloßen Spiel. Es ist der gröbste Fehler, den man in diesem Krieg begangen hat, und die Quelle aller unsrer Unfälle. Der Wiener Hof und Schweden gaben ihr Mißfallen laut zu erkennen. Dies hätten wir selbst auch thun sollen, den Marechal abberufen, der bey den Engländern nicht einmal so gut weggekommen seyn würde, und einen wahren Feldherrn an seine Stelle schicken. Der Graf von Maillebois, welcher unter Richelieu diente, befolgte stillschweigend alle seine Befehle und hütete sich wohl einen Fehler zu verhindern, der nach dem natürlichen Lauf seinen Obern stürzen mußte, in dessen Stelle er alsdann eingetreten wäre. So haben es überhaupt unsre kommandirenden Officiere während dieses ganzen Kriegs gegen einander gehalten. Sie haben sich alle entweder

als

als Ignoranten oder als schlechte Bürger gezeigt. Diejenigen aber, die voraussetzten, daß die Konvention von Kloster Seven Richelieus Fall nach sich ziehen müßte, erwiesen unsrer Regierung zu viel Ehre. Der Graf von Bernis sah deutlich, daß der Marechal sich in eine Falle hatte locken lassen; aber am Ende eines Feldzugs schien es kein andres Mittel zu geben, als das Verfahren des Generals zu bekräftigen, indem man, wenn dasselbe nicht anerkannt wurde, den Feinden einen Vorwand verschaffte, bey der ersten günstigen Veranlassung die Konvention zu übertreten. Man schickte ihm also ungesäumt die Vollmachten zur Ratifikation, und empfahl ihm dabey besonders die nöthige Vorsicht zu gebrauchen, um die Vollstreckung eines Vertrags zu sichern, der nichts weiter als eine militairische Kapitulation hätte seyn sollen, und der durch seine Thorheit eine politische Konvention geworden war, deren Ausführung von der Ehrlichkeit der Engländer abhing, da sie ihrer Ratifikation bedurfte.

Als die Folgen dieser Konvention so unglücklich wurden, daß man sie dem Marechal zum Vorwurf machte, gab er vor, man hätte ihn zu lange auf unsre Ratifikation warten lassen, und dadurch wäre man um alle Vortheile der Konvention gekommen. Wahr ist es, daß in der **Vergleichung zwischen dem Verfahren Frankreichs und Englands**, welche unser Ministerium einige Monate darauf herausgab, dem Marechal von Richelieu wenig oder nichts zur Last gelegt wird; aber damals hatte man ein Interesse dabey, die Gültigkeit einer Konvention aufzustellen, deren Uebertretung man den Engländern vorwerfen wollte. Auch war die Schrift von Büssy aufgesetzt, einer Kreatur des Marechals, dessen Sekretair er ehemals gewesen war.

Uebrigens kennt man ja das schonende Verfahren unsers Hofs gegen große Frevler. Diejenigen, welche
ihm

ihm Bestrafung bewürken könnten, sind sich bewußt, daß sie einer gleichen Nachsicht bedürfen, oder einstens bedürfen werden.

Der Herzog von Dūras, durch welchen Richelieu dies schöne Werk nach Hof schickte, fand die beste Aufnahme. Er bewarb sich schon lange um die Stelle als erster gentilhomme de la Chambre: sollte man glauben, daß er in Rücksicht auf diese glorreiche Sendung den Vorzug vor seinem Konkurrenten, dem Herzog von Nivernois, erhielt, vor welchem er vielleicht aus Erkenntlichkeit für sein Betragen gegen ihn bey andern Gelegenheiten hätte zurücktreten sollen, und der nachher den schwersten Frieden zu Stande gebracht hat, ohne einen andern Lohn dafür zu haben als die öffentliche Achtung?

Während daß wir in Deutschland die Vortheile unsrer Siege aus den Händen ließen, suchten die Engländer ihre Unfälle wieder gut zu machen. Der Tod des Admiral Byng, welcher den 14. März vor den Augen des Volks hingerichtet wurde, überzeugte dasselbe, daß die Niederlage von Minorka nur die Schuld eines einzelnen Dieners gewesen war.

Eine furchtbare Flotte, unter der Anführung des Admiral Hawke, die zwanzigtausend Mann Landungstruppen unter den Befehlen des General Mordaunt trug, zeigte sich den 21. September an den Küsten von Aunis, und warf die Anker am 23. bey der Insel Aix, an der Mündung der Charente. Der alte Dū Barail, einer unsrer Viceadmirale, der seinem Vaterlande nur noch durch seinen guten Rath dienen konnte, lag schon lange unserm Ministerium an, diese Insel in Vertheidigungsstand zu setzen. Er schlug Plane dazu vor, die nichts weniger als kostspielig gewesen wären; aber entweder achtete man nicht auf ihn, oder das Geld, was dazu erfordert wurde,

wurde, schien vielleicht bey irgend einer galanten Dame vom Hof besser angewandt. Wir haben die Folgen dieser Vernachläßigung empfunden, und werden beym nächsten Krieg gewiß nicht daran denken, ihnen vorzubauen. Die Engländer nahmen sich vor, die Magazine von Rochefort zu zerstören, la Rochelle einzunehmen, und die ganze Küste mit Feuer und Schwert zu verwüsten. Sie hätten einen Theil ihrer Plane ausführen können; aber die Fassung der wenigen Truppen, welche längs der Küsten zusammengebracht wurden, hielt sie entfernt. Sie getrauten sich nicht zu landen, und kehrten den 1. Oktober nach England zurück, nachdem sie einige verlorne Bomben geworfen hatten. Ich habe seitdem in London mit dem Lord Holderneß, der lange Minister war, darüber gesprochen; und er hat mir gesagt, daß von allen Unternehmungen auf unsre Küsten diese die einzige wäre, die er gebilligt hätte, und daß sie hätte gelingen müssen, wenn sie besser geleitet worden wäre.

Auch in Kanada waren die Engländer nicht glücklicher. Der Marquis von Vaudreuil zerstörte ihre Vesten am Ohio, und verbrannte viele Gebäude und Magazine, wo sie für 15000 Mann Munitionen hatten. Er trug dem Marquis von Montcalm auf, das Fort Sankt George zu belagern, das mit allem versehen war und von 3000 Mann vertheidigt wurde, die theils in der Veste, theils in einem verschanzten Lager an der Veste postirt waren. Montcalm eroberte sie fünf Tage nach Eröffnung der Laufgräben, und schleifte sie sogleich. Der Admiral Holbourne unternahm die Belagerung von Louisbourg, er wurde aber von einem so wüthenden Sturm empfangen, daß eines von seinen Schiffen von 70 Kanonen gegen die Felsen zerschmettert wurde. Was von seiner Flotte am übelsten mitgenommen war, rettete sich in den Kolonien; das übrige kehrte nach England zurück.

Bis

Bis dahin hatten wir Fehler begangen und unser Glück zu benutzen versäumt, wirkliche Unfälle hatten wir noch nicht erfahren. Die Lage der Sachen veränderte sich bald. Der König von Preussen ließ ein Korps von Truppen zurück, um Sachsen zu bewachen, und rückte schon im Monat April gegen Böhmen. Den 5. May fand er sich der Oesterreichischen Armee gegenüber, sie stand unter dem Kommando des Prinzen Karl von Lothringen, des Schwagers der Kaiserin, welcher den Feldmarschall, Grafen von Brown unter sich hatte. Den andern Tag, am 6., grif er an der Spitze von 100000 Mann den Prinzen Karl an, der nur 50000 hatte. Der Sieg erklärte sich für die Preussen, aber sie konnten nicht verhindern, daß der Rest der geschlagenen Armee, 35 bis 40000 Mann an der Zahl, sich in Prag hineinflüchtete, das ziemlich mit Munitionen versehen war. Eine so zahlreiche Besatzung schreckte den König nicht ab, und er belagerte die Stadt. Brown, ob er gleich in der letzten Schlacht tödtlich verwundet worden war, gab mit der größten Seelenruhe die Befehle zur Vertheidigung der Stadt; aber mit desto mehr Thätigkeit trieb Friedrich die Belagerung. Er ließ eine ungeheure Menge von Bomben hineinwerfen, und so viel mit glühenden Kugeln schießen, daß alles in der Stadt entweder in Flammen stand oder umgestürzt wurde. Die Belagerung dauerte sechs Wochen, als der Feldmarschall, Graf von Daun, mit einer Armee, die er zusammengetrieben hatte, zum Entsatz von Prag heranrückte. Als er im Angesicht der Preussen stand, marschirte er zurück, um einigen Truppen Zeit zu geben, zu ihm zu stoßen, und um nur einen Theil der Feinde gegen sich zu locken. Friedrich nahm diese Manövre für ein Zeichen von Furchtsamkeit, und rückte mit dem Prinzen von Bevern dem Grafen von Daun entgegen, indem er dem Feldmarschall Keith die Fortsetzung der Belagerung überließ. Daun, welcher zu Chozemitz vortheilhaft postirt war, erwartete unbeweglich den Anmarsch der Feinde. Sie griffen ihn zu vier verschiedenenmalen mit Ungestüm an, und wurden viermal mit Verlust zurückgeschlagen. Als Daun beym fünften Angrif gewahr wurde, daß die Feinde erschlaften und Terrein verloren, ergrif er den Augenblick, um selbst auszufallen. Das that er mit solcher Gewalt, daß er sie über einander stützte, und gänzlich zerstreute. Der König, außer Stand, seine Truppen wieder zu sammeln, zog sich eilig zurück.

Auf diese Nachricht geht der Prinz Karl heraus, greift den Feldmarschall Keith in seinen Linien an, bricht in die Verschanzungen, (den 20. Junius) tödtet mehr als 2000 Mann, und treibt das übrige in die Flucht. Sechs Tage darauf starb Brown in Prag an den Wunden, die er beym Gefecht vom 6. May bekommen hatte, mit dem Trost, seine Niederlage noch gerächt zu sehen. Der König, welcher nun das Feld nicht mehr behaupten konnte, vertheilte seine Armee in Schlesien und in Sachsen, und räumte Böhmen. Auf diesen Unfall folgten noch viele andre. Die Russen überzogen Ostpreussen. Der General Haddik drang an der Spitze eines Korps von Oesterreichern im Brandenburgischen bis Berlin vor, das er brandschatzte. Der Schrecken war so groß bey seiner Annäherung, daß die königliche Familie sich in Gefahr glaubte, weggeführt zu werden und nach Spandau flüchtet; aber auch da fand sie sich noch nicht sicher genug, und verschloß sich in Magdeburg.

Die Reichsstände, welche die schnellen Fortschritte des Königs anfänglich so bestürzt hatten, daß sie nicht wagten, Partey zu nehmen, beeiferten sich jetzt ihr Kontingent zu liefern. Diese kombinirte Armee, unter dem Kommando des Prinzen von Sachsen-Hildburghausen, stieß ließ in Sachsen zu der, welche der Prinz von Soubise anführte.

Auf einer andern Seite waren die Schweden in Preussisch-Pommern eingerückt, wo sie verschiedne Plätze besetzten.

Alles schien den Untergang des Königs von Preussen zu verkünden. Die verschiednen Armeen, zwischen welchen er gedrängt wurde, und die nichts unternahmen, was ihm Gelegenheit geben konnte, seine militairischen Talente auszuüben, hätten ihn gezwungen, den Frieden unter jeder Bedingung, die man ihm aufgelegt hätte, zu erbitten. In dieser schlimmen Lage war er, als er durch seine Schmeicheleyen beytrug, den Marechal von Richelieu zur Konvention von Kloster Seven zu verleiten. Kein Fürst kennt die Menschen so gut wie er, keiner versteht sich so sehr auf die Kunst sie zu verderben, oder aus ihrer Verderbniß Vortheil zu ziehen a). Uebrigens bin

---

a) Das letzte war wohl eher Friedrichs des Großen Fall, als jene satanische Größe, die wir mehr in den Idealen der Dichter als in der menschlichen Natur finden. Man wird im Anhang einige Umstände über die Verhandlung des Königs mit dem Marechal von Richelieu finden; es mochte dem innern Bewußtseyn eines Friedrich wohl etwas kosten, sich gegen einen Richelieu zu Schmeicheleyen herabzulassen, aber das achtzehnte Jahrhundert war nicht mehr die Zeit jener starren und einseitigen Größe, die wir an manchen Helden des Alterthums bewundern, und der König hielt sich nicht lange bey der Beschämung auf, wo es darauf ankam, die Eitelkeit eines Gecken zum Werkzeug seiner Rettung zu machen. In dem Herzen Friedrichs des Großen war überhaupt manches, das den ausländischen Beurtheilern seiner Thaten und seines Karakters entgangen ist; und dies war wohl am Ende auch das Eigenthümliche seiner Größe, oder wenn man will das nothwendige Kennzeichen des größten Mannes unsrer Zeiten: daß sein öffentliches Leben eine Reihe von Widersprüchen zwischen seinem Geist und seinem Herzen war. Heinrich der Vierte konnte so groß seyn als Friedrich der Zweyte, und argloser und treuer scheinen. Erworbene Laune, deren Grund Menschenverachtung war, und das Bewußtseyn sowohl als hauptsächlich

bin ich unsern Feinden eben so viel unparteyische Gerechtigkeit schuldig als uns, und ich muß hier anmerken, daß der König von Preussen in den bedrängten Umständen, worin er sich gefunden, niemals den Muth noch die Gegenwart der Seele, die dem Muth seine beste Richtung gibt, verloren hat. Mitten in seinen Unfällen behielt er eine scherzhafte Laune, die einen Mann bewies, welcher nie aufhörte, sich seines eignen Geistes zu erfreuen. Wenn ich von allem beraubt werde, sagte er, so schmeichle ich mir wenigstens, daß es keinen Souverain gibt, der mich nicht gern zum General seiner Armee nähme.

Er erfuhr, daß der König von England, bestürzt über das Glück unsrer Waffen, einige Neigung zum Frieden zeigte, und er schrieb damals jenen stolzen Brief an ihn, den er selbst öffentlich verbreiten ließ, worin er ihm ihre gegenseitigen Verbindlichkeiten zurückruft, und von seiner Höhe herunter zu ihm spricht. Ich wünschte seiner Moralität die nämlichen Lobsprüche geben zu können wie seinen glänzenden Eigenschaften. Diese haben auf die Französische Imagination einen solchen Eindruck gemacht, daß die meisten unsrer Officiere, indem sie gegen ihn zu Felde zogen, in ihren Reden nichts unterließen, was den Muth ihrer Soldaten erkälten konnte. Als Friedrich das Uebergewicht wieder gewonnen hatte, traf man in den Gesellschaften, in den Zirkeln, auf den Spatziergängen, in den Schauspielhäusern von Paris mehr Preussen als Franzosen an. Die wenigen, die noch am Französischen Interesse Theil nahmen, durften sich

der Instinkt der Ueberlegenheit brachten eine wunderbare Einheit in alle Inkonsequenzen des Königs hinein; aber um Friedrichs Karakter richtig zu schätzen, muß man sehr viele Eigenschaften als koexistirend denken, die man sonst unter verschiedne Karaktere zu vertheilen und als specifische Bestimmungen derselben anzusehen pflegt.

sich kaum getrauen damit laut zu werden. Aber freylich waren in dem vorhergehenden Krieg gegen die Königin von Ungarn diese Anhänger Friedrichs ebenfalls Oesterreichisch gewesen; dahingegen während der Unfälle Ludwigs des Vierzehnten wir zwar unsre Leiden empfanden, aber alle unsre Wünsche für unser Vaterland waren. Man hörte nicht in Paris die Namen Eugens und Marlboroughs lobpreisen. Vielleicht muß die Regierung sich diese Veränderung selbst zurechnen. Wenn ein Volk seine Achtung für einen Feind, so sehr er sie auch verdienen mag, zu laut äußert, so ist es immer ein Zeichen vom Mißvergnügen der Nation. Das Ministerium kann sich allein darum anklagen; wenn es die Herzen der Unterthanen entfremdet, hat es das größte aller Verbrechen begangen.

Wenn sich auch der König von Preussen nicht zu sehr schmeichelte, mit so vielen mächtigen Feinden fertig zu werden, so unterließ er wenigstens nichts, was ihm dazu verhelfen konnte. Er suchte die Protestanten zu überreden, daß dieser Krieg ihre Religion sehr nahe anginge. Ohngeachtet seiner Gleichgültigkeit, oder vielmehr seiner offenbaren Verachtung gegen alle Religionen, stellte er sich doch als den Beschützer des Protestatismus auf. Die Protestanten konnten sich auch nicht gewöhnen, den Churfürsten von Sachsen dafür anzusehen, seitdem der König August und nach ihm sein Sohn ihren Glauben abgeschworen hatten, um den vergänglichen Königstitel in Polen zu erlangen, den ihre Nachkommenschaft nicht behalten wird.

Die Protestanten von der Reichsarmee zogen ungern gegen den König von Preussen zu Felde. Dieser, noch immer im Besitz von Sachsen, hatte seiner Armee wieder Muth eingeflößt, und hielt sich im Vertheidigungsstand, bis eine Gelegenheit erschien, anzugreifen, wozu es denn bald kam.

Der Prinz von Soubise war bey dieser Kampagne angewiesen, die Preussen bloß durch kleine Anfälle zu beunruhigen und zu schwächen, ohne sich in ein ordentliches Gefecht mit ihnen einzulassen; und er war nicht sehr geneigt, seine Befehle zu überschreiten. Seit der Eröfnung des Feldzugs forderte er die Verstärkung, die der Marechal von Richelieu versprochen hatte ihm zu liefern. Dieser eilte sich aber damit nicht, und er traf, ohngeachtet der Wuth der Frau von Pompadour, alle mögliche Maaßregeln, um den Prinzen von Soubise scheitern zu machen. Nachdem er die Konvention von Kloster Seven so ungeschickt abgeschlossen hatte, sorgte er noch schlechter für ihre Vollstreckung. Anstatt seine Kräfte zu diesem Behuf beysammen zu behalten, ließ er sechs Bataillons und sechs Escadrons unter Villemürs Anführung zurück, um 45000 Mann im Zaum zu halten, die gewiß auf die nächste Gelegenheit lauerten, den Vertrag zu übertreten. Unter dem Vorwand, selbst dem Prinzen von Soubise zu Hülfe zu kommen, marschirte er vierzehn Tage bis Halberstadt, und blieb sechs Wochen dort. Ein Beweis, daß bey seinem Betragen eben so viel Unfähigkeit als List zum Grunde lag, ist, daß er diese ganze Zeit sechs Meilen von Magdeburg, wo er wußte, daß nur zweytausend Mann Rekruten zur Besatzung waren, müßig blieb. Endlich entschloß er sich, dem Prinzen von Soubise dreyßig Bataillons zu schicken, behielt deren funfzig mit einem Korps von Kavalerie, und trennte das übrige, das er am Rhein einquartirte, unter dem Vorwand des mangelnden Proviants, den er verkauft oder verschwendet hatte.

Seitdem der Prinz von Soubise mit seinen Truppen zur Reichsarmee gestoßen war, wurden jene als bloße Hülfstruppen angesehen, und er fand sich dem General der Reichsarmee, dem Prinzen von Sachsen-Hildsburgburghausen, untergeordnet. Einmal wäre er bald von einer streifenden Preussischen Partey aufgehoben worden, und sie verfehlte ihn nur um eine Viertelstunde. Es sollte Frankreich nicht so gut werden; aber an dem Prinzen von Soubise hätte es allein zu entdecken, daß er von dem Gothaischen Hof und von dem Prinzen von Hildburghausen verrathen wurde, indem letzterer im Herzen dem König von Preussen anhing, und vielleicht an ihn verkauft war.

Friedrich, dem nichts entging, urtheilte, daß er von der Reichsarmee, die aus disharmonirenden Theilen bestand, schlecht organisirt und der gemeinen Sache wenig zugethan war, nicht viel zu befürchten hätte. Er rückte vor, indem er sich immerfort vortheilhaft postirte. Indessen schrien Paris und der Hof gegen das furchtsame Betragen des Prinzen von Soubise. Seine Schwester, die Gräfin von Marsan, hatte Mühe ihn in Schutz zu nehmen.

Der Ruf des Französischen Feldherrn schreckte den König eben so wenig ab, als er unsern eigenen Truppen Zutrauen einflößte. Nach so vielen Siegen über die Oesterreicher wünschte Friedrich auch über die Franzosen einen Vortheil zu gewinnen; aber eben deswegen wollte er es nicht zu leichthin auf den Zufall ankommen lassen: er wußte wie vielen Einfluß der erste Ausschlag des Glücks, und ob er für oder wider uns falle, bey uns auf die Folge eines Kriegs hat. In dieser Stimmung lagerte er sich der Reichsarmee gegenüber, nachdem er die besten Maaßregeln genommen und den vortheilhaftesten Posten ausgesucht hatte.

Sey es Unvorsichtigkeit oder hohe Einbildung oder Verständniß mit dem König gewesen, kurz der Prinz von Hildburghausen wollte ihn angreifen. Man hielt öfters darüber Rath, und der Prinz von Soubise, seinen Anweisungen getreu, war sehr abgeneigt, das Loos der Waffen zu versuchen. Revel, jüngerer Bruder des Herzogs von Broglio, hingerissen durch die seiner Familie angeborne Tapferkeit, unterstützte mit großem Eifer die Meinung des Prinzen von Hildburghausen. Soubise widerstand noch. Was ihn entschied war ein Billet, das er von dem Marquis von Stainville, nachmaligen Herzog von Choiseuil, unserm Gesandten in Wien erhielt, und durch welches ihm dieser dringend zur Schlacht anrieth. Ich weiß dieses von einem Minister, dem es Stainville in einem der Augenblicke von Indiscretion, die ihm natürlicher sind als die Aufrichtigkeit und durch welche er sich zuweilen verräth, selbst gesagt hat.

Der Prinz von Soubise ließ sich also zur Roßbacher Schlacht bereden, und verlor sie mit allen den Umständen, von welchen man so viele Berichte hat. Revel ließ sich todtschlagen, wie er es unmöglich fand zu siegen. Ich werde mich bey dieser unglücklichen Begebenheit nicht aufhalten, noch die Verlegenheit der Höflinge, die Beschämung der Günstlinge, das Geschrey des Publikums, den Unwillen der Patrioten schildern. Warum, so sprachen noch die nachsichtigsten, warum schränkt sich der Prinz von Soubise nicht auf den Ruf ein, in welchem er steht, ein rechtschafner Mann zu seyn, beym König beliebt zu seyn, um welchen er es durch seine aufrichtige Ehrfurcht verdient, zugänglich, verbindlich, von aller Habsucht frey zu seyn; warum muß er den unseligen Ehrgeiz haben, ein Kommando zu suchen, dessen er unfähig ist? Der einzige Trost war, daß dieser erste Feldzug auch sein letzter seyn, und daß er sich selbst Gerechtigkeit wiederfahren lassen würde. Man erinnerte sich, daß nach der Niederlage von Ramillies Ludwig der Vierzehnte der Nation noch so viel Achtung erwiesen hätte, den Marechal schal von Villeroi zurück zu berufen, ohngeachtet er ihn persönlich liebte, und die Frau von Maintenon ihn unterstützte. Aber Frau von Pompadour hatte nicht die nämliche Discretion; sie wollte durchaus ihren Freund bis zum Connetable erheben: indessen wurde hierzu wenigstens ein einziger kleiner Sieg erfordert; und die Gunst allein verschaft keinen, außer am Hof. Man schämte sich nicht, die Armee zu verläumden, um den Feldherrn zu retten. Die erwiesene Untüchtigkeit des Prinzen von Soubise verhinderte nicht, daß er im folgenden Jahr Marschall von Frankreich wurde, und fortfuhr zu kommandiren. Uebrigens verlor der König von Preussen Schlesien, während daß er zu Roßbach siegte. Der General Nadasti hatte Schweidnitz eingenommen, und der Prinz Karl, von Nadasti unterstützt, grif am 22. November den Prinzen von Bevern an, brach in sein verschanztes Lager bey Breslau, machte eine Menge von Gefangenen, und zog zwey Tage darauf in Breslau selbst ein.

Der König bricht mit einer unglaublichen Schnelligkeit an der Spitze seiner Armee auf, kömmt in Schlesien an, stößt zum Prinzen von Bevern, greift am 5. December den Prinz Karl bey Lissa an, und gewinnt den vollständigsten Sieg. Das Gefecht dauerte nicht lange, aber gegen 40000 Mann wurden gefangen genommen oder auseinander getrieben, und Friedrich zog wieder in Breslau ein. Von diesem Augenblick nahm der König die Sprache des Siegers an, und verkündigte Rache gegen die Reichsstände, welche ihr Kontingent geliefert hatten. Insbesondre nahm er sich vor die geistlichen Churfürstenthümer zu verwüsten, oder wie er es nannte, einen Gang auf der Pfaffenstraße zu machen. Diese drey Staaten, die auf dem Reichstag mit zählen, können auf dem Felde nicht für einen gerechnet werden. Der Graf d'Argensou, dem sein Neffe Paulmi in seiner Verweisung alles

was

was vorging, berichtete, ergrif diesen Augenblick, um einen Aufsatz gegen den Traktat von Versailles in Paris verbreiten zu lassen. Der Aufsatz war ziemlich gut geschrieben, und erhielt noch mehr Verdienst durch die Umstände, die man gewählt hatte, um ihn bekannt zu machen. Die kleine Anzahl derer, welche den Traktat nicht gebilligt hatten, zogen laut gegen diejenigen los, die ihn als ein Meisterstück der Politik betrachtet hatten a); andre vergaßen oder verläugneten ihre ehemaligen Lobeserhebungen; und der große Theil des Publikums, der nur nach dem Ausgang urtheilen kann, sah ihn für die Quelle unsrer Unfälle an.

Der Graf von Bernis war, wie wir gesehen haben, nie einer von den lebhaftesten Anhängern des Traktats gewesen, ohngeachtet er ihn unterzeichnet hatte; als die erste Nachricht von der Niederlage bey Roßbach ankam, urtheilte er, daß bey der Uneinigkeit im Staatsrath und der Unfähigkeit der Feldherren nichts gelingen könnte; und er erklärte ohne Umschweife gegen den König selbst, daß wir uns nicht schmeicheln dürften, den Krieg glücklicher zu führen als wir angefangen hätten, daß weder Frankreich noch Oesterreich Anführer hätten, die sie dem König von Preussen und dem Prinzen Ferdinand von Braunschweig entgegensetzen könnten, daß man also nicht säumen dürfte, den Frieden zu schliessen, und günstigere Umstände abwarten müßte, um den Freundschaftsvertrag, der demohngeachtet immer bestehen könnte, wirksam zu machen.

Frau von Pompadour, welche den Traktat als ihr Werk und die Kaiserin als ihre Freundin ansah, widersprach

a) Ich gebe diesen Perioden, so wie er wahrscheinlich heissen muß. Im Original ist er unvollständig und ohne Sinn: überhaupt scheint der ganze Abschnitt vom siebenjährigen Krieg ziemlich nachläßig, und nach einem fehlerhaften Manuscript abgedruckt zu seyn.

sprach dem Vorschlag des Grafen von Bernis, gegen welchen sie von diesem Augenblick anfing kälter zu werden. Sie machte das größte Aufheben von der Schande und der Gefahr, die Kaiserin zu verlassen, welche eben jetzt Schlesien fast ganz wieder in ihre Gewalt bekommen hätte; denn die Schlacht bey Lissa war damals noch nicht geliefert. Sie setzte hinzu, daß Maria Theresia in ihrer Empfindlichkeit sich mit dem König von Preussen in Unterhandlungen einlassen, und mit den Engländern gegen uns gemeine Sache machen könnte. Der König, den die Schlacht bey Roßbach mehr erbittert als niedergeschlagen hatte, war zum Frieden nicht geneigt, und hatte dem Prinzen von Soubise einen Trostbrief geschrieben. Außerdem fühlte er, wie schwer es seyn würde, die Kaiserin zum Frieden zu bewegen, oder ihr auch nur den ersten Vorschlag zu thun.

Unter diesen Umständen erfuhr man die Niederlage der Oesterreicher bey Lissa. Der Graf von Bernis nahm davon Anlaß, dem König vorzustellen, daß der Wiener Hof, in der Bestürzung, worin er sich jetzt befinden müßte, sich vielleicht zum Frieden geneigter finden lassen würde. Die Hanoveraner, die Hessen und ihre Alliirten, durch unsre Unfälle und die Preussischen Siege aufgemuntert, brachen jetzt die Konvention von Kloster Seven, und gaben dem Grafen von Bernis neue Gründe, auf den Frieden zu bringen. Da der Staatsrath ebenfalls dafür stimmte, so gab der König zu, daß man die Unterhandlung mit der Kaiserin einging. Wir werden die Folgen davon sehen.

Der Marechal von Richelieu, welcher nunmehr die Folgen seiner Konvention einsah, und noch schlimmere besorgte, ging auf einmal von der Hofnung zur Kleinmüthigkeit über. Er ließ durch Dümesnil, seinen Klienten, dem Prinzen Ferdinand eine Neutralität zwischen den

Preuſſen und Franzoſen für den ganzen Winterworſchlagen. Die Kaiſerin nahm es ſehr hoch auf, ſchrieb darüber an den König, und es wurde dem Marechal unterſagt weiter zu gehen. Der König von Preuſſen unterließ indeſſen nicht, ſich des bloßen Vorſchlags zu bedienen, um ein Mißtrauen gegen uns einzuflößen, das unſre Ausſöhnungsplane noch vermehren konnten.

Richelieu ging nun mit den Truppen, die er bey ſich hatte, nach Halberſtadt ab, und rief diejenigen zurück, die er am Rhein in Winterquartiere vertheilt hatte. Kaum waren ſie angelangt, ſo kam ein Theil davon um, der die Länge der Märſche, und die Härte der Jahreszeit, im Monat December, nicht hatte aushalten können. Nachdem ſie beyſammen waren, hielt Richelieu Kriegsrath, um zu überlegen, was nun zu thun wäre. Alle Officiere wünſchten ſich Frankreich zu nähern und ſtimmten für die Räumung des Churfürſtenthums; Richelieu widerſetzte ſich allein, und marſchirte den 25. December gegen den Prinzen Ferdinand, der ſich zurückzog.

Die beyden Armeen rückten jetzt wieder in ihre Quartiere ein. Der Marechal berichtete mit ſeinem gewöhnlichen Vertrauen auf ſich ſelbſt, daß die ſeinigen unangreifbar wären, und kehrte wieder an den Hof zurück, wo die Furcht vor ſeiner Partey, deren Stärke die Weiber vorzüglich ausmachten, ihm eine beſſere Aufnahme verſchafte als man erwartet hatte. Indeſſen wurde er bald gewahr, daß er die nächſte Kampagne nicht mehr kommandiren würde, und er konnte, trotz der Artigkeiten die man ihm erwies, doch bemerken, daß man nicht zum Beſten gegen ihn geſtimmt war. Aber das öffentliche Gerede über ſeine Erpreſſungen gab ihm weder Reue noch Beſchämung; er reiſte nach ſeiner Statthalterſchaft von Guyenne, und verſchuldete noch dieſe Provinz durch die Koſten und den Aufwand von Pracht, womit er ſie zu

des Kriegs von 1756.

seinem Empfang und Aufenthalt brandschatzte. In Ermangelung der Siege verschafte er sich Triumphe.

Als er nach Westphalen abging, hätte er gewünscht, daß ich ihm gefolgt wäre; aber der Graf von Bernis rieth mir davon ab, und ersparte ihm die Lächerlichkeit, einen Geschichtschreiber mitgenommen zu haben, der nichts als Ungeschicklichkeiten aufzuzeichnen gehabt hätte.

Während daß man sich bemühte, die Kaiserin zu einer Aussöhnung zu bringen, arbeitete der Graf von Bernis, auf den Fall, daß der Wiener Hof nicht zu überreden wäre, an der Stiftung einer Waffenunion mit Dänemark. Sie wurde durch den Präsidenten Ogier von Kabinet zu Kabinet, und ohne Zuziehung des Dänischen Gesandten an unserm Hof, betrieben. Die Bedingungen waren, daß wir dieser Macht Ostfriesland einräumten, nebst sechs Millionen Vorschuß, die von den gewöhnlichen Subsidien abzuziehen waren. Als es zum Zahlen kam, ward der Generalkontroleur der Finanzen vollkommen wortbrüchig. Wir erlangten zwar dadurch den Vortheil, daß Dänemark verhindert wurde, die Anerbietungen der Engländer anzunehmen; aber die Sache machte unsrer Regierung keine Ehre.

Wir bewogen auch den Herzog von Mecklenburg, uns einen Durchzug über die Elbe und eine Kommunikation mit den Schweden zu gestatten.

Schlechter als das unsrige konnte kein Ministerium in Ansehung der Finanzen und des Kriegs besetzt seyn; Moras war eine vollkommne Null, Paulmy ganz untüchtig und noch etwas schlimmeres. Sie ließen sich selbst Gerechtigkeit wiederfahren, und zogen sich zurück. Man hat mehrere Ministers durch Kabalen oder durch den allgemeinen Haß vertrieben gesehen; diese wurden es durch die Verachtung, was sie dann der Ehre des Exiliums beraubte.

raubte. Das Volk macht die Minister nicht, aber es stürzt sie zuweilen. Die öffentlichen Beamten sollten, anstatt Angeber zu besolden, treue Diener unterhalten, die ihnen von den Urtheilen des gesammten Volks a) Rechenschaft gäben, ohne Einzelne zu verläumden.

Boulogne bekam die Generalkontrole, und der Marechal von Belle-Isle das Kriegsdepartement. Letzterer nahm den Generallieutenant Cremille zum Beyhelfer: einen rechtschaffenen und unterrichteten Mann, Bruder von La Boissiere, dem Schatzmeister der Stände von Bretagne, wo man seinen Verlust noch lange empfinden wird.

Um den Staatsrath in seinen verschiedenen Theilen zu stärken, schlug der Graf von Bernis vor, den ehemaligen Siegelbewahrer Chauvelin und den Grafen von Maurepas von ihrer Verweisung zurückzurufen; aber den ersten verwarf der König, den zweyten Frau von Pompadour. Der Graf von Bernis suchte es wenigstens dahin zu bringen, daß Gilbert zu den Parlamentssachen, in welchen er damals eine große Rolle spielte, zugezogen würde; Frau von Pompadour ließ Berryer adjungiren, aus welchem sie ihren Verwalter machen wollte. Gewiß ist es, daß er ihre Geschäfte auch viel besser besorgte als die des Staats; späterhin machte sie ihn zum Minister von der Marine. In diesem Posten brachte er es durch lauter

---

a) Hier und weiter oben steht publik, wo ich Volk gesetzt habe. Die regenerirten Franzosen sagen *peuple*: aber der allgemeine Sinn einer öffentlichen Stimme, die sich irren kann aber nie lügen, und der alle Staatsmänner die größte Achtung schuldig sind, scheint mir von den Schattierungen in den Ausdrücken, welche nach den verschiednen Zeiten wechseln, unabhängig zu seyn; und ich habe daher das Wort, welches jenem allgemeinen Sinn entspricht, um so mehr vorgezogen, als ich eine uns Deutschen eigne Schattirung der Sache sowohl als des Worts nicht kenne. Der Name Volk muß es nicht entgelten, daß es gegenwärtig ein *public* gibt, welches über das *peuple* richtet und oft sehr damit unzufrieden ist.

ter Grobheit dahin, daß er verabscheut wurde, ohne nur die Ehre zu haben, daß man ihn fürchtete. Endlich wurde er Siegelbewahrer, zum Skandal der höheren Magistratur, zum Spott des Hofes, und ohne das mindeste Verdienst, um den Fehler seiner Geburt gut zu machen. Er ist im Besitz der Gunst gestorben, und war auch nicht dazu gemacht, sie zu verlieren. Frau von Pompadour hatte ihn aus der Pariser Polizey hervorgezogen, um ihn an den Hof zu verpflanzen, wo er immer fremd schien. Man hat die Bemerkung gemacht, daß die Stelle als Polizeylieutenant einen großen Anspruch zur Gunst der Frau von Pompadour gibt, der Geheimnisse wegen, die man dadurch in Stand gesetzt wird, ihr zukommen zu lassen. Ich glaube indessen, daß ein Polizeylieutenant durch die Dinge, die er ihr im Betref ihrer selbst verbirgt, eben so viel Glück bey ihr macht, als durch alles, was er ihr sonst anvertrauen mag. Man behauptet, daß Berryer viel zur Ungnade des Grafen d'Argenson beygetragen hat, durch Auffangung eines Briefes an die Gräfin d'Estrades, wo die Frau von Pompadour übel mitgenommen und der König nicht geschont war.

Der Graf von Bernis gab sich vergebliche Mühe, dem Herzog von Nivernois eine Stelle im Staatsrath zu verschaffen; die gegründete Meinung, die man von seinen Fähigkeiten hatte, vermochte nichts über den fortwährenden Widerwillen der Frau von Pompadour gegen alles was durch Verwandtschaft oder Freundschaft mit dem Grafen von Maurepas in einiger Verbindung stand; und der Herzog von Nivernois war mit diesem doppelten Flecken behaftet.

Obschon der Graf von Bernis Befehl erhalten hatte, zwischen den Höfen von Wien und von Berlin den Frieden zu betreiben, oder uns wenigstens von diesem Kriege zu befreyen, so fühlte er doch, daß dieser Befehl nichts weiter

weiter als eine im Staatsrath erpreßte Erlaubniß war. Der Staatsrath und insbesondre der Dauphin wünschten den Frieden, aber der König war nicht sehr dazu geneigt, und Frau von Pompadour war ganz dawider. Sie bestand noch immer, gegen den öffentlichen Wunsch, darauf, daß ihr theurer Soubise kommandiren sollte, und er glaubte noch die Schande von Roßbach zu tilgen.

Man hatte beschlossen, ihn mit einem Korps von 24000 Mann zum General Daun stoßen zu lassen.

Der Graf von Clermont wurde bestimmt, die Stelle des Marechal von Richelieu zu besetzen. Man glaubte, daß ein Prinz vom Geblüt, dessen Geburt man ehrte und der für seine Tapferkeit geschätzt wurde, den Truppen Zutrauen einflößen, oder wenigstens die Kriegszucht wieder herstellen, und jenes Gepräge von Räuberey, das von dem Feldherrn auf die Soldaten übergegangen war, auslöschen würde. Mit dem Anfang vom Februar begab er sich nach Hanover, aber außer Stand mit Truppen, die durch Krankheiten niedergeworfen waren, dem Prinzen Ferdinand die Spitze zu bieten, räumte er schon am 28sten das Hanoverische, um sich dem Rhein und dem Proviant zu nähern.

Der Prinz Ferdinand führte die Hanoveraner an, mit welchen seit dem Bruch der Konvention von Kloster Seven die Hessen und Braunschweiger vereinigt waren.

Der König von England hatte dem Vertrag des Herzogs von Cumberland, seines Sohnes, seine Genehmhaltung versagt, ohnerachtet der König von Dänemark die wechselseitigen Versprechen in Verwahrung genommen hatte. Der Herzog von Braunschweig, dem seinigen getreu, ertheilte seinem Sohn Befehl, seine Truppen zurückzubringen, und gab dadurch sein Mißfallen an dem Bruch der Konvention laut zu erkennen. Aber der Prinz Ferdinand

dinand nahm keine Rücksicht auf die Befehle seines Vaters, und zwang die Braunschweiger, sich mit den andern zu vereinigen. Seine erste That war die Einnahme von Harburg gewesen, wo Pereuse sich vortreflich vertheidigte, und entschlossen sich unter den Ruinen zu begraben, von dem Prinzen die ehrenvollste Kapitulation erhielt.

Indem die Franzosen nach und nach so viele Plätze räumten, wuchs das Zutrauen der Feinde immer mehr. Der Prinz Ferdinand trieb den Grafen von Clermont bis über den Rhein, grif ihn bey Crevelt den 23. Junius an, und blieb Meister vom Schlachtfeld. Diese Schlacht war um so unglücklicher, als die Feinde selbst das Feld geräumt haben würden, wenn sich der Graf von Clermont nicht früher zurückgezogen hätte. Der Graf von Gisors, Sohn des Marechals von Belle-Jsle, wurde bey Crevelt in seinem 25sten Jahre getödtet. Es war ein Verlust für die Nation; dieser junge Mann wurde in einem Alter, wo die Besten nur Hofnungen geben, schon für einen erfahrnen Krieger und für einen Staatsmann angesehen.

Die vornehmsten Kriegsvorfälle, von welchen die Schriftsteller der verschiednen Nationen und die besondern Memoiren schon genug Umstände liefern werden, will ich hier nur flüchtig darstellen, und mich dafür über die Hofkabalen mehr ausbreiten, welche die wahren Triebfedern der größten Begebenheiten sind, und von denen ich Gelegenheit gehabt habe, verschiedenes zu erfahren.

Der Prinz von Soubise wollte den Prinzen Ferdinand nöthigen, wieder über den Rhein zu gehen und seinem Lande zu Hülfe zu kommen; er rückte daher in Hessen ein, und schlug (am 23. Julius) ein Korps von Truppen, das der Prinz von Jsenburg anführte.

Er

Er erfocht am 10. Oktober bey Lauterburg einen andern Vortheil, und man nahm davon Anlaß, ihm den Marschallsstab zu geben. Diesen Sieg hatte er hauptsächlich dem Generallieutenant Chevert zu verdanken, einem Officier, dessen Abkunft ihn gezwungen hatte, sein Glück selbst zu machen, und dem die nämliche Ehre gebühret hätte, wenn diejenigen unter seinen Mitwerbern, die keinen andern Anspruch als die Geburt haben, es nicht dahin gebracht hätten, daß man ihr den Vorzug über das Verdienst zuerkennt. Wenigstens muß ihn die Geschichte entschädigen, indem sie ihm Gerechtigkeit widerfahren läßt.

Der Graf von Clermont war von seiner Niederlage so bestürzt, daß er immer seine Armee zurückführen, und den Preussen die Niederlande preis geben wollte. Der König verbot es, und rief ihn von der Armee ab, unter dem Vorwand, ihm die Rückreise seiner Gesundheit wegen zu erlauben. Contades nahm seine Stelle, und um sein Ansehen zu erhöhen, wurde ihm die Marschallswürde gegeben.

Während dieses ganzen Kriegs gab jeder Feldherr Anlaß, einen andern an seine Stelle zu wünschen, ohne daß man wußte, wo ihn hernehmen. Wir waren auch zur See nicht glücklicher als zu Lande. La Clüe, der kein anders Verdienst hatte als daß er Hofmeister des Herzogs von Penthievre, Admirals von Frankreich, gewesen war, erhielt das Kommando über ein mit allem Proviant versehenes Geschwader. Nachdem er sich gegen sechs Monate in Karthagena hatte blockiren lassen, kehrte er mit der Hälfte seines Geschwaders in Verwirrung wieder zu Toulon ein; was freylich nicht vorgefallen wäre, wenn sich der Anführer und die meisten seiner Officiere so tapfer betragen hätten als der Graf von Sabran. Ich habe den König, bey der Zurückkunft dieses Officiers nach Versailles, ihn dem ganzen Hof mit den

den Worten vorstellen sehen: hier ist einer der ersten und der tapfersten Edelleute meines Reichs. Diese Aufnahme ist unstreitig eine kostbare, und eines Franzosen würdige Belohnung; aber keinem von den übrigen Officieren wurde das geringste Zeichen von Mißfallen gegeben. Die Könige von England und von Preussen, d e am 11. April dieses Jahres ihr Bündniß wieder erneuert hatten, spannten alle ihre Kräfte, um Frankreich und Oesterreich zugleich und von allen Seiten anzugreifen. Louisbourg, das im vorigen Jahr durch einen Meersturm vor den Engländern geschützt worden war, fiel in diesem in ihre Gewalt. Dieser Platz, für welchen ungeheure Summen verwandt oder wenigstens ausgegeben worden waren, war so wenig befestigt, daß die Lastthiere durch die Breschen in den Mauern so leicht hineinkamen als durch die Thore.

In Europa erschien der Admiral Anson an den Küsten von Frankreich mit einer Flotte von 26 Linienschiffen, zwölf Fregatten, einer Menge Brander und Bombengalioten, und hundert Transportschiffen, die 16000 Mann unter der Anführung des Lords Marlborough trugen. Anson blockirte mit zwanzig Schiffen den Hafen von Brest, und Marlborough landete (den 7. Junius) in Cancale, rückte gegen Saint Malo vor, und bemächtigte sich der Vorstadt von Saint-Servan, die nur durch den Hafen von der Stadt abgesondert ist. Er verbrannte die Vorräthe von Stricken und Tauen, die Magazine und ungefähr achtzig Kauffarthey- und Kaperschiffe; aber die Stadt getraute er sich nicht anzugreifen, und auf die Nachricht, daß die Truppen aus der Provinz zur Hülfe kämen, schifte er sich (den 10. Junius) wieder ein, wurde bis zum 22. durch den Wind in Cancale aufgehalten, und kehrte nach England zurück.

Die nämliche Flotte segelte kurz darauf wieder aus England ab, (am 30. Julius). Anson blockirte den

Hafen von Brest zum zweytenmal, und der Admiral Howe warf die Anker (am 6. August) vor Cherbourg, fing damit an, daß er die Stadt bombardirte, und ließ den folgenden Tag seine Truppen unter der Anführung von Bligh, der dem Lord Marlborough in diesem Posten gefolgt war, an das Land steigen. Bligh kam ohne Hinderniß in eine offene Stadt herein, nahm weg was er an Kanonen fand, verbrannte fünf und zwanzig bis dreyßig Kauffahrteyschiffe, zwang die Stadt, sich durch eine starke Brandschatzung vor der Plünderung zu retten, verwüstete die umliegenden Felder, und schifte sich den 4. September zu Saint-Lunaire wieder ein, zwey Meilen von der Stadt, von welcher sie durch den Fluß Rance getrennt waren. Die vorliegenden Forts verhinderten die Engländer gegen die Stadt etwas zu unternehmen; aber dafür plünderten und verwüsteten sie die Felder mit der größten Grausamkeit. Marlborough hatte nur die Strenge ausgeübt, zu welcher der Krieg berechtigt; aber Bligh betrug sich als Räuber, und diesem Charakter blieb er auch durch seine Flucht getreu. Ohngeachtet er eine starke Armee, und in dieser die Auswahl der Englischen Truppen hatte, unter andern ein Korps von Volontairs vom ersten Stand, in welchem der Prinz Eduard, Bruder des gegenwärtigen Königs, Georg des Dritten, selbst diente; so schreckte ihn doch die Annäherung einiger Regimenter und der Milizen, die aus Küstenbewohnern, und in der größten Eile zusammengerafften Bauern bestanden und von Bretagner Edelleute angeführt wurden. Er dachte an nichts, als sich eiligst wieder einzuschiffen; und wenn der Herzog von Aiguillon, oberster Befehlshaber in der Provinz, dem Eifer der Einwohner entsprochen hätte, so würde kein Engländer wieder auf die Schiffe gekommen seyn. Er fürchtete zu viel zu wagen, bey einer Gelegenheit, wo ein leicht zu erwerbender Ruhm sich von selbst darbot. Ich habe mich seiner immer zu loben gehabt,

habt, ich wünschte, daß die Gerechtigkeit, die ich ihm wiederfahren ließe, mehr zu seinem Vortheil gereichte; aber ich habe größere Pflichten gegen die Wahrheit und das Vaterland. Als er nahe genug zum Gefecht stand, wollte er von dem Schrecken des Feindes keinen andern Nutzen ziehen, als ihn zum schnellsten Rückzug zu zwingen. Er wußte nicht, wie sehr ein kühner Angrif die Furcht eines Feindes vermehren kann, der in seinen Schiffen eine Zuflucht zu finden glaubt, um davon zu gehen, sich in Verwirrung dahinstürzt, und sein Heil nicht in der Verzweiflung sucht.

Die Engländer eilten auf ihre Schiffe, und die Bretagner knirschten, daß ihnen die Rache entging, die sie an ihren Feinden nehmen konnten. Herr d'Aubigni, welcher unter dem Herzog von Aiguillon diente, müde, den Befehl zum Angrif zu erwarten, und ungeduldig, daß er ihn nicht erhielt, ließ endlich das Regiment Boulounois vorrücken, um ins Handgemeng zu kommen. Die Bretagner Edelleute, welche ein Korps von Volontairs ausmachten, stießen zur ersten Reihe von den Grenadieren.

Als der Ritter de la Tour d'Auvergne, Obrister vom Regiment Boulonnois, die Manoeuvre der Edelleute gewahr wurde, verließ er seinen Posten in der Mitte, und bat sie um die Erlaubniß, sich an ihre Spitze zu stellen. Die Regimenter Brie, Marbeuf, das Bataillon Miliz liefen herbey. Die Franzosen griffen die Engländer in ihren Verschanzungen an, vertrieben sie, ohngeachtet des Musketenfeuers und des schweren Geschützes, das aus der Flotte feuerte, aus ihren Posten, jagten sie bis in das Meer, warfen sich bis an den Gürtel hinein, und hier wurde Mann gegen Mann gekämpft. Die Niederlage war blutig, mehr als 2000 Engländer wurden getödtet oder ertränkt, eine gleiche Anzahl, welche

Flotte nicht mehr erreichen konnte, suchte zu entfliehen, indem sie an den Felsen hinaufklimmte, aber sie wurden nach dem Gefecht gefangen genommen.

Man sah bey dieser Gelegenheit was auch die leichteste Täuschung als ob sie ein Vaterland hätten, über die Menschen vermag.

Bey ihrem Einfall in Normandie, eine Provinz, die so gut, wie irgend eine andre trefliche Soldaten giebt, fanden die Engländer von Seiten der Einwohner nicht die mindeste Gegenwehr. In Bretagne hingegen versammeln sich die Bauern; fünf und vierzig hinter Hecken gelagert, halten ein Korps von Englischen Truppen bey einer Passage auf, schneiden ihren Rückzug ab oder verzögern ihn, geben dadurch den unsrigen Zeit herbeyzukommen, und tragen zum Siege bey. Die Juristen auf der Universität von Rennes bilden eine Kompagnie von Volontairs, bereden einen alten Officier, der die Kriegsdienste verlassen hat, sie anzuführen, und gehen auf den Feind zu. Bürger, Magistratspersonen lassen sich im Kampfe todtschlagen. Wenn der nämliche Geist überall, und zumal unter unsern Truppen geherrscht hätte, so würde dieser Krieg für die Nation rühmlich gewesen seyn, anstatt daß sie durch denselben in der Meinung der Ausländer von ihrem Glanz verloren hat. Als die Kaiserin unsre Niederlagen erfuhr, rief sie aus: also nur gegen mich sind die Franzosen unüberwindlich! Die meisten unsrer Officiere schlugen den Muth der Soldaten nieder, indem sie ihnen den König von Preussen und den Prinzen Ferdinand unaufhörlich vorpriesen. Anstatt sich um ein gleiches Lob zu beeifern, anstatt an ihnen nichts als Feinde und ehrwürdige Muster zu sehen, überließen sie sich einer schändlichen Schwelgerey, die jene Fürsten sich wohl hüteten nachzuahmen; dafür litten aber ihre Soldaten den Mangel nicht, der die unsrigen zuweilen drückte.

Der

Der Graf von Bernis, welcher den Frieden nie aus den Augen verlor, wollte wenigstens, wenn er es nicht durchsetzte, aus dem Zustand unsrer Finanzen die Mittel ermessen, die wir hätten, um die Kosten des Kriegs zu bestreiten. Der König befahl dem Generalkontroleur Boulongne, diesen Zustand mitzutheilen, der den Verwaltern der Finanzen selbst oft unbekannt ist. So wie er war, erschreckte er den Grafen von Bernis. Er betrieb also und erhielt von der Kaiserin die Einschränkung der Subsidien auf die Hälfte, und die Quittung über das was von den alten rückständig war.

Zugleich unternahm er eine schwerere Operation, an welcher die Ministers immer gescheitert sind: nämlich die Einschränkung der Ausgaben vom königlichen Haus, (im Junius 1758.). Es gibt keine Art von Unordnung, die mehr Beschützer findet. Jeder Knecht hat das Recht zu schreyen, und die Gewißheit, daß irgend ein Großer, der eben so sehr Knecht ist als er und mehr Ansehen hat, ihn unterstützen wird. Ein Mißbrauch, oder gerade heraus, eine häusliche Räuberey, die durch die lange Dauer nur strafbarer seyn sollte, wird zum gültigen Anspruch. Der König, ermüdet vom zudringlichen Geschrey, hatte die Gefälligkeit, gegen seinen eignen Vortheil um Nachsicht zu bitten; es blieb bey nichtigen Einschränkungen, über welche sich die Höflinge lustig machen, und die auch wirklich die Armuth mehr verkünden als ihr abhelfen. Der Graf von Bernis, der seit Rouillé's Abgang Minister der auswärtigen Geschäfte war, fand an dem Wiener Hof mehr Leichtigkeit für seine ökonomischen Plane als am Französischen. Durch seine Bemühungen ließ man sich dort eine zweyte Verminderung der Subsidien gefallen, deren Ehre sich der Herzog von Choiseul, sobald er in seinem Posten saß, um so ungescheuter anmaßte, als man die Gütigkeit hatte, sie ihm zu lassen.

Alle Einschränkungen setzten noch nicht in den Stand, den Aufwand zu bestreiten, und sie brachten auch keine Feldherren hervor. Der Graf von Bernis beschloß also, mit allen seinen Kräften an der Stiftung des Friedens zu arbeiten. Um aber die Frau von Pompadour nicht zu beleidigen, und um sich sogar ihres eigenen Beystandes zu versichern, wenn es darauf ankommen würde, den König zu bereden, bewies er ihr, aber ohne sie überzeugen zu können, in einer besonderen Konferenz die völlige Unmöglichkeit, den Krieg fortzusetzen. Die Unterredung wurde lebhaft, er fand hier mehr Widerstand als nachher bey der Kaiserin selbst. Vergebens stellte er ihr vor, daß alle Unfälle Frankreichs ihnen beyden allein zur Last gelegt würden. Oeffentlich wußte man nicht, daß er sich dem ersten Vorschlag des Traktats mit dem Wiener Hof widersetzt hätte; öffentlich wußte man nichts von den Einwendungen, die er gemacht, den Vorkehrungen, die er getroffen, den vorläufigen Bedingungen, die er gefordert hätte, die ihm versprochen und nicht gehalten worden wären: lauter Dinge, die der Unterzeichnung vorausgegangen wären. Oeffentlich wußte man nichts von den geheimen Artikeln des Traktats, die für Frankreich so vortheilhaft waren, und deren Erfolg bey andern Feldherren als die unsrigen nicht hätte trügen können. Die Minister, welche den Traktat am meisten gebilligt hatten, läugneten es ab, seitdem der Ausgang ihren Hofnungen nicht mehr entsprach. Ohne wie sie sich selbst zu wiedersprechen, mußte man dem Strome nachgeben. Er stellte vor, alles was man öffentlich wüßte, wäre, daß er einen Traktat unterzeichnet hätte, dessen Folgen so unglücklich ausschlügen; er würde für dessen einzigen Urheber angesehen, und sie, mit mehrerem Recht, würde beschuldigt, ihn angegeben zu haben und den Krieg fortführen zu wollen, um dem Prinzen von Soubise das Kommando zu erhalten. Frau von Pompadour war so entfernt,

fernt, diesen Gründen nachzugeben, daß sie nicht einmal ohne Empfindlichkeit sie anhörte; und als der Graf von Bernis zum Schluß noch äußerte, daß er entschlossen wäre abzugehen, wenn er den König nicht zum Frieden bereden könnte, indem er dem Vorwurf, daß er den Krieg fortsetzen wollte, nicht ausgesetzt bleiben möchte; antwortete die Frau von Pompadour, er würde dadurch gegen die Dankbarkeit fehlen, und nach allen Gnaden, mit welchen er überhäuft worden wäre, seiner Ehre nicht einmal ein großes Opfer bringen. Der König, erwiederte er, und die Welt werden günstiger davon urtheilen als Sie denken, sobald sie mich meine Abteyen und die Anwartschaft auf den Kardinalshut aufgeben und nichts behalten sehen, als das Priorat de la Charité, auf welches ich als Geistlicher durch meine bloße Geburt, ohne mich der geringsten Dienste rühmen zu können, Ansprüche haben würde.

Nachdem der Graf von Bernis gegen die Frau von Pompadour alles gethan hatte, was er ihr schuldig war, sprach er auch vor dem versammelten Staatsrath mit der nämlichen Offenherzigkeit. Er zeigte, daß im gegenwärtigen Augenblick der Traktat nicht erfüllt werden könnte; daß indessen zwischen dem Französischen und dem Wiener Hof das gute Verständniß immer noch fortdauern würde; daß aber durch den Bruch der Konvention von Kloster Seven, durch die Verschiedenheit der Generale, durch die Vernichtung der Marine die Sache auf beyden Seiten verfehlt wäre. Er setzte hinzu, daß die Armee unfehlbar hinter den Rhein zurückgehen würde; daß die Kaiserin, bey dem Abgang der gewöhnlichen Subsidien, nicht anders als schwach würde agiren können, und daß es kein Mittel mehr gäbe, als Spanien zur bewafneten Vermittelung zu bewegen. Ohngeachtet der König geneigter schien, den Krieg fortzuführen, so stimmte doch der gesammte Staatsrath und insbesondre der Dauphin für den Frieden. Demnach gab der König dem Grafen von Bernis Vollmacht, diesem Plan gemäß mit dem Wiener Hof zu negociiren.

Die Kaiserin schmerzte es sehr, ihren rachsüchtigen Gesinnungen gegen den König von Preussen ein Ziel setzen zu müssen; da sie aber unsre Gründe nicht bestreiten konnte, so gab sie ihre Einwilligung zu den Friedensunterhandlungen. Der Marquis von Stainville, unser Ambassadeur in Wien, durch welchen die Sache bey der Kaiserin betrieben wurde, hatte die Weisungen des Grafen von Bernis gewissenhaft befolgt, so lange er ihn als den auserwählten Minister der Frau von Pompadour angesehen hatte, und ihm nicht eingefallen war, daß sie und der Graf von Bernis verschieden denken könnten. Er hatte daher die Einwilligung der Kaiserin erlangt und abgeschickt; als er aber aus den Briefen der Frau von Pompadour abnahm, wie leid es ihr um die anfangs eingegangenen Verbindlichkeiten war, so begrif er, da ihm seine Lage zumal auch Gelegenheit gab zu sehen, wie viel Zwang sich die Kaiserin zu dieser Einwilligung anthat, daß die Gunst des Grafen von Bernis anfangen müßte abzunehmen. Er wußte, mit welcher Leichtigkeit sich bey der Frau von Pompadour eine leidenschaftliche Zuneigung in Ueberdruß verwandelte. Er benutzte den Augenblick, und entwarf den Plan, den Grafen von Bernis, dessen biegsames Werkzeug er bis dahin gewesen war, zu stürzen, und sich selbst auf seinen Trümmern emporzuheben.

Er sagte zur Kaiserin, und schrieb es an die Frau von Pompadour, daß der Graf von Bernis den Muth zu leicht fallen ließe, daß die Lage noch nicht verzweifelt wäre, und daß wir keine Mühe haben würden, uns mit Vortheil herauszureissen. Diese Ideen entsprachen den

den Wünschen beyder so sehr, daß sie den schnellsten Eingang fanden. Frau von Pompadour fand keine Schwierigkeit dabey, den König wieder zu einem Entschluß zu bringen, den er ungern aufgegeben hatte. Es wurde also beschlossen, den Krieg fortzusetzen.

Der Graf von Bernis, überzeugt, daß man unsre Uebel nur verschlimmern könnte, stellte dies vergebens vor. Da er nun nicht mehr mit Ehren das Werkzeug eines Systems, das er mißbilligte, bleiben zu können glaubte, so erbot er sich, sein Departement abzugeben, das in den Händen des Marquis von Stainville besser aufgehoben seyn würde: da er es so leicht hielte, den Dingen wieder eine gute Wendung zu geben, so müßte er ohne Zweifel auch die Mittel, es dahin zu bringen.

Nach allen den kleinen am Hofe gebräuchlichen Falschheiten, durch welche man diejenigen, die man entfernen will, zu bereden sucht, daß man sie behalten möchte, wurde festgesetzt, daß der Marquis von Stainville das Departement der auswärtigen Geschäfte übernehmen, der Kardinal Bernis hingegen — denn er hatte eben den Hut bekommen — mit dem neuen Minister gemeinschaftlich handeln, und überdem die Parlamentssachen insbesondre zu besorgen haben würde, indem die Streitigkeiten der Parlamente mit dem Hof beynahe ein eignes Departement nöthig machten. Der Kardinal Bernis fühlte wohl, daß selbst der Schein der Einigkeit zwischen ihm, seinem Kollegen und der Frau von Pompadour nicht lange dauern würde. Er bemerkte, daß er ihnen im Wege war, und um ihnen die Sache leicht zu machen, suchte er sich auf eine offene und freymüthige Art mit ihnen zu erklären; er sprach von dem Zwang, in welchen er sie setzte, erklärte, daß er, bey der Verschiedenheit seiner Gesinnungen von den ihrigen, immer scheinen würde, sie zu durchkreuzen, wenn er im Staatsrathe stimmte, und schlug vor, als das beste Mittel, um Freunde zu bleiben, sich auf eine Zeitlang von einander zu trennen, weswegen er, unter dem Vorwand seiner Gesundheit, die es auch in der That bedürfte, den König auf einige Monate um Urlaub bitten würde.

Frau von Pompadour und Stainville, der gleich von seinem Eintritt im Staatsrath an Herzog von Choiseul geworden war, verschwendeten die innigsten Freundschaftsbezeugungen, drangen in ihn bey ihnen zu bleiben; und wenige Tage darauf ließen sie ihn exiliren.

Man sollte denken, daß diese Treulosigkeit überflüßig gewesen wäre, und daß es ihnen an einer freywilligen Entfernung hätte genügen können, aber dabey beruhigten sie sich nicht. Frau von Pompadour hatte oft gesagt, daß sie den König niemals an einem Menschen so lebhaften Geschmack hätte finden sehen, wie an dem Grafen von Bernis. Dies machte den Herzog von Choiseul für die Folgen besorgt. Die Marquise und er fanden also nichts rathsamer, um diesem vorzubauen, als den Kardinal durch einen Brief vom König, den sie zusammen entwarfen, exiliren zu lassen. Sie waren überzeugt, daß der König einen Menschen, den er gemißhandelt hätte, nie wieder würde aufnehmen wollen; wenigstens hat man davon kein Beyspiel erlebt. Der Kardinal war mehrere Monate vor seiner Verweisung, und selbst vor Empfang des Huts, schon in petto in Ungnade gefallen; da er aber dem König schon öffentlich Danksagungen über seine Bewilligung des vom Papst Benedikt dem Vierzehnten gethanen Vorschlages abgelegt hatte, so war es den Feinden des designirten Kardinals nicht mehr möglich, die Bewilligung zurücknehmen zu lassen, noch Clemens den Dreyzehnten (Rezzonico) zu verhindern, daß er das Wort seines Vorgängers erfüllte, ohngeachtet alle priesterliche Schändlichkeiten dazu angewandt

wandt wurden. Herr Girard, welcher unter dem Kardinal Fleury die Liſte der Beneſizien hielt, und die Sollicitanten empfing, hat mir geſagt, daß man ſich von den Abſcheulichkeiten, welche die Konkurrenten gegen einander erfänden, durchaus keinen Begrif machen könnte. Bey den andern Klaſſen der bürgerlichen Geſellſchaft findet man, was den Punkt der Rivalität betrift, nur Kinder in Vergleichung mit der geiſtlichen. Einige andre Urſachen trugen noch zur Verzögerung dieſes Schlags gegen den Kardinal Bernis bey. Die Geiſtlichkeit hielt über ein neues don gratuit eine außerordentliche Verſammlung, in welcher der Kardinal dem König ſehr viel Nutzen ſchafte; und die Geiſtlichkeit ſelbſt war ſo mit ihm zufrieden, daß ſie ein Erzbisthum für ihn verlangt haben würde, wenn er ſich nicht dawider geſetzt hätte. Außerdem war das Miniſterium willens, ein Edikt beym Parlament durchzuſetzen, durch welches ein neuer Zuſchuß herbeygeſchaft werden ſollte a); und da der Kardinal bey dem Parlament ſehr beliebt war, ſo beſorgte man durch die Verweiſung des einzigen Mannes, dem es die Wiedervereinigung ſeiner Mitglieder verdankte, ihm üble Laune zu machen.

Nach der Entfernung des Kardinals gab die Frau von Pompadour dem Herzog von Choiſeul ihr ganzes Vertrauen. Dieſer neue Miniſter, welcher die Geſchäfte wiederherſtellen und die Ehre unſrer Waffen aufrichten ſollte, that nichts weiter als den Krieg noch vier Jahre verlängern, um uns in neue Uebel zu ſtürzen, und mit einem ſchändlichen Frieden zu enden. Wenn er ſo viel Politik und Scharfſinn gehabt hätte als Ehrgeitz, ſo würde er die Maaßregeln benutzt haben, die der Kardinal bereits des Friedens wegen getroffen hatte, er würde unter erträglichen Bedingungen dieſen Frieden geſchloſſen haben,

a) Edit burſal.

haben, und wäre aus dem nämlichen Grund für unsern Erretter angesehen worden, aus welchem man den von seinem Vorgänger unterzeichneten Traktat für die Quelle unsers Unglücks hielt.

Der Herzog von Choiseuil hätte freylich alsdann die Versprechungen, welche er der Kaiserin und der Frau von Pompadour gethan hatte, zu verläugnen geschienen; aber er hätte anführen können, daß er die Dinge besser beurtheilte, seitdem er sie mehr in der Nähe erblickte; und er würde damit obendrein den Ruf eines guten Bürgers, der keine Scheu trägt, für das Wohl des Staats seine eigne Meinung aufzugeben, an sich gerissen haben. In der Welt wußte man damals noch nicht, daß der Kardinal kein andres Verbrechen begangen hatte als den Frieden zu wollen. Seine Ungnade war zu frisch, als daß sie um seiner Rechtfertigung willen hätte zurückgenommen werden können; und diese Rechtfertigung selbst hätte man nicht anerkannt, geschweige denn eingestanden. Der Herzog von Choiseuil hielt die Frau von Pompadour in einer solchen Verzauberung, daß es nichts auf der Welt gab, wovon er sie nicht hätte überreden können: hatte er sie doch überzeugt, daß er die schönste Seele wäre, die sie je gekannt hätte! denn so drückte sie sich über ihn aus, und man wird gleich sehen, worauf sich das gründete a). Ich habe schon erklärt, daß ich mich bey den kriegerischen Unternehmungen nicht aufhalten würde. An diesen großen, traurigen und einförmigen Begebenheiten, mit welchen die Werke unsrer Geschichtschreiber erfüllt sind, nehmen die Leser nicht so vielen Antheil als die unglücklichen Opfer derselben. Mir sollen sie bloß als Epochen dienen, um gewisse Triebfedern zu entwickeln, welche in die Geschichte der Menschheit ein-

schla-

---

a) Hier ist wieder ein kleines Versehen im Text, dem ich durch den bloßen Zusatz eines Punkts, wie ich glaube, am besten abgeholfen habe.

schlagen. In dieser Hofnung werde ich jetzt das Verhältniß, den verschiednen Standpunkt und den Charakter der vornehmsten handelnden Personen darstellen.

Die Marquise von Pompadour hatte sich durch Feten, durch Zerstreuungen und durch das, was man insgemein Vergnügungen nennt, gegen den Ueberdruß des Königs gehalten, und schmeichelte sich, durch die Staatsgeschäfte zu regieren. Sie hatte wirklich an dem vorhergehenden Frieden einigen Antheil gehabt. Der König zog damals mit zu Felde, seine langen Abwesenheiten bekümmerten die Favoritin; sie hatte also ihren eignen wichtigen Grund, den Frieden zu wünschen. Aber in dem gegenwärtigen Krieg ließ der König seine Generale allein handeln, und Frau von Pompadour fand viel Vergnügen daran, bey der Wahl der Minister und Feldherren ihren Einfluß wirken zu lassen, kurz aus einer Maitresse zum Zeitvertreib eine Staatsperson zu werden. Ueberdem war dieser Krieg ihr Werk, sie hielt sich für die Freundin der Kaiserin, und es gehörte ein stärkerer Kopf als der ihrige dazu, diesem Rausch zu widerstehen.

Der Herzog von Choiseuil erkannte die schwache Seite der Frau von Pompadour, und wußte sie gut zu benutzen. Er war aus einem vorzüglich bekannten Geschlecht, seine Figur war klein und widrig, er hatte aber Tapferkeit, Verstand und noch mehr Kühnheit. Als er in die große Welt eintrat, suchte er durch glückliche Abentheuer in der Liebe zu glänzen: ein Beweis, daß es niemanden gibt, der nicht Anspruch darauf machen könnte. Zu gleicher Zeit strebte er nach einem gewissen Ruf von Bosheit, zu welcher er trefliche Anlagen hatte, und auf die er sich viel einbildete. Damit hält man die Dummköpfe noch immer in Respekt und macht sich ihnen furchtbar. Indessen dienten ihm seine Handlungen hierbey noch mehr als seine Einfälle; über jene beklagte man

sich

sich, diese wurden nicht weiter nachgesagt. Ich habe ihn von seiner Jugend an bis zu der Zeit, da er in das Ministerium kam, gekannt und bin ziemlich viel mit ihm umgegangen. Eh er anfing eine Rolle zu spielen, habe ich ihn aus mehreren Häusern entfernen sehen; es fehlte wenig, so hätte man bezweifelt, ob er überhaupt dazu gemacht wäre, in der guten Gesellschaft aufzutreten, ich habe ihn einmal darüber vertheidigen hören, ohngeachtet er einer solchen Vertheidigung gewiß nicht bedurfte; aber es war immer sehr demüthigend für ihn, daß das von nur die Frage seyn konnte. Seine erste Verbindung mit der Frau von Pompadour rührte von einer Verrätherey her, die er an der Gräfin von Choiseul (Romante) beging, welche mit dem König eine vorübergehende Intrigue hatte. Sie hatte ihn bey diesem Geschäft zum Vertrauten und zum Führer genommen; und da er zu dieser Art von Unterhandlungen mit einem besondern Scharfsinn begabt war, so sah er voraus, daß die Regierung seiner Kousine nicht von langer Dauer seyn würde: daher er sie denn der Frau von Pompadour aufzuopfern beschloß. Dieser gab er von allem Nachricht, theilte ihr die Briefe mit, welche zwischen dem König und der Gräfin von Choiseul gewechselt wurden, und schafte durch diese List Mittel, das Zwischenreich abzukürzen. Dieß war der Ursprung seiner Gunst bey der Frau von Pompadour. Der Graf von Bernis stand aber damals in so entschiednem Ansehen bey ihr, daß der Herzog von Choiseul, der noch die Zeit nicht absah ihn anzugreifen, sich um seine Freundschaft bewarb.

Der Graf von Bernis ist aus einem alten Geschlecht, das eben so gut und so berühmt ist als die Familie der Choiseuls. Er war seit seiner Kindheit zum geistlichen Stand bestimmt, und er fing seine Laufbahn mit dem gräflichen Kanonikat von Brioude an.

Nach

Nachdem er einige Jahre seiner Jugend, bey den beschränkten Vermögensumständen aller jüngern Söhne aus vornehmen Häusern, die auf die bischöfliche Würde losgehen, in dem Seminarium zu Sanct Sulpicius zugebracht hatte, trat er in das Kapitel von Lyon, blieb aber dort nur so lange als er brauchte, um aufgenommen zu werden, und kehrte wieder nach Paris.

Sein Stand, eine angenehme Figur, eine Phisionomie voll der liebenswürdigsten Offenheit, viel Verstand, viel Annehmlichkeit, eine gesunde Urtheilskraft und ein fester Charakter, dieß alles machte, daß man ihn in allen Gesellschaften zu besitzen suchte. In diesem Zirkel führte er ein sehr angenehmes Leben, aber der Anschein von Zerstreuung mißfiel dem alten Kardinal Fleury, der ein Freund des Vaters war, und es übernommen hatte, für das Glück des Sohnes zu sorgen. Er ließ ihn zu sich kommen, und versicherte ihm, daß er nichts zu hoffen hätte, so lange er, der Kardinal Fleury, leben würde. Der junge Abbe bückte sich tief, antwortete: ich werde warten, Monseigneur, und ging. Der alte Minister lächelte über die Antwort, wiederholte sie sogar gegen mehrere Personen, that aber weiter nichts, und schien nicht zu glauben, daß ein guter Einfall eine fette Pfründe verdiente.

Der Abbe Bernis fuhr indessen in der nämlichen Lebensart fort, und hatte sich gegen seine Konkurrenten weiter nichts vorzuwerfen, als daß er in den Gesellschaften besser aufgenommen wurde und nicht zu heucheln wußte. Seine Antwort an den Kardinal Fleury war lustig, aber gut wurde sie erst, wenn er sich in seiner Erwartung nicht getäuscht sah. Der alte Minister war gestorben, und das Glück des Abbe Bernis ging immer nicht vorwärts. Er selbst bekümmerte sich im mindesten nicht darum, und lebte in der Zuversicht, daß unter den

Großen,

Großen, von denen viele seine Verwandten waren und sich um seinen Umgang bewarben, einer oder der andere sich finden müßte, der ihm mit Nutzen diente; aber keiner that etwas. Man begnügte sich zu bemerken, daß nie ein Mann von Geburt die Eingeschränktheit seines Standes mit so vieler Würde, ohne Verdruß und sogar heiter ertragen hätte; er achtete aber auch nicht einmal darauf.

Der Zufall brachte ihn endlich mit der Frau von Pompadour in Verbindung, und sie faßte für ihn die lebhafteste Freundschaft und Achtung. Der erste Gebrauch, den er von einem so wichtigen Einfluß machte, war für andre. Er war von der Französischen Akademie, und dieß war noch das einzige, was, ohne ihm gerade einen Stand zu geben, ihm doch wenigstens statt dessen diente. Er leistete allen seinen Mitbrüdern alle Dienste, zu welchen sie ihm Veranlassung gaben, verschafte vielen Wohlhabenheit, und riß einige aus der Dürftigkeit. Seine Freunde mußten ihn erinnern, doch auch ein wenig an sich selbst zu denken. Ein Beweis, wie wenig Ehrgeiz er hatte, ist das Ziel, das er sich hierin setzte. Boyer, vormaliger Bischof von Mirepoix, hatte damals die Vertheilung der geistlichen Aemter; und niemals ist ein Minister in seinem Departement so unumschränkt gewesen, als dieser armselige Mensch, der von niedriger Herkunft war, eine unaufgeklärte Frömmigkeit hatte und durch die Protektion aller andächtiger Hofdamen aus dem Kloster hervor zu einem Bisthum gezogen worden war. Die Kirche und der Staat leiden gegenwärtig unter den Subjekten, die er so albern gewählt hat.

Der König ließ sich herab, ihm den Abbe Bernis zu empfehlen; Boyer konnte nicht umhin, auf eine Empfehlung zu achten, die er als einen Befehl hätte ansehen sollen; aber er fand ein Mittel sie zu umgehen. Er forderte den Abbe Bernis auf, Priester zu werden, und
ver-

versprach ihn alsdann bald zu einem Bisthum zu ernennen. Der Abbe antwortete, daß er in sich nicht genug Beruf zu diesem Stand fühlte, und mit einer bloßen Abtey zufrieden seyn würde. Boyer schlug ihm dieß ab, und stellte dem König vor, daß die Güter der Kirche durchaus nur denen, die wirkliche Dienste darin thäten, gegeben werden könnten; dabey pries er aber die Offenherzigkeit des Abbe, der ganz und gar kein Heuchler wäre. Aus dem Erstaunen, das er darüber bezeugte, schien es, als ob er nie andre gesehen hätte. Da der König nichts erlangen konnte, gab er dem Abbe eine Pension von 1500 Livres auf seine Chatoulle. Damit konnte er aber noch nicht den nothdürftigen Aufwand seines Standes bestreiten, er suchte sich daher noch einige einzelne kleine Benefizien zu verschaffen, und wenn er es auf 6000 Livres jährlicher Einkünfte hätte bringen können, würde er nie nach einem andern Glück gestrebt haben. Er fand aber überall Hindernisse, wovon ich oft Zeuge gewesen bin; und so beschloß er endlich ein großes Glück zu machen, da er zu einem kleinen nicht gelangen konnte, hier fand er denn die gebahntesten Wege. Es gibt wenig Beyspiele von so schnellen Fortschritten. Er wurde zur Ambassade in Venedig ernannt, und erwarb sich in diesem Posten die allgemeine Liebe und Achtung. Bald wurde er, noch während seiner Abwesenheit, zum Staatsrath gemacht. Der Marquis von Puisieux, (Brûlart) damaliger Minister der auswärtigen Geschäfte, war ihm nicht zuwider, er haßte überhaupt die Leute von Stand nicht, weil er selbst darunter gehörte. Saint Contest (Barberie), welcher dem Marquis von Puisieux nachfolgte, war dem Abbe Bernis weniger günstig, theils durch das Gegentheil des Grundes der Puisieux bestimmte, theils und hauptsächlich durch den geheimen Abscheu, den die Dummköpfe immer gegen Leute von Verstand haben. Saint Contest starb vor der Zurückkunft des Abbe, und that für die Geschäfte sowohl als für die Gesellschaft sehr wohl daran. Sein Vater war ein Mann von Verdienst, und sonst hatte man auch nichts anführen können, um den Sohn geltend zu machen. Ich werde mich bey ihm nicht weiter aufhalten, noch bey der zahlreichen Liste derer, die ihm gleichen und die verschiednen Stellen im Ministerium erfüllt oder vielmehr besetzt haben. Wenn man von allen die Portraits machen wollte, so würde es eine weitläuftige und wenig interessante Gallerie geben; ich werde sie bloß erwähnen, wenn es die Begebenheiten erfordern. Während daß der Graf von Bernis noch in Venedig war, ließen seine Neider einige von seinen Jugendwerken drucken, die nach unsern Vorurtheilen in wichtigen Aemtern lächerlich dünken, bey den Engländern hingegen und den Italiänern, wo die Großen die Gothische Barbarey abgelegt haben, vielmehr Ehre machen. Bey uns thut sich der albernste von unsern vornehmen Herrn auf seinen Verstand sehr viel zu gute, strebt mit Eifer nach dem Ruf desselben, und will sogar im Verdacht großer Talente, die er aus Würde in sich verschließt, gehalten seyn. Das ist es, was unsre Akademien mit so vielen unfähigen oder lächerlichen Subjekten überladet. Ich könnte einmal ihre Liste geben, mit Anmerkungen.

Als der Graf von Bernis von Venedig zurückkam, gewann er, wie wir gesehen haben, den größten Einfluß in den Geschäften. Die Sache des Huts verdient, daß ich mich dabey aufhalte, weil sie in meine Absicht einschlägt, den Hof und die Menschen zu schildern.

Unter den Posten, die man dem Abbe Bernis bestimmte, war auch die Polnische Gesandtschaft im Vorschlag gewesen; der König wollte es aber nicht, entweder aus eignem Antrieb oder auf den Rath eines Ministers, weil diese Gesandtschaft dem Abbe die Ernennung

zum

zum Kardinalshut eher verschaffen würde als es der König für rathsam hielte. Man ist mit der Spanischen und der Polnischen Gesandtschaft schwieriger als mit andern. Die Hofnung der Grandezza in der ersten, und des Huts in der andern, kann die Gesandten zu einer unzweckmäßigen Gefälligkeit gegen diese beyden Höfe stimmen. Eine Negociation im Inneren des Reichs verschafte dem Abbe Bernis den Hut noch früher als es Polen 1) gethan hätte. Die Streitigkeiten des Parlaments mit dem Hof waren nie so lebhaft gewesen als zu der Zeit, da der Graf von Bernis (den 2. Januar 1757.) in den Staatsrath eintrat. Dieser Kampf zwischen dem Parlament und dem Ministerium hat seit der Regentschaft des Herzogs von Orleans angefangen, dauert noch fort und es würde schwer halten, vorauszusagen, wenn und wie er endigen wird. Die Waffenstillstände, die von Zeit zu Zeit geschlossen werden, ersticken die heimliche Gährung nicht; bey jeder Gelegenheit bricht ein verborgnes Feuer wieder aus, sey es über Angelegenheiten der Kirche oder Staatsgeschäfte, über Unternehmungen der Geistlichkeit oder der Magistratur, über versagte Sakramente oder einen Plan für die Finanzen, über die Wahl einer Superiorin für ein Spital, kurz über die armseligsten Kleinigkeiten, die von der übeln Laune ergriffen und vergrößert werden. Der Zank, den der Graf von Bernis Auftrag hatte zu schlichten, war bey Gelegenheit des Lit de justice vom 13. December 1756 über die Einregistrirung zweyer Deklarationen vom 10. und eines Edikts von demselben Monat, entstanden.

Die

---

1) Polen hat wie die andern katholischen Mächte das Recht, bey der Promotion der Kronen seine Ernennung zum Hut zu geben; aber es gibt sie niemals mehr als einem Polen, nämlich dem Erzbischof von Gnesen, Primas des Reichs. Sobald dieser Kardinal ist, werden nur Fremde gewählt; der Grund davon ist, daß die Senatoren den Kardinälen nicht den Vorsitz lassen würden; nun hat ihn aber der Erzbischof von Gnesen schon als Primas, und der Hut thut also nichts weiter dazu.

Die Ministers haben sich unter dieser Regierung einfallen lassen, die Lits de justice, ihres eignen Vortheils wegen, immer gegen den Willen des Königs, auf einander zu häufen, ohne sich im mindesten darum zu bekümmern, ob die königliche Gewalt dabey ins Gedränge käme. In dem Lit de justice wovon die Rede ist, kam es darauf an, ein unmögliches Stillschweigen über Religionsstreitigkeiten aufzulegen, und zwey Chambres des Enquêtes abzustellen. Das Parlament protestirte gegen die Einregistrirung; die fünf Chambres des Enquêtes, die zwey Chambres des Requetes, und ein Theil von der Grand' Chambres übergaben dem Kanzler die Demission ihrer Stellen, so daß an dem Tage das ganze Parlament nur aus dem Präsidenten à mortier und zwölf Räthen von der Grand'Chambre bestand. Diese baten bey dem König um die Wiedervereinigung ihrer Kollegen; der Minister antwortete durch den Mund des Königs, daß die Demissionen angenommen und mithin die Aemter vakant wären. Sechszehn von denen, die ihre Stellen niedergelegt hatten, wurden exilirt, und die Lettres de Cachet wurden ihnen durch Polizeywache überbracht, um ihnen zu zeigen, daß man sie für nichts mehr als für bloße Bürger ansähe. Während dieser Spaltung, am 5. Januar, geschah das frevelhafte Unternehmen gegen die Person des Königs. Kein Umstand konnte zur Wiedervereinigung des Parlaments günstiger seyn. Sie würde vor sich gegangen seyn, wenn man der Meinung des Präsidenten de Menieres, der so gutdenkend als Bürger wie aufgeklärt als Magistratsperson war, gefolgt hätte. Aber der erste Präsident und die Ministers nahmen sich dabey so schlecht, daß es unmöglich war, sie bloß für ungeschickt zu halten. Die Grand'Chambre, mit den Prinzen und den Pairs verstärkt, richtete über den Mörder Damiens; aber alle Parlamentsgeschäfte blieben länger als sieben Monate unterbrochen. Einige
Räthe,

Räthe, auf welche die Furcht, oder das Bedürfniß oder die Eingebungen ihrer Verwandten würken mochten, forderten ihre Demissionen zurück; aber man war noch weit von der Aussicht entfernt, wieder ein ordentliches Parlament zu haben. Das Murren des Volks, welches den übermüthigsten Ministern, selbst wenn sie vorgeben es zu verachten, doch immer Schranken setzt, beunruhigte den Hof. Die Verlegenheit der Regierung über die Demissionen war grösser, als der Eifer derer, die sie gegeben hatten, um sie wieder zurückzunehmen. So standen die Dinge, als der König dem Grafen von Bernis auftrug, an der Besänftigung der verschiedenen Parteyen zu arbeiten. Dieser betrug sich mit so vieler Geschicklichkeit, daß der Frieden vollkommen hergestellt wurde, und das wiedervereinigte Parlament seine Verrichtungen endlich vornahm.

Der Römische Hof hatte damals mit der Republik Venedig einen Streit, welcher zu einem offenbaren Schisma, zu einer gänzlichen Trennung führen konnte. Der Papst Benedikt der Vierzehnte war so erstaunt über die Klugheit, mit welcher der Abbé Bernis die Parlamentssache beendigt hatte, daß er nach Frankreich an den Nuntius schrieb, er sollte sich mit Bernis über die Mittel, die Republik Venedig zurückzubringen, besprechen. Der Graf von Bernis, welcher in Venedig die beste Meinung von seiner Biederkeit zurückgelassen hatte, wurde sogleich von der Republik bevollmächtigt. Er schonte das beyderseitige Interesse so gut, daß die Sache zur Befriedigung der beyden Parteyen beygelegt und beendigt wurde. Der Papst faßte so viel Achtung für das Ausgleichungstalent des Grafen von Bernis, daß er sogleich an den Kardinal Tencin nach Lyon, und an den Marquis von Stainville, unsern Gesandten in Wien, der es vorher in Rom gewesen war, schrieb, und sie um Rath fragte, ob es dem König vergnügen machen würde, wenn er dem Abbe Bernis den Kardinalshut proprio motu gäbe. Der Kardinal Tencin schickte dem König das Schreiben des Papstes, ohne den Grafen von Bernis davon zu benachrichtigen; und was auch seine Absicht dabey seyn mochte, so wurde es der größte Dienst, den er ihm nur leisten konnte. Der Marquis von Stainville holte die Befehle des Königs nicht einmal ein, sondern folgte bloß seinem Eifer für einen Minister, den er für unerschütterlich hielt, und der ohne Zweifel alles anwenden würde, um den zum Herzog zu machen, der ihn zum Kardinal gemacht hätte; er nahm es also ganz auf sich, dem Papst geradezu zu antworten, daß diese Promotion dem König unendlich schmeichelhaft seyn würde, und er schrieb dem Grafen von Bernis, was er gethan hätte. Dieser zweifelte nicht, daß der König die ganze Sache als eine Kabale zwischen Stainville und einem ehrgeizigen, der seinem Fürsten die Einwilligung abdringen wollte, ansehen würde. Er verlor daher keine Zeit, um mit dem König selbst zu sprechen, und ihm zu sagen, wie leid ihm der Vorgang thäte, wie sehr er wünschte Seine Majestät zu überzeugen, daß er nicht den mindesten Antheil an dem Verfahren des Marquis von Stainville hätte, daß er es sehr mißbilligte, und nicht das geringste davon vorher gewußt hätte. Der König, durch den Kardinal Tencin von allen Umständen, die dem Abbe unbekannt waren, unterrichtet, ließ ihn ausreden, und antwortete ihm lächelnd: seyn Sie ruhig, Abbe, ich weiß, daß Sie keinen Antheil hieran haben. Will Sie der Papst zum Kardinal machen, so wird er ja meine Einwilligung erst verlangen müssen; also noch einmal, seyn Sie ruhig. Der Graf von Bernis fand sich durch diese Antwort sehr erleichtert, und überließ das übrige dem Glück. Nachdem bald darauf der König seine Genehmigung gegeben hatte, gaben die Kaiserin und der König von Spanien die ihrige, und der Papst ließ dem Gra-

Grafen von Bernis ankündigen, daß seine Promotion nächstens vor sich gehen würde. Am Hof war noch nichts davon ruchbar geworden, und der Abbe Bernis wollte es noch verschweigen, um den Neid nicht aufzuregen; aber der Abbe Delaville, erster Commis von den auswärtigen Geschäften, versicherte ihm, daß die Wirkung der Zusage nicht besser gesichert werden könnte, als wenn er mit der öffentlichen Danksagung so sehr als möglich eilte; daß diese Publicität die stärkste Schutzwehre gegen den Neid seyn würde; daß das Geheimniß ohnehin bald aufhören würde, und daß alsdann der Neid die Erfüllung des Versprechens bis zum Tode des Papstes aufhalten könnte, wo die Möglichkeit einträte, daß der Nachfolger sich nicht daran bände, dahingegen, wenn der König die öffentliche Danksagung angenommen hätte, seiner eignen Ehre an der Promotion gelegen seyn würde. Der Graf von Bernis folgte dem Rath und that wohl daran; denn als kurze Zeit darauf sein Eigensinn, auf dem Frieden zu beharren, ihn lästig gemacht hatte, drang der König selbst auf die Promotion, um alsdann freye Hand zu haben, den Minister der Maitresse aufzuopfern. Benedikt der Vierzehnte starb in dem Augenblick, da die Promotion vor sich gehen sollte; aber Clemens der Dreyzehnte (Rezzonico) sein Nachfolger, ehrte Benedikts Zusage um so mehr, als er dem Grafen von Bernis zum Theil seine Würde verdankte. Cavalchini war der Erwählung nahe, als Bernis es durchsetzte, daß er ausgeschlossen wurde, und die Stimmen zu Rezzonico's Vortheil ausschlagen ließ; dieser, als ein Venetianer, setzte durch seine Erwählung dem Frieden zwischen dem Römischen Hof und der Republik das Siegel auf.

Die größten Hindernisse, die der Graf von Bernis zu bekämpfen hatte, kamen von Versailles. Alles was der Neid der Minister, die Wuth der Prälaten, die Bosheit der Gleichgültigen vermochte, wurde gegen ihn angewandt. Man ging so weit, daß man dem Papst die schmutzigsten Gedichte zukommen ließ, für deren Verfasser man den Grafen von Bernis ausgab. Die Verläumdung war so übertrieben, daß sie dadurch ihre Wirkung verfehlte; der Papst erklärte sich öffentlich darüber.

Mitten unter allen den Minen, die man gegen ihn spielen ließ, und zu der nämlichen Zeit, wo er sein Ansehen schon fallen sah, erklärte der Graf von Bernis laut und vor dem gesammten Staatsrath, daß ihn die Verzögerung seiner Promotion weniger rührte, als der Mangel an Achtung gegen die Empfehlung des Königs; daß er also auf den Hut Verzicht thäte. Um seine Aufrichtigkeit außer Zweifel zu setzen, las er den Brief vor, durch welchen er es dem Papst ankündigte, und übergab ihn dem König, mit der Bitte ihn genehm zu halten und zu dessen Absendung Befehle zu ertheilen. Der König nahm den Brief und erlaubte dem Grafen, wenn die Promotion nicht vor dem 3. Oktober geschehen wäre, auf den Hut Verzicht zu thun. Ohne Zweifel wußte der König, was in Rom vorging, denn die Promotion geschah den 2ten.

Dieß wäre denn genug von dieser Hoffabale. Ich werde noch Gelegenheit haben, einige von diesen niedrigen Ränken der Hofleute zu enthüllen; sie halten sie für Meisterstücke der Politik, weil sie weder fähig noch würdig sind, die Wahrheit und die Geradheit anzuwenden, durch welche denn doch die kleinliche List immer zu überwinden ist. Und wie viele habe ich ihrer bey andern Veranlassungen gesehen, die aus einer lächerlichen Eitelkeit und dem geheimen Bewußtseyn ihrer Nichtigkeit sich dafür ausgeben, daß sie für das Große gemacht sind, ohne einen andern Beweis dafür anzuführen, als das

treu-

treuherzige Geständniß, daß sie auch nicht die geringsten Details fassen können.

Auch bey unsern Unfällen, die unsre Feinde sattsam bekannt machen werden, will ich mich nicht länger aufhalten.

Desto zweckmäßiger wird eine kurze Uebersicht unserer Thorheiten seyn; denn dem Zufall haben wir eigentlich nichts zur Last zu legen. Wir werden hieraus sehen, wie es zuging, daß ein System, welches, wie es auch beschaffen seyn mochte, von dem ganzen Staatsrath, von der ganzen Nation gebilligt worden war, an welchem anfangs jedermann Antheil gehabt haben wollte, in der Ausführung verunglückt ist a).

Zunächst treffen wir auf Rouille's Eifersucht; er kann es nicht vertragen, in einem System, dessen Seele der Graf von Bernis ist, sich als bloßen Repräsentanten zu sehen, und gibt als Minister der auswärtigen Geschäfte unsern Gesandten an den fremden Höfen Instruktionen, die dem neuen Plan, wo nicht zuwider, doch wenig angemessen sind.

Machault sieht ebenfalls mit Verdruß an dem Grafen von Bernis einen Nebenbuhler, der die Gunst des Königs und der Frau von Pompadour mit ihm theilt, und sie ihm gar entreissen kann.

D'Argenson, als Kriegsminister, hatte zum einzigen Augenmerk, den Wirkungskreis seines Departements zu erweitern. Er wollte ganz Frankreich zum Landkriege rüsten,

---

a) Der Mangel an Ordnung, und die häufigen Wiederholungen, welche man in diesem Abschnitt findet, geben einigen Anlaß zu befürchten, daß es nicht der reine Text von Duclos ist, den Herr Buisson hier geliefert hat; indessen scheinen die Materialien ächt, und bloß die Stellung mag von fremder Hand daran verfälscht worden seyn.

rüsten, und dadurch den Minister von der Marine stürzen. Kühn in seinen Entwürfen, furchtsam in den Mitteln sie auszuführen, will er seinen Sohn zum General machen, getraut sich aber nicht, ihn den ältern im Dienst vortreten zu lassen, worüber man doch nicht lange geschrieen hätte, sondern macht eine Menge von Generalen, welche die Armeen überladen, Verwirrung hineinbringen, die Proviantmagazine durch den Luxus verschlingen und die Finanzen erschöpfen. Alle Sachverständigen klagen ihn an, daß er das Militair zunichte gemacht hat. Es wird bald nöthig werden, einen Grad zu erfinden, der über den Marschall von Frankreich sey, weil dieser zu gemein geworden ist. Ohne für sich selbst geldsüchtig zu seyn, hat er den Staat durch die ungeheuren Reichthümer verschuldet, die er in der Proviantirung, in den Lazarethen, tausenden von seinen Kreaturen zugeschanzt hat, die Räubereyen seiner Familie ungerechnet. Er hat so viel Verstand, und der König hatte so viel Geschmack an ihm bekommen, daß er sich in seiner Stelle hätte erhalten können, zumal da keine moralischen Grundsätze ihn fesseln, und das Gute wie das Böse ihm gleichgültig ist; aber er hat eine gewisse Schwäche, die ihn oft zum Werkzeug fremder Leidenschaft macht, und seinen Sturz veranlaßt hat. Er wollte mit der Gräfin d'Estrades gemeine Sache machen, um die Frau von Pompadour zu verdrängen, der die Gräfin alles zu verdanken hatte. Er glaubte sich in der Gunst des Königs so gesichert, daß er die Marquise, als sie ihm zuvorkam, abzuweisen wagte. Das Spiel hat denn damit geendigt, daß sie ihn am nämlichen Tag mit Machault exiliren ließ; dieser fiel durch andre Veranlassungen, die mit dem Wohl des Staats eben so wenig in Verbindung standen, als bey d'Argenson. Der Graf von Bernis hatte den Muth vorzustellen, daß in der Lage der Dinge der Verlust zweyer erfahrner Ministers sehr beträchtlich wäre.

Der

Der Graf d'Argenson hatte Fähigkeiten, von denen er Gebrauch machte, wenn sein Vortheil es zuließ. Machault, der weniger Verstand und mehr Charakter hatte, wurde in der Marine geschätzt und sogar geliebt. Dieser stolze und eiskalte Mann hatte die Seeleute besser behandelt als irgend einer von seinen Vorgängern. Auch hatte er einen Vortheil, den diese nie gehabt hatten, nämlich Einfluß genug, um das Geld, was zu seinen Unternehmungen nöthig war, zu erlangen. Die Seeleute, die man sonst sehr selten am Hof sah, fingen an dort aufzutreten, und meiden vielleicht heutzutage diesen Aufenthalt nicht genug, dessen Luft schon jeder Art von Pflichten verderblich ist. Sie nehmen davon einen Geschmack am Luxus mit, der sie verführt, das Geld vor der Ehre zu schätzen.

Diese zwey Ministers wurden durch die untüchtigsten Subjekte ersetzt: Moras in der Marine, der Marquis von Paulmi für den Krieg.

Der Marechal von Belle-Jsle, welcher auf den Marquis von Paulmi folgte, unterdrückte zwar die geheime Zuneigung, die er immer für den König von Preußen gehabt hatte, aber seine gewöhnliche Indiskretion hat bey Planen, deren Erfolg von der strengsten Verschwiegenheit abhängt, oft Schaden gethan.

Berryer wird mit der ganzen Plumpheit seines Charakters von der Pariser Polizey an den Hof verpflanzt, und nimmt die Falschheit, aber nicht die Abgeschliffenheit seines neuen Aufenthalts an. Er bekömmt die Marine. Die Marquise von Pompadour, leidenschaftlich für das neue System eingenommen, will es ausgeführt haben und verhindert die Mittel dazu. Sie wird auf den Grafen von Bernis eifersüchtig, sobald sie sieht, daß der König persönliche Achtung für ihn hat. Er ist der
ein-

einzige politische Agent, und kann sich von den nothwendigsten Dingen keine Kenutniß verschaffen. Der Zustand der Finanzen wurde ihm erst wenige Monate vor seiner Verweisung mitgetheilt. Machault, Sechelles, Moras, Boulogne, alle Generalkontroleurs, die hinter einander gefolgt sind, haben an nichts gedacht als sich oder ihre Kreaturen zu bereichern.

So waren die vornehmsten unter den handelnden Personen beschaffen, nun wollen wir die Werkzeuge betrachten. Der Marechal d'Estrees, der zum Feldherrn ernannt ist, fürchtet sich, von dem Prinzen von Soubise, welcher ein Reservekorps anführt, durch die offenbare Gunst der Frau von Pompadour verdrängen zu sehen. Soubise, durch seine Rechtschaffenheit aller Achtung werth, ehrfurchtsvoll gegen seinen Herrn, von welchem er geliebt wird, könnte am Hof das ganze Ansehen genießen, das einem Mann von seinem Stand gebührt, wenn er sich nur mit dieser anständigen Existenz begnügen könnte; aber er will ohne militairische Talente Marschall von Frankreich, wo möglich Connetable und Minister werden. Die Protektion hat ihn, seinen Ungeschicklichkeiten zum Trotz, gerade so weit gebracht als es erfochtne Siege nur hätten thun können. Der Marechal d'Estrees gewinnt die Schlacht bey Hastenbeck fast gegen seinen Willen. Er fürchtet sich zu weit einzulassen, er befolgt nur schüchtern einen Plan, gegen welchen er durch Puisieur, seinen Schwiegervater, und durch Saint-Severin eingenommen ist, weil diese sich gegen ein System sträuben, das den Aachner Frieden, ihr Werk, verbessert.

Auch die Ungeduld des Französischen Hofmanns bey allen Kriegen, die ihn im Winter von Paris entfernen, ist hier in Anschlag zu bringen. Die Generale haben ihrer Bequemlichkeit wegen immer gewünscht, den Krieg nach Flandern zu spielen. Die meisten unsrer Officiere ließen

ließen sich ungern bey Operationen gebrauchen, die gegen den König von Preussen gerichtet waren; denn anstatt seine Wachsamkeit und seine Oekonomie nachzuahmen, hatten sie die Mode unter sich aufgebracht, ihn bis zum Himmel zu erheben. Die Nation, welche durch die Schwäche und die wirklichen Fehler der Regierung schon längst daran gewöhnt war, den Hof in allem zu tadeln, wird Preussisch gesinnt, wie sie im vorigen Krieg Oesterreichisch gesinnt gewesen war.

Maillebois, der für seine eigne und für des Grafen d'Argenson, seines Onkels Rechnung, die Marquise von Pompadour haßt, übrigens ein Man von Geist und von Talenten, begünstigt alle Fehler der Generale, um sie zu verdrängen.

Der Marechal von Richelieu, Feind der Marquise, die ihn haßt, eifersüchtig auf Soubise, in den Bettkammern der Damen zum Feldherrn groß gezogen, Beschützer und Muster im Großen der Maraudeurs, von dem gemeinen Soldaten, denen er das Beyspiel gibt, gepriesen, besungen von Voltaire, fühlt, daß er diesem Fantom von Ruhm keine Wirklichkeit verleihen kann, pflegt mit dem König von Preussen Unterhandlungen, statt ihn zu bekämpfen, und sucht nichts als Geld zu erwerben, das System zu zerstören, die Marquise verhaßt zu machen, den Grafen von Bernis zu verdrängen, zum Ministerium zu gelangen, um durch die Intrigue zu herrschen.

Gleichgültig oder gar mit Vergnügen sieht Contades die Thorheiten andrer an, durch welche er das Kommando zu erhalten hoft. Er verliert eine Schlacht, die er hätte gewinnen sollen; wenigstens sagte der König von Preussen, der beste Richter in diesem Fach, nachdem er die verschiednen Lagen der Armeen untersucht hatte, er begriffe nicht, wie Contades geschlagen worden wäre.

Dies

Dieser behauptet, er sey verrathen worden. Zum Unglück für unsre Generale finden sie bey ihren gegenseitigen Beschuldigungen Glauben und niemals bey ihren Apologien.

Broglio, dem das militairische Talent angeboren ist, will jeden Mitwerber stürzen; und dieser Geist ist allen unsern Feldherren gemein gewesen. Sein Bruder, ein mit jedem Kollegen unverträglicher Mann, zwingt den Grafen von Saint-Germain, einen guten Officier, der aber eben so wenig andre zu dulden weiß, sein Vaterland zu verlassen.

Wir haben uns zur See nicht besser aufgeführt wie auf dem festen Lande. Sechs Monate lang haben wir unsre Schiffe der Englischen Seeräuberey preis gegeben, ohne es zu wagen, Repressalien zu gebrauchen.

Unser Ministerium wollte, wie es sagte, unsre Mäßigung allen europäischen Mächten augenscheinlich machen; aber die Mäßigung ist die Tugend des Starken und die Schande des Schwachen. Als wir uns endlich zur Rache entschlossen, hatten wir bereits zehntausend Matrosen eingebüßt. Der Sieg des Admirals la Galissoniere war für uns ein verlornes Beyspiel.

Bings Aufopferung, sie mochte gerecht seyn oder nicht, erstickte das Murren der Englischen Nation, stellte den Geist ihrer Marine wieder her, und zeigte uns, was wir mit größerm Rechte hätten thun sollen. An Freyhlern hätte es uns nicht gefehlt.

Der Marechal von Conflans läßt unsre Flotte vernichten, während daß die Englische ihr höchstens gleich ist. Er verbrennt ein Schiff, das eine schwimmende Citadelle war; er wagt es, sich dessen wie einer Heldenthat zu rühmen. Was ist seine Strafe? Daß er dem König nicht vorgestellt wird, und täglich der öffentlichen Verachtung

achtung Trotz bietet, die man ihm furchtsam zu verbergen sucht. Er beklagt sich über die Officiere, die unter
ihm dienten, diese geben es ihm zurück, und dabey bleibt
alles. Zur See und zu Lande nicht die mindeste Nacheiferung; nur Prozesse, die schriftlich geführt werden.
Die Maaßregeln werden überall so schlecht getroffen,
wie schlecht ausgeführt. Die Transportschiffe werden
von der Flotte getrennt, weil es der kleinliche Stolz des
Herzogs von Aiguillon nicht vertragen kann, sich in Brest
untergeordnet zu sehen. Darum stellt er die Transportschiffe in Guiberon, wo er allein kommandirt, mag übrigens dadurch die Vereinigung auch noch so gefährlich
werden! Ein ähnlicher Uebermuth des Herzogs von Aiguillon hat den Verlust von Belle-Isle nach sich gezogen.
Die Stände von Bretagne sahen die Wichtigkeit dieses
Platzes und warnten ihn ein Jahr vorher, für dessen
Sicherheit zu sorgen, wobey sie sich erboten, den nöthigen Vorrath herbeyzuschaffen. Mit einer kindischen
Eitelkeit und einer bittern Jronie erwiedert er gegen die
Deputation, der er Achtung schuldig ist, er sey den Ständen sehr verbunden, daß sie ihn sein Metier lehren wollten. Er hatte es indessen doch nöthig, denn er ließ nachher Belle-Isle wegnehmen, weil die angebotenen Vorkehrungen unterlassen worden waren. Selbst den Zeitraum
von vierzehn Tagen, den die Niederlage der Engländer
bey ihrer ersten Landung ihm ließ, hat er nicht benutzt,
um Truppen in die Insel zu werfen, welche nur vier
Stunden vom festen Lande liegt. Man hat oben gesehen, wie wenig Antheil er an der Affaire von Saint-
Cast hatte, auf welche jedoch eine Münze ihm zu Ehren
geschlagen worden ist. Die neueren Münzen machen
die alten sehr verdächtig.

In unsern Kolonien verstehen sich die Statthalter
und Intendanten nur, um das schändlichste Monopolium

lium zu treiben. Das allgemeine Geschrey nöthigt endlich die Regierung, einige von ihnen in Untersuchung zu nehmen; ein erkaufter Schutz rettet die meisten, und diejenigen, an welchen durch einen schmählichen Tod ein Beyspiel gestiftet werden sollte, kommen mit so leichten Strafen durch, daß niemand dadurch geschreckt werden kann.

Die Vertheidigung von Pondichery wird einem gelbsüchtigen Fremden, einem verschobnen Kopf, Lally, anvertraut. Er kehrt seine Wildheit nur gegen die Unglücklichen, die er vertheidigen soll. Er liefert oder verkauft den Platz und schlägt sogar die Kapitulation aus, welche der Feind anbietet. Die Verrätherey ist so augenscheinlich, daß man in Frankreich gezwungen ist, ihn festzusetzen. Haben wir nicht Schifskapitaine gesehen, die sich dem Kampf entziehen mußten, oder außer Stand waren, darin zu bestehen, weil die Waaren, mit welchen sie handelten, ihre Schiffe so beschwerten, daß ihre stärkste Batterie dadurch unnüz gemacht wurde?

Ohngeachtet aller dieser Fehler, so vieler Ungeschicklichkeit, Dieberey, Kabale und Widerwärtigkeit mußte das politische System doch eine gute und feste Anlage haben, da es bis zum Tod der Kaiserin von Rußland, Elisabeth, sich unversehrt erhalten hat. Der König von Preussen, mit Ruhm und Sieg gekrönt, urtheilte selbst, daß sein Untergang nur aufgeschoben wäre, als der Tod dieser Fürstin seine bisherigen Feinde zu seinen Bundsgenossen machte.

Aber auch nicht am Französischen Hof allein haben besondre Rücksichten den allgemeinen Vortheil des Staats gestört. Die Oesterreicher waren der Allianz von ihrem Ursprung an so abgünstig gewesen, als wir es nur nach unsern Unfällen haben seyn können. Die Kaiserin selbst hat sich geirrt als sie den Krieg in Schlesien

sten führte, unter dem Vorwand daß dies der wahre Gegenstand desselben wäre. Ihr Groll gegen den König von Preußen hat sie übereilt und sie verhindert einzusehen, daß wenn man Magdeburg und Stettin nahm, der König gezwungen war Schlesien für den Frieden zu bieten.

Ohngeachtet aber die Plane der Kaiserin mißlungen sind, so hat sie doch immer einigen Ruhm davon gehabt, weil der Graf von Kaunitz das politische System immer allein geleitet hat, und das Militair diesem, immer als Werkzeug untergeordnet geblieben ist. Bey uns hingegen hat ein jeder, der gebraucht worden ist, wo nicht an der Regierung Theil nehmen, doch die Regierung stören können.

Indessen hat das Wiener Kabinet zuweilen auch kleinen Hofrücksichten nachgegeben.

Der Prinz Karl hat das Kommando bekommen, weil der Kaiser sein Bruder war, und Daun, weil seine Frau die Favoritin der Kaiserin war. Diesem macht man die militärischen Talente nicht streitig, aber seine Langsamkeit, seine Unentschlossenheit, die gegenseitigen Schonungen zwischen dem Prinzen und dem General haben das Oberkommando oft in's Stocken gebracht, und dann haben die Subalternen die Armee angeführt.

Die Kaiserin von Rußland wurde in ihrem Entwurf, den König von Preußen zu Boden zu werfen, durch den Hof ihres künftigen Nachfolgers durchkreuzt. Der Großfürst unterrichtete den König von allen Maasregeln der Zarin, und da sich die Wirten ihre wechselseitigen Plane mittheilten, so erfuhr sie der König aus Rußland.

Bestuchef, der in London erzogen worden war, und sich ganz den Engländern ergeben hatte, konnte eine Fürstin, welche die Geschäfte haßte, und ganz allein dem Vergnügen lebte, mit geringer Mühe beherrschen und hintergehen. Eine vortrefliche Miliz, aber ohne Feldherren, ohne Kunst für den Unterhalt, konnte durch ihren Muth allein nicht nützen.

III. Theil. G

In Schweden wurde der König durch seine Gemahlin beherrscht, welche eine Schwester des Königs von Preußen war und viel Aehnlichkeit mit ihm hatte; diese störte alle Operationen.

Der Dänische Hof schwankte beständig zwischen der Eifersucht auf das Oesterreichische Haus, auf die katholischen Mächte, und der Unruhe über den König von Preußen.

Im Reich wurden die Protestanten durch den König von Preußen und die Engländer aufgehetzt. Auch hätte man sich darauf gefaßt machen und voraussehen können, daß die Reichsarmee ganz Preußisch gesinnt seyn würde. Man gab ihr noch obendrein den Prinzen von Sachsen-Hildburghausen zum Anführer, der fast ein offenbarer Anhänger des Königs von Preußen war.

Die Königin von Spanien beherrschte ihren Gemahl, Ferdinand VI, und hinderte ihn sich zu erklären, als es noch für das System zuträglich hätte seyn können. Der Herzog von Choiseul zog nachher Ferdinands Nachfolger, Karl III, durch den Familienvertrag auf unsre Seite; aber damals konnte Spanien nichts weiter, als seine Ohnmacht mit der unsrigen verbinden, und unsre Unfälle theilen.

Die Engländer fürchteten diese Vereinigung so wenig, daß sie sogar vor derselben die Absicht hatten, Spanien den Krieg zu erklären. Auch nannte man diese Allianz bey uns die Spanischen Grillen. a) Spanien hat seine Seemacht dabey zugesetzt und unermeßliche Reichthümer, welche unsern Feinden die Mittel verschaft haben, den Krieg fortzusetzen, und die Bedingungen des Friedens gebieterisch vorzuschreiben.

Dies ist das zusammengedrängte Gemälde von dem Ursprung, dem Lauf und dem Ende dieses Kriegs.

a) Les folies d' Espagne sind ein altes und bekanntes Vaudeville.

Ende der Memoiren.

Anhang

Anmerkungen zum ersten Theil.

I.

S. 17.

Die Spanischen Truppen wurden dem Prinzen von Vaudemont anvertraut.

Die Familienverhältnisse des Prinzen von Vaudemont hätten ihn der Französischen Regierung verdächtig machen, und von dem Kommando der Armeen ausschließen sollen; wenigstens hätte nach dem natürlichen Gang der Dinge, nur die äußerste Vorsicht und Delicateße in seinem Betragen den unvermeidlichen Argwohn, den ihm seine Geburt zuzog, auslöschen können. Wir sehen aber aus den Memoiren des Herzogs von Saint-Simon, daß er seine Verständnisse mit den Feinden Frankreichs öffentlich zur Schau trug, und ungestraft, ja sogar an Ludwigs Hof geehrt und belohnt, vor der Armee und der ganzen Nation als Verräther erschien. Dieser Grad von Frechheit auf der einen, und von Verblendung auf der andern Seite ist indessen so unglaublich, daß der Aufschluß des Räthsels vielleicht eher in jener unsichern, sich selbst verstrickenden Politik, die immer von heimlicher Schwäche zeugt, zu finden seyn möchte. Aber die Entdeckung solcher Verwickelungen, welche den verborgenen morschen Faden der neueren Europäischen Geschichte ausmachen, ändert an den allgemeinen Resultaten — Elend der Nationen, Schwäche der Herrscher, und Selbstsucht ihrer Diener — nicht das mindeste ab, und muß daher in einer gewissen Ferne billig verschwinden.

Voltaire's Konnivenz mit dieser Art von Politik verleitet ihn, in seinem Zeitalter Ludwigs des Vierzehnten alle diese grellen Unschicklichkeiten, wie Baudemont's Verrätherey, die Zweydeutigkeit des Herzogs von Savoyen, und die schändliche Aufopferung des großen Catinat, der vor beyden gewarnt hatte, zu ignoriren. Er windet sich durch allgemeinere schnelle Zusammenstellungen bekannter Thatsachen, bis er das Verbrechen, Wahrheiten, die seiner Ueberzeugung heilig seyn mußten, zu bemänteln, glücklich überstanden hat. Wir werden diese einzelnen Reticenzen nach und nach bemerken, und dadurch zum richtigsten Gesichtspunkt gelangen, um zugleich Ludwig den Vierzehnten und seinen Geschichtschreiber zu beurtheilen. Die Autorität des Herzogs von Saint-Simon, welcher Duclos auch am meisten gefolgt ist, scheint für alle parties honteuses in der Regierung Ludwigs des Vierzehnten die wichtigste zu seyn; seine Urtheile sind zwar leidenschaftlich, und werden meistens durch seine persönlichen Verhältnisse mit den in seinen Memoiren vorkommenden Personen bestimmt, aber gekränkte Ehrsucht und Schmerz über unverdiente Zurücksetzung trieben

ihn

ihn an, Wahrheiten auszuspähen und aufzuzeichnen, die
kältern oder zufriednern Beobachtern entgiengen.

II.
S. 31.
Die Königin von Spanien, erste Gemahlin Philipps des Fünften.

Der große Vortheil der Memoiren ist, daß sie von historischen Karakteren durch einzelne Züge oft Darstellungen liefern, die an Lebendigkeit und Individualität den dramatischen gleichen, und der ernstern, mehr um die Humanität im Ganzen besorgten Muse der Geschichte so gut wie die trockensten Urkunden, nur als Quellen dienen dürfen. Eine solche Darstellung von der Königin von Spanien enthalten die von Millot zusammengetragenen Memoiren des Herzogs von Noailles. Größe, und zwar scharfbestimmte weibliche Größe, Schnelligkeit und Lebhaftigkeit des Geistes, mit wahrhaft königlichem Adel und heldenmäßiger Ausdaurungskraft verbunden, sind die Hauptzüge dieses merkwürdigen Karakters. Vielleicht hätte sich Duclos entweder hier oder bey seiner nachtheiligen Schilderung der Prinzeßin dei Ursini mehr erinnern sollen, daß sie von dieser Königin angebetet wurde, die er das Glück der Völker und das Beyspiel der Fürsten nennt. Die Königin hatte zu viel Eigenschaften, durch welche sie diese schöne Lobrede wirklich verdient, als daß nicht etwas von ihrer Liebe dem Andenken ihrer

Favoritin zu gute kommen sollte; aber freylich war der Einfluß der Prinzeßin dei Ursini auf die Spanische Monarchie zu unnatürlich und zu staatswidrig, als daß die Königin für ihre ununterbrochene Abhängigkeit von dieser Ehrgeitzigen, nicht der Entschuldigung bedürfen sollte, daß sie Fürstin und Weib war, und Spanien sowohl als sich selbst der Tyranney des Französischen Hofs oder seiner Agenten zu entziehen glaubte, indem sie beyde in die Fesseln ihrer durch den Widerstand andrer Ehrgeitzigen theurer gewordenen Freundin warf.

III.

S. 32.

Todesfälle in der Familie Ludwigs des Vierzehnten, und daraus entsprungener Verdacht gegen den Herzog von Orleans.

Voltaire's Scepticismus ist nirgends besser angebracht, und der Wahrheit und Weisheit, die den Geschichtschreiber leiten müssen, würdiger, als bey den zweydeutigen und unentschiedenen Vergiftungsgerüchten, welche so manchen Theil der Geschichte verdunkeln. Es gibt vielleicht keinen Menschen auf der Welt, an dessen Tod nicht irgend einem andern Menschen gelegen seyn sollte, und jeder, der im Grabe liegt, kann eben so gut dafür gehalten werden, durch menschliche Bosheit und Eigennutz vor der Zeit hinein befördert worden zu seyn, als jedes Kind, das geboren wird, dafür gehalten werden kann, die Frucht einer

einer Sünde zu seyn. Solche theologische Präsumtionen dürfen aber die historische Wahrscheinlichkeit nicht bestimmen; die Leichtgläubigkeit, die über diesen Punkt von einem Jahrhundert auf das andere forterbt, und mit welcher die Menschen sich entweder über ihren Abstand von den Großen der Erde trösten, oder an den Tragödien ergötzen, die ihrer Meinung nach auf jenen erhabnen Gerüsten, zu welchen sie nie ungeblendet hinaufschauen, aufgeführt werden: diese Leichtgläubigkeit legt dem Geschichtschreiber die Pflicht auf, jede unerwiesene Vergiftungsgeschichte für unwahr zu erklären, weil außer einigen trügenden Wahrscheinlichkeiten, keine vor der andern etwas voraus hat, und a priori gefühlt und eingesehen werden muß, daß unter der Menge, die allerwenigsten Grund haben können. Der Charakter des Herzogs von Orleans hat so viel Böses und so viel Gutes, ja sogar Großes, daß er aus sich selbst den Aufschluß gibt, wie er zwar jener nächtlichen und niedrigen Verbrechen unfähig, zugleich aber vollkommen dazu gemacht seyn konnte, einer feindlichen Kabale den Namen davon herzugeben. In der Volksmeinung geschah folgender Schluß: wer die Religion und die Sitten offenbar und ungescheut beleidigt und höhnt, der kann gar wohl in acht Tagen drey nahe Verwandte, die ihm im Wege stehen, mit Gift vergeben. So unvernünftig und nur den Heuchlern vortheilhaft dieser Schluß auch ist, so mächtig wird er doch zu allen Zeiten seyn, und so mißlich wäre es die Vorurtheile, auf welchen er beruht, anzutasten, bis andre Bande gefunden worden wären, um zügellose und übermüthige Große oder Mächtige von der Meinung einer sklavischen und unaufgeklärten Menge abhängig zu machen. Auch scheint ein dunkles Gefühl einem trotz aller Entstellung doch natürlichen Trieb der Menschen oft die sonderbare Wendung gegeben zu haben, daß sich Völker gern mit ihrem König verbündeten, um an dessen nahen Verwandten die Schuld der Anwartschaft auf den Thron zu rügen.

Die Geschichte hat mehrere Beyspiele von solchen höllischen Geweben, wie dasjenige war, mit welchem die Partey des Herzogs von Maine den Herzog von Orleans umstrickt hatte; wir verdanken es aber den Memoiren, die wir über diesen Theil der Geschichte haben, daß von keinem Anschlag der Art ein so deutliches und bestimmtes Bild zurückgeblieben ist, und es verlohnt sich der Mühe, dieses Bild zu studiren, um crimine ab uno die Methode und die Wirkungen ähnlicher Komplotte, denen man weniger auf den Grund kam, kennen zu lernen. Der Herzog von Saint-Simon, ein Todfeind der maineschen Partey, gibt übrigens nicht undeutlich zu verstehen, daß er an die Vergiftungen glaubt, aber den Duc du Maine selbst für den Urheber derselben hält; doch kann es nichts unweiseres und ungeschickteres geben, als solche Recriminationen, die anstatt das Verbrechen unwahrscheinlich zu machen, nur die Zahl der Verdächtigen häufen, und der Bösartigkeit der Menschen eine neue Beute hinwerfen, ohne ihr die erste zu entreißen.

Ohne

Anhang.

Ohne dem Urtheil vorzugreifen, das die Geschichte einst in ihrer Impassibilität über einen Nachkömmen des Herzogs von Orleans fällen wird, sind doch einige gemeinschaftliche Züge eines Familienschicksals, das dieses Haus betroffen hat, belehrend genug, um bey dieser Gelegenheit ausgehoben zu werden. Der Platz, den das Haus Orleans durch die Geburt einnahm, hatte es seit Jahrhunderten zum Mittelpunkt aller Opposition in Frankreich gemacht, und durch dieses Verhältniß war in demselben eine gewisse freyere Denkungsart *) gleichsam erblich geworden, die es vor allen Französischen Fürstenhäusern voraus hatte. Wir sind weit entfernt, dem jetzigen gewesenen Oberhaupt des Hauses Orleans solche instinktartige, mit dem Blut seiner — des Kutschers nicht zu erwähnen — putativen Väter überkommene Grundsätze zum Verdienst anzurechnen; es dünkt uns aber, daß sie bey der Rolle, die er vom Anfang der Revolution gespielt hat, als mitwirkender Umstand nicht vergessen werden dürfen. Bey den natürlichen Verhältnissen des Hauses Orleans entstanden öfters Lagen, in welchen es sich unter keiner Bedingung von Verdacht, und von jenen mächtigen Verläumbungen, die auf einem unleugbaren, allgemein angenommenen Grund beruhen, rein halten konnte; und wir finden, daß die allgemeine Wuth des Vorurtheils, die nach den schwärzesten Verbrechen hascht, um ihren Gegenstand damit zu belasten, kaum jetzt in Europa so schwer auf Philipp Egalité fällt, als sie während der Regierung Ludwigs des

*) S. diese Memoiren, Th. I. S. 170.

Vierzehnten in Frankreich auf seinen Vorfahren, den nachmaligen Regenten, gefallen war. So wenig diese Zusammenstellung als Rechtfertigungsgrund für den Ehr-Namen- und Hosenlosen Philipp gelten kann, so beweist es denn doch, daß seine Verbrechen sich vielleicht nicht so sehr über das Verhältniß seiner Geburt hinaus erstreckt haben, als seine Unfähigkeit und die Niedrigkeit seiner Gesinnungen Anlaß gegeben haben, zu verbreiten. Sehr natürlich war es, daß das einzige populäre Fürstenhaus in Frankreich unabläßig darnach strebte, sich in die ungeheure Masse einer Volksrevolution, von ihrem ersten Entstehen an, einzuflicken und einzunisten, und daß seine Mittel dazu im Verhältniß mit dem Unerhörten und Beyspiellosen dieser Revolution bleiben, ja sogar als ungleichartige Zuthat manchen Zug derselben entstellen mußten. Aber nicht weniger natürlich war es, daß man auf einer andern Seite diesen Umstand benutzte und nie von dem System abwich, eben die gefährliche und doch verführerische Revolution um allen Ruf zu bringen, indem man jenes Haus und dessen verachtetes Oberhaupt als Rädelsführer und Hauptfiguren in derselben, das Volk hingegen in seiner Wuth und Größe als Werkzeug eines mit Recht verabscheuten Ehrgeizes, um alle legitimen Ansprüche, die ihn hinderten, mit allen Gesetzen und aller Ordnung zugleich zu zerstören, aufstellte. Das Haus Orleans scheint für diesen Augenblick von dem empörten Meere verschlungen worden zu seyn; wenn es sich aber auch noch länger und heftiger darauf bewegt hätte, so hätte es doch immer

für

für den unparteiischen Beobachter nicht höher in Anschlag kommen dürfen, als jedes andre Ungeheuer, dessen beschränkten Krais der Ocean duldet.

IV.

S. 39.

Mademoiselle Chouin.

Es könnte blos für die Sittengeschichte der damaligen Zeit einiges Interesse haben, genauer nachzuforschen ob zwischen dem Dauphin, Ludwigs des Vierzehnten Sohn, der nie zur Regierung kam, und der Mademoiselle Chouin eine Gewissensehe statt gehabt habe oder nicht. Wahrscheinlich wird das erste allerdings durch die Aehnlichkeit dieses ganzen Verhältnisses mit dem Verhältniß des Königs und der Frau von Maintenon, und durch die stillschweigende Anerkennung dieser Aehnlichkeit in dem Betragen der beiden letzteren. Daß sich Voltaire dagegen auflehnt, mag seinen Hauptgrund in dem Namen der Pseudo-Dauphine haben, der seinen poetischen Ohren viel zu abscheulich klang, um der Besitzerin desselben die Ehre einzuräumen, daß sie auf irgend eine Weise mit dem Dauphin vermählt gewesen wäre. Folgendes Portrait der Mademoiselle Chouin aus den Deutschen Originalbriefen der Herzogin von Orleans würde ihn freylich, wenn er es gekannt hätte, mit ihrem Namen nicht ausgesöhnt haben:

„Sie sahe aus wie ein Doguin, war klein, hatte kurze Beine, ein rund Gesicht, hatte eine kurze aufgeworfene

worfene Nase, groß Maul voll fauler Zähne so brav stunken, daß man sie eine Kammer lang riechen konnte, ꝛc." — denn der Schluß dieser kräftigen Beschreibung enthält einige so wenig empfindsame Details aus der Liesbesgeschichte dieses Pars, daß wir uns nicht getrauen, sie der Herzogin von Orleans nachzuschreiben.

V.

S. 44.

Der Tod des Herzogs von Bourgogne war ein Trauerfall für die ganze Menschheit.

Die Geschichte hebt uns das Andenken mehrerer präsumtiven Thronerben auf, an welchen die Völker mit den süßesten Hofnungen hiengen, bis ein vorzeitiger Tod ihnen den Ruhm zusicherte, daß sie das Glück ihrer Unterthanen gemacht haben würden wenn sie zur Regierung gelangt wären. Das omnium judicio dignus imperii nisi imperasset des Tacitus ist nicht dazu gemacht, bis zur Zerstörung dieser frommen Täuschung auf die Menge zu wirken, die hierin wie in so vielen andern Dingen sich mit solchen Täuschungen ihre Fesseln zu erleichtern gewohnt ist. Dem Philosophen aber ist die Untersuchung wichtig, ob denn wirklich ein feindseliges Verhängniß der Menschheit so viele vortrefliche Regenten in ihrer Blüthe entrissen hat, und ob die bestem Regierungen denn wirklich diejenigen gewesen wären, zu denen es

durch

Anhang.

durch den grauſamen Muthwillen des Schickſals nie gekommen iſt.

Der Herzog von Saint-Simon, welcher vor der
Regentſchaft nie am Hofe auffam, und in dem kurzen
Zeitraum der zwiſchen dem Tode des erſten Dauphin und
des Herzogs von Bourgogne verſtrich, auf dieſen ſeine
ehrgeizigen Hofnungen gegründet zu haben ſcheint, ſpricht
von ihm mit einer Art von Anbetung und mit der Uebertreibung, die allen ſeinen Urtheilen, ſie mögen günſtig oder
nachtheilig ſeyn, anhängt. Wenn alſo ſeine Memoiren
ſelbſt den Stoff hergeben, für den Fall, daß der Herzog
von Bourgogne regiert hätte, auf ein ungewiſſeres Glück
zu ſchließen als ſich die Nation verſprach, ſo iſt das Zeugniß eines von den Tugenden dieſes Fürſten begeiſterten
Zeitgenoſſen hierinn gewiß das unverwerflichſte. Der
Herzog von Bourgogne war mit neroniſchen Anlagen geboren; ein knechtiſcher Bigotiſmus, der ſich zu dieſen,
geſellte, konnte aus ihm eines der ſchändlichſten Ungeheuer bilden, mit welchem jemals die Geduld der Völker
geprüft worden iſt. Doch war Kraft in ſeinem wilden
Uebermuth, Geiſt in der ſtolzen Ueberlegenheit, mit welcher er alles was ſich ihm näherte in den Staub zu treten ſchien, und die religiöſe Richtung die er überdem bekommen hatte, gab Mittel an die Hand ihn zu bändigen.
Einer der merkwürdigſten Männer des ſiebzehnten Jahrhunderts, Fenelon, bemächtigte ſich ſeiner als es noch
Zeit war, und unterjochte ihn ſo, daß die Veränderung
im Karakter des Herzogs von Bourgogne unter dir erſten

Wun-

Wunder der Erziehung gerechnet wurde. Fenelons Karakter ist von dem Herzog von Saint-Simon mit ausserordentlicher Kraft und Wahrheit geschildert: ein Mann von dem sanftesten und zugleich umfassendsten Geist, zusammengesetzt aus tiefer Menschenkenntniß und unbegränzter Schwärmerey, liebenswürdig und edel bis in den geringsten Details seines häuslichen Lebens, sirenenartig anziehend, voll des kühnsten und consequentesten Ehrgeizes, aber dabey mit einer so zarten Moralität begabt, daß er auf dem Wege nach glänzenden und weltlichen Zielen nur nach dem Ideal einer reinen, überirdischen Tugend zu streben schien — dieser Mann hätte den Französischen Staat regiert, wenn der Herzog von Bourgogne Ludwig den Vierzehnten überlebt hätte, und es scheint also wirklich ein Verlust für die Menschheit, daß dies schöne Reich nicht der Abdruck eines solchen Geistes hatte werden sollen.

Als der Herzog von Bourgogne durch den Tod des ersten Dauphin der nächste Thronerbe wurde, lebte Fenelon von ihm entfernt, und auf seinem Erzstift, Cambrai in einer Art von Verweisung. Er hatte mit einer berühmten Schwärmerin der damaligen Zeit, Madame Güyon, sich für eine mistische Idee von reiner Gottesliebe bis zum Märtirerthum verbündet, und hatte dadurch einigen seiner Zunftgenossen, die eben so ehrgeizig und in der Wahl ihrer Mittel weniger zart und gewissenhaft als er waren, Anlaß gegeben ihn von dem Hofe des Königs zu entfernen, dem man noch zum Ueberfluß den Telemach

mach) des Erzbischofs von Cambrai als eine versteckte Satire auf seine Regierung vorzustellen gewußt hatte. Ludwigs des Vierzehnten Liebe zum Despotismus verblendete ihn so sehr, daß er sich nicht schämte, mit den erdichteten Tirannen und bösen Ministern in Fenelons Roman offenbar gemeine Sache zu machen, um zweifelhafte Anspielungen durch seine Empfindlichkeit zur treffenden Allegorie zu stempeln. In Cambrai sah man nunmehr die ehrwürdigen und mehr als menschlichen Hirtentugenden der ersten Bischöfe, im innigsten Bunde mit allen gesellschaftlichen Reizen des vollendeten Hofmanns und des aufgeklärten Kopfes, wieder aufleben, und der Verungnadete, Verläumdete, Verspottete sammelte dort nach und nach durch seine unwiderstehliche Liebenswürdigkeit den Hof, die Armee, und das Land zu seinen Füßen: ja er wußte sogar die Eifersucht des Königs durch den bloßen Zauber der Tugend dergestalt einzuschläfern, daß dieser es dabey bewenden ließ, Fenelons Triumph zu ignoriren.

Außer der allgemeinen Achtung und Liebe die sich Fenelon zu erwerben gewußt hatte, übte er aber noch eine entschiednere Herrschaft über eine kleine Anzahl von Gläubigen aus, die mit unbegränztem Vertrauen und andächtiger Ergebung ihn als ihren Meister anerkannten. Die Hauptpersonen in dieser heimlichen Gemeinde waren der Herzog von Bourgogne, und zwey Französische Große, die seine beständigen Gesellschafter waren: der Herzog von Beauvilliers, sein ehemaliger Hofmeister, und der Herzog von Chevreuse. Die an unvollendeten Geistern, an widerspruchsvollen Karakteren sich immer erweisende Allgewalt des Mysticismus war das große Erziehungsgeheimniß gewesen, durch welches Fenelon den harten Hof, den er am Herzog von Bourgogne fand, bezwungen und zu seiner Handwerk umgeschaffen hatte. Doch konnte es nicht fehlen daß diese aus der zweyten Hand empfangne Tugend, die weder Grundsatz noch Naturell war, sondern durch Gehorsam und Glauben künstlich hervorgebracht und beisammen gehalten wurde, wenn ihr der belebende Geist ihres Schöpfers gebrach, oft in Kleinlichkeit und Uebertreibung ausartete. Fenelon mußte daher, von Beauvilliers und Chevreuse unterstützt, in der Ferne unablässig darüber wachen, daß der religiöse Schwärmer nicht dem künftigen Regenten Abbruch thäte, und die Französische Nation nicht mit Ekel und Unwillen den lockern Grund ihrer Hofnungen entdeckte. Die Herzogin von Orleans hat wirklich in ihrem schlichten und plumpen Menschenverstand geurtheilt, daß alles „was der Dauphin de Bourgogne Gutes an sich hatte, von seinem Präceptor, und was nicht gut war, von ihm selber war." Ausgemacht scheint es indessen daß in Fenelons Geist, bey der Bildung seines königlichen Zöglings, mit den eigennützigen Wünschen seines Ehrgeizes auch wirklich

„Das

Anhang.

„Das kühne Traumbild eines neuen Staats" *) zusammenschmolz, und daß die Ausführung großer und wohlthätiger Ideen ihn am Herrschen eben so sehr interessirte, als das Herrschen selbst, wie zweydeutig auch manches seyn mochte was er für das letzte that. **) Auch lag es in der Vielseitigkeit eines so großen Karakters, daß jene übervernünftige Schwärmerey, wenn sie auch vielleicht nicht bloß Maske oder Unterjochungsmittel war, ihn nicht, wie es bey jedem nicht ganz ausserordentlichen Geist nothwendig geschehen muß, der Begeisterung für das wahrhaft menschlich Gute und Edle unfähig machte. Kein schrecklicheres Schicksal könnte also für einen solchen Menschen erdacht werden, als wenn er am Ziel seiner Bemühungen keine andern Früchte eingeerntet hätte, als gescheiterte Hofnung und Reue, wenn eine menschliche Schwachheit, ein zurückgebliebner natürlicher Trieb

---

*) Nach einer Unterredung, die Ludwig XIV einst mit Fenelon gehabt hatte, erklärte jener, daß er sich mit dem schönsten und chimärenreichsten Geist in seinem Reich unterhalten hätte. Und wenn man den Herzog von Saint-Simon über diesen ganzen Theil der Geschichte seiner Zeit nachliest, so ist es nicht dieser Zug allein, der an Philipp II. den Marquis von Posa und Don Carlos in Schillers unsterblichem Werke erinnert.

**) Man kann es z. B. nicht ohne Schmerz lesen, daß sich Fenelon mit dem Abschaum alles Pfaffendespotismus, dem Pater Tellier, liquirte um durch den Sturz eines streng rechtschaffnen Priesters, des Kardinal von Noailles, sich Platz am Hofe zu machen. Uebrigens könnte dieser Zug allein abhalten, in einen unbedingten Enthusiasmus für Fenelon einzustimmen.

Trieb in der königlichen Maschine, die er für seine großen Entwürfe eingerichtet hatte, diese vielleicht über seinem Haupt zusammengestürzt hätte. Die Gemahlin des Herzogs von Bourgogne, eine Prinzeßin von Savoyen, wird von Duclos geschildert: sie war für ein Weib wenigstens eben so liebenswürdig als es Fenelon für einen Propheten und für das Oberhaupt einer schwärmerischen Sekte nur seyn konnte, und die ganze ehemals wüthende Sinnlichkeit ihres Gemahls war in die blindeste Liebe für sie übergegangen. Sie schien nichts als eine kindische bezaubernde Thörin, und war der tiefsten ränkevollsten Politik fähig; sie liebte ihrem Gemahl nicht, beging sogar öftere Untreue an ihm, und war seine einzige Freude, der rührende Gegenstand seiner unbegränzten Zärtlichkeit. Herrschsüchtig und sich in ihrer besonnenen Unbesonnenheit einer unwiderstehlichen Macht bewußt, wie hätte sie wohl die Gewalt der Regierung ruhig in Fenelons Besitz gelassen? und wie hätte dieser wohl in dem sonderbaren Kampf bestanden?

Die trocknen Formeln der Religion und ihre mistischen Abarten waren von jeher gleich wirksame Mittel, um Fürsten an ihre eigne Schwäche und Unfähigkeit, und durch diese wiederum an eigennützige Rathgeber und Günstlinge zu fesseln. Die Anwendung, welche Fenelon von diesem Mittel machte, scheint es in diesem einzelnen Fall zu rechtfertigen und zu adeln; aber welche Dauer konnte er sich von einer Tugend versprechen, die nichts weiter war

war als unnatürliche Spannung, von einer Größe, die auf Irrthum und Geistesarmuth, von Regierungsgrundsätzen, die auf außerweltliche Fantome gebaut waren? Wenn Böse wichter, und was immer das Schlimmste gewesen ist, eins geschränkte Bösewichter, ohne an der Form etwas zu äns dern, bloß den Geist tödteten, und es dem König in seis ner Ermüdung, Schwäche und Menschlichkeit bequemer machten, indem sie statt der Ideen von allgemeinem Wohl ihm wirkliche sowohl als phantastische Befriedigungen der Selbstsucht unterschoben; so konnte sein Reich ein kaum bemerktes Opfer unsichtbarer Geister werden, das Glück ganzer Generationen für eine Universalmedicin oder den Stein der Weisen kein ungleicher Preis dünken, und Fes lon mit seinem weise erdachten Werk den Fluch der Mensch heit verdienen.

VI.

S. 75.

Die Prinzeßin bei Ursini und gelegentlich Frau von Maintenon.

Folgende Schilderung der Prinzeßin bei Ursini aus den Memoires de Noailles kann als ein Beyspiel von histo rischer Mäßigung angesehen werden:

„Die Geschichte hat ihr Andenken nicht genug ges schont, und ihre achtungswürdigen Eigenschaften zu wes nig gekannt. Ihre Fähigkeiten umfaßten die eigentlichen

Staatsgeschäfte, so gut als die Intriguen; sie verband edle Gesinnungen mit den Kleinlichkeiten der Eitelkeit, viel wahren Eifer für ihre Herren mit ängstlicher Sorge um Hofgunst; sie hatte weniger Tugend*) und Annehmlichkeiten als Frau von Maintenon, aber mehr Stärke des Geistes und mehr Karakter. Wenn man ihr manches zur Last legen kann, so muß man bekennen, daß sie auch große Dienste geleistet hat. Sie war die Rathgeberin, die Stütze einer jungen unerfahrnen Königin, die von ihren Völkern angebetet wurde, die den Muth des Königs über die gefährlichsten Stürme erhob, und die sich mit ihm zugleich ihre ganze Regierung hindurch am Rande des Verderbens befand. Es war damals so schwer in Spanien zu regieren, daß die Umstände einen großen Theil der Vorwürfe, die auf die Prinzeßin bei Ursini gefallen sind, entgelten sollten. Sie war hoffärtig, ehrgeitzig, ränkevoll: wie viele unter den gerühmtesten Ministern gibt es wohl, auf welche diese Züge nicht paßten? Aber ihr Muth und ihre Entschlossenheit trugen viel dazu bey, Philipp den Fünften unter den dringendsten Gefahren auf dem Thron zu erhalten."

Dieser Schilderung gegenüber stellen wir das Portrait der Frau von Maintenon, von der nämlichen Hand entworfen:

"Die Marquise von Maintenon hatte vielleicht Künste angewandt, um den Grund ihrer Erhebung zu legen, aber

viele

---

*) Man muß nicht vergessen, daß es ein Geistlicher ist, der hier spricht, und von der rechtgläubigen Favoritin einen simbolischen Ausdruck braucht.

Anhang.

viele vortrefliche Eigenschaften machten sie deren würdig. Es ist heut zu Tage außer Zweifel, daß sie durch eine geheime Ehe mit dem Monarchen verbunden war. Eben so unzweifelhaft wird es durch ihre eignen Aufsätze, daß eine aufrichtige Frömmigkeit, rein in ihrem Ursprung, zuweilen kleinmüthig in ihren Wirkungen, die Seele ihres Betragens gewesen ist. Uneigennützig und bescheiden auf dem höchsten Gipfel des Glücks, erhielt sie zwar in den Geschäften, vorzüglich der Kirche, zu vielen Einfluß, aber sie fürchtete stets ihre Gewalt zu mißbrauchen. Man wirft ihr vor, daß sie die Verdienste der Menschen nicht recht geschätzt, und manche wichtige Posten an Unfähige vergeben hat; aber sie zog bey ihnen ihre Rechtschaffenheit mehr in Erwägung als ihren Mangel an Talenten, oder glaubte diese in jener zu finden; ihre Irrthümer selbst hatten einen ehrwürdigen Grund, und welche Lobeserhebungen würde sie sich nicht zugezogen haben, wenn der Ausgang ihrem Eifer für das Wohl des Staats entsprochen hätte?"

Es ist nicht zu leugnen, daß ein gewisser Grad von Furchtsamkeit und von Schwäche, hauptsächlich bey dem Zweyten dieser beyden Portraits den Verfasser abgehalten hat, die bestimmteren Züge seines Originals nachzubilden. Wenn man aber zu einem Bilde von der Frau von Maintenon bloß die Züge zusammenstellte, die uns die Herzogin von Orleans und der Herzog von Saint-Simon überliefert haben, so liefe man sicherlich Gefahr, der Wahrheit noch weniger getreu zu bleiben, als es Millot mit den lauen und blassen Farben der Menschenfurcht gewesen ist: angenommen sogar, daß jene niemals durch Haß verleitet worden wären, von dieser berühmten Frau alles Schlimme, bloß darum weil es schlimm war, zu glauben. Saint-Simon macht seiner eifersüchtigen Wuth gegen die Menschen, die seinen Planen im Wege gestanden hatten, in seinen Memoiren Luft, ohne ein einzigesmal seines persönlichen Grolls gegen sie zu erwähnen; aber die Herzogin von Orleans hat es kein Hehl, daß sie mit der Frau von Maintenon in beständigen Zänkereyen lebte, weil ihr deutscher Fürstenstolz sich nicht unter die Herrschaft einer kaum adlichen Königin schmiegte, und sie ist dabey noch ehrlich genug, um einmal selbst zu gestehen: „das Weib sey von Anfang nicht so bös gewesen, sondern immer böser geworden." Solche Kleinigkeiten sind es die das Gleichgewicht im Urtheil über historische Karaktere wiederherstellen müssen, damit die gegenwärtigen Zeitumstände die Geschichtschreiber nicht an Billigkeit und kaltem Blut wieder einbüßen lassen, was sie an Freyheit und Kraft gewinnen. Die Aufklärung hat in Frankreich den Schleyer weggezogen, der so lange Zeit das sogenannte große Leben verbarg, und nun schleppt ein jeder seine ehemaligen Götzen im Koth herum, alle nachtheiligen Zeugnisse aus den unlautern Quellen ihrer in zu nahen Verhältnissen mit ihnen gestandenen Zeitgenossen werden als Orakelsprüche aufgenommen, und man bedarf wirklich der milderen nach gewissen Rücksichten abgemessenen Urtheile

eines

ines Millot oder Voltaire, um in der Stimmung nicht irre zu werden, welche zur Ausübung der historischen Gerechtigkeit erforderlich ist.

Wenn freylich Millot auf sein Gewissen befragt worden wäre, was er unter der aufrichtigen, in ihrem Ursprung reinen Frömmigkeit eines Weibes verstünde, das ehemals galant gewesen war, und in einem reiferen Alter das erschöpfte Herz und den abnehmenden Geist eines mächtigen Königs mit alltäglichen Weiberkabalen und jesuitischen Kasuistereyen umstrickte; wenn er sich kathegorisch hätte erklären müssen, wie ein zu großer Einfluß in den Geschäften, besonders der Kirche, sich bey der Frau von Maintenon mit einer wahren Furcht ihre Gewalt zu mißbrauchen, vereinigen ließe, und ob er im Ernst ihre eigenhändigen Aufsätze — künstlich ausgearbeitete Briefe, in denen sie nach ihrer Art repräsentirte, und sich den Karakter machte, unter welchem sie in der Meinung der Welt zu passiren wünschte — für unzweifelhafte Zeugen ihrer inneren Seele ansähe; wenn Voltaire den Beweis hätte führen müssen, daß er ohne Ueberwindung und ohne Unredlichkeit so säuberlich mit der bigotten Urheberin der theologischen Verfolgungen in Frankreich verfahren wäre, so würden beyde ohne Zweifel in keiner geringen Verlegenheit gewesen seyn. Indessen trafen bey der Frau von Maintenon sowohl als bey der Prinzeßin bei Ursini nur die nothwendigen Folgen einer durch die Schwäche ihrer eigentlichen Verwahrer überkommenen Gewalt ein; daß sie herrschten

ten war ihr größtes Verbrechen, was sie thun mußten, um sich auf der gefährlichen Höhe zu erhalten war Nothwendigkeit, und um nichts schlimmer oder haffenswürdiger als daß sie hinaufgestiegen waren. Von den beyden Favorittinnen hatte die Prinzeffin unstreitig das meiste Genie, was auch wohl zunächst die Ursache seyn mag, warum sie fiel und die andre stehen blieb. Frau von Maintenon war eine gewöhnliche Frau von Verstand, sie hatte gerade so viel Karakter als nöthig war um keinen zu haben, wo er nicht angebracht war, ihre Politik war lange Bedürfniß gewesen und endlich Gewohnheit geworden, Ersatz durch Einfluß und Thätigkeit bräuchte sie für den einförmigen Zwang und die Abhängigkeit mit welchen sie das selbstsüchtige Herz eines an Geist und Sinnen veralterten Königs erkaufte, Hoheit und Güte konnte sie in ihrem Umgang mit der Welt, in ihren zwischen resignirter Knechtschaft und heimlichem Emporstreben immer abwechselnden Verhältniffen nicht behalten haben: wie hätten also ihre Regierungsarbeiten in's Große gehen, und allgemeines Wohl umfassen können? die Menschheit lag ihr zu weit, ihr Verstand spielte mit theologischen Grübeleien und geistlichen Stiftungen, und nach den engsten konventionellen Begriffen von Rechtschaffenheit, Tugend und Frömmigkeit, mit welchen kleine weibliche Rache und Verfolgungssucht gar wohl zu vereinigen waren, maß ihr Gewissen und ihr Geist die Monarchie ab, die das Schicksal ihr zugeworfen hatte.

Die

Anhang.

Die kurze Schilderung, die Duclos in unsern Memoiren S. 156. von ihr macht, ist ein wahres Muster jener männlichen Freyheit, die den Schriftsteller nicht berauscht, sondern seinen Blick heller und sein Urtheil leidenschaftloser macht. Ein schreckliches Bild, und das worinn sie die verhaßteste Rolle spielt, geben die letzten Augenblicke Ludwigs des Vierzehnten, wo dieser sonst allmächtige Monarch auf seinem Todbett das Gefühl, sich selbst überlebt zu haben in seiner ganzen Bitterkeit empfängt, und vergebens nach der nemlichen Frau schmachtet, der er seine königliche Ehre und den Ruhm seiner Regierung aufgeopfert hat, und die zweymal ihn verläßt ehe noch seine Augen geschlossen sind. Aber das Abscheuliche dieses Gemäldes fällt mehr auf das Leben der großen Welt überhaupt, als auf die unglückliche Sklavin, die in dem Augenblick wo ihre Rolle ausgespielt war, es nicht erwarten konnte die drückende Larve abzuwerfen und die traurige Posse zu enden. Dieser grelle Ausbruch von Egoismus dürfte nur dann befremden oder indigniren, wenn das Verhältniß zwischen einem Ludwig und einer Maintenon *) je von etwas anderm gezeugt hätte; aber

die

---

*) Wir haben wirklich in ganz neuern Zeiten — si parva licet componere magnis — ein Seitenstück zu der Flucht der Frau von Maintenon nach Saint Cyr, vor dem Tod ihres Gemahls und Königs, erhalten; und es ist merkwürdig daß die feine Prüderie einer Französin aus dem glänzenden Siecle de Louis XIV. doch keine so guten Ausreden gefunden hat, als die Empfindsamkeit eines Deutschen Schriftstellers und Ehe-

die tragische Crisis in welche er fällt, macht das Ganze von einem unauslöschlichen Eindruck.

VII.

S. 115.

D'Aguesseau, und die Jansenisten-Händel in Frankreich.

D'Aguesseau verlor während der Regentschaft den Ruf von unerschütterlicher Tugend, den er sich durch seinen kräftigen Widerstand unter der Regierung Ludwigs des Vierzehnten oder vielmehr des Pater Tellier erworben hatte. Damals, sagt Voltaire, hatte d'Aguesseau jenen Muth des Geistes noch, den die Jugend giebt. Dies ist ein einfaches, aber tiefes Wort, eine von den reifen und hellen Ideen die, bey einem Kopf wie Voltaire, aus der künstlichen Mässigung selbst entsprangen, mit welcher er die Frevel einer Regierung behandelte, von der er nun einmal verbunden war ein schönes Gemälde zu liefern. Diese wissentlichen Verschönerungen wurden in seiner lebhaften und poetischen Fantasie so gut zu Wahrheiten wie die Karactere und Situation in seinen Trauerspielen, und durch Widerspruch stiegen sie endlich in seiner Eitelkeit zu Glaubensartikeln. So weit kann jedoch diese Illusion
kaum

Ehemanns. Der Deutsche Patriotismus wird es uns Dank wissen, daß wir diesen Vorzug unsrer Nation vor der Französischen, selbst in ihrem ehemaligen nie genug zu beweinenden Flor, entdeckt haben.

kaum gegangen seyn, daß sie seine sündliche Apathie, selbst die theologische Tirannei zu beschönigen, vor seinen eignen Augen verborgen, und daß er ohne zu erröthen, um den Pater Tellier zu karakterisiren, den für einen Voltaire wirklich possirlichen Euphemismus gebraucht hätte: dieser Beichtvater sey ein allzuheftiger Mann gewesen. Aber abgekühlt wie er es seyn mußte, um sich über die Gegenstände seines bittersten Hasses so glimpflich zu äussern, gewinnt er zuweilen an Weisheit wieder, was er im Ganzen durch ein so trügerisch=geschmeicheltes Gemälde an philosophischer Ehre verliert. So kann man z. B. folgende Prophezeiung in seinem Siecle de Louis XIV., bey Gelegenheit der Jansenisten Händel, nicht ohne einen gewissen sehr gemischten Schauder lesen: „was lächerlich geworden ist, kann nicht mehr gefährlich seyn. Der Streit wird sein Wesen verändern; den Menschen kann es nie an Vorwänden abgehen um einander zu schaden, wenn sie auch keine Ursachen mehr dazu haben; und so wird selbst die Religion vielleicht noch helfen die Dolche zu spitzen."

Die Jesuiten hatten Ludwig dem Vierzehnten das Vorurtheil eingeflößt, daß der Jansenismus die Grundfesten der königlichen Gewalt erschütterte. Wie das eigentlich durch Eine Meynung über Sätze der scholastischen Theologie mehr geschehen konnte als durch eine andre, darauf ließ sich der König weiter nicht ein; genug er verfolgte, und im Verfolgen selbst mußte er wohl ganz deutlich erkennen,

daß

daß die Jesuiten ihm nicht zu viel gesagt hatten, so wie die Jansenisten auch auf diesem Wege das werden mußten wofür sie ihre Gegner ausgeschrieen hatten, und was sie zuverläßig, wenn ihr System unter dem Schatten der königlichen Gewalt hätte gedeihen und um sich greifen dürfen, weder mehr noch weniger gewesen wären als die Jesuiten. In der Mitte des laufenden Jahrhunderts, unter der Regierung Ludwigs des Funfzehnten, konnten ihre schändlichen Charlatanerien (Siehe S. 96. Note a.) geradezu auf Empörung des Pöbels führen; aber neben diesem letzten Aufstreben eines plumpen Fanatismus stieg die neuere Philosphie in die Höhe, verschmähte selbst die Mittel nicht, durch welche sie in der großen Welt und an den Höfen Fuß fassen konnte, gewann den großen Sieg über die Jesuiten, und bereitete die Revolution, in welcher denn aber auch die für erstickt gehaltenen Greuel des Fanatismus Gelegenheit fanden unter veränderten Gestalten und Namen wieder aufzuleben. So möchte freylich der Jansenismus in der Genesis der Französischen Revolution eine wichtigere Rolle spielen als man sich zeither erinnert hat, und so möchte es durch den Lauf der Zeiten vielleicht dahin gekommen seyn, daß sich in manchem Jacobinerclub Jansenisten und Jesuiten — vor kurzem noch pariter jacentes — der guten Sache des Herrschens und Wohllebens zu Ehren, brüderlich umarmen. Man erwäge die deutschen Hypothesen über den Jesuitismus im Martinismus; verschiedne nicht unerhebliche Anekdoten von Cagliostro's letztem Aufenthalt in Paris, die sich

durch

durch die Emigration unter der Hand verbreitet haben; die mystischen Winkelversammlungen in Frankreich die gleich zu Anfang der Revolution durch Journale und Reden als democratische Klubs auftraten; die chronologische Nothwendigkeit mehrerer Berührungspunkte zwischen den heutigen geschwornen, nicht geschwornen, und atheistischen Fanatikern auf der einen, und den älteren streitenden Sekten auf der andern Seite; man bedenke daß die bewundernswürdige und eigenthümliche Konsequenz jeder geistlichen Innung weit weniger die Subtilitäten ihres besondern Symbols, als den Zweck jedes Symbols, die Hierarchie, festhält, und folglich immer bereit seyn wird, diesem Zweck zu Ehren, jene Subtilitäten mit andern, den Zeitumständen angemesseneren, und hiernächst auch die Gegner, gegen welche sie das Feuer und Schwert der Propaganda richtet, mit andern die entweder durch gleiche Absichten oder gar durch Redlichkeit und Wahrheitsliebe entstehen, zu verwechseln. Man kann selten irren, wenn man von gleichen Wirkungen auf gleiche Ursachen schließt, wie tief sich diese auch hinter den entgegengesetzten Namen verborgen haben mögen. Die Septembrisirer der neueren Zeiten sind die Convulsionnaires der älteren, die Telliers und Boyers von ehedem stehen heute in den Robespierre's und Chapot's wieder auf, und nur einige wenige Worte, der siegenden Vernunft entwandt um sie von neuem zu stürzen, machen den Unterschied zwischen dem atheistischen Schreier auf der Rednerbühne des Nationalconvents, und dem Einsiedler Peter, dem Spa-

Spanischen Großinquisitor, oder dem Grafen Cagliostro. Man würde auch, wenn man deshalb auf Entdeckungen ausgienge, zuverläßig auf mehrere ganz materielle Analogien stoßen. Freylich müßte man in einer so beschränkten historischen Hypothese nicht den Aufschluß der ganzen Französischen Revolution gefunden zu haben glauben; Mirabeau würde z. B. dadurch weder zum Betrüger noch zum Betrognen, die Eroberung der Bastille, selbst in ihrer Eigenschaft als königliches Schloß, *) bliebe ein unsterbliches Denkmal dessen was Begeisterung vermag, die Grundsätze der Constitution und die Verkündigung der Menschenrechte würden um nichts leichter zu widerlegen, **) Gleichheit der Rechte würde noch immer, auch

zwi-

---

*) Cf. Burke.

**) Insofern sie nämlich die Exposition, den ersten Akt der Revolution machten, denn an und für sich enthielten sie so viel Widersprüche und Schwächen, daß sie bloß als Brücke zur Wiederkehr der willkührlichen Gewalt oder zu einer zweiten Revolution dienen konnten. Herr Rehberg hat dies, nebst vielen andern Dingen — nach Maasgabe der Umstände bald a priori bald a posteriori — in seiner Untersuchungen sehr siegreich erwiesen. Nur daraus, daß Herr Rehberg die ganze Französische Revolution so schlechthin als ein Recensendum ansieht und behandelt, entsteht zuweilen ein heimliches Grauen: ob eine so unerbittliche Strenge nicht vielleicht die Geister der Erschlagenen in ihrer Ruhe aufstören möchte? Sonst aber könnte es sehr nützlich seyn, die Erschaffung der Welt, oder die großen Völkerwanderungen, oder die Reformation und den dreißigjährigen Krieg zu recensiren. Der Geschichtschreiber bildet sich schon etwas darauf ein, daß er sich bemüht mit der Nothwendigkeit und dem Gange des Schicksals vertraut zu werden:

wie

zwischen Riesen und Zwergen, zwischen Dummen und Klugen, Armen und Reichen, ja sogar Fürsten und Unterthanen, die natürliche Grundlage aller Gesetzgebung, und bürgerliche Freyheit das edelste Ziel menschlicher Kräfte seyn; indessen könnte diese Spur auf den Beweis führen, daß es nichts als ein dreyhundertköpfiger Ravaillac oder Damiens war, was Ludwig den Sechszehnten auf das Schaffot brachte.

VIII.

S. 146.

Louvois.

Voltaire will es nicht Wort haben, daß Louvois unmittelbar nach seiner Zurükkunft von der Arbeit mit dem König, plötzlich gestorben sey. Er brauchte, sagt Voltaire, das Palaruker Wasser, und wollte mitten im Gebrauch desselben arbeiten: dieser übertriebene Eifer verursachte seinen Tod. Dieser Status morbi ist überhaupt nicht sehr bündig und klar; und die Gerüchte welche bey Louvois Tod Vergiftung argwöhnen ließen, scheinen so viel Grund gehabt zu haben und so verbreitet gewesen zu seyn, daß diese politische Wendung bey Voltaire zu ärgeren Deutungen

wie viel erhabner aber und ehrenvoller ist nicht das Amt des Recensenten, der das große Fatum selbst die Finger herhalten läßt, und zuschlägt bis es gut thut — mag er noch so lange zuschlagen müssen, er hat doch das Seinige gethan!

gen Anlaß geben könnte als die Sache verdient. Ludwig der Vierzehnte und die Marquise von Maintenon waren höchst wahrscheinlich eines solchen niedrigen und bey ihrer Macht unnöthigen Verbrechens nicht fähig, aber Louvois hatte ohnedem Feinde genug, deren gereizte Ohnmacht dem unempfindlichen Despoten endlich doch wohl gefährlich werden konnte. Voltaire hat die Unverschämtheit von Louvois zu sagen, qu'il étoit incabable de nuire; aber er war der weltliche Tellier Ludwigs des Vierzehnten, und in mancher Rücksicht ein Stifter jenes modernen Ministerial-Despotismus, der für einen auf die Zeit, wo man den Posten besetzt, ganz allein eingeschränkten Ehrgeiz, überall Verwirrung und Verderben aussäet.

IX.

S. 448.

Wilhelm der Dritte sagte von Ludwig dem Vierzehnten: wenn ich seine Freundschaft nicht erlangen kann, so will ich wenigstens seine Achtung erzwingen.

Diese Aeußerung des Königs von England läugnet Voltaire auch. Der Beweis daß etwas nicht gesagt worden sey, ist freylich etwas schwer zu führen, aber Voltaires Kritik gründet sich in der Geschichte Ludwigs des Vierzehnten überhaupt blos auf eine gewisse aus der Luft gegriffene und willführlich angenommene Analogie. So eifert er auch gegen die Meynung daß Ludwig der Vierzehnzehnte gegen den Lord Stairs die Th. I. dieser Memoiren, S. 92. angeführte Aeusserung gethan habe. Jene Worte haben vielleicht mehr Größe in ihrer Bitterkeit als manche von den prunkvollsten Repräsentationen des nämlichen Monarchen, aber Voltaire fühlt diese Größe nicht, und führt das Zeugniß eines Ministers, woraus höchstens abzunehmen wäre, daß er jenen Auftritt nicht wußte oder ignoriren wollte, als einen unwiderleglichen Beweis an, daß keine Silbe daran wahr seyn könne. Es war der nämliche ekle und beschränkte Geschmack, der Voltairen gegen alle eigenthümlichen Schönheiten des Genies unempfindlich, und für die treffenderen individuellen Wahrheiten der Geschichte unglaubig machte. Unausstehlich mußte ihm vollends die karakteristische Aeusserung des Lord Stairs seyn, die am angeführten Orte vorkömmt, und für die historische Darstellung, für den allgemein praktischen Nutzen der Geschichte mehr Werth hat, als die kunstreichsten Extrakte von Feldzügen und Negociationen.

X.

S. 165.
Ludwig der Vierzehnte, und gelegentlich Voltaire.

Dieser ganze Abschnitt, der eine Karakteristik Ludwigs des Vierzehnten enthält, macht unserm Verfasser um so mehr Ehre, als es heutzutage nicht mehr darauf ankömmt von der Verderblichkeit jener berühmten Regierung überzeugt zu seyn, sondern es weit dringender ist, das Gute und das Böse, an dem Menschen wie an dem König, bey Ludwig dem Vierzehnten genau gegen einander abzuwägen, und jenes der demokratischen Wuth, deren Gegenstand sein Andenken geworden ist, zu entreißen, dieses aber auf die einfachsten und allgemeinsten Grundzüge zurückzuführen, damit es der Nachwelt besser fruchte als durch unbändige oder bombastische Deklamationen geschieht. Insofern Voltaires Schilderung darauf angelegt war, die öffentliche Meinung irre zu führen, die Sache des Volks länger verrathen zu lassen, durch die verdächtige Stimme pensionslustiger schöner Geister, ehrgeiziger Großen, oder eitler und kurzsichtiger Patrioten das Geschrey der Menschheit und den Unwillen der freien Denker zu ersticken, insofern war es allerdings ein nothwendiger Schritt bey einer Revolution wie die Französische daß jenes lügenhafte Gemälde von Hofglanz und Fürstenpracht durch die schauderhaftesten Darstellungen von Volkselend und Herrscherfreveln verdrängt wurde. Auf die Geschichte dürfen aber zufällige Bedürfnisse der Zeit und der Umstände keinen Einfluß haben; sie kann daher jenes Gemälde, das einen großen Kopf zum Urheber hat, mit Absonderung dessen was Bestechungen mancher Art dabey verschuldet haben, wies der hervorsuchen, und eher zur Grundlage ihres Urtheils nehmen, als leidenschaftliche oder in unsern Zeiten verdienstlose Schmähungen.

Da

Da überhaupt ein jedes Ding nicht bloß nach allgemeinen Beziehungen, sondern auch nach seinem eignen inwohnenden Werth geprüft werden muß, so könnte bey jedem eigentlich demokratischen Schreier gegen Ludwig den Vierzehnten die Erinnerung nichts schaden, daß es unter der Regierung dieses Königs wenigstens keine Demokraten gab. Daß aber dieses für eine monarchische Regierung ein wesentlicher Vorzug war, den jener vor den nachfolgenden hatte, wird selbst ein Curage nicht läugnen, sobald er bedenkt daß weder bey den zwey lezten Königen von Frankreich noch bey ihrem Hofe noch bey ihrem Ministerium mehr Demokratischer oder Revolutions-Sinn herrschte als bey Ludwig dem Vierzehnten, seinem Hof und seinen Ministern.

Ludwig war zwar selbst nur ein gewöhnlicher Mensch, in welchem Erziehung und Vorurtheil die natürlichen Fehler seines Stands, Stolz und Egoismus, tief eingegraben hatten; aber er hatte in der Beschränktheit seines Geistes doch ein gewisses Ideal von königlicher Würde, das in manchen Stücken mit dem abstrakten konstitutionellen Begrif eines obersten Volksrepräsentanten, eines premier fonctionnaire public, mehr Uebereinstimmungen hatte, als wenigstens er selbst sich je einfallen ließ. Er erfüllte daher die große Pflicht des Vorstehers einer Monarchie, indem er dem Staat auf lange Zeit Einheit gab. Er vollendete gegen die unruhige und aufrührerische Aristokratie der ältern Zeiten das von Richelieu angefangne, und unter Mazarin eine Weile unterbrochne Werk, ohne die blutige Vehemenz jenes tirannischen Priesters. Große Geister verschmähten es nicht, sich ehrerbietig und gehorsam unter dem Namen eines Königs zu sammeln; denn ihr Egoismus war wahre Ruhmbegierde, die in einer unumschränkten, durch sie kraftvollen monarchischen Regierung mehr Spielraum fand als in den kurz vorhergegangnen zwecklosen Unruhen der Fronde. Durch Werkzeuge wie Turenne, Conde, Vauban, Colbert, und mehrere andre blühte die Monarchie im Krieg wie im Frieden. Aber in einer sehr langwierigen Regierung verschwanden nach und nach und unersetzt diese Werkzeuge, der königliche Name überlebte den Geist für dessen Inhaber er sich lange hatte halten dürfen, und so wurde er wiederum von kleinlichen und eigennützigen Bösewichtern selbst zum Werkzeug gemißbraucht. Sich zum Mittelpunkt des Hofs, und den Hof zum Mittelpunkt des Staats zu machen, das war Ludwig dem Vierzehnten in der ersten Epoke seiner Regierung, durch das zufällige Zusammentreffen großer Talente gelungen; aber sein Despotismus, welcher sonst, von kräftigen Stützen emporgetragen, Monarchenkraft und Größe des Staats geschienen hatte, sank jetzt, ohne daß er es gewahr wurde, zu der neueren Aristokratie herab, welche die Fürsten zu Nichts, den Hof aber zu Allem machte, und die Revolution herbeygeführt hat. Die verderbliche und verhaßte Tirannen übermüthiger, böser, selbstsüchtiger, unfähiger Ministers trat für ein ganzes Jahrhundert an die Stelle der Täuschung, oder wenn man will,

der

der in der Spekulation nicht ganz unstatthaften politischen Fiktion, durch welche ein despotischer König die Repräsentation des Staats auf den höchsten Grad von Vollkommenheit bringen kann. Aber freylich müssen alsdann die hellen und einfachen Grundsätze von Staatsglückseligkeit den Geist und die Richtschnur des mit dem Staat innigst vereinten Despoten ausmachen, er selbst muß so zu sagen eine Konstitution seyn; eine Regierung hingegen, deren Grund so wankend war, als das künstliche Gerüst auf welches sich ein Mensch wie Ludwig der Vierzehnte gestellt hatte, konnte zwar eine Weile meteorisch leuchten und blenden, aber sie gab den ersten Stoß zum politischen Umsturz Frankreichs.

Würklich fehlte Ludwig dem Vierzehnten nichts weiter als ein großer Mensch zu seyn; denn König war er im höchsten Grad, in jedem Sinn dieses Worts, in jeder bösen und guten Würkung dieser Eigenschaft. Daher läßt sich an ihm das vollständigste und allseitigste Bild eines Königs abstrahiren; und alles was den Einfluß der königlichen Würde auf den Staat, und auf den Menschen der sie besitzt, betreffen kann, jede Empfindung der Bewunderung, des Mitleidens, des Unwillens, die der Stelle eines Königs in allen ihren psichologischen und politischen Beziehungen gebühren kann, findet sich in der Geschichte Ludwigs des Vierzehnten erschöpft. In dieser Rücksicht sind die Memoiren des Herzogs von Saint-Simon, bey allen ihren Fehlern, einer von den kostbarsten

Schätzen welche die Litteratur aufzuweisen hat, weil sie mit unkünstlichen, aber wahren und in ihrer Art einzigen Zügen dieses lehrreichste aller Bilder ausmachten.

Die Zeitgenossen, welche das Hohngelächter und die Flüche der Nation in das Grab des großen Königs hinunterschallen hörten, ahndeten bey dem entsetzlichen Anblick nicht, welche Folgen davon die Zukunft entwickeln würde; denn sie sahen das nämliche Volk seiner Verzweiflung vergessen, und jauchzend dem königlichen Knaben huldigen, in welchen die Schwäche, die Härte und die Selbstsucht seines Ahnherrn, unvergütet durch den Geistesadel, welchen Ludwig der Vierzehnte doch auch seinem Geschlecht verdankte, zur verächtlichsten Mischung aufwuchsen. Auch diesen ließ die unverstandene Nemesis ohne Strafe in das Grab seiner Väter taumeln, und seinen Nachfolger, empfangen von gleichem Jubel, die Regierung antreten, die mit dem Schaffot enden sollte. Auf das wenigst schuldige Haupt schüttete sie das Maas der Schmach, das andre gesammelt hatten, und in der menschlichen Vorstellung ahndet ein geheimer Schauder einen verschlingenden Abgrund unter den Füßen der Bösewichter, die das, auch straffällige Werkzeug ihrer dunkeln, aber rastlosen Vergeltung waren.

Auch Voltaire hätte sich schwerlich herabgelassen, durch sein Gemälde von der Regierung Ludwigs des Vierzehnten der Konvenienz höherer Stände, mit welchen er
sich

sich gern und bey der Französischen Lebensart leicht vermengte, zu fröhnen, wenn er vorausgesehen hätte, daß der Ausgang eines Jahrhunderts, über dessen Geist er zu herrschen glaubte, seine Schwäche so gewaltthätig bloß stellen würde. Er wußte es selbst gewiß nicht, daß er mit seiner zügellosen und sektirenden Freygeisterey auf der einen Seite dazu beytrug eine Stimmung zu bilden, welche seine loyalistischen und aristokratischen Nebenschlüche auf der andern Seite ad absurdum reduciren würde. Sein Haß gegen die Religion und gegen die Geistlichkeit war mit vieler Persönlichkeit vermischt, weil sich jene in seinem Vaterland ohne Unterlaß zwischen ihm und dem Thron gestellt hatten. Wenn ihn Laune und Fantasie zuweilen verleiteten, auch des Throns nicht zu schonen, so kann man mit Sicherheit behaupten daß in solchen Fällen bey ihm nur der Verstand mit dem Karakter davon lief; denn er bedurfte des Throns, und haßte die Gleichheit so herzlich wie ein Edelmann, was er zu seyn auch keinesweges verschmähte. In einer merkwürdigen Prozeßsache, die als eine Epoke der Gährung angesehen werden kann, aus welcher endlich das Reich der Sansculottes hervorgegangen ist, nahm Voltaire mit würklich kollegialischem Eifer die Partei des Adels.

Ein Graf von Moyangies wurde von einer niedrigen, zu Paris in einem fünften Stockwerk wohnenden Familie wegen eines ansehnlichen, und durch seine eigenhändige Unterschrift bekräftigten Darlehns in Anspruch genommen; der Graf und seine Anhänger behaupteten, daß eine Bande von Gaunern seine Leichtgläubigkeit und die Unordnung seiner Finanzen benutzt hätte, um ihn durch eine Kette von Betrügereien in diesen Handel zu verstricken; wichtige Präsumtionen stritten für ihn, aber unter diesen stützte man sich vorzüglich auf Eine, die weder philosophisch noch unbeschränkt erfahrungsmäßig war: daß nämlich ein Edelmann, ein Graf, ein Offizier von einem so hohen Grad in den Armeen des Königs unmöglich Leute ohne Namen, ohne Ansehen, ohne Rang betrogen haben konnte, sondern vielmehr mußte von diesen betrogen worden seyn. Der erste und der letzte Stand nahmen in dieser Sache Partey, und mit einer Heftigkeit die mit als ein historischer Beweis gelten kann, daß die Französische Revolution nicht völlig ex abrupto und wie es für manche Zuschauer das Ansehen haben mochte, so zu sagen aus Nichts entstanden ist. Voltaire schrieb für den Grafen von Morangies mehrere fliegende Blätter, in denen er jenes rein aristokratische Argument bis zum Ekel, und mit der naivsten Ueberzeugung wiederholte. Was würde aber der Vertheidiger des Grafen von Morangies gesagt und gethan haben; wenn er den Triumph des Fauxboury Saint-Antoine über Versailles, der Sans-culottes über die Cordons bleus gesehen hätte? Sicherlich würde er nicht, wie manche seiner Brüder in der Aufklärung, das Opfer einer großmüthigen Täuschung geworden seyn, und er hätte sich gehütet in seiner Person die Philosophie und die Vernunft in das Gedräng zwischen der Barbarey

des

des Vorurtheils und dem Fanatismus der Neuerungssucht, zwischen der Erbitterung des Despotismus und der Wuth der Anarchie, kommen zu lassen. Diesem ehrenvollen Posten war er nicht gewachsen, und eher hätte alle Freyheit auf Erden verderben mögen, ja eher hätte der Päbstliche Hof den Faden der Universalmonarchie wieder aufnehmen mögen, ehe Voltaire mit Leuten die nicht einmal schreiben konnten, hätte deliberiren sollen!

XL.

S. 186.

Karakter des Herzogs von Noailles.

Ein großer Theil dieser Schilderung ist, jedoch mit einigen Milderungen, aus den Memoiren des Herzogs von Saint-Simon gezogen. Nirgends hat sich Saint-Simon in seinen weitläuftigen Uebertreibungen so gefallen, wie in den Stellen wo er von dem Herzog von Noailles spricht: als ob ihm der Athem vor lauter Heftigkeit ausgienge, weiß er ihn endlich mit nichts mehr zu vergleichen, als mit dem Satan selbst, mit der Schlange durch welche Eva verführt ward. Da aber Noailles als Minister und als Feldherr im Ganzen weniger Böses als Gutes gethan hat, so muß von den Hyperbeln des Herzogs von Saint-Simon, hinter denen man würklich eines von den großen und auf ewig merkwürdigen Ungeheuern, welche die Natur kaum einmal in Jahrtausenden schaft, vermuthen sollte, ein Beträchtliches abgezogen werden, und

und auf Saint-Simons eigne Rechnung kommen. Saint-Simon und Noailles waren zu Anfang der Regentschaft, wo ihre beiderseitigen Prätensionen gegen einander anstießen, abgesagte Feinde geworden; der stolze und heftige Saint-Simon hatte sogar öffentlich erklärt, daß er dem Herzog von Noailles alles Böse zufügen würde was in seiner Macht stünde; und der letzte hatte wahrscheinlich, ohne eine solche pathetische Erklärung — deren Abstich gegen seine Ansprüche auf christliche Frömmigkeit Saint-Simon weniger fühlte, als man es aus den bittern Vorwürfen von Heuchelei, die er seinem Gegner macht, folgern sollte — das nämliche im Herzen gelobt, und gehalten. Den sonderbarsten Kontrast macht daher die verschiedne Behandlung der nämlichen Gegenstände in den Memoiren des Herzogs von Saint-Simon und in den Memoiren des Herzogs von Noailles, die Millot aufgesetzt hat. Millot, der schon durch den Auftrag die von Noailles hinterlaßenen schriftlichen Aufsätze in ein Ganzes zu bringen, in einer gewissen Abhängigkeit von der Familie der Noailles stand, spricht von seinem Helden als von dem Tapfersten, Einsichtvollsten, Uneigennützigsten, Frömmsten aller Französischen Grossen, belegt aber freylich diese Urtheile, wie wir schon oben bei Gelegenheit seiner Schilderung der Frau von Maintenon bemerkt haben, auch wieder vorzüglich mit Briefen und andern Aufsätzen des Herzogs, die von seinem Verstand, von seinen politischen Verhältnissen, von den Rücksichten die er zu beobachten hatte und wußte, mehr zeugen als von dem Innern seines Karakters. Der hier

von

Anhang. 141

von Duclos angeführte Zug, daß er, durch seine Frömmigkeit ein Schooskind der Frau von Maintenon, Philipp dem Fünften in seinem drückenden Wittwerstand eine Maltresse vorgeschlagen und aus dem übeln Erfolg dieser Negociation zu spät eingesehen hätte daß das Gewissen des Königs stärker war als sein Temperament, wird z. B. von Millot gänzlich ignorirt; er spricht mit einiger Verlegenheit von der Ungnade des Herzogs von Noailles am spanischen Hof, und setzt hinzu: man wüßte den Grund der Klätschereien nicht, die sie veranlaßt haben müßten. Die nämliche Verschiedenheit findet sich auch bei Gelegenheit der Th. I, S. 220. unsrer Memoiren erzählten Anekdote von Louvile, welcher durch den Kardinal Alberoni verhindert wurde Philipp den Fünften zu sehen, dem er im Namen des Englischen und des Französischen Hofs einen für Spanien höchst vortheilhaften Vorschlag zu thun hatte. Noailles war gegen Louvile's Sendung an den Spanischen Hof gewesen, daher ist bei Millot von der frechen Tirannei des Spanischen Ministers kaum die Rede, der ganze Vorfall gewinnt eine andre Gestalt, und Louvile's leichtsinniger Karakter scheint ganz allein den übeln Erfolg dieser Unterhandlung veranlaßt zu haben. Daß in Millots Memoiren von der in den unsrigen Th. I. S. 259. aus Saint-Simon gezogenen, höchst auffallenden Ungerechtigkeit des Herzogs von Noailles nicht die Rede ist, versteht sich von selbst, da Millot durch sein ganzes Werk sich nicht einen Zug, nicht eine Modifikation erlaubt hat, wobei auch nur die Möglichkeit einer solchen unchristlichen

und

und unmoralischen Handlung auf die Rechnung des Herzogs von Noailles kommen könnte. Die Darstellung des Auftrits hat indessen bei dem Herzog von Saint-Simon eine solche innere Wahrheit, daß wir der Begebenheit, in der Maaße wie sie Duclos aufgenommen hat, vollkommenen Glauben beimessen; im Ganzen aber führt die Vergleichung solcher ganz entgegengesezter Schilderungen von den nämlichen Menschen und Handlungen, und die Untersuchung der Verhältnisse, durch welche diese Verschiedenheiten entstehen, auf manche fruchtbare Grundsätze für die Kritik der Geschichte, und für die Beurtheilung unsrer eignen Zeitgenossen, denen es bevorsteht einst auch historische Karaktere zu werden.

Anmerkungen zum zweyten Theil.
XII.
S. 45.
Karakter des Herzogs von Richelieu.

Duclos hat an mehreren Stellen seiner Memoiren des Herzogs von Richelieu erwähnt, aber stets mit einer kalten Geringschäzung die etwas eigenthümlich humoristisches hat, und wahrscheinlich nicht ohne die Absicht auf die Lobgesänge und andern Posaunenkünste anzuspielen, womit Voltaire den nämlichen Richelieu der Nation zum Helden aufdringen wollte. Voltaires Korrespondenz enthält hierüber einige treffende Züge; d'Alembert, dessen Karakter in weit größerem Einverständniß mit seinem Geiste stand, sucht Voltairen in seinen Briefen zuweilen an seine Würde als Denker und Philosoph zu erinnern, er ermahnt ihn von seinen gewissenlosen Schmeicheleien gegen einen Menschen abzustehen, der, sagt d'Alembert, selbst von seinen eignen Küchenjungen verachtet würde. Voltaire aber bemüht sich, mit gutmüthiger Schwäche, die Nachsicht seines Freundes, und an der Stelle seines Unwillens sein Mitleiden wegen gewisser Verhältnisse, die ihn einmal ohne Rettung an Richelieu binden, zu erwekken.

sen. Diese geheimen Aufschlüße sind äuserst wichtig um die Stellen in Voltaires historischen Werken zu schätzen, wo er des Herzogs von Richelieu erwähnt; und wie manche Helden ihrer Zeit mag es wohl geben, welche die Nachwelt weniger getäuscht haben würden, wenn man von den Umständen unter welchen sie von den sogenannten Stimmen der Fama dafür ausgegeben wurden, eben so gute Nachrichten gehabt hätte!

So vortreflich und karakteristisch die leichte Verachtung ist, mit welcher Duclos in seinem Verhältniß als Zeitgenoße und naher Beobachter, den Herzog von Richelieu abfertigt: so hat dieser Mann doch in der öffentlichen Meinung eine Wichtigkeit gehabt, die ihm in der moralischen Geschichte des laufenden Jahrhunderts einen nicht unansehnlichen Plaz anweist. Er war als Feldherr zuweilen glücklich, sein Name verwickelte sich mit der militairischen und politischen Geschichte seiner Zeit; das ungeheure Register seiner Siege über das andre Geschlecht und das übermenschliche Alter, zu welchem er gelangte, würkten mit jenen Umständen zusammen auf die Imagination seiner Zeitgenoßen, und gaben ihm einen trügerischen Schein von Ausserordentlichkeit, hinter welchem die scheußliche Verderbtheit seines Herzens, die Niedrigkeit seiner Gesinnungen, der Unzusammenhang und die Flachheit seines Verstandes, zum wesentlichen Schaden der Gerechtigkeit und der Sittlichkeit im Ganzen, ihrem verdienten Urtheil entgiengen,

Noch

Anhang.

Noch immer pflanzt sich durch Memoiren, durch Vies privées, durch Vies secretes diese verderbliche und armselige Bewunderung fort; noch immer leiht die Welt dem Faunenleben, der satanischen Bosheit, den kleinlichen Ränken, der zügellosen Menschenverachtung dieses selbst über allen Ausdruck verächtlichen Menschen ein gefälliges Ohr. Die Geist- und Sittenlosigkeit aller seiner Thaten erweckt noch immer, statt der tiefsten Indignation, ein müssiges Erstaunen über gewisse Unbegreiflichkeiten, die denn doch zur einen Hälfte blos in die Arkana der Naturgeschichte einschlagen, aber auf die Stimme der Moralität keinen Einfluß haben sollten, und zur andern Hälfte, wenn diese Stimme darüber gehört würde, keine Räthsel mehr, sondern schlechtweg Infamien heissen müßten. Daß ein Mann wie Richelieu sich einen gewissen Alcibiadesruf anmaßen konnte, zeugt nur von dem unbeschreiblichen Verfall seines Zeitalters; und in der unmöglichen Voraussetzung des Richelieu in einem jugendlich kräftigen Staat, oder unter unter einem Volk, wie die Geschichte uns die freyen Nationen des Alterthums abbildet, gelebt hätte, würde man seinen Namen entweder gar nicht, oder höchstens von einer Schandsäule her kennen.

Man hat dadurch, daß man das Wunderbare an diesem Idol der schlaffen Neugierde unsrer Zeiten ohne Untersuchung zugab, sehr viel mehr als man es bedachte die Sache der Sittlichkeit und Tugend verrathen. Schon am Hofe Ludwigs des Vierzehnten hatte es ein ähnliches kleines Phänomen, einen sehr gemeinen Helden sehr seltsamer Abentheuer gegeben: den Herzog von Lauzün, dessen Duclos Th. I. S. 196. erwähnt. Von diesem haben die gleichzeitigen Memoiren folgenden Zug aufbewahrt. Die Marquise von Montespan, damalige Maitresse Ludwigs des Vierzehnten, hatte sich gegen Lauzün verbunden, ihm durch ihre Fürsprache bey dem König eine gewisse Stelle zu verschaffen; Lauzün, der ihr nicht ganz traute, fand eines Tags Gelegenheit sich unter dem Bett worin der König bey der Frau von Montespan lag, zu verbergen, und ihre Unterredung zu belauschen; anstatt ihrem Klienten das Wort zu reden, benutzte die Marquise diese vertrauliche Gelegenheit um den König wider ihn einzunehmen; nachdem sich das hohe Paar entfernt hatte, stahl sich Lauzün aus seinem Winkel hervor, und hatte nichts eiligeres als die Frau von Montespan aufzusuchen; er erinnerte sie an ihr Versprechen und ließ sie eine Weile die wärmsten Betheurungen ihres freundschaftlichen Eifers für sein Bestes verschwenden, bis er ihr endlich unter Flüchen, Drohungen, und genauer Wiederholung ihrer eignen Worte, deren Zeuge, wie sie glauben mußte, niemand gewesen seyn konnte als der König und bei so bewandten Umständen der Teufel selbst, ihre Treulosigkeit vorhielt. Diese Keckheit hat in ihrer Art etwas so Außerordentliches, als in der ihrigen, freylich etwas verschiednen, die That des Mucius Scävola in Porsenna's Zelt; übrigens aber verlor späterhin der nämliche Lauzün auf sein ganzes sehr langes Leben den Verstand,

weil

Anhang.

weil er, ohne im mindesten in Ungnade zu seyn, bloß nie recht bey dem König in Gnade kommen konnte. Kontraste dieser Art sind nichts weiter als Extreme des größeren Hoflebens, das freilich in Frankreich auf den höchstmöglichen Gipfel seiner Vollkommenheit gekommen ist. So waren Richelieus politische Intriguen oft bis zur Tollheit kühn, und gränzten zuweilen sehr nahe an Staatsverbrechen; daß aber demohngeachtet in seinen Grundsätzen nichts war, was im Wesentlichen den Kreis der Hofpflicht überschritten hätte, wie man es vielleicht aus der unverschämten Fiktion schließen möchte, durch welche der Herausgeber seiner Memoiren ihn in einer demokratisirenden Geschichte redend einführt *) — das mag unter andern

---

*) Herr Soulavie hat diesen allgemein verlachten Uebelstand in seinen neuen Memoiren weggeräumt, und wir sind überzeugt daß er im Fall einer Kontre-Revolution auch wohl seine ganzen Memoiren umarbeiten würde. Von dem für eigenhändig ausgegebnen Aufsatz des Herzogs von Richelieu, welcher den dritten Theil seiner Vie privée ausmacht und den Anfang seiner Liebesgeschichten enthält, wünschten wir einige kritische Data zu haben um besser beurtheilen zu können ob er untergeschoben ist, wie Herr Soulavie, der gern das Monopolium von dem Nachlaß des Herzogs von Richelieu haben möchte, es behauptet. Innere Kennzeichen der Genuinität hat wenigstens dieser Aufsatz nicht, er scheint eher in der Manier mehrerer mittelmässiger französischer Romane geschrieben, und wir würden dem Herzog von Richelieu mehr Nachläßigkeit, aber auch mehr Lebhaftigkeit und Individualität im Styl und Darstellung zugetraut haben. Der Briefwechsel zwischen ihm und Mademoiselle de Valois, der Tochter des Herzogs von Orleans und nachmaligen Herzogin von Modena, welcher die drey Lieferungen einer ebenfalls von Herrn Soulavie herausgegebnen Vie secrete de Richelieu ausfüllt, hat mehr den

dern und zum Ueberfluß folgender Zug aus dem neunzigsten Jahr seines Lebens beweisen, den der Verfasser der vie privée aufbewahrt hat.

„Er präsentirte an einem Abend, wie es für ihn als Gentilhomme de la chambre Sitte war, dem König den Schlafrock. Ludwig der Sechszehnte war eben mit einem Jäger auf der andern Seite des Zimmers in einem lebhaften Jagdgespräch begriffen, und gab auf Richelieu nicht Achtung. Dieser folgte ihm, wankend und zitternd, mit dem Schlafrock in der Hand einige Minuten lang hin und her durch das Zimmer, und er wäre zuverläßig lieber auf dem Platz geblieben, als daß er auf die Ehre, den Schlafrock zu überreichen, Verzicht gethan hätte."

Uebrigens hatte Richelieu so viel Witz als nöthig war, um an einem so kultivirten Hof wie der Französische, eine glänzende Rolle zu spielen, so viel Tapferkeit als er brauchte, damit ihm eine Armee wie die Französische noch viel mehr zutraute als er hatte, so viel Eleganz und äußere Liebenswürdigkeit als dazu gehörte, und sich bey einer eben so geschmackvollen als leichtsinnigen Nation alles herausnehmen zu dürfen, was der zügellosen Wollust und dem

Anschein ächt zu seyn, kann aber höchstens als Zug zu einem Bild von plumper und schamloser Debauche, oder als Beleg zu dem kräftigen Einfall der Gräfin von Sabran, (S. Duclos Th. I. S. 171.) interessiren; und die Bekanntmachung desselben macht in der Person des Herrn Soulavie der französischen Konstitutionellen Geistlichkeit wenig Ehre.

dem blinden Uebermuth eines Großen nur immer einfallen konnte. Weiter geht denn das Wunderbare nicht, daß man ihm kann zu Gute kommen lassen; denn daß z. B. die Römer den vierfüßigen Konsul anerkannten, den ihnen Kaligula gab, scheint ein größeres Wunder der Römer zu seyn als ihres tollen Kaisers. Solche allgemeine und natürliche Wunder sind es, durch welche die Denkmäler von Richelieus Leben nützlich werden können. Man findet bey diesem Repräsentanten zweyer Generationen oder wenigstens des Standes, der in diesen zwey Generationen ausschließlich auf Existenz, Genuß und Recht Anspruch machte, die treffendsten Züge der eigenthümlichen, von der sogenannten menschlichen ganz unterschiednen Natur, die sich im Kreis des Französischen Hoflebens gebildet hatte; man findet dort die scheinbaren Widersprüche dieser Natur zu einer bewundernswürdigen Konsequenz vereint, durch welche alle Triebe derselben auf willkührliche Gewalt arbeiteten, nicht des Fürsten, aber alles dessen was ihn umgab, und von seinem äußeren Glanz oder seiner inneren Schwäche Mittel zur Zerrüttung des Staats und zur Unterdrückung der Bürger zog. Man findet vorzüglich in den tausend galanten Abentheuern des Herzogs von Richelieu ein Wunder aller Wunder: die unglaubliche Blindheit und Erniedrigung der Weiber seiner Zeit, unter welchen keine einzige den Geist und den Stolz hatte, ihr Geschlecht, das er, mit einer Grausamkeit deren Menschen nur gegen Menschen fähig sind, viel tiefer herabgesetzt hatte als das Wild in seinen Lustgehegen, blutig an ihm zu rächen. Mitleiden mit dem tiefen Elend, in welches man mehrere Opfer seiner Verführung gestürzt sieht, und Unwillen über die langsame Kaltblütigkeit, mit welcher er so manchen moralischen und bürgerlichen Mord vollbringt, können jenen Gesichtspunkt verrücken, und dürfen es wenigstens eher als die schalen Gemeinplätze, die man wie einen Schleier über dieses Schlachtfeld menschlicher Glückseligkeit wirft; daß aber viele hundert Weiber den Triumphwagen des unempfindlichen und barbarischen Bösewichts schmückten, ist in der That kein viel geringeres Wunder als daß die Römer Kaligulas Pferd Consul seyn ließen.

Die Franzosen haben angefangen, wie die Römer aufhörten, und aufgehört wie die Römer anfingen. Dieser allen Erfahrungen entgegengesetzte Gang hat sehr vieles woran man irre werden muß, und wird erst als Erfahrung für die Nachwelt in seinem wahren Wesen und Zusammenhang zu erkennen seyn. Indessen haben die modernen Spartanerinnen ein großes Werk vor sich, wenn sie die Schmach vertilgen wollen, mit welcher Richelieu sie gebrandmarkt hat.

XIII.

S. 83.

Massillon.

Diese gerechte und doch milde Beurtheilung der schwachen Nachgiebigkeit eines sonst achtungswürdigen Geists

Geistlichen, ist eine von den schönen Eigenthümlichkeiten unsers Verfassers. Bey der ganzen Kollision von welcher hier die Rede ist, schlägt das Für und Wider überhaupt weniger in das Fach der absoluten als der konventionellen Moral, und mag wohl darum die Strenge des Französischen Publikums auf Kosten des armen Massillon vorzüglich beschäftigt haben; aber Massillons eigne Aeußerung darüber in seinen Memoiren hat etwas interessantes. Ohne sich selbst zu nennen, sagt er blos bey Gelegenheit der Erhebung des Abbé Dubois zur erzbischöflichen Würde diese wenigen Worte: „der Prälat, welcher bey seiner Konsakration assistirte, wird eine solche Nachgiebigkeit noch lange beweinen."

Massillons Memoiren, die Herr Soulavie herausgegeben und mit einer Vorrede von seiner eignen wort- und klangreichen Mache begleitet hat, scheinen übrigens nicht durchgängig ächt; wenigstens ist der Styl darinn ungleicher als von einem Meister, zumal in der Kanzelberedsamkeit, zu vermuthen wäre, und manche Theile seines Stoffs sind so kraftlos und gerippartig behandelt, daß man sie, in Vergleichung mit andern die seiner würdig sind, für fremde Einschiebsel zu halten versucht ist. Folgende schöne Stelle kann als Nachtrag und Beleg zu unsrer fünften Anmerkung, über den Herzog von Bourgogne, angesehen werden: „Nichts würde also erbaulicher gewesen seyn, als das Aeußere des Hofs unter diesem Fürsten, aber das Innere wäre darum desto verderbter gewesen; denn je mehr der Eigennutz oder der Ehrgeiz einer Larve bedarf, je schlimmer sieht es alsdann mit den Herzen aus."

Ueberhaupt werden manche Verhältnisse von Massillon anders dargestellt als von Duclos; der Herzog vom Maine spielt z. B. in jenen Memoiren eine weniger verhaßte Rolle, sein Antheil an der Spanischen Verschwörung gegen den Regenten ist darinn sehr gemildert, und der Herzog von Saint-Simon, auf dessen Zeugnisse Duclos Behandlung dieser Begebenheiten vorzüglich gegründet ist, kömmt bey Massillon schlimmer weg, als sonst bey irgend einem gleichzeitigen Geschichtschreiber. Er erzählt, daß bey der Vermählung Ludwigs des Funfzehnten mit der Tochter des Königs von Pohlen, Stanislaus Lesczinski, Saint-Simons Gemahlin zwar die einzige nicht übel berichtigte Dame am ganzen französischen Hof gewesen wäre, daß man sie aber ohngeachtet der Verlegenheit, in welcher man sich deshalb befunden, nicht zur Hofdame der neuen Königin ernannt hätte, weil man auf ihren Mann nichts hielte. Auch bemerkt er, daß Ludwig der Vierzehnte den Herzog von Saint-Simon für einen Frömmigkeitsheuchler (faux dévot) gehalten hätte; da indessen der Pater Tellier und die Frau von Maintenon und so viele andre vom König nicht dafür gehalten wurden, so dürfte dies Urtheil eben nicht schwer auf der Asche des Herzogs von Saint-Simon liegen, und weil er unter dieser Regierung stets andern, gewiß unwürwürdigeren, nachgesetzt wurde, so mußte man doch irgend ein schlimmes Vorurtheil gegen ihn in der Meynung des Königs haben Wurzel fassen lassen: was dies aber für eines war, hat im Wesen gegen den Herzog von Saint-Simon wohl sehr wenig zu bedeuten, und kann blos mehr oder weniger von der Schwachheit Ludwigs des Vierzehnten zeugen. Ueberhaupt aber müssen da, wo verschiedne Parteyen den Schauplatz der Geschichte einnehmen, diese verschiednen Schattirungen selbst in den unverdächtigsten historischen Quellen, wenn sie nur etwas mehr als Chroniken sind, nothwendig eintreffen; und die Kritik darf alsdann auf nichts anders als relative Wahrheit ausgehen.

XIV.

S. 198.

Unter den Formen die man bey der Weihe Ludwigs des Funfzehnten vernachläßigte, war folgende die man bis zur Weihe seines Vorgängers, diese mit eingerechnet, jederzeit beobachtet hatte. Man öfnete nemlich diesmal erst nach der Intronisation dem Volk die Thore der Kirche, da es sonst vor der Salbung des Königs in das Schif der Kirche hereintrat, und mit der Geistlichkeit und dem Adel sein Jauchzen vernehmen ließ, wenn die Versammlung, welche die Nation repräsentirt, mit lauter Stimme um ihre Einwilligung befragt wird.

Eine solche glückliche Neuerung mußte man nicht versäumen wo möglich zur Observanz zu machen; bey der Weihe Ludwigs des Sechszehnten hatte daher die nämliche Unterlassung Statt, sie wurde zwar auch damals nicht mit Stillschweigen übergangen, wenn sie aber höchstens noch ein Paar mal beobachtet worden wäre, so würde alsdann jede Erinnerung an die ältere Form lächerlich oder verdächtig gewesen seyn. Man weiß was dazwischen gekommen ist; wäre es also nicht besser gewesen, dem Volk die kleine Freude zu lassen? Es hätte sicherlich immer mitgejauchzt, und wäre es auch nur darüber gewesen, daß es mitjauchzen durfte.

Als dem Enkel Ludwigs des Vierzehnten, dem Herzog von Anjou, die Spanische Krone angetragen wurde, die er auch nachher unter dem Namen Philipps des Fünften trug, gab Ludwig einen merkwürdigen Beweis von seinem Eifer für die königlichen Privilegien, und von seiner wachsamen Vorsicht alles zu verhüten, was den orthodoxen Begriffen von königlicher Würde im mindesten zu nahe treten konnte. Verlegen und unsicher über dieses Anerbieten, dessen Annahme einen schweren Krieg nach sich ziehen mußte, vor welchem Alter und bey dem erschöpften Zustand des Reichs zitterte, versäumte er doch nicht, die Rechte selbst einer fremden Krone gegen den

Gesandten, welchen die Junta nach Paris abschickte, das durch zu verwahren, daß er ihn nicht als Gesandten annahm, indem er bey seinem Souverain, dieser mochte es übrigens werden wollen oder nicht, in jedem Fall nur als Unterthan auftreten, und nicht einmal den Schein haben dürfte, als würde er für den Gesandten der Nation, oder einer die Nation repräsentirenden Gesamtschaft angesehen.

Dieser Zug scheint als Gegenstück zum vorigen zu gehören; übrigens wird von der Weihe Ludwigs des Sechszehnten auch noch bemerkt, daß das Volk, als es nach der Intronisation in die Kirche gelassen wurde, sich so sehr in das freudige Anschauen seines neuen Königs verlor, daß es die Goldmünzen, welche nach der althergebrachten Sitte ausgeworfen wurden, nicht einmal aufhob. — Findet man etwa, wenn man sich das nämliche Volk am 21 Januar 1793 auf dem Karouselplatz denkt, daß es wünschenswerther sey ein Volk zu regieren, das einer solchen Begeisterung unfähig wäre, und um keines moralischen Gefühls willen Goldmünzen verachtete? Oder bedauert man lieber das Volk und den Fürsten, daß so ununterbrochen und mannichfaltig daran gearbeitet wurde, sie von einander zu trennen und beyde zu nichte zu machen?

XV.

XV.

S. 210.

Ende des Kardinal Dübois.

Einige bis zum Gräßlichen skandalöse Details von den letzten Stunden des Kardinal Dübois hat Duclos, ohne Zweifel aus Anständigkeit, hier verschwiegen; und auch wir wollen deshalb lieber auf die Quellen verweisen, als selbst das Amt des Erzählers übernehmen. Dieser Mensch, von welchem nach dem Zeugniß eines seiner Zeitgenossen, nie zu viel Böses gesagt werden kann, war würklich ein moralisches Phänomen; wenigstens mußte man bey ihm immer in der Verlegenheit seyn, ihn für einen Bösewicht zu toll, und für einen Narren zu boshaft zu finden. Daß aber ein entschieden verwirrter Kopf wie der seinige doch noch zu den schwärzesten und verwickeltesten Hofkabalen taugte, sollte im Ganzen zur Verherrlichung der Tugend und Rechtschaffenheit dienen. Uebrigens verändre man wieder einige Kleinigkeiten an dem Schauplatz, wo er eine Rolle spielte und an seinen Mitschauspielern, so würde die Geschichte seiner schwerlich zu erwähnen haben, und das Tollhaus oder der Galgen würde seinem etwanigen Ehrgeiz bald ein Ziel gesetzt haben. Seine schlimmste That, und die Quelle alles übrigen Bösen das von ihm herrührte, war seine systematische Erziehung des Herzogs von Orleans. Lebhaftigkeit des Geistes und Offenheit des Karakters machten diesem Prinzen das bigotte Wesen am Hof des Königs verhaßt; Dübois bemühte sich

Anhang.

sich daher, ihn in das andre Extrem zu stürzen, und auf seine Abneigung gegen die Heucheley den Grundsatz zu pfropfen, daß die Tugend selbst des Heuchelns nicht einmal werth wäre. Um diese Idee an die Stelle alles dessen, was sonst Grundsatz heißen könnte zu bringen, kam es Dubois nicht darauf an, wie verächtlich er selbst sich seinem Herren zeigte, wenn er den Prinzen nur so weit brachte, daß es ihm nie einfiele, das Gute dem Bösen vorzuziehen. Der Karakter des Herzogs von Orleans gab ihm eine gewisse leichte Superiorität über Vorurtheile und Konvenienzen, und durch diese führte ihn Dubois, um durch ihn emporzusteigen, über alle Begriffe von Ehre und Schande, von Tugend und Laster hinaus. So verlor denn der Regent, bey den glänzendsten Fähigkeiten zur Verwaltung des Staats, allen Trieb sie zu irgend einem würdigen Zwecke anzuwenden, bey natürlichen Anlagen zu vorzüglichen Tugenden alle Motive zur Tugend überhaupt; und so wurde er durch die Ueberzeugung daß Liebe und Achtung nichts als Täuschungen wären, der Sklav eines Elenden den er haßte und verachtete. Sobald der Hauptpunkt nur einmal gewonnen war, hatte Dubois keine Künste weiter nöthig um seinen Posten zu behaupten; denn im natürlichen Karakter des Herzogs war zu viel Gutes und Edles, als daß jemals andre als negative Würkungen von Dubois Werk an ihm zu erwarten gewesen wären; wie lächerlich oder abscheulich sich aber Dubois auch zeigen mochte, so blieb er immer der unentbehrliche Maasstab, nach welchem der Herzog

die

die ganze Menschheit und seine eigne Bestimmung schätzte; und er konnte an ihm selbst zum Verräther werden, ohne auch nur in einer Gunst die so motivirt war, zu wanken.

Man sollte denken, daß die Vorsehung zuweilen Menschen wie den Kardinal Dübois und den Herzog von Orleans zusammenstellte, um den Fürsten, und den Völkern die so gern und mit reichlich belohnter Aufopferung aller politischen Abstraktionen ihre Glückseligkeit bey ihren Fürsten niedergelegt wüßten, über die ursprünglichen und eigentlichen Feinde der Ordnung und der Staaten die Augen zu öfnen, und die häufigen Keime des Verderbens hier und da, als lebendige Lehre, zur äußersten Reife gelangen zu laßen. Wenigstens würde eine solche kosmische Bestimmung das so weit her zu rechnende Unglück von Frankreich wieder an den Optimismus knüpfen.

Die Vie privée des Kardinal Dübois ist aus Memoiren eines seiner Sekretaire, der seines Herren eben nicht unwürdig scheint, zusammengetragen, und hat das Verdienst die bürlesken Individualitäten im Karakter des Kardinals mit einer Wahrheit darzustellen, die keinem eigentlichen Geschichtschreiber gegeben seyn kann.

XVI

XVI.

S. 282.

Verstellung Ludwigs des Funfzehnten gegen den Herzog von Bourbon.

Ludwig der Funfzehnte scheint hier würklich in dem Fall eines Knaben zu seyn der seine Lektion, sie mag gut oder übel seyn, gewissenhaft und arglos aufsagt; und wer weiß ob Karl der Neunte, als er vor der Bartholomäusnacht die Protestantischen Großen mit der größten Freundlichkeit entlassen hatte und seine Mutter fragte: habe ich mein Röllchen nicht gut gespielt? im Grunde viel strenger zu beurtheilen wäre als Ludwig der Funfzehnte? die wenigen Worte welche Duclos bei dieser Gelegenheit hinwirft, haben aus seiner Feder mehr Gewicht als man ihnen ansieht; denn überhaupt sind in demjenigen Theil seiner Memoiren welcher die Regierung Ludwigs des Funfzehnten betrift, sehr viele Retlcchzen, die aber zusammengenommen doch die Wahrheit ziemlich ausdrücken, und sich also von den Voltairischen gänzlich unterscheiden.

Mit der Regentschaft versiegen übrigens die Quellen, aus welchen wir bisher für unsre Nachträge geschöpft haben, und man hat von diesen späteren Zeiten mehr einzelne, meist skandalöse Anekdoten als karakteristische Memoiren. Denjenigen, die unter dem Namen des Grafen von Maurepas herausgekommen sind, sieht man auf den ersten Anblick den plumpsten Betrug an; und man erweist

weist ihnen noch viel Ehre, wenn man annimmt daß ein Kammerdiener dieses Ministers, der doch wenigstens ein witziger Kopf, ein Mann von Stand, von Erziehung, kurz ein Mann von der französischen großen Welt war, sie aus aufgefangnen Brocken zusammengetragen hat.

Folgende Resultate können indessen in Duclos Fragmente über seine eignen Zeiten, die er noch nicht entwickelt vor sich sah, ein gewisses Licht bringen, und sein unvollständiges Bild ausmahlen.

Ludwig der Funfzehnte zeigte in seinen früheren Jahren wenig Karakter, und blieb sehr lange Knabe. Wer aber nach künftigem Einfluß strebte, belauschte an ihm jeden Zug aus welchem die Hofnung zu schöpfen war, daß er den Staat weniger als sich selbst lieben, und dem Genuß das Herrschen gern aufopfern würde. In den Beilagen zur großen Ausgabe von Saint-Simons Memoiren finden sich Berichte eines Marquis von Silli an seinen im Ausland beschäftigten Freund, den Herzog von Richelieu, worinn über jede Wallung des Königs, über jedes dem noch unschuldigen Jüngling entfahrende Zeichen von Sinnlichkeit, über jede Aussicht ihn die Befriedigung seiner Leidenschaften als das schönste Vorrecht seiner Würde empfinden zu lassen, und dadurch den Nißbrauch der Krone unter bedürftige Hofleute zu theilen, sorgfältig Register gehalten wird. Das war hinreichend um sich einstweilen über die Staatsverwaltung des alten Kardinal Fleury — deren Gutes Duclos sehr weise auseinandersetzt

ſetzt — zu tröſten; und der Nutzen einer ſolchen Korreſpondenz, die, wenn ſie auch aufgefangen worden wäre, niemand ſo übellaunig geweſen wäre für ſtaatsverrätheriſch anzuſehen, erwies ſich noch lange Zeit nachher, als Richelieu in den nächtlichen Gelagen des Königs eine wichtige politiſche Rolle ſpielte.

Die diplomatiſchen und militairiſchen Verhandlungen gehören nicht in unſern Plan, ſie ſtanden aber von Seiten Frankreichs dieſe ganze Epoke durch unter dem unmittelbaren Einfluß der immer wechſelnden Verhältniſſe des Hofs; Leichtſinn, Schaamloſigkeit und Eigennutz drängten ſich, bald mehr bald weniger, doch endlich in alle Theile der Staatsverwaltung ein, und die königliche Gewalt, gemisbraucht und entkräftet von Menſchen die in ihrem beſchränkten Vortheil den ganzen Staat koncentrirt hatten, wurde das Mittel für ſie, in letzter Inſtanz zu plündern und zu verderben. Dieſes Machtwort, in wohlorganiſirten Monarchien eine Quelle von Kraft — hier aber in allen ſeinen Silben auseinander geriſſen und unter den Dienern des Königs verſplittert, war in jedermanns Beſitz, den König ausgenommen. Dieſer war ganz auf den Fuß der ſogenannten Rois fainéans vom erſten Stamm der fränkiſchen Könige gebracht, nur theilte und verlor ſich die Kühnheit, die uſurpirende Kraft eines Majordomen aus jenen ältern Zeiten, unter einem zahlloſen Heer von Harpyen, die einzeln ſchwach und nichts weiter als hungrig waren. Als Ludwig der Sechszehnte mit guten Abſich-

III. Theil.

Anmerkungen zum dritten Theil.

XVII.

S. 7.

Unterhandlungen zwischen dem König von Preußen und dem Herzog von Richelieu.

Voltaires Korrespondenz giebt hierüber die wichtigsten Aufschlüsse. Dieser sonderbare Mann hatte unter andern auch politischen Ehrgeiz, dem er unter Lachen und Scherzen und Persiflieren seiner selbst, so viel Nahrung zu geben suchte als die Gelegenheit nur immer darbot. So hatte er z. B. eine mörderische Kriegsmaschine erfunden, deren Projekt er zu Anfang des siebenjährigen Kriegs den französischen Generalen und Ministers zusandte; und ohngeachtet seiner eignen allerliebsten Einfälle über die Prätension eines schönen Geists die Taktik zu bereichern, war es vollkommen sein Ernst auch auf diesem Wege Ruhm und Vortheil einzuärnten: ja er brauchte endlich in dieser Sache seinen Witz zur höchsten Noth, um seine Empfindlichkeit über die Geringschätzung, mit welcher seine scherzhaften Anerbietungen etwas zu wörtlich aufgenommen worden waren, zu verbergen. Voltaires Eitelkeit war also das Mittel dessen sich der König von Preußen bediente, um zur Eitelkeit des Herzogs von Richelieu zu ge-

gelangen. Voltaire trug zwar dem König die Gewaltthätigkeiten nach, die er an ihm und seiner Nichte in Frankfurt hatte verüben lassen; Friedrich kannte indessen den Weg zu seinem Herzen zu gut: ohne das worüber Voltaire eigentlich klagte, im mindesten zu vergüten, begnügte er sich aus einem seiner Trauerspiele eine Oper zu machen und seine geistreiche Korrespondenz wieder mit ihm anzuknüpfen. Voltaire war klug genug um einzusehen, daß der König in Noth steckte und seiner zu bedürfen glaubte, ein Held und ein König war es indessen doch immer der sich an ihn drängte, und Voltaire war, bei allen seinen satirischen Einfällen über die eigennützigen Artigkeiten des Königs, nichts desto weniger gewonnen und dahin gebracht, wo Friedrich ihn wollte. Er übernahm bei dem Herzog von Richelieu das Vermittelungsamt; hierauf erfolgte ein Briefwechsel zwischen dem König und dem französischen General; und die Konvention von Kloster Seven, (zu welcher aber, wie man wissen will, Richelieus Habsucht eben so sehr verleitet worden war als seine Eitelkeit) die Rettung des Königs und Frankreichs Unglück waren die Würkungen dieses Gewebes von Koketterien. Voltaire hatte nachher große Mühe, sich mit seiner affektirten Sorglosigkeit und Leichtigkeit vor den Verfolgungen zu schützen, die der Wiener Hof für seinen Antheil an dieser wichtigen Begebenheit durch seine gefährlichen Berührungspunkte mit dem König, gegen ihn im Sinne hatte. Es gelang ihm indessen die Verantwortlichkeit eben so wieder von sich wegzuscherzen, wie er sie im Scherz auf sich geladen hatte.

XVIII.

XVIII.

S. 39.

Allgemeine Betrachtungen über Duclos Schilderung der französischen Staatsverwaltung.

Eine eben so einfache als vielumfassende Frage, deren Entscheidung auf den Gesichtspunkt, aus welchem man die Geschichte unsrer Zeit betrachtet, den wichtigsten Einfluß hat, ist diese: ob die Französische Revolution nothwendig war oder nicht? das heißt, ob sie in der allgemeinen Stimmung der Nation, in dem größeren Gang früherer Begebenheiten, in den Fortschritten des menschlichen Geistes, natürlich und unvermeidlich herbeygekommen ist, oder sich aus zufälligen Umständen, wie einzelne Leidenschaften, einseitige Komplotte, Ueberspannung, Illusion, Dünkel gewisser Köpfe, vorzüglich entsponnen hat. Um in zwey starken Bänden die stürmischen und verworrenen Elemente, aus welchen die ungeheure Masse der Revolution besteht, auf den wohlfeilen Maasstab einer dürren Pedanterey zurückzubringen, ist es allerdings sehr bequem, diese Frage gelegentlich mit anderthalb Zeilen *) abzufertigen, und es als Axiom, das keines Beweises bedarf, festzusetzen: die Revolution sey gewiß nicht nothwendig gewesen. Einem Schriftsteller indessen, der sonst gegen die zahllosen Unvorsichtigkeiten und Etourderien der Gallischen Kinder, gegen ihre leichtsinnige

*) Rehbergs Untersuchungen über die Französische Revolution. I. Th. S. 77.

ge Eitelkeit, eine gewisse, nie genug zu preisende, schwerfällige Selbstgenügsamkeit in Beyspiel und Lehre als Gegengift anwendet, hätten wir, die Alexanders Kühnheit, mit welcher er diesen Knoten zerhaut, am allerwenigsten zugetraut; und wir gestehen daß wir einiges Bedenken tragen, ihm diesen, an ihm ganz besonders überraschenden Seiltänzersprung nachzumachen. Wir halten es vielmehr der Mühe werth, jene Frage näher auseinander zu setzen; wozu die Geschichte unstreitig das einzige Mittel ist.

Ist demnach die Französische Regierung seit den letzten Jahren Ludwigs des Vierzehnten, also fast ein Jahrhundert hindurch, nicht von dem Volke verachtet und gehaßt worden? Ist sie nicht verächtlich und haffenswürdig gewesen? Mußte die lange Fortdauer dieses Uebels nicht endlich das heilige Vorurtheil abnutzen, welches den Unterthan an die Monarchie band? Mußte dieses Uebel, die Regierung zu hassen und zu verachten, bey dem Grad von Civilisation, den Frankreich in Maße erhalten hatte, nicht endlich ein unerträgliches Uebel werden? Mußte die politische Wirkung, welche bey jedem Volke die Unerträglichkeit seiner Uebel hervorbringt — ein Begrif den der Augenblick, wo es aufhört sie zu ertragen, ganz allein bestimmt — bey dem Französischen Volk nicht darum schrecklicher, zerstörender und umfassender seyn, weil es weniger die Quantität und der Grad des Unglücks im Punkt des Ausbruchs war, was diesen veranlaßte, als die lange Dauer desselben, als die vielfältige Erfahrung daß selbst die Wahl guter Minister, daß selbst der reinste Wille des Monarchen nichts gegen die Allgewalt des Hofs vermochte? Kann man mithin nicht mit Gewißheit annehmen, daß die augenblicklichen Frevel eines Nero keine so viel umfassende Revolution hervorgebracht haben würden, als die, seit der Regierung der Frau von Maintenon und der Beichtväter Ludwigs des Vierzehnten, unter tausend Gestalten modifizirten Grundsätze der aristokratischen Tiranney unter welcher der König, jeder rechtschaffene Minister, und die Nation ohne Rettung seufzten?

Wenn die Geschichte alle diese Sätze sonnenklar erweist, so mag die Frage, ob die Revolution nothwendig gewesen sey? ziemlich entschieden seyn. Es ist Unsinn, den moralischen Grund dieser Nothwendigkeit durch statistische Data entkräften zu wollen, so wie es Irrthum ist sich einzubilden, daß die Ueberzeugung, die Revolution sey nothwendig gewesen, den Glauben in sich schließt: sie sey wünschenswerth und nachahmungswürdig; ja dieser Irrthum kann sogar, nach dem Maaß der Ansprüche auf Vernunft und Wahrheit in denen die ihn verbreiten, einen hohen Grad von Immoralität erhalten, und wenn sie ihre sonst nicht verächtlichen Geistesgaben so weit mißbrauchen, temporaire Maaßregeln wie die Beschränkungen der Preßfreiheit, die ein Krieg wie der jetzige auch nur nothwendig machen kann, aus allgemeineren Grundsätzen zu deduciren, *) gleich als gedächten sie ihre Sophismen damit in unanfechtbare Sicherheit zu bringen, so wird

*) Siehe passim das ebenangeführte Werk.

wird es allerdings Zeit, sie vor dem Richterstuhl der freyen und gesunden Vernunft zu belangen, deren Oberherrschaft sie sich als Schriftsteller ohne Felonie nicht entziehen können.

Als während der Sitzungen der Nationalversammlung sowohl in Frankreich als auswärts, viele Menschen sich mit der Meynung schmeichelten, daß die Revolution und die Konstitution zusammen fortschreiten, und beyde in einem und demselben Augenblick beendigt seyn würden; da vergaß man den wesentlichen Unterschied zwischen Revolution und Reform, oder hielt, dem Gange der Natur zuwider, jene für den unmittelbaren Uebergang in diese. Der große Fehler der ersten Französischen Konstitution ist demnach — die Revolution gewesen; diesen Fehler hätte sie aber unstreitig behalten, wenn sie auch sonst ganz nach dem Willen ihrer Widersacher eingerichtet gewesen wäre, und es ist wirklich sonderbar daß unter allen politischen Schriftstellern, welche die auf Erfahrung gegründeten Vortheile der Englischen Konstitution gegen die in ihrer Geburt erstickten oder entarteten Wirkungen der Französischen geltend machen, keinem die sehr einfache Erinnerung beygefallen zu seyn scheint: wie viel Zeit zwischen der Regierung Karls des Ersten und der Revolution von 1688. verstrichen, und durch welche Begebenheiten das Englische Volk in diesem Zeitraum gegangen war, um zu einer Konstitution zu gelangen, von welcher es doch gleich anfangs gewisse feste Grundlagen vorgefunden hatte, da das Französische die seinigen weit mehr aus

der

der Luft greifen mußte, wenn der Hof und der ganze Anhang desselben seine Absicht, sich eine Verfassung zu geben, nicht sehr bald, theils durch Persiflage, theils durch willkührliche Gewalt vereiteln sollte: wie das seit beynahe hundert Jahren bey jedem Bestreben, irgend einen Theil der Staatsverwaltung zu säubern, immer geschehen, und unter keiner Regierung so sichtbar geworden war, als unter der Regierung Ludwigs des Sechszehnten, der einzigen in diesem ganzen Zeitraum, während deren gute Absichten es wenigstens, obgleich vergeblich, wagten den ungleichen Kampf mit der allgemeinen Verderbniß einzugehen.

In diesen letzten Betrachtungen scheint uns ohngefähr alles zu liegen, was die Einwendung entkräften kann: daß die Französische Nation ja doch vor der Englischen den unbenützten Vorzug besaß, diese als Beyspiel vor sich zu haben. Durch eine Revolution die graue Weisheit der Englischen Verfassung anzunehmen war den Franzosen eben so unmöglich, als es den Deutschen und den Brabantern war, durch eine Wendung des Kriegs dem jugendlichen Enthusiasmus der Französischen Freyheit zu huldigen; und wenn man die Englische Verfassung als gleich zu befolgendes Beyspiel für die Franzosen angesehen hat, so ist man in den Fehler eines Arztes verfallen, der einen Kranken in der ersten Periode eines heftigen und langwierigen Uebels, auf den Fuß eines von dem nämlichen Uebel schon längst Genesenen behandeln würde.

Der

Anhang.

Der Bigotismus und die Regierung der Priester unter Ludwig dem Vierzehnten; die Sittenlosigkeit, der Leichtsinn, und überdem der Einfluß eines Ungeheuers wie Dubois, während der Regentschaft; die Maitressenregierung, die unwürdigste Apathie, die schamloseste Sinnlichkeit, und nebenbey, zur Stütze der willkührlichen Gewalt, noch immer genug Priestergeist, unter Ludwig dem Funfzehnten; alle möglichen Triebfedern und Kabalen des Ehrgeizes, der Verschwendungsliebe, der Habsucht, unter dem selbstmäßigen, sparsamen, einfachen König, dessen schreckliches Ende Europa noch entsetzt: kurz, alle diese Epoken hindurch, ein Despotismus dessen Grundsätze in politischer Anwendung auf den Staat unaufhörlich wechselten und schwankten, und nur die verderbliche Konsequenz des Eigennutzes und der Immoralität unverrückt behielten, dessen Vortheil niemals der Staat war, weil seine Quelle niemals der Monarch, sein vornehmstes Hülfsmittel es aber war, bey konventioneller Uebertreibung der Würde des Monarchen, seine Person moralisch herabzuwürdigen, und so den einzigen Damm, der seinen Plünderungen entgegenstehen konnte, immer mehr zu schwächen. — Dies ist der Geist des letzten Jahrhunderts der Französischen Geschichte; dies waren die traurigen Ursachen die es bewürkten, daß bey der Zusammenberufung der Reichsstände der Glaube an die königliche Gewalt, als an die Quelle der Staatsglückseligkeit, da wo die Umstände es am meisten forderten, nicht mehr würksam war, und daß diese Zusammenberufung die nothwendige Epoke der Revolution wur-

wurde. Die genaue Untersuchung des Deficits in den Finanzen, der cahiers de doléances, der mancherley elenden oder abscheulichen Triebfedern welche bey dem Sieg der Demokratie mitwürkten, der zahllosen Ueberschreitungen ihrer Mandate welche die Deputirten sich zur Schuld kommen ließen, der Vorzüge die einzelne Reformen nach Vorschrift dieser Mandate über eine allgemeine Revolution gehabt hätten, und die kinderleichte Zusammenstellung der ungleich größeren Zerrüttung, Mißbräuche, Gräuel, welche die Revolution nach sich gezogen hat, mit denen die sie bloß veranlaßt haben, geben daher, wie viel relativen historischen und politischen Nutzen sie auch haben können, den falschesten und beschränktesten Gesichtspunkt zur absoluten Kritik der Französischen Revolution.

Schriftsteller, welche wie Mounier und Lally-Tolendal zu Anfang der Revolution einen politischen Beruf hatten, als moralische und vernünftige Wesen nach ihrer Ueberzeugung handelten, und von den Motiven ihrer Handlungen Rechenschaft ablegen, sind im Ganzen genommen ehrwürdig; und es ist bloß sehr menschlich an ihnen, wenn sie nicht immer genau genug unterscheiden, ob ihre Ueberzeugung eben so sicher und vollkommen der Maasstab des Ganzen seyn kann, als er der ihrige war. Praktischen Staatsmännern, die wie Necker mit besondrer Sachkenntniß in das Innere der Verfassungen bringen, und sich die Mühe nicht gereuen lassen, Wahrheiten zu predigen, die erst in glücklicheren Zeiten ihre Stelle finden könnten, darf der Lohn ihrer schätzbaren Arbeiten nicht geschmälert wer-

werden, wenn sie auch in ihrer eignen Laufbahn Blößen
gegeben und Karakterschwächen verrathen hätten, welche
die Reinheit ihrer jetzigen Absichten zu verdunkeln im Stande wären. Wer überhaupt, wie z. B. der Deutsche Uebersetzer von Burke, die Französische Revolution und ihre
mannichfaltigen Irrthümer als eine ergiebige und gemein-
nützige Quelle der Diskussion über den großen Gegenstand
der Staatsglückseligkeit ansieht und benutzt, verdient sowohl bey Laien als bey Eingeweihten Aufmerksamkeit und
Dank zu finden, wenn er sich auch im Ganzen so wenig
als sein Urbild aus einem gewissen circulus vitiosus her-
ausfindet, der bis jetzt an den meisten Kritiken der Französischen Revolution zu bemerken gewesen ist. *). Ein
Schrift-

*) Es lag nemlich im Wesen der Grundsätze, welche die Franzö-
sischen Reformatoren aufstellten, ihre Erweichlichkeit zu verlieren, sobald sie auf eine so vielseitige, bewegliche, lebendige
Würklichkeit, wie Staat, Volk, Mensch, aus der sie ursprünglich abstrahirt waren, zurück angewandt wurden. Da es aber
keine Revolution ohne Fanatismus je gegeben hat noch geben
kann — zum Beweis diene unter andern die ungeheure Quantität von Fanatismus, die schon zu einer Gegenrevolution ver-
braucht worden ist — so hat die vernünftige Erörterung von
Vernunftbegriffen, welche als Gegenstand des Fanatismus der
Französischen Revolution, ihre Natur verändern und Gefühle
werden mußten, immer selbst, und fast in gleichem Verhältniß,
so viel praktisch falsches, als sie an diesen Begriffen erweist.
Wenn man wider das Innere dieser abstrakten Begriffe raison-
nirt, um die Unmöglichkeit ihrer Anwendung darzuthun, und
dagegen, wozu es auf dieser Spur des politischen Raisonnements
meistens kömmt, das Positive vorhandner Verfassungen zum
Abstrakten erhebt, so giebt man seinen besten Vortheil aus den
Händen, und geräth in einen unentrinnbaren Zirkel, weil es
ja der Zweck und der Geist der Revolution gewesen ist, ein gewisses bestimmtes Abstraktum zum Positiven heraufwachsen zu
lassen. Wir wissen wenige von diesen Raisonnements, sobald
sie nur redlich sind — ein Umstand auf welchen gegenwärtig
sehr viel ankömmt — die gegen die Note in Kants Religion
innert-

Schriftsteller aber, dessen ganzer Beruf der Dünkel seiner vorsetzlichen Ignoranz alles dessen was Leidenschaft, Geist oder Kraft an Menschen und Dingen heißt, zu seyn scheint; der mit dem unwürdigen Unternehmen umgeht, den Schleier welchen das Unglück der Zeiten hier und da über die noch vor wenigen Jahren fast unverhüllte Bildsäule der Vernunft werfen mußte, für einen essentiellen Theil dieser Bildsäule auszugeben; der eine Revolution, die sich unmittelbar an einen fürchterlichen Krieg angeknüpft hat, mit der starren und düstern Beschränktheit eines Schulmeisters betrachtet; der den Enthusiasmus, welcher jeder Revolution eigen war, und in England einst auf religiöse Gegenstände fiel, in Frankreich jetzt politische betrift, bald für nichts rechnet bald mit Maaß und Gewicht verfolgt; dessen Raisonnement und Methode ein Gemisch von seynsollender mathematischer Bündigkeit und von geschwätziger Konvenienzweisheit, von scheinbarer kühler Ueberlegenheit und von rücksichtsvoller Bitterkeit ist; dessen ganzes Werk hauptsächlich bestimmt seyn muß, den stillschweigenden Beweis zu führen, daß die Französische Revolution eigentlich gar keine Revolution sey. — ein solcher Schriftsteller kann zu allem in der Welt eher als zum politischen Schriftsteller taugen.

innerhalb der Grenzen der bloßen Vernunft, S. 274. in irgend einer praktischen oder theoretischen Beziehung Stand halten dürften, und zu der edeln Einfalt jener Worte eines wahren Weisen, läßt sich schwerlich eine Bekräftigung hinzusetzen.

E n d e.

www.ingramcontent.com/pod-product-compliance
Lightning Source LLC
Chambersburg PA
CBHW051845300426
44117CB00006B/273